国家社会科学基金重点项目""三链"双循环下我国制造业高质量发展路径与驱动机制研究"(21AJY020)

经济管理学术文库·管理类

"三链"双循环赋能
我国制造业高质量发展研究

杨水利／著

经济管理出版社
ECONOMY & MANAGEMENT PUBLISHING HOUSE

图书在版编目（CIP）数据

"三链"双循环赋能我国制造业高质量发展研究 ／
杨水利著. -- 北京：经济管理出版社，2024. -- ISBN
978-7-5096-9889-1

Ⅰ．F426.4

中国国家版本馆 CIP 数据核字第 2024T5E788 号

组稿编辑：魏晨红
责任编辑：魏晨红
责任印制：许　艳

出版发行：经济管理出版社
　　　　　（北京市海淀区北蜂窝 8 号中雅大厦 A 座 11 层　100038）
网　　　址：www. E-mp. com. cn
电　　　话：（010）51915602
印　　　刷：北京市海淀区唐家岭福利印刷厂
经　　　销：新华书店
开　　　本：720mm×1000mm/16
印　　　张：22
字　　　数：444 千字
版　　　次：2024 年 11 月第 1 版　　2024 年 11 月第 1 次印刷
书　　　号：ISBN 978-7-5096-9889-1
定　　　价：98. 00 元

前　言

制造业是实体经济的主体，也是驱动经济高质量发展、保障国家安全的支柱产业。当前，世界正处于百年未有之大变局，全球经济增长乏力、逆全球化思潮泛起、新科技革命和产业变革加速推进等因素复杂交织，使制造业面临的经济形势发生了深刻改变，构建以国内大循环为主体，国内国际双循环相互促进的新发展格局成为中国制造业应对变局、开拓新局的必然选择。构建国内大循环面临新挑战，如创新要素互斥分离引发的"创新孤岛"、产品供需匹配失衡导致的"结构性矛盾"、企业全要素生产率差距造成的"能力缺口"、产业高度对外依存跌入"技术追赶陷阱"等。但同时也面临新机遇，如"互联网+"、人工智能等数字技术赋能的新模式与新业态，新型工业化推动的智能制造、绿色制造和服务型制造，《中华人民共和国国民经济和社会发展第十四个五年规划和 2035 年远景目标纲要》引导的"两化融合"与"两业融合"等。贯通国内国际双循环面临的新挑战有省际产业链发展不均衡制约国内国际产品分工循环、区域价值链阻滞国内国际价值循环、国内创新链分裂堵塞国内国际创新循环。因此，研究产业链、创新链、价值链双循环下我国制造业的高质量发展路径与驱动机制迫在眉睫。

本书内容是笔者主持完成的 2021 年国家社会科学基金重点项目"'三链'双循环下我国制造业高质量发展路径与驱动机制研究"（21AJY020）的主要研究成果。立足双循环新发展格局，以制造业为研究对象，以高质量发展为主题，以内外循环同频共振为逻辑主线，以"数智化、绿色化、服务化"发展为关键，遵循新发展理念，运用价值链理论、产业分工理论、技术创新理论、竞争战略理论等，采用比较分析法、社会网络分析法、投入产出分析法及案例研究法研究我国制造业高质量发展的目标定位、路径及驱动机制。

在制造业发展实态与问题分析方面，从产业规模、质量效益、产业结构、可持续发展四个方面分析产业链双循环下制造业发展实态，厘清我国制造业产业链在安全自主可控、柔性韧性、关联与协同方面存在的问题；从创新规模、创新效益、创新协同、创新环境四个方面分析创新链双循环下制造业发展实态，识别创新链双循环下我国制造业在知识链、技术链、成果转化链发展中存在的问题；从价值链参与程度、分工地位、增值能力三个方面分析价值链双循环下我国制造业发展实态及存在的问题。在制造业高质量发展目标定位方面，通过对典型发达国家和国内典型省份制造业发展的比较研究，总结美国、德国、日本等国家及国内广东、江苏、浙江等省份制造业发展成功模式与经验借鉴，分析双循环新发展格局下我国制造业发展面临的优势与劣势、机会与威胁，从制造业转型升级中的产业组织变革、产业融合与协同发展中的结构优化、工业强基中的质量效益、创新驱动发展中的可持续发展、国际竞争中的全球化五个方面确定我国制造业高质量发展的目标定位。在制造业高质量发展路径方面，设计基于提升产业质量效益、推动产业结构高级化、构建产业链"链主"的产业链双循环下制造业高质量发展路径；设计基于促进产业组织变革、巩固产业可持续发展、构建创新链"链主"的创新链双循环下制造业高质量发展路径；设计基于优化我国价值链、培育包容性区域价值链双循环下制造业高质量发展路径。在制造业高质量发展驱动机制方面，从围绕产业链部署创新链、围绕创新链布局产业链、以价值增值为导向的产业链延伸机制、以价值创造为核心的创新链培育机制四个方面构建畅通"三链"双循环的协同机制，从产业安全预警、国内价值链与区域价值链互联两个方面构建"三链"双循环下我国制造业高质量发展的治理机制，从金融支持、财税支持、要素支持、人才支持四个方面设计"三链"双循环下我国制造业高质量发展的保障机制。

本书课题组先后对秦川机床集团有限公司、南京埃斯顿自动化股份有限公司等制造业典型示范试点企业进行入户调研。同时，通过参与"世界智能制造大会""第九届中国工业发展论坛暨面向'十四五'的中国工业学术研讨会"等会议，把握双循环新发展格局与我国制造业发展前沿。此外，本书课题组学习参考了国务院发展研究中心原副主任王一鸣所著的《全球变局下中国科技创新战略和路径选择》、中国社会科学院经济研究所著的《中国经济报告——迈向现代化新征程》、李廉水等所著的《中国制造业发展研究报告》等相关资料，并学习借鉴了中国社会科学院工业经济研究所原所长史丹研究员，南京大学长江产业经济研究院院长刘志彪教授，山东大学管理学院杨蕙馨教授等专家学者的观点，在此向以上著者表示衷心感谢！

本书的如期出版，感谢2021年国家社会科学基金重点项目资助，感谢经济管理出版社提供平台支持，感谢魏晨红编辑为本书出版付出的辛苦和努力。感谢国家社会科学基金重点项目团队的任晓燕副教授、李礼旭副教授、李韬奋老师，南京信息工程大学工程管理学院蒋军锋教授以及博士生杨祎、李雷、陈娜和硕士生姜文浩、李如梦、李志强、何天宝、许诺、杨翌俪、张珂怡、秦晓琪付出的辛勤劳动，他们在调研访谈、问卷等数据采集与统计及资料收集方面做了大量工作。尤其感谢河南工业大学管理学院杨祎老师的全程参与。感谢西安理工大学学报编辑部王卫勋副编审仔细阅读书稿，并提出了许多宝贵意见。向接受访谈、填写问卷、提供数据支持的企业界朋友表示衷心的感谢！

　　本书的出版对于笔者来讲既是课题研究的成果，又是科研活动的延续。如果本书对推动我国制造业高质量发展有所裨益，笔者将感到十分欣慰。若书中有不妥之处，敬请读者批评指正。相关意见请寄发 E-mail：slyangxaut@ 126. com，以期改进。

杨水利

2024 年 5 月

目　录

1 研究概述

1.1 研究背景

    如今中国已进入新发展阶段，为贯彻新发展理念，构建以国内大循环为主体国内国际双循环相互促进的新发展格局面临诸多新机遇，如"互联网+"、人工智能等数字技术赋能的新模式与新业态，中国制造业倡导的智能制造、绿色制造和服务型制造，供给侧结构性改革推动供给要素与需求要素的协同匹配，《中华人民共和国国民经济和社会发展第十四个五年规划和2035年远景目标纲要》引导的"两化融合"及"两业融合"；同时也面临诸多挑战，如创新能力弱、生产效率低、价值增值能力弱等。在制造业研发投入强度方面，工业和信息化部数据显示，2021年中国制造业研发投入强度仅为1.54%，远低于发达国家3%以上的较高水平；2022年中国全员劳动生产率为15.3万元/人，虽然较2021年提高了4.2%，但仍仅为美国的1/5，日本的1/3，德国的1/3；近年来，中国制造业国内增加值占全球比重（反映价值规模）大多不到25%，2022年虽然达到了29.47%，但在国内增加值与总产值的比率（体现增值能力）方面，中国制造业长期在20%徘徊，与美国、德国等发达国家30%以上的平均水平相比仍有较大的差距。

    此外，贯通国内国际双循环相互促进的制造业协同发展格局也面临诸多新机遇，如"京津冀"协同发展、"长江经济带"、"黄河生态链"、"粤港澳大湾区"、"海南自贸港"和各省份自贸区建设等带来的协作机遇，"一带一路"、"区域全面经济伙伴关系协定"、"中欧投资协定"、"金砖合作"框架等带来的市场机遇，新基建、新型城镇化和重大工程建设带来的投资机遇。与此同时也充斥着诸多新挑战，如国内循环与国际循环"脱钩断链"风险日益加剧。在关键核心领域，国内循环仍然高度依附国际循环。以中美资本品和中间品贸易为例，资本品和中间品贸易是一国参与国际分工和全球产业链的重要方式，其比重下降预示着本国在国际分工和产业链中参与度的下滑，也预示着该国产业链可能与外界存在"脱钩"风险。2022年，中国在美国资本品和中间品出口中比重从2020年的10.6%下降至9.3%，在美国资本品和中间品进口中比重更是从2017年的17.6%持续下降至12.1%（倪淑慧和崔晓敏，2023）；工业和信息化部数据显示，中国制造业在关键核心部件与重大装备领域，32%的关键材料仍为空白，52%依赖进口，95%的高端专用芯片及70%以上的智能终端处理器依赖进口，在关键件精加工生产线上，逾95%的制造及检测设备依赖进口。

在此背景下，如何构建国内国际双循环相互促进的新发展格局以推动制造业高质量发展，已成为中国式现代化建设新征程上的重点课题。现阶段，以新一代信息技术和人工智能为代表的新型通用技术和专用技术，正在加速产业链分工协作机制重构、创新链竞争优势重塑、价值链收益格局重配。产业链作为承载价值增值和创新要素流动的核心载体，在国内市场与国际市场的生产流转和贸易往来中逐渐形成"链环回路"。推动产业链、创新链、价值链（以下简称"三链"）的双循环系统畅通无阻成为实现产业规模发展、质量效益、结构优化、可持续发展和全球化的重要前提，研究在"三链"双循环下我国制造业高质量发展路径与驱动机制已迫在眉睫。

1.2 研究意义

研究在"三链"双循环下我国制造业高质量发展路径与驱动机制具有重要的理论意义和实践意义。

1.2.1 理论意义

（1）双循环新发展格局理论

双循环新发展格局理论关注如何实现以高水平的自立自强驱动经济循环畅通无阻，强调扭转客场全球化导向并向主场全球化转变。供给与需求的协同匹配是目前理论研究的主要视角，认为供需的结构性矛盾是阻滞经济循环的关键堵点，推动供给侧结构性改革与需求侧管理的有效协同是实现主场全球化的重要路径。但是由于供给与需求牵扯的主体过于庞杂，协同匹配只能从体制机制的改革方面入手，从而脱离了对经济循环客观规律的认识和把握。而从产业链、创新链和价值链问题的整体性、交互性、复杂性认知出发，关注国内"三链"与全球"三链"的同频共振，是对双循环新发展格局理论在运行机制方面的有益补充。

（2）制造业高质量发展理论

制造业高质量发展理论强调在产业报酬递增下的可持续发展，关注数字化、绿色化、服务化所引领的高端化，且认为转型升级是制造业高质量发展的核心要义。而从依托产业竞争力的视角来看，转型升级是产业发展的过程而不是目的。考虑从规模发展、质量效益、结构优化、可持续发展和全球化五个方面阐明制造业高质量发展内涵，并将上述内涵放置在"三链"的三种结构下，那么构建制造业高质量发展的路径选择分析框架及相应的驱动机制，将是对制造业高质量发展理论做出的适当补充。

1.2.2 实践意义

（1）宏观经济政策方面

在金融、财税、要素、人才等保障机制视角的基础上，主张从围绕产业链部署创新链、围绕创新链布局产业链、以价值增值为导向的产业链延伸、以价值创造为核心的创新链培育四个方面设计"三链"双循环的协同机制；从产业安全预警、国内价值链与区域价值链互联两个方面设计制造业高质量发展的治理机制，进而为政府经济政策的制定提供智力支持。

（2）产业政策措施方面

基于产业竞争力评估与全球比较，为产业主管部门识别产业链循环堵点提供智力支持；基于跨国投入产出分析框架，测度价值链双循环系统的结构特征，为产业主管部门定位价值链双循环发展实态提供数据支持；基于创新链组织结构，分阶段开展创新能力评估，为产业主管部门开展创新链双循环治理提供可操作的实践方案。

（3）指导企业实践方面

突破产业竞争力视角，主张从产业质量效益、产业结构高级化和构建产业链"链主"三个方面设计产业链双循环下制造业高质量发展路径，从产业组织变革、产业可持续发展和创新链"链主"三个方面设计创新链双循环下制造业高质量发展路径，从优化国内价值链、培育包容性区域价值链和价值链"链主"三个方面设计价值链双循环下制造业高质量发展路径。再结合典型示范试点案例分析，为我国制造业高质量发展提供可借鉴的路径方案。

1.3 相关概念界定

1.3.1 "三链"

本书中的"三链"指产业链、创新链和价值链，具体内容如下。

（1）产业链

产业链是同一产业或不同产业的企业，以产品为对象，以投入产出为纽带，以价值增值为导向，以满足用户需求为目标，依据特定的逻辑联系和时空布局形成的上下关联的、动态的链式中间组织。

本书中的"产业链"是指各产业部门间基于一定的技术经济联系和时空布局关系而客观形成的链条式关联形态，涵盖产品生产或服务提供的全过程，包括动力提供、原材料生产、技术研发、中间品制造、终端产品制造乃至流通和消费等环节，是产业组织、生产过程和价值实现的统一。

（2）创新链

创新链指蕴含着多种主体、多种阶段、多种功能的复杂创新组织。在相关研究中，围绕阶段设定、运作模式、创新主体、创新结果等核心属性，创新链的内涵被逐步丰富和完善。在阶段设定方面，创新链蕴含的过程性特征赋予了其阶段设定的内涵。最具代表性的观点有：创新链包含创意的激发、转化和扩散三个阶段，创新链由基础研究、技术研发、实践应用、产业化和市场化四个阶段组成，创新链反映的是由创意到产业化的价值增值过程。在运作模式方面，多数研究者从企业的功能架构出发，认为创新链的运作过程应该是线性的，即创新链是上游研发、中游示范、下游扩散的有序过程。但随着创新的复杂程度不断提高，创新链中既包含多个创新主体间的多重学习和互相学习，也涉及跨阶段的信息交流与反馈，创新链的运作模式应是匹配研发成果与市场需求的非线性过程。当知识在跨产业部门、跨企业边界、跨阶段间相互融合时，创新链的运作模式最终会表现出循环开放、互联互通及网络化的特征。然而无论创新链的运作模式如何变化，其本质上反映的还是知识的创造、传播和扩散过程。在创新主体方面，现有研究普遍认为，企业、高校、科研院所、科技服务机构、政府等是构成创新链的基本创新主体。不同类型的参与主体承担着不同程度的创新分工，核心主体主导着创新链整体的创新活动，协作主体为核心主体提供了相应的技术服务支撑。在创新结果方面，提高创新效率是构建创新链的根本目的。根据创新链的影响范围，可以从提高企业创新效率、产业创新效率和区域创新效率三个方面评估。

在总结了创新链阶段设定、运作模式、创新主体、创新结果四个方面的核心属性后，可以对创新链的内涵作出总结，即创新链是由多个创新主体参与，在知识传播与扩散模式下经历多个阶段，最终实现产业化的创新过程或结构。

（3）价值链

Porter（1985）提出了价值链及价值链系统的概念。价值链反映了企业内部价值创造与传递过程中相互独立而又彼此关联的功能属性，价值链系统则统筹了上游供应商和下游分销商，强调供应链系统内价值管理过程中的增值差异。随着通信技术的快速发展与全球范围内关税水平的显著下降，技术和资本的全国流动进一步加剧，跨国复杂生产协作成为可能（Baldwin，2012）。在此背景下，Gereffi（1999）提出了全球商品链概念，特指围绕商品组织开展的资源全球性优化配置活动。为摆脱"商品"一词的局限，并突出价值在全球范围内的创造与传递过程，Gereffi 等（2005）率先采用了全球价值链术语，用来揭示跨国生产协作中的治理结构与价值分布问题。类似的概念还包括"国际供应链""跨境生产网络""全球垂直生产网络"等，与这些概念不同的是，全球价值链更强调跨境生产中的价值创造属性。

本书中的"价值链"是指制造业在产品分工过程中从研发设计、生产制造到销售服务的一系列价值增值活动。其中，增加值的序贯转移构成价值链的运作基础，价值增值构成价值链的治理前提。

1.3.2 双循环

经济循环是经济学的重要主题之一。1758 年，魁奈在《经济表》一书中刻画的社会总产品的再生产与流通过程，在经济循环思想史上有着深远的影响。随着经济全球化实践的持续推进，经济循环理论也逐步延伸至国际经济循环领域，如哈维的资本三级循环理论、哈里森的全球生产网络次级循环理论等。经济循环理论在中国的发展，需要结合市场经济面临的现实问题进行总结。1987 年，王建在《经济日报》发表了《选择正确的长期发展战略——关于"国际大循环"经济发展战略的构想》一文，主张中国应利用剩余劳动力出口劳动密集型产品，赚取外汇来支持发展国内基础工业，带动经济增长。张培刚（1989）提出内源发展战略观点，认为发展中大国应正确处理内源发展与对外开放之间的关系，制定切实可行的发展战略。内需和外需是推动中国经济增长的"双引擎"（江小涓，2010）。随着经济发展进入新常态，国内经济循环与国际经济循环的交互协同演化目标被描述为新发展格局，并形成了构建以国内大循环为主体，国内国际双循环相互促进的新发展格局。

本书中的"双循环"是指国内产业资本和国际产业资本在经历购买、生产和消费这种周而复始的经济循环过程中，资本职能形态在货币资本、生产资本、商品资本之间来回变换并形成的国内国际两个循环体系。

1.3.3　制造业

以我国制造业为研究对象，根据中华人民共和国国家统计局 2017 年发布的《国民经济行业分类》（GB/T 4754—2017），将全部制造业分为 31 个大的门类，如表 1-1 所示。

表 1-1　制造业涉及行业代码和名称

序号	代码	行业名称
1	C13	农副食品加工业
2	C14	食品制造业
3	C15	酒、饮料和精制茶制造业
4	C16	烟草制品业
5	C17	纺织业
6	C18	纺织服装、服饰业
7	C19	皮革、毛皮、羽毛及其制品和制鞋业
8	C20	木材加工和木、竹、藤、棕、草制品业
9	C21	家具制造业
10	C22	造纸和纸制品业
11	C23	印刷和记录媒介复制业
12	C24	文教、工美、体育和娱乐用品制造业
13	C25	石油、煤炭及其他燃料加工业
14	C26	化学原料和化学制品制造业
15	C27	医药制造业
16	C28	化学纤维制造业
17	C29	橡胶和塑料制品业
18	C30	非金属矿物制品业

序号	代码	行业名称
19	C31	黑色金属冶炼和压延加工业
20	C32	有色金属冶炼和压延加工业
21	C33	金属制品业
22	C34	通用设备制造业
23	C35	专用设备制造业
24	C36	汽车制造业
25	C37	铁路、船舶、航空航天和其他运输设备制造业
26	C38	电气机械和器材制造业
27	C39	计算机、通信和其他电子设备制造业
28	C40	仪器仪表制造业
29	C41	其他制造业
30	C42	废弃资源综合利用业
31	C43	金属制品、机械和设备修理业

注：笔者根据 2017 年发布的《国民经济行业分类》（GB/T 4754—2017）整理。

1.3.4 高质量发展

关于高质量发展，现有的研究认为，经济、社会、制度系统高度现代化是高质量发展的典型表现（Giddens and Pierson，1998；Reinert，2007；高柏，2008），而报酬递增和可持续是制造业高质量发展的基本特征（高培勇等，2020）。报酬递增一方面要求产业具备规模发展、质量效益、结构优化和可持续发展的竞争优势，另一方面强调企业拥有资源基础、动态能力、战略柔性和价值导向的世界一流组织特征（黄群慧等，2017）。可持续发展则更关注新发展理念驱动下的新型制造业转型（李廉水和杜占元，2005）。

本书中的"高质量发展"则是指制造业从规模发展到质量效益、产业结构高级化、产业组织变革、可持续发展和全球化链主的高质量进阶，是从传统产业转向产业基础高级化、产业链现代化，从关键核心技术高度依附转向创新驱动发展，从价值增值低端环节迈向全球价值链中高端环节。

1.4 研究内容与研究方法

1.4.1 研究内容

本书遵循"实态问题识别—目标定位方向—路径方案设计—驱动机制体系"的框架思路设置研究内容，具体包括以下四个方面。

（1）"三链"双循环下我国制造业发展实态与问题分析

具体包括：①产业链双循环下制造业发展实态与问题分析。从产业规模、质量效益、结构优化和可持续发展四个方面分析产业链双循环下制造业发展实态，从产业链安全自主可控、柔性韧性、关联与协同三个方面明晰产业链双循环下制造业发展问题。②创新链双循环下制造业发展实态与问题分析。从创新规模、创新效益、创新协同和创新环境四个方面分析创新链双循环下制造业发展实态，从知识链、技术链和成果转化链识别创新链双循环下制造业发展存在的问题。③价值链双循环下制造业发展实态与问题分析。从价值链参与程度、分工地位和价值增值能力三个方面分析价值链双循环下制造业发展实态，并识别存在的突出问题。

（2）"三链"双循环下我国制造业高质量发展的目标定位

具体包括：①典型发达国家制造业发展的比较研究。通过分析比较美国、日本、德国制造业的发展特点，总结发达国家制造业发展的共性与个性经验。②国内典型省份制造业发展的比较研究。通过逐一分析广东省、江苏省、浙江省、北京市、山东省、上海市、福建省、重庆市、陕西省、东北地区制造业的发展特点，总结国内制造业发展的共性与个性经验。③我国制造业高质量发展的 SWOT 分析。分析我国制造业高质量发展的优势与劣势，面临的机会与威胁。④我国制造业高质量发展的目标定位。从嵌入国际产业链分工协作网络、主导国际产业链分工协作两个方面确立我国制造业高质量发展的产业组织变革目标定位，从传统产业、新兴产业和未来产业三个方面确立我国制造业高质量发展的结构优化目标定位，从质量管理、标准制定和品牌建设三个方面明确我国制造业高质量发展的质量效益目标定位，从数智化、绿色化和服务化三个方面明确我国制造业高质量发展的可持续发展目标定位，从产业链"链主"、创新链"链主"和价值链"链主"三个方面确立我国制造业高质量发展的全球化目标定位。

（3）"三链"双循环下我国制造业高质量发展路径研究

具体包括：①产业链双循环下制造业高质量发展路径。从产业基础质量提升、核心技术质量突破、先进标准引领和品牌建设驱动四个方面设计提升产业质量效益的路径，从传统产业现代化、新兴产业规模化和前瞻布局未来产业三个方面设计推动产业结构高级化的路径，从培育创新主导能力、增强业务集成能力、提升市场议价能力、提升国际生产共享能力、增强贸易渠道控制能力和提升服务外包发展能力六个方面设计构建产业链"链主"的路径。②创新链双循环下制造业高质量发展路径。从嵌入国际产业链分工协作网络和引领国际产业链分工协作两个方面设计促进产业组织变革的路径，从数智化、绿色化和服务化三个方面设计巩固产业可持续发展的路径，从政产学研用协同创新、大中小型企业融通创新、金介用支撑创新、跨国技术联盟合作和海外技术投资并购五个方面设计构建创新链"链主"的路径。③价值链双循环下制造业高质量发展路径。从推进产业转移和改善资源错配两个方面设计优化国内价值链的路径，从"一带一路"推动自贸试验区和自贸港有机对接两个方面设计培育包容性区域价值链的路径，从嵌入发达国家价值链环流和引领发展中国家价值链环流两个方面设计构建价值链链主的路径。

（4）"三链"双循环下我国制造业高质量发展驱动机制研究

具体包括：①畅通"三链"双循环的协同机制。从完善关键核心技术攻坚机制、孵化中试示范推广机制和完善科技成果转化高效机制三个方面研究围绕产业链部署创新链，从完善科技型企业梯次培育机制和完善"专精特新"企业梯次培育机制两个方面研究围绕创新链布局产业链，从推动实施"强链"实现价值增值、持续发力"补链"实现价值攀升和落实"延链"行动实现产业升级三个方面研究以价值增值为导向的产业链延伸机制，从积极推进"扩链"实现价值创造和完善落实"谋链"拓宽价值渠道两个方面研究以价值创造为核心的创新链培育机制。②"三链"双循环下我国制造业高质量发展的治理机制。从构建产业安全动态监测机制、完善产业安全预警诊断机制和健全产业安全预警评估机制三个方面研究产业安全预警机制，从建立区域内产业发展壮大机制、建立区域间产业协同联动机制和建立国内价值链与全球范围区域价值链延伸拓展机制三个方面研究国内价值链与区域价值链互联机制。③"三链"双循环下我国制造业高质量发展的保障机制。从金融、财税、要素和人才四个方面研究相应的保障机制。

1.4.2 研究方法

针对不同问题采用特定方法进行研究。

第一，采用产业竞争力评价法、指数加权法分析产业链双循环下我国制造业发展实态，运用比较分析法识别创新链双循环下我国制造业发展实态，使用总贸易核算法、跨国投入产出法、模型构建法分析价值链双循环下我国制造业发展实态，运用比较分析法分析我国制造业发展中存在的问题。

第二，利用文献研究法、文本分析法、制度演化比较法、政策文本量化分析法开展国际与国内制造业发展的比较研究，总结共性经验和个性经验；借助SWOT分析法识别我国制造业高质量发展面临的优势与劣势、机会与威胁，结合技术预见分析法，确立"三链"双循环下我国制造业高质量发展的目标定位。

第三，运用知识图谱分析法、技术预见分析法设计产业链双循环下我国制造业高质量发展的路径，运用文献研究法、文本分析法设计创新链双循环下我国制造业高质量发展的路径，利用贸易网络分析法等设计价值链双循环下我国制造业高质量发展的路径。

第四，利用政策文本分析法、制度演化比较法等提出"三链"双循环下我国制造业高质量发展的驱动机制。

2　相关研究综述

在双循环新发展格局背景下，中国制造业如何与"三链"高效互动以推动自身高质量发展，具体通过哪些路径和驱动机制实现高质量发展，已成为学术界研究的焦点问题。通过梳理文献可知，现有关于我国制造业如何实现高质量发展及其发展路径与驱动机制的相关研究主要集中于以下五个方面：新发展格局及制造业高质量发展的内涵，新发展格局对制造业高质量发展的影响，"三链"与制造业高质量发展的互动关系，制造业通过高端化、智能化、服务化、绿色化转型路径实现高质量发展，推动制造业高质量发展的驱动机制与政策体系。

2.1　新发展格局内涵研究

新发展格局涉及经济结构优化、资源要素配置、内外贸易平衡、外部环境变革等方面，是影响国家经济发展全局战略的顶层设计（刘凯鹏，2021）。新发展格局既可以充分发挥我国超大市场规模的潜力和优势，将发展重心更多置身国内，又可以通过畅通国内大循环驱动国际循环，高效畅通国内和国际双市场，以推动我国更高水平对外开放（余淼杰，2020）。具体而言，新发展格局的科学内涵可从扩大内需、科技自立自强和高水平对外开放三个方面表征。

（1）扩大内需

构建新发展格局的战略基点是扩大内需，通过创造新需求、驱动高质量供给，从而促进国内大循环。构建"双循环"的目标是通过扩大内需解决国内市场问题（钱学锋和向波，2022），要把以产品出口为主的市场变为以内需引领的经济体系（汪发元，2021；刘洪愧，2021）。一方面，以供给侧主动循环的模式促成规模庞大的内需体系，稳中求进提高经济发展质量（王维平和牛新星，2021）；另一方面，畅通产品生产及销售的各个环节，使生产要素在产品各个环节之间高效流转，形成国内大循环拉动经济发展的规模市场经济（马建堂，2021）。

第一，供给侧视角。持续深化供给侧结构性改革是"新发展格局"的战略主线。加强供给侧结构性改革，使市场的供给需求结构充分匹配，从而以高质量供给满足多样、复杂和难以预测的消费需求，通过改善供给结构、满足现有需求促进国内大循环（蒲清平和杨聪林，2020），实施基于内需的经济全球化战略是构建新发展格局的核心要义（凌永辉和刘志彪，2021）。

第二，需求侧视角。新发展格局的重要基础是通过催生新需求、释放消费新潜力壮大国内大循环，将扩大内需作为新发展格局的基点（任保平和豆渊博，2021），助推内需体系的构建（洪银兴和杨玉珍，2021）；新发展格局的核心是循环，重点是畅通社会主义市场下产品生产的各个环节，使其进入有机统一的国内良性循环（裴长洪和刘洪愧，2021）。生产环节的重点在于产业链、供应链和创新链畅通，分配环节的重点在于城乡收入差距和居民的收入分配问题的解决，运输环节的重点在于金融业和实体经济的畅通及运输体系的建设，消费环节的重点在于居民消费的扩大和居民消费的升级（王一鸣，2020）；新发展格局意味着不仅要注重供给侧结构性改革，也要兼顾需求侧的管理，形成供给和需求之间的高度匹配，从而促进经济循环的畅通（黄群慧和陈创练，2021）。

（2）科技自立自强

构建新发展格局最本质的特征是实现科技自立自强，通过推动科技自立自强和稳链强链补链促进国际循环。新发展格局的核心内涵是统筹发展和安全（高培勇，2021；张其仔，2021；黄群慧，2021；马建堂和赵昌文，2020），通过畅通国内大循环，摆脱传统模式下对国际循环的过度依赖，从而促进国内价值链与全球价值链实现深度对接（刘志彪和凌永辉，2021）。

第一，国家层面。新发展格局的核心在于实现科技自立自强（黄群慧和倪红福，2021）。科技创新在畅通循环中发挥着关键作用，科技自立自强更是国家发展的战略支撑（陈曦和韩祺，2021）。科技自立自强就是要提升科技的原创能力、重大命题的破解能力，同时把强化基础研究布局、构建重大科技创新平台、壮大高新产业集群、推进产研深度融合、鼓励多方协同创新、优化创新地域系统、嵌入全球研发网络作为实现路径，进而全方位提升科技发展的独立性与自主性，将建设科技强国的主动权牢牢把握在自己手中（方维慰，2022；周勇，2024）。

第二，产业层面。新发展格局的重点在于通过实施稳链、强链、补链工程驱动价值链和产业链升级，以促进国内国际双循环。一是我国制造业一直处于全球价值链和产业链低端下游环节，应通过创新推动产业由劳动密集型向技术密集型、知识密集型转变，实现产业链价值链全面升级和地位攀升（钱学锋和向波，2022；Bjorn et al.，2021）；二是积极培育我国的"链主"企业，打造更加安全高效、更加自主可控、更高附加值的供应链产业链，以增强制造业的国际循环韧性

（刘志彪和徐天舒，2022）；三是促进和加快传统制造产业转型升级和服务化，实现制造企业科技自立自强，助推我国经济进入更高层次的循环体系（张其仔和许明，2022）。

第三，企业层面。企业牵头的科技创新是新型科研联合体攻关模式，锚定前沿引领技术，实现关键核心技术突破，增强企业自主创新能力，保障高质量的科技供给，对构建新发展格局具有重要作用。一是企业应牵头成立创新团队，科技自立自强既源于自主创新理念，又是自主创新的更高阶形态（温军和张森，2022），因此企业实现科技自立自强需自身牵头创新团队，可以在关键核心技术领域实现独立发明创造，并能对创新成果实现自主可控（操友根等，2023）；二是企业应强调合作中的创新主体地位，始终坚持市场导向（陈劲，2021；郭菊娥等，2022），这种合作创新既能降低企业自身创新投入的成本，也能分担创新风险，共享创新成果，帮助企业获取更大的市场份额（Bai and Brien，2008；李东红，2002）；三是企业在合作联盟中应着重依靠领军和龙头企业，领先企业应加强关键技术、前沿技术、颠覆性技术的研发能力。事实上，拥有较强研发能力的领军和龙头企业具有科技创新相关的完善的组织体系（陈劲和阳镇，2021；罗小芳和李小平，2021），应将合作联盟的重点聚焦于创新链和产业链的关键技术，打造高质量制造业供给体系，以提高制造产业整体竞争能力（尹西明等，2022；张赤东和彭晓艺，2021）。

（3）高水平对外开放

构建新发展格局的根本动力是高水平对外开放，"以国内大循环为主体、国内国际双循环相互促进"意味着将重心转移到服务国内需要上，充分发挥内需潜力，提高经济竞争力和韧性，并以此为基础，主动、开放地参与全球价值链重构，联通国内市场和国际市场。必须全局、系统、开放地从生产、分配、流通消费各环节入手，畅通和优化双循环，构建区域平衡发展、区域高质量发展和区域城市群一体化发展新格局。

第一，对外开放广度。新发展格局并非由外向型经济主导，而是由内向循环经济主导的相互促进、协调平衡的新发展格局（黄群慧，2021）。如2020签署的《区域全面经济伙伴关系协定》，既是促进中国与其他周边国家扩大贸易和产业合作的关键手段，也是放大国内比较优势、促进形成统一大市场、推动国内国际双循环发展的重要渠道（余淼杰和蒋海威，2021）。具体而言，一方面对外开放是多领域的开放，新发展格局是统筹发展更高水平的对外开放的经济循环，需坚持实施更宽领域、更大范围的对外开放，依托国内大市场优势，促进经济全球合作，实现互利共赢；另一方面对外开放是多产业的开放，新发展格局是要通过更高水平的对外开放融入国际循环体系。以国内循环为主导，但仍不能忽视国际循环，实现国内和国际分工的有机融合，促进国内大循环与国际循环有机结合（任保平，2022）。国际循环的内涵在发展中逐渐扩展，实现产业内分工和产业间分工，从而促进国内大循环（江小涓和孟丽君，2021），同时国际大循环的内涵可以理解为使用国际生产要素提升国内生产效益，然后向国际市场提供更高质量的产品服务（汤铎铎等，2022）。

第二，对外开放深度。我国一直在探索对外开放的经济体制，以对接标准越来越高的国际贸易规则，进而助推我国转向更高水平的制度型开放（赵伟洪和张旭，2021）。一是我国对外开放实现由政策性开放转变到制度型开放，这源于我国政府提出一系列构建开放型经济新制度，具体措施有放宽外资企业的投资进入标准、加快自由贸易区建设并逐步扩大沿海及内陆开放顺序等（缪德刚，2020）。二是实施渐进式的开放政策与过渡性的制度，以逐步消除贸易扭曲。我国渐进式政策就是从建设经济特区到开放沿海城市，再到沿海、沿江经济特区，再到内陆地区开放。在开放政策和指导制度下，我国逐渐形成了沿海、沿江、内陆的对外开放体系（余稳策，2019）。三是我国的对外开放始终坚持平等互惠、互利共赢的发展理念，从而营造了良好的国际舆论氛围。中国在构建对外开放伙伴关系时强调协商处理全球性的焦点问题，因此，中国的对外开放伙伴关系不是你输我赢的零和博弈关系，而是合作共赢关系，目的是推动全球经贸合作。在此过程中，我国需要加快设定全球经济治理制度的目标，并推进自身的制度创新以获取更大的经济话语权（杨松，2017）。

综上所述，现有研究取得了一定成果，但也存在局限性：一是从扩大内需的高质量供给、创造新需求等视角研究新发展格局内涵的较多，缺少基于价值链视角的新发展格局内涵研究；二是从科技自立自强的国家、产业及企业三个视角研究新发展格局内涵的较多，缺少基于产业链与创新链融合发展视角的新发展格局研究成果；三是从高水平对外开放的广度和深度两个视角阐述新发展格局内涵研究的较多，缺少从产业链、创新链和价值链视角解构双循环新发展格局的研究成果。

2.2　制造业高质量发展内涵研究

高质量发展是指更高增长速度的、可持续的、能够满足人民日益增长的美好生活需要的发展。高质量发展内涵表现出多维性和丰富性，要求发展战略和模式选择具有高度创新性（张鑫宇和张明志，2022）。具体地，下文从规模发展、质量效益、结构优化和可持续发展四个层面进行梳理制造业高质量发展内涵。

2.2.1 规模发展

制造业进入高质量发展阶段仍要注重规模发展，要以一定的发展速度和发展规模为基础。因此，制造业高质量发展应重视扩大国内市场需求，实现规模总量的突破，在稳中求进的同时达到高质量发展（周文和李思思，2021）。

第一，规模总量。制造业由高速增长阶段转向高质量发展阶段，对于制造业经济发展而言，高速增长与高质量发展之间存在一定的共性关系，两者在本质上描述的都是产出产品使用价值量的增加，高质量发展是在高速增长基础上实现的更高质态的发展（张涛，2020）。因此，制造业高质量发展是质量和数量统一的发展，应在稳定规模增量和规模总量的基础上实现经济发展质的飞跃（钞小静和惠康，2019）。制造业高质量发展应实现"量质齐升"的发展模式，因此制造业实现高质量发展仍要注重生产规模的扩张，并增强经济创造能力（杨浩昌等，2021），增加生产的数量和领域的广度，使企业能更好地增加产值、降低成本，实现规模发展优势。

第二，规模竞争力。制造业规模发展不仅要注重规模总量的提升，也要重视规模竞争力的提升，保持出口持续稳定发展态势。一方面出口持续稳定可以加强对新兴市场的开拓。制造业的出口规模竞争力应区分不同的制造行业，根据行业属性加强技术创新投入，提高技术密集型比重，提升劳动密集型生产效率，这有助于提高中国制造业整体技术水平和竞争优势（申君歌和彭书舟，2022；Myat et al.，2023）。联合国工业大类目录表明，中国是全球唯一拥有全部工业门类制造能力的国家（魏际刚，2015）。另一方面降低对外贸易依赖程度。改变单纯的出口导向策略，扩大内需，提升技术，优化产业结构，增强制造业对国际经济危机的抵御力，协同制造业发展质量与国际竞争力内部系统、系统与系统之间的发展（唐红祥等，2019；Zhang and Liu，2023）。在制造业高速工业化的进程中，生产了大量的产品，但是产品档次偏低，标准水平和可靠性不高，中国制造的产品总体处于价值链的中低端，缺乏世界知名品牌（黄群慧，2018），因此改善出口产品结构，开拓新兴市场，提高个性化、品质化的产品供给，也是制造业高质量发展的有力措施。

2.2.2 质量效益

制造业进入高质量发展时期最基础的就是实现质量效益。制造业高质量发展就是增强供给能力，满足社会需求，破除一系列的无效供给，实现制造业技术和结构升级，同时降低产业成本和淘汰多余产能，进而提高质量效益（李英杰和韩平，2021）。

第一，产品质量水平。质量效益内涵是提高产品的供给质量，以更好地满足日益丰富的居民消费的需求（杨伟民，2018）。进入高质量发展时期，中国制造业出口产品质量总体呈上升趋势（施炳展和邵文波，2014；余淼杰和张睿，2017）。一方面，产品质量水平的提高意味着能够满足社会需求，因为社会主要矛盾的变革是人民的消费需求向个性化和多样化的转变。同时不断增强制造业国际竞争力（易信，2022），提高制造业的质量效益要注重产品质量的管理，提高制造企业的生产率，加强劳动力的管理和监管，降低劳动成本，进而提高企业的产品增加值（任保平，2018）。另一方面，产品质量水平是最直接用于衡量制造业高质量发展的重要指标。在客观数据可获得的情况下，标准严格的质量监管、协同高效的质量管理及深入人心的质量文化可以帮助制造业打造强有力的品牌质量（彭树涛和李鹏飞，2018）。总之，产品质量水平的提高速度应追赶上制造业规模扩张的速度，以提高产业效益（周晓红，2020）。

第二，服务和品牌建设。强化品牌建设，打造具有全球影响力的系列知名品牌是建设制造强国的重要措施。我国制造业的知名品牌建设在一定程度上取得了重大成就，但是影响力和全球知名品牌相比仍有很大差距。相较而言，在全球经济激烈竞争的背景下，我国制造业拥有庞大的产业体系、市场规模及丰富的人力资本，全世界随处可见"中国制造"，但"中国品牌"无比稀缺（罗良文和梁圣蓉，2023），所以应加强品牌建设。我国制造业是知名品牌的主要构建者，也是知名品牌发挥市场效益时最大的受益者（张月义等，2020），树立制造领域品牌文化，建设全球顶级知名品牌，使中国先进制造领域品牌出海，建设制造强国，才能实现制造业高质量发展（李金华，2021）。另外，制造业以提高服务化能力助推制造业高质量发展，数据赋能助推制造业加快实时响应速率、增强服务柔性，以及提高个性化服务能力和企业敏捷能力，从而提升企业服务化能力（蒋军锋和肖晏莹，2022；Bustinza et al.，2022）。

2.2.3 结构优化

结构优化是制造业高质量发展的必然要求。通过要素和技术赋能可以优化制造业总体产业结构，提高我国制造业的产品供给能力，促进制造业传统产业和高端产业的高速发展，化解制造业内部及其外部存在的所有供需问题（李英杰和韩平，2021）。

第一，产业结构升级。高质量发展的核心是进行结构优化，改变产业结构低端锁定，促进产业结构迈向全球价值链中高端。创新可以促进我国产业结构在全球产业链和价值链中的攀升，解决关于实体经济的内部问题，还可以改变虚实经济不匹配带来的结构失衡，从而使制造业提供更高质量的产品供给，促进实体经济的发展（任保平，2021）。中国制造业如今需要通过产业结构整体升级重构价值链环节，实现在全球价值链上现有分配机制的转型和改造，完善国际分工（郭克莎和田潇潇，2021），打破低端产业结构，促进制造业产业结构的先进合理化，以质量提升引领传统产业的整体结构转型升级，推动制造业高质量发展（任保平，2018）。

第二，参与国际分工。结构优化是推动制造业产业由中低端向高端迈进、实现高质量发展的关键所在。一方面，制造业在全球产业链上受到两端挤压，不仅受到制造强国的高端封锁，也面临后发国家的中低端追赶，从而导致我国制造业规模优势逐渐丧失（吕铁和刘丹，2019）。传统产业改造升级，新兴产业培育，加快制造业向高端、智能、绿色、服务方向转型升级，可推动新旧动能接续转换，破除产业链"低端锁定"困局，提高参与国际分工的能力。另一方面，国际竞争环境发生深刻变化，各国制造业竞争日趋激烈，在我国加入全球产业分工体系后，重要任务就是提升我国制造业全球价值链分工地位（杜传忠和侯佳妮，2023；Yan et al.，2023）。对于制造业而言，嵌入由发达国家控制的制造业全球价值链体系，是实现制造业经济增长、推动高质量发展必须选择的路径（刘维林，2012）。

2.2.4　可持续发展

制造业高质量是指在新发展理念下，以低投入的生产要素、高效率的资源配置、强实力的质量能力、良好的环境质量等要素贯穿生产全过程的可持续发展（余东华，2020）。可持续发展强调人与自然的和谐共存，强调区域协调发展（牛文元，2012），是制造业实现高质量发展的目标之一（张军扩等，2019）。

第一，创新能力。我国制造业高质量发展以科技创新为核心，制造业科技创新能力是可持续发展的基石。然而，我国制造业在研发投入及创新绩效等方面，相较于发达国家的制造业都相对薄弱，所以亟须增强制造业自主创新能力，以提升我国制造业在全球产业创新体系中的地位（陈钰，2021）。一是注重多类型和多层次的人才引进。互联网平台已经成为企业和人才之间的连接器，利用互联网平台将离散的人才工作者会集，通过大数据分析将知识工作者和制造企业进行需求匹配，形成高效的人才流动系统，不仅能摆脱地区限制，也可以帮助制造业吸引全国甚至全球的创新人才（张佳悦，2018）。二是强调企业在技术创新中的主体位置。经济发展进入新旧动能转换时期，制造业是实体经济的主体，也是我国追求经济快速增长迈向高质量发展的动力要素（曲小瑜和秦续天，2022）。制造业可持续发展要求提高企业绿色技术创新能力，这是助推制造业知识储蓄和产业链优化的内在动力（Liao，2017；Sun et al.，2017）。因此，以制造业为主体的绿色技术创新能力，既能促进产业结构合理化和高级化，减少污染物排放，实现制造业可持续发展，又能实现制造业经济高质量发展（朱于珂等，2021；Yang et al.，2022）。三是打造制造业技术创新体系，各产业间实现技术创新合作，让优势产业带动其他产业共同进步，发挥优势产业技术创新溢出效应，从而提高制造业整体创新能力，加快结构绿色转型升级，促进制造业的可持续发展（杨友才等，2020；Zhang et al.，2023）。

第二，绿色发展。制造业高质量发展涵盖经济、生态、环境、文化和社会等多方面，除了经济效率、品牌质量等要素，资源环境、社会服务也是考量制造业高质量发展的重要维度（黄顺春和张书齐，2021）。一方面，制造业绿色发展是节能减排的发展，是经济结构合理的发展，是用生态成果测量的发展，是对生态和社会友好的发展（师博和张冰瑶，2018）。提高资源要素在制造业绿色发展中的地位，是对制造业可持续发展的永续保障（张峰等，2018）。另一方面，制造业绿色发展不仅是产品的绿色化，也是生产过程的绿色化。长期以来，我国制造业发展特征都是投入高产出低、能耗高效益低，难以实现真正的可持续发展，急需绿色转型升级（曲立等，2021；Andersen，2021）。因此，需积极进行绿色技术创新，降低能耗，保护生态环境，提高资源利用效率，降低发展的生态成本、资源成本和环境成本（任保平，2018），实现制造业绿色可持续发展，促进人与自然和谐共生（Gao et al.，2023）。

综上所述，现有研究取得了一定成果，但也存在一定的局限性。现有研究更多从规模发展、质量效益、结构优化、可持续发展等维度阐述制造业高质量发展的内涵，缺少适应双循环新发展格局下的制造业高质量发展内涵研究，尤其是考虑制造业高质量发展方向（数智化、绿色化、服务化），并蕴含新时代新发展理念的内涵研究，即从产业组织与变革、结构优化、质量效益、可持续发展与全球化五个方面阐明高质量发展内涵的相关研究成果。

2.3 新发展格局对制造业高质量发展的影响研究

在我国进入新发展阶段之际，制造业规模扩张已受到市场饱和与产能过剩的强烈制约。因此，推动制造业高质量发展需要构建新的体制机制环境。新发展格局应运而生，其以内循环为主体，同时利用外循环促进内循环，为消费升级和产业升级创造条件，并引入外部力量以实现双循环格局下的制造业高质量发展。据此，新发展格局对于制造业高质量发展具有重要意义。现有文献研究表明，新发展格局对制造业高质量发展的影响主要体现在创新、投资、数字化、贸易便利化、区域壁垒五个方面。

2.3.1　创新对制造业高质量发展的影响研究

创新影响制造业高质量发展相关文献主要从区域科技创新、企业自主创新双视角展开。区域科技创新促进区域内的技术进步和创新发展，注重整个区域范围内的创新网络和协作；企业自主创新能力的提升是制造业高质量发展的核心驱动力，注重实现技术突破和产业升级。

第一，区域科技创新。区域科技创新对制造业的高质量发展具有显著促进作用（单春霞等，2023）。一方面，区域科技创新是推动制造业高质量发展的关键动力。高效的科技创新能够促进技术进步，提升制造业的技术水平。更加高效的产业创新体系、更具优势的产业集群有助于营造良好的制造业发展环境，培育制造业竞争新优势，推动制造业高质量发展（Li and Yang，2022）。另一方面，区域科技创新、现代金融、人力资源等创新要素的协同作用也不容忽视。现代金融能够提供资金支持，帮助制造业企业解决融资难题；人力资源则通过提升人才素质和技术水平，为制造业高质量发展提供有力支撑（贺灵和付丽娜，2021）。此外，区域科技创新对制造业高质量发展的影响还存在显著的空间溢出效应（陈清萍，2020），这意味着，实施高市场集中度、基础设施完善、人力资本培育等重点产业政策，不仅能显著提升本地区的制造业高质量发展水平，也可以对相邻区域的制造业高质量发展产生积极的影响（张明志和姚鹏，2020；陈清萍，2020）。

第二，企业自主创新。随着全球价值链的深度嵌入，自主创新对制造业高质量发展的积极作用受到了广泛关注（胡亚男和余东华，2021）。现有研究表明，企业自主创新可直接或通过多种途径间接推动制造业高质量发展。一方面，自主创新可以直接提高企业的创新效率和生产效率，降低生产成本和交易成本，从而促进制造业的高质量发展（张帆和刘嘉伟，2023）；另一方面，自主创新以"连接—挖掘—优化和管控—增效"为基本逻辑，通过改变价值创造方式、提高价值增值效率、拓展价值创造载体、增强价值获取能力的作用机制，间接推动制造业高质量发展（吕铁和李载驰，2021；Wang，2021）。此外，实现核心技术自主可控与对外技术引进的动态平衡对推动技术升级和实现制造业高质量发展也至关重要（邢彦和杨小辉，2023）。

2.3.2 投资对制造业高质量发展的影响研究

研究投资对制造业高质量发展影响的相关文献主要从对外投资、引进外资、双向投资协调三个视角展开。对外投资可以使制造业企业走出国门，开拓国际市场，获取国外先进的技术和管理经验，增强企业的全球竞争力；引进外资可以为制造业企业提供更多的资金和资源，促进企业的技术创新和市场拓展；双向投资协调可以促进国内外投资的有效流动和优化配置，提高投资效率和效益，推动制造业企业的全球化发展。

第一，对外投资。大量研究表明，中国对外直接投资对制造业的资源开发、成本控制、市场拓展和空间布局具有显著的促进作用（刘佳骏和李晓华，2021；闫强明等，2023）。具体来说，一是通过在国外投资和运营，中国能够更好地利用全球资源，包括自然资源、人力资源和知识资源，改善自身制造业的资源基础；二是通过在国外市场获取价格更低廉的原材料或生产设备以优化生产流程，提升生产效率，从而降低制造业的生产成本；三是通过在国外市场建立销售渠道和品牌，帮助企业扩大市场份额，提升制造业品牌影响力；四是通过更好地利用全球资源，优化产业链布局，从而改善制造业的空间布局（Hong et al.，2023；岳中刚和王凯，2023；王运良等，2023；仇娟东等，2023）。另外，设立自贸区（许江波等，2022）、资源税改革（孙晓华和任俊林，2023）、税收优惠（余官胜等，2023）、数字化转型（王如萍和张焕明，2023）、产业政策（杨超和张宸妍，2023）及区域金融发展等因素均对中国对外直接投资具有促进作用，从而促进我国制造业的高质量发展。

第二，引进外资。外商直接投资在中国制造业的经济效率提升和高质量发展过程中发挥了重要作用（汪炜等，2022；闫华飞等，2022），其带来的资金、技术和管理经验，有助于优化资源配置，提高生产效率，推动制造业高质量发展（田时中等，2023；Anwar et al.，2021）。一系列的研究证实，外商直接投资对制造业高质量发展的促进作用主要体现在技术创新、营商环境和技术引进等中介因素上。首先，技术创新是制造业高质量发展的关键驱动力。外商直接投资通过技术创新，为本土企业提供了学习先进技术和管理方法的机会，从而激发了企业进行技术创新的动力（邹志明和陈迅，2023）。其次，营商环境的改善是制造业高质量发展的重要因素。外商直接投资的流入可以带动当地营商环境的改善，如提升市场开放度、优化政策环境等，进而促进制造业的高质量发展（蔡晓珊，2022）。最后，技术引进是制造业高质量发展的重要途径。通过引进国外先进技术，可以快速提升本土企业的技术水平，推动产业升级和高质量发展（高志刚等，2023）。此外，在产业链分工体系方面，外商直接投资的增加可以加快区域内的贸易自由化，重塑产业链的分工体系，通过"引资补链""引资强链""引资扩链"等措施，进一步发挥外资的积极作用，促进制造业的高质量发展（丁杰，2022；李婧和李杨，2023）。

第三，双向投资协调。双向投资协调发展对制造业高质量发展的影响已成为学术界研究的热点。该主题涉及技术溢出扩散、产业结构优化等效应机制，以及技术创新、制度质量等因素对双向投资协调发展水平的影响（李勃昕等，2023；王绍媛和郑阳芷，2022）。在效应机制层面：其一，技术溢出扩散是双向投资协调发展的关键效应，通过技术转移和知识传播，本土企业可以获取先进的技术和管理方法，从而提高制造业的创新能力和生产效率；其二，产业结构优化是双向投资协调发展的关键效应，投资的流入刺激竞争，推动本土企业进行产品升级和产业链升级，进而促进制造业的高质量发展（仇怡和胡慧，2023；张宇和蒋殿春，2021）。在影响因素层面：其一，技术创新是双向投资协调发展的关键因素，双向投资协调发展可以提供技术和管理经验的输入，激发本土企业的创新活力，提高其创新效率，推动制造业向高端化、智能化和绿色化方向发展；其二，制度质量对双向投资协调发展水平具有重要影响，良好的制度环境可以提供稳定的投资预期，降低交易成本，显著促进制造业高质量发展（Moleiro et al.，2023；柴正猛和李柯，2023）。此外，双向投资协调发展还可以促进国际产能合作，推动形成制造产业竞争新优势，进一步推动我国制造业的高质量发展（李宏兵等，2019；黄凌云等，2018）。

2.3.3 数字化对制造业高质量发展的影响研究

数字经济通过数字化和信息技术的应用，可以提高制造业的生产效率，降低成本，提高产品质量和服务水平；企业智改数转可以促进企业的技术创新和模式创新，提高企业的核心竞争力和市场占有率，数字技术的应用可以提高制造业的生产效率、降低生产成本、提高产品品质，推动制造业向高质量发展。通过梳理文献，数字化影响制造业高质量发展主要从数字经济发展、企业智改数转、数字技术应用三个方面展开。

第一，数字经济发展。数字经济通过促进产业升级、积累人力资本、提升产业链韧性、提升双元创新能力等推动制造业实现质量变革、效率变革和动力变革（周正和王博，2023；王瑞荣和陈晓华，2022；李英杰和韩平，2021）。首先，制造业企业能够利用数据要素更精准地掌握市场需求，优化生产流程，提高产品质量，从而推动产业升级（田时中等，2023）。其次，越来越多的制造业企业开始采用自动化、智能化生产方式，要求劳动者具备相应的数字化技能和知识，促进人力资本的积累和提升，进而推动制造业的高质量发展（黄令等，2023；钞小静和王宸威，2022）。再次，制造业企业能够更好地实现供应链管理、生产计划和物流配送的协同，提高生产效率和抗风险能力，从而增强产业链的韧性（姜迪和吴华珠，2023）。最后，数字经济能显著促进制造业双元创新能力的提升，使企业更好地实现技术创新和业务创新，提升自身的竞争力，推动制造业的高质量发展（杜金柱等，2023；王德祥，2022）。

需要注意的是，数字经济对制造业高质量发展的非线性影响受到对外开放、产业结构、R&D 投入和环境规制等因素的制约（刘鑫鑫和惠宁，2021）。同时，新型基础设施网络、数字产业园区的布局对数字经济在空间维度的技术创新具有明显的溢出效应（徐星等，2023），在有效推动本地区制造业高质量发展的同时，对邻近地区的制造业高质量发展存在促进作用（梁向东和苏在坤，2023）。

第二，企业智改数转。制造业高质量发展的关键在于提高企业的智能化和数字化水平（张爱琴和张海超，2021）。一方面，智能化转型通过促进人力资本结构升级、提高吸收能力和强化服务型制造等手段，改变企业的生产方式，提高企业的生产效率，降低生产成本，从而提升企业的竞争力（张吉昌等，2023；王俊和陈国飞，2020）。同时，智能化与制造业各个环节的深度融合有助于推动制造业的高质量发展，例如工序智能化可以显著提升制造业的生产效率，更好地连接产业链的各个环节，从而提升制造业的整体效率（聂飞等，2023；Liu et al.，2022）。另一方面，数字化转型通过增加客户信息优势、促进企业突破式创新等方式，显著推动制造业高质量发展（梁小甜和文宗瑜，2023；Gong et al.，2023）。同时，数字化转型存在显著的行业同群效应与地区同群效应，行业同群效应有利于增强制造业企业的创新能力，而地区同群效应会加深制造业企业的服务化程度。这表明，制造业数字化转型不仅有助于提升自身的发展水平，也可以通过行业和地区的联动效应，推动整个制造业的高质量发展（霍春辉等，2023）。

第三，数字技术应用。首先，数字技术应用主要通过提升制造业经济效益、创新效益、绿色效益及附加值效益促进制造业的高质量发展。具体来说，一是制造业通过广泛应用数字技术，可以实现生产效率的提高和生产成本的降低，从而获得更高的经济效益；二是可以为企业提供新的创新机会，开发出更具创新性和竞争力的产品，满足市场不断变化的需求，从而产生创新效益；三是可以推动企业更有效地利用资源，减少环境污染，推动可持续发展，增加企业绿色效益；四是可以提升产品附加值，从而获得更高的利润，提高制造业企业的盈利能力和市场竞争力，实现附加值效益的提升（刘松竹等，2022；黄东兵等，2022）。其次，在影响机制层面，有研究表明要素禀赋结构优化、人力资本提升和生产性服务业的集聚都对数字技术对制造业高质量发展的影响起到了显著的中介作用（谢伟丽等，2023；杨仁发和陆瑶，2023）。同时，金融支持和行业竞争能够显著强化数字技术对制造业高质量发展的驱动效应（黄东兵等，2022；谢伟丽等，2023）。最后，数字技术的应用显著推动了制造业产业链的升级，提高了出口产品的质量，进而提升了中国制造业的出口竞争力。这表明，数字技术不仅可以提高制造业的生产效率，也可以推动其向全球价值链的高端攀升。

2.3.4 贸易便利化对制造业高质量发展的影响研究

通过梳理文献可知，贸易便利化影响制造业高质量发展的相关文献主要从数字贸易便利化和双边贸易便利化双视角展开。数字贸易便利化主要通过提高数字贸易的效率和降低其成本推动制造业的数字化转型和升级；双边贸易便利化则主要通过促进双边贸易合作降低贸易壁垒，提高贸易效率，从而对制造业高质量发展产生影响。

第一，数字贸易便利化。首先，数字贸易作为新型贸易形态，通过技术创新、供应链升级、企业制度改善等因素共同促进制造业高质量发展（洪俊杰和史方圆，2023；杨慧瀛和杨宏举，2023；Danish et al.，2023）。具体来说，即通过技术创新提高制造业的出口产品质量、通过供应链升级优化制造业的资源配置、通过企业制度改善提高制造业的生产效率（金泽虎和蒋婷婷；2022；史本叶和齐瑞卿，2023；李翠妮等，2023）。其次，许多学者探讨了数字贸易开放体系、打通数字贸易合作的数据流动通道、采用跨境电商平台等措施对制造业发展质量的影响（李俊和范羽晴，2023）。研究结果表明，构建数字贸易开放体系可以实现更均衡的贸易利益分配，扩大数字贸易的市场规模（张慧智和寇弘扬，2023）；打通数字贸易合作的数据流动通道可以促进信息交流，提高产品质量；采用跨境电商平台可以降低交易成本，提高制造业生产效率（温军和张森，2022；孙玉琴和任燕，2023；周念利和于美月，2023）。可知以上措施均对制造业高质量发展具有显著促进作用。

第二，双边贸易便利化。双边贸易便利化在推动制造业高质量发展方面扮演着重要角色。随着全球化进程的加速，双边贸易额迅速增长，投资规模也不断创新高（倪月菊和牛宇柔，2023；李焱等，2022）。这种现象主要归功于"一带一路"倡议、《区域全面经济伙伴关系协定》及自由贸易协定。自由贸易协定对中国与共建"一带一路"国家的双边贸易起到了显著的促进作用（赵家章和杜妍，2022；杨连星等，2023），主要表现在需求侧、供给侧、供需交易三个方面，并通过经济规模、技术创新、外汇储备和贸易成本四种机制发挥作用（曹翔等，2023）。这些协议的实施加强了双边互联互通建设，提升贸易便利化水平，为制造产业贸易的高质量发展提供了有力支撑（陈甬军和王诗婷，2022）。具体来说，双边贸易的依存关系、互补关系和竞争关系均有助于改善双边制造业贸易条件和进出口贸易质量，从而促进中国制造业贸易地位的提升（马永健等，2023；冯德连和袁子雁，2022）。

2.3.5 区域壁垒对制造业高质量发展的影响研究

在现有文献中，降低区域壁垒对制造业高质量发展的影响研究主要从区域协同和内外联通双视角展开。区域协同通过优化资源配置和产业布局，推动区域经济一体化，从而降低地区之间的壁垒；内外联通通过降低中外技术壁垒和服务壁垒，影响中国制造业高质量发展。

第一，区域协同。区域协同对推动制造业高质量发展起着关键作用（熊焰和武婷婷，2023），主要体现在以下三个方面。首先，区域协同能够提高区域间技术邻近水平。通过产业转移，知识和技术得以在更大范围内传播和共享，这有助于提升技术创新的效率和制造业的竞争力（周波和申亚茹，2023；廖斌等，2023）。其次，区域协同是提高区域间市场互联互通水平的关键。通过要素流动，可以打破区域间的市场分割，扩大市场规模，提高市场效率，从而为制造业的可持续发展提供更强的推动力（孙铁山等，2023；刘志成，2022）。最后，区域协同能够提升生产资源配置效率。通过技术扩散，可以实现生产要素的跨区域流动和资源的优化配置，提高生产效率，进一步推动制造业的高质量发展（陈亮和倪静，2023；孙久文和程芸倩，2023）。

此外，通过区域分工合作发挥核心城市辐射带动作用，发挥优势产业的集聚效应，优化产业布局，加快共享互通，加大共建力度，可以形成协同发展的新格局（陈旭东等，2022；霍祎黎和宋玉祥，2023；谢侃侃，2023）；构建跨区域分工协作的制造产业链，发挥区域不同优势，制定差异化政策，促进区域间制造业发展持续稳定，推动制造业高质量发展（陈浩和罗力菲，2023；David and Maksim，2023；钟庭宽，2022）。

第二，内外联通。内外联通主要通过降低中外技术壁垒和服务壁垒，进而对制造业高质量发展产生影响。大量研究表明，技术壁垒和服务壁垒对制造业的影响存在两种观点：一是降低技术壁垒，提升技术互联互通水平对中国制造业贸易存在正向作用，有利于构建双循环新发展格局（刘渝琳和谢缙，2023；张慧芳和徐子媖，2023；Wei et al.，2023）；降低服务壁垒，通过贸易效应、产出效应和生产率效应等路径促进制造业经济增长（王诗勇和吴蕾，2020；张朝帅和韦倩青，2021）。二是遭遇技术壁垒的企业会通过增加研发投入、引进技术人才等路径促进企业技术创新（蔡静静和姚思宇，2021；郑休休等，2022）；服务壁垒在一定程度上可"倒逼"中国制造业提升服务化水平，促进制造业高质量发展（乔小勇和凌鑫，2020）。另有实证研究表明，技术壁垒和服务壁垒对制造业的"倒逼"作用弱于降低壁垒带来的正向效应(梁俊伟和孙杨,2021)。优惠贸易安排(PTA)、自由贸易区(FTA)、关税同盟(CU)等区域贸易协定的实施会显著提升内外联通程度,降低中外技术贸易壁垒和服务贸易壁垒,显著提升制造业贸易效率,推动制造业高质量发展(张宇,2020;沈国兵和沈彬朝,2022)。

新发展格局对制造业高质量发展影响研究的相关文献较为丰富,国内外研究者主要从创新、投资、数字化、贸易便利化、区域壁垒等单一视角对其展开详尽研究。遗憾的是,鲜有研究者结合"三链"双循环这一新发展格局的基础特征,探讨其对制造业高质量发展的影响。

2.4 "三链"对制造业高质量发展的影响研究

现有文献表明,产业链、创新链和价值链是制造业高质量发展中不可或缺的三个重要因素。一方面,"三链"之间会产生相互作用。通过不断加强"三链"之间的衔接与协同,共同推动制造业的发展和升级,提升产品的附加值,促进经济的持续增长,促进制造业实现可持续发展和高质量发展。另一方面,"三链"之间存在着密不可分的互动关系。产业链为创新链和价值链的发展提供了基础,而创新链和价值链的发展推动了产业链的升级;创新链和价值链的发展又可以推动制造业向高质量发展的方向转变,提升整个产业的竞争力。

2.4.1 产业链与制造业高质量发展的互动关系研究

《中华人民共和国国民经济和社会发展第十四个五年规划和2035年远景目标纲要》明确提出,要以推动高质量发展为主题,推进产业基础高级化、产业链现代化。制造业高质量发展目标的实现需要以产业链现代化为保障,同时,制造业高质量发展为推进中国式现代化提供了技术保障和物质基础。现有相关文献主要从产业链自主安全可控、产业协同与关联双视角研究产业链与制造业高质量发展的互动关系。

第一,产业链自主安全可控。产业链自主安全可控是畅通国内国际双循环的关键,也是新发展格局的微观基础。现有文献分别从产业链的自主可控与安全稳定两个方面展开研究。

在产业链自主可控方面,研制自主性与风险可控性是产业链自主可控关注的两大内容。掌握关键核心技术、产品质量和品牌及在产业链关键环节拥有自主知识产权是产业链自主可控的关键(洪银兴和杨玉珍,2021;西桂权等,2023)。首先在关键核心技术方面,通过加快人才培养,加强基础研究,推进底层技术创新与核心技术突破等措施,提升产业链研制自主性,补齐产业链关键技术短板,实现以创新驱动产业高质量发展。其次在产品质量方面,通过加强质量基础支撑,调动生产要素活力等措施,突破质量难关,提高产品质量与产业竞争力。进而增强产业链的抗风险能力与对薄弱环节的控制力,实现制造业的提质增效(陈晓东,2022;徐玉德,2021;付保宗,2022)。

在产业链安全稳定方面,产业链安全稳定强调提高链上各个环节的控制能力,形成韧性强、结构优、效率高、融通快、可持续的产业链。一方面,工业4.0技术的出现,强化了产业链配套能力建设,夯实了各节点企业的自主创新能力,使产业能够识别和适应市场机会与威胁,通过业务循环更好地缓冲并抵御外界冲击,提升产业链韧性,促进产业链现代化发展(Freije et al.,2022;孙琴等,2023;肖兴志和李少林,2022;Ana et al.,2023);另一方面,随着产业结构的调整,出现了科技服务业,依托其知识密集的特性,使制造业产业链上下游实现更好的协同连接,产生了制造协同聚集效应,提升了产业链的柔性与韧性,在实现资源高效配置的同时进一步推进碳减排工作(李兰冰和刘瑞,2021;李萌等,2022;贺正楚等,2023)。

第二,产业协同与关联。产业的协同与关联会产生产业生态集群,产业生态集群不仅是企业为扩大竞争优势而产生的经济群落,也是区域经济发展的支撑。现有文献大多从产业协同、产业关联两个方面分别展开研究。

在产业协同方面,产业链上各环节、多要素的协同促成了产业生态的形成。在产业生态之中,一方面,不同环节之间的紧密协作和有效沟通不仅可以减少信息传递的成本,降低生产过程中的浪费,还能够提高生产效率和资源利用率(陶锋等,2023)。另一方面,不同环节的企业和机构之间的合作不仅可以共享技术资源和知识、加速技术研发和创新、提高产品质量和功能、满足市场需求(白俊红和芮静,2023);而且产业协同和分工可以降低行业,尤其是能源依赖度高的行业的能耗强度(Lin and Teng,2023),进而可以加快制造业绿色可持续发展的步伐。产业生态之间的协同可以破解区域产业发展孤立、要素流动受阻、合作机制不完善等问题,促进城市间产业互补,合理配置区域创新要素,实现区域制造业的可持续发展(Ji et al.,2023)。

在产业关联方面,产业链的关联促使产业集群的形成,促进资源共享和优势互补,可以产生明显的规模经济和溢出效应。具体地,产业集群的形成可以促进企业之间的共同发展和共赢合作、企业自身技术创新和产品升级,进而提升整个产业的竞争力(林晨等,2023;梅强等,2023;高小玲和陆文月,2023),促进制造业高质量发展。而且,随着数字要素在全产业链条中的渗透,加速了产业集群中的技术溢出与知识共享，增强了产业链的关联效应，进一步打破了阻碍制造业高质量发展的贸易壁垒（杨仁发和郑媛媛，2023；Mohammad et al.，2023）。

2.4.2　创新链与制造业高质量发展的互动关系研究

创新链通过提供技术、人才、资金等资源，为制造业企业提供持续的创新支持。创新链的有效运作有助于提高企业的研发能力、技术水平和创新能力，推动制造业向高端化、智能化、绿色化方向发展。国内外学者通过案例分析和实证研究证实了创新链对制造业高质量发展的积极影响，认为创新链是实现制造业高质量发展的关键因素之一。现有文献主要从协同创新（多元主体协同创新）、融合创新（创新链与产业链融合）双视角研究创新链与制造业高质量发展的互动关系。

第一，协同创新。多元主体协同创新可促进信息、资源及技术共享，助力企业技术创新和产业变革，推动产业升级和优化，提高整个产业链条的效率和竞争力，驱动制造业高质量发展。目前，相关文献主要围绕内部协同创新与外部协同创新两个方面展开研究。

在内部协同创新方面，数字技术有助于打破创新要素在产业内部的流动壁垒，优化产业内部的协同治理与创新。一方面，随着数字经济规模日益壮大，数字技术与生产、管理活动深度融合，产业内部会产生不同程度的内部推动与外部拉动效果，促进制造企业在产业链上信息和资源的发布和交换（Ciarli et al.，2021；李腾等，2021；张元庆等，2023），提高产业内部协同治理与创新的水平，促进产业经济向好发展；另一方面，区块链技术与数字供应链的诞生，会提高企业信息可得性，增强与合作者的社会信任，帮助企业深度挖掘市场需求，将产品与消费者联系起来，提升供应链的敏捷性，从而更好地促进供应链上的协作创新与价值共创（Wan et al.，2022；史丹和孙光林，2022；Khaled et al.，2023），以推动制造企业高质量发展。

在外部协同创新方面，主要聚焦产学研协同创新与区域协同创新两个维度。其一，在产学研协同创新方面，合理的成本投入与收益分配、完善的共享机制、有效的激励与惩罚机制及健全的法律措施是产学研协同创新稳定运行的关键（石琳娜和陈劲，2023）。此外，政府的推动作用也不可忽视，政府的金融优惠政策，可以减轻产学研的创新负担；政府与学术界合作建立新的研发机构，可以做到有效的知识管理与更新，有利于企业孵化创新成果（Peter et al.，2023；陈怀超等，2020；Zhou and Wang，2023；Gómez et al.，2022）。目前各国实践经验表明，产学研融合创新可以有效提升创新能力，促进产业经济高质量发展（李婉红和李娜，2023）。其二，在区域协同创新方面，通过加快创新要素合理流动、关键技术扩散和产业科学转移来提高地区间的技术邻近水平，而技术邻近能够促进地区间的知识溢出和创新合作，为区域协同创新夯实基础(孙铁山等，2023)。而且随着产业数字化的不断推进，会产生显著的空间溢出效应，促进区域协同创新的深化，进而提升本地及周边城市的绿色发展水平(Runde et al.，2023)。

第二，融合创新。产业链与创新链融合发展可以推动供给侧结构性改革，构建现代化经济体系，推动经济高质量发展(胡乐明，2020)。目前，相关文献主要围绕产业链创新链双向融合展开研究。

一是围绕产业链部署和设计创新链，以产业链拉动创新链发展，主要包括两个方面的内容：其一，以借鉴吸收国外先进技术为基础形成产业链，提升自主创新能力，实现创新链优化升级，强化创新发展引领，全面推动产业集群的链式协同创新；其二，通过加深政产学研协同程度，提高制造业中小企业创新绩效，提高产业科技水平，实现关键核心技术的突破，促进科技创新转变为产业创新，在推动制造业在全球价值链向中高端攀升的同时建立以我国为主导的全球价值链(洪银兴，2019；张羽飞和原长弘，2022；张羽飞等，2022)。

二是围绕创新链布局和优化产业链，以创新链推动产业链发展，主要包括两个方面的内容：其一，通过足够的技术实力开展技术创新，实现创新科技成果的产业化，推动创新链的可持续发展，同时促进产业的协同发展，夯实创新链的基础支撑作用(匡茂华和李海海，2020；刘婧玥和吴维旭，2022)；其二，通过产业链创新链与人才链、资金链等其他链条深度融合，提供创新要素，实现知识生产和技术转化，助力产业创新，提升产业研发效率与自主创新能力(袁继新等，2016；Lee et al.，2020；Baier et al.，2021)。

2.4.3　价值链与制造业高质量发展的互动关系研究

实现制造业高质量发展的根本是加快价值链优化升级(王晓萍等，2019；张志元，2020)。通过对价值链进行优化升级，一方面可以调整和优化制造业企业内部各环节的协同关系，实现降本增效提质以及价值最大化，进而向价值链高端环节攀升；另一方面可以增加企业产品或服务的附加值和差异化，拓展制造业的增值空间。现有相关文献主要从攀升价值链高端环节、拓展价值链增值空间双视角研究价值链与制造业高质量发展的互动关系。

第一，攀升价值链高端环节。在优化产业结构方面，向价值链高端环节攀升既可以帮助我国制造业破解低端锁定困局，又可以提升绿色经济效应，促进制造业可持续发展。数字技术不断渗透制造业，加速了制造业与服务业的融合，既可以提高自身要素的利用率，扩大生产利润，提升价值链增值，又可以提升自主创新能力，避免产品同质化现象的出现，降低对国外技术的依赖，进而推动制造业产业链结构优化，摆脱价值链"被俘获"陷阱(王霞和傅元海，2023；王晓红，

2023；庞磊和阳晓伟，2023）。而且随着经济、社会和环境压力的层叠增加，制造业企业不得不考虑整个产业价值链的可持续发展（乔岳，2023）。在此情况下，制造业企业为探索新兴可持续价值链中的潜在商机，通过产销合作、共同学习，促进企业向价值链高端攀升，推动新技术融入现有产业价值链，以帮助实现"双碳"目标（Hochachka，2023；Chizaryfard and Karakaya，2022；Sanguineti et al.，2023）。

在增强国际竞争力方面，主要从技术、市场及产业集群三个角度展开研究。首先，从技术角度来看，尤其是数字技术与实体经济深度融合带动的技术革新，可以提高企业的生产运营效率，降低企业生产成本，提升要素增值能力，形成规模效应，在破除低端锁定效应的同时抓住向高端价值链跻身的机遇，继而使企业能更好地融入全球价值链分工体系（李晓静等，2023；田秀娟和李睿，2022）。其次，从市场角度来看，采用市场化方式控制全球价值链的治理结构，发挥国内超大规模市场优势，利用内需市场向内集聚资源，进而摆脱传统的依附性嵌入全球价值链的模式，激活市场消费潜力，以形成内需主导型全球价值链，主导全球价值链分工体系的关键环节。最后，从产业集群来看，通过鼓励集群内龙头企业开展海外并购和战略合作，可以吸引并集聚全球高端人才和技术资源，摆脱"低端锁定"与"高端封锁"的双重困境，从而提升产业链控制力，占据全球价值链高端环节（杨楠，2023；王霞和傅元海，2023）。

第二，拓展价值链增值空间。首先，通过提升价值链增值，制造业企业能够更好地实现产品或服务的附加值提升和差异化发展，提高市场占有率和盈利能力。其次，通过向价值链上游或下游延伸，制造业企业可以获得更多的增值环节和更高的利润，推动企业自身的转型升级。最后，通过优化价值链，提高资源的利用效率和降低环境污染，可以实现经济效益和社会效益的双赢。目前，相关文献主要聚焦产品或服务的附加值提升和差异化发展两个方面展开研究。

在附加值提升方面，主要聚焦从产品生命周期出发展开讨论。首先，在设计研发阶段，通过顾客参与的方式，提高服务质量和顾客满意度，进而实现产品附加值的提升；其次，在生产制造阶段，企业通过规模制造到规模定制，再到数字化智能制造的螺旋循环方式可以提高企业的产品附加值；最后，在运营维护阶段，针对不同目标采取不同服务模式，以达到实现产品最大价值增值的目的（Miao et al.，2014；Toshiya et al.，2018；Kuo and Wang，2012；张雨潇等，2022）。产业的转型升级与价值重构是为了提高产品附加值，获得最大的价值增值，把握低投入高产出环节，掌握核心技术与关键零部件自主权，转移投入产出一般的环节（Wang et al.，2015；欧阳艳，2017），进而推动制造业高质量发展。

在差异化发展方面，相关文献主要从客户服务差异化与产品服务差异化两个角度展开研究。从客户服务差异化角度来看，数字技术在制造业中不断融入，促进了制造企业与客户之间的信息与资源共享，提高了合作伙伴之间信息的透明度，使制造企业陷入盲目追求成本领先陷阱的概率大幅降低，进而形成以客户为中心的战略，积极开展服务创新，为客户提供更好的服务，增加企业以客户为中心的回报，实现价值增值，获得竞争优势（Gebauer et al.，2011；Mazunder and Garg，2021；Lee et al.，2022）。从产品服务差异化角度来看，企业通常提供一系列垂直差异化的产品组合，这种差异化会扩大到相关服务，能够降低低质量产品对高质量产品的蚕食并增加收入（Jain and Bala，2018）。制造商通过塑造和定制其产品和服务，在每个客户接触点增强客户体验，提高产品与服务的质量，并通过授权零售商进行分销，分担制造商提供的产品服务成本，以此实现制造商增值空间的拓展，进而获得市场竞争优势（Banker et al.，2023；Yang et al.，2019；Kalia and Paul，2021）。

综上所述，现有关于"三链"对制造业高质量发展的互动关系研究的相关文献主要从产业链、创新链或价值链等单独视角探讨其对制造业高质量发展的影响，上述研究不仅在双循环新发展格局下为我国制造业高质量发展提供了理论指导，而且为各级政府制定和实施产业政策提供了战略指引。但也存在一定的局限性：一是基于单链对制造业高质量发展的影响研究较多，缺少产业链、创新链与价值链"三链"融合对制造业高质量发展的研究成果；二是关于价值链嵌入与参与的研究较多，缺少基于国内循环和国际循环联动视角，探讨驱动我国制造业向全球价值链高端环节攀升的研究成果。

2.5　制造业高质量发展的路径研究

经过改革开放40多年的快速发展，我国制造业在规模体量、结构体系、技术水平、分工合作等方面发生深刻变化并取得了显著成效，制造业由大到强的基础更加坚实。同时要看到，我国制造业高质量发展还面临着一系列重点任务，即实现产业转型升级亟待突破短板瓶颈制约，将制造业的短板补齐、长板锻长，促进制造业实现质的有效提升和量的合理增长。而高质量发展是以满足人民日益增长的美好生活需要为目标的高效率、公平和绿色可持续的发展，中国制造业应如何应对新阶段的发展问题，实现转型升级，已成为学术界的研究热点，在现有的文献中，与制造业高质量发展实现路径相关度较高的研究主要集中在高端化、智能化、服务化和绿色化转型四个方面。

2.5.1 通过高端化转型实现高质量发展

制造业高端化转型是产业装备水平提升、产品技术含量提高和产品营销与服务内容高价值化的动态过程，相关研究主要从技术创新和附加值提升双视角展开。

第一，基于产业链高端化的技术创新视角。中国制造正在加速迈入高端化时代，推进技术创新是突破高端化发展瓶颈的关键动能。坚持推进技术创新，需要突破关键核心技术"卡脖子"问题，实现产业链供应链关键技术和核心领域自主可控。首先，从复杂原创性、前沿影响性、市场应用性和战略辐射性等维度出发（江瑶等，2023），选择技术关联度、技术交叉影响力、技术增长潜力率、基础科学关联度、技术领先度、商业化价值度、技术实用性、中介承接度、资本优势度、技术基础储备度等指标（毛荐其等，2022；张彪等，2023），构建关键核心技术识别指标体系，对关键核心技术进行识别。其次，针对关键核心技术短板，采取技术自主研发、技术替代、技术引进消化吸收再创新等方式进行关键技术攻关（王昶等，2022）。通过关键技术难题的识别和攻关，可为制造业向高端产品和服务转型提供技术支撑。此外，技术创新研究不应聚焦单一的技术，而应结合关键技术形成技术群落，通过在技术群落内快速传递信息知识（Chou et al.，2014），精准寻找相关联的技术，以核心技术吸引边缘技术，促进基础技术融合（储节旺等，2023），全面激发技术创新效能。在技术创新驱动下，应用新技术和新设备可以显著改善产品质量，提高产品附加值和市场竞争力，满足消费者对高端产品的需求。因此在新发展阶段，应强化科技创新的关键驱动作用，将技术创新这个"关键变量"转化为制造业高质量发展的"最大增量"。

第二，基于价值链高端化的附加值提升视角。附加值提升是制造业高端化转型的重要目标和驱动力。从价值链层面来看，制造业高端化转型通过提高产品设计、营销服务等环节的附加值实现。在产品设计阶段，通过引入高效、智能化的生产设备和工艺，形成"消费者设计""定制化创新"的新模式，即客户通过计算机辅助设备和网络平台，参与产品研发设计（梁俊，2021），更好地反映和挖掘产品需求，提高产品的创新性和独特性，增加产品的附加值，实现有形产品与无形服务相融合（Turker，2012）。在产品营销服务阶段，一是将营销发展重点转向品牌管理、营销手段（王洪涛和陆铭，2020），通过精细化的市场定位和品牌战略，加强品牌建设，提升产品的知名度和市场认同度，满足消费者对高品质、高附加值产品的需求（杜宇玮，2020）。二是在产品销售的基础上，开展与产品相关的高附加值服务，如售后服务、维修保养、培训咨询等。通过提供综合性的解决方案和增值服务，提高客户对产品的认可度和满意度(郭然和原毅军，2020)。附加值提升的动态过程是将现有专业化的生产环节和阶段进行深入化、精细化改造，大幅提高产品质量和服务质量，意味着制造业向价值链的高端延伸，这对促进产业从单纯的生产制造向高端化转型及实现高质量发展具有重要意义。

2.5.2 通过智能化转型实现高质量发展

制造业智能化转型是通过运用智能化技术和设备，实现生产全过程的自动化、智能化和高效化，为产品赋予更多智能化功能的动态过程。基于制造业智能化的内涵，经过文献梳理，其相关研究主要从产品智能化、装备和工艺流程智能化、运维管理智能化三个视角展开。

第一，产品智能化。产品智能化是制造业智能化转型的重要组成部分。智能产品研发决定产品智能化的程度，技术创新的产出成果是智能产品生产的基础和保障(陈瑾和李若辉，2019)。具体表现为在智能产品研发过程中，通过引入传感器技术、嵌入式系统技术、互联网技术和物联网技术等为智能产品的实现提供技术支持(Porter et al.，2015)。此外，智能产品研发需要以用户需求为导向(罗序斌，2021)，通过互联网信息技术的运用进行用户需求调研，最终将需求落地，生产由物理部件和智能部件构成的、具有动态分析能力和可追溯特性的智能化产品(陈丽娟，2018)。智能产品研发需要以探索新的材料、结构、工艺等和提高产品的性能、可靠性和经济性等为主要内容，还要加大产品知识库和基础软件资金投入，用以支撑智能化产品的基础与应用研究(谭建荣等，2018)。智能产品研发的最终成果是开发新产品，以满足市场对产品个性化和智能化的需求，推动整个制造业智能化转型，实现制造业高质量发展。

第二，装备和工艺流程智能化。推动产品智能化要求制造业实现装备和工艺流程智能化，即结合具体的生产环境和生产需求，将智能化技术应用于生产装备和工艺流程，以满足不同生产领域和生产工艺的需求。通过生产制造的智能化推动产品的智能化，增加产品的科技含量以实现价值增值(李兼水等，2019)。随着我国工业互联网网络、平台、安全三大体系夯基架梁性工作的基本完成，离散型制造、流程型制造、共享制造、在大规模个性化定制等模式下的工艺流程逐步实现智能化。在离散型智能制造模式下，生产制造以"需求设计—定制订单—生产"为特征，实现生产运营全流程数智化管理(孟凡生和马茹浩，2023)。在流程型智能制造模式下，生产制造融合智能传感、先进控制、工业云等智能制造关键技术，实现工艺、控制、调度等方面的智能优化(付宇涵等，2022)。在共享制造模式下，通过搭建制造产能的共聚、共享平台，以供需的精准匹配和智能化生产调度，有效整合与利用空闲制造产能(晏鹏宇等，

2022）。在大规模个性化定制模式下，生产制造借助具有扁平化和虚拟化特征的新型制造平台，在产品研制生产中推动跨地域、跨层级的网络化协同，实现产业链最优能力配置（Li et al.，2023）。通过装备和工艺流程智能化，制造业生产效率提升，产品质量优化，制造成本降低，品牌竞争力增强，逐渐实现规模化生产，为制造业智能化转型升级增能助力。

第三，运维管理智能化。运维管理智能化对制造业的智能化转型具有重要的推动作用。实现运维管理智能化需要建立设备运维知识管理库、信息流传播渠道、设备可视化的管理平台。其中，设备运维知识管理库构建自运维人员的实践经验，用于运维人员培训教学和正确反映设备故障（赵伟等，2023）。信息流传播渠道用于将设备信息传递给专业运维部门，使专业运维部门基于设备信息提供解决方案（程凯，2023）。设备可视化的管理平台实现实时查询、异常报警、自动开合等操作（戚小玉，2023）。智能化运维管理可以提高设备利用率，降低生产时间和成本，并提高决策效率。智能化运维管理也需要以科技创新为支撑，要求制造企业结合工业互联网和智能制造背景（Huang et al.，2020），在服务中融入新兴技术工具（张雨滒等，2022），以增强服务创新力，推动制造端与服务端的深度融合和实现制造业智能化转型升级，向高质量发展逐步迈进。

2.5.3 通过服务化转型实现高质量发展

制造业服务化转型是"微笑曲线"中较低价值的组装、制造环节向更高价值的设计、研发和服务环节移动的动态过程。基于服务化转型的内涵，通过梳理现有文献，发现其相关研究主要从价值链上游服务化和价值链下游服务化双视角展开。

第一，价值链上游服务化。价值链上游服务化是制造业服务化转型的必要手段之一，是指在生产制造环节提供服务，具体表现为在生产制造环节向客户提供包括产品需求调研、个性化研发设计、可行性论证、通信服务、便捷化的电子商务、人力资源交流与咨询等在内的服务（吴良勇和李春杰，2018；Chih et al.，2019；王丽娜等，2019），使生产制造从以加工组装为主转向"制造+服务"的模式、营销活动从单纯出售产品转向出售"产品+服务"的组合，进一步使产品销售收入从"一次性"获得转向"持续性"获得（李晓华，2023）。提供以上服务需要通过引入信息化技术，建立面向客户的研发数据库，整合客户信息，打造企业与客户互动的定制服务平台，形成集虚拟设计、需求分析、按需设计于一体的综合性服务体系（杨蕙馨等，2020；边云岗和樊建锋，2022；戚聿东和徐凯歌，2022），推动数字要素向企业生产环节渗透（纪洁等，2023），增加产品多样性，使增值性服务与产品融合的服务型制造更符合制造业服务化的本义，进一步实现制造业服务化转型。

第二，价值链下游服务化。价值链下游服务化是制造业服务化转型的必要手段之一。价值链下游服务化是指在制造业的下游价值链中增加服务环节，将服务作为产品的一部分提供给顾客（Mastrogiacomo et al.，2019），具体表现在为客户提供包括针对产品的基础性服务和延伸性服务两种类型的服务活动。基础性服务基于产品制造，聚焦产品供应，如技术培训、安装、调试等（刘晓彦等，2020）；延伸性服务基于产品使用，聚焦产品的状态维护和良好运行，如日常保养、维修、实时化的在线支持等（李靖华等，2019；胡查平和梁珂珂，2022）。运维服务平台是企业提供延伸性服务的中介，企业基于人工智能技术，通过大数据、现代机器学习及更多高级分析技术，使建立的运维服务平台具备主动性、个性化及动态可视化的运维数据分析能力，进而通过资源共享推动资源高效匹配、技术共享降低研发成本、价值共创推动价值迭代再升值（戴克清和陈万明，2020），实现生产制造与服务运维信息的高度共享（包航宇等，2023）。为解决运维信息传递不畅的难题，顺利推进运维服务平台化，需要联合内外部的优势资源，以合作伙伴及利益相关群体的良好价值共创关系为基础（朴庆秀等，2020），应用战略联盟策略推进信息传播渠道的创新（Cenamor et al.，2017），建立高效率、便利化的运维服务平台。

总之，推动制造业服务化，既要打牢基础，即掌握关键的核心技术并且能够生产优质的、差异化的产品，还要保持长期持续的自主创新，将服务要素融入制造业生产流程以促进制造业产出符合市场需求的"产品+服务包"（李天柱等，2018）。同时，制造业出现的"服务化陷阱"即制造业企业进行服务化后利润不升反降的问题也不容忽视（Gebauer et al.，2005），只有解决"服务化陷阱"问题才能确保制造业在通过服务化转型实现高质量发展的道路上行稳致远。

2.5.4　通过绿色化转型实现高质量发展

制造业绿色化转型是聚焦产品全生命周期，坚持绿色技术引领，实现经济活动过程和结果，以及绿色化和生态化的动态过程。针对绿色化转型的内涵，通过梳理文献发现其相关研究主要从绿色产品创新和绿色工艺创新双视角展开。

第一，绿色产品创新。绿色产品创新在制造业绿色化转型中发挥着重要作用。通过绿色产品创新，可以提高产品质量和市场竞争力，降低环境污染和资源浪费，实现绿色转型并走向可持续的高质量发展之路。绿色产品创新包括绿色产品开发设计、绿色原材料选择、绿色产品包装等各环节的创新（Chan et al.，2016）。在产品研发设计环节，一是根据自身产品特点和市场需求，加大研发资金投入，提升绿色低碳技术创新能力，对关键技术进行攻克（于法稳和林珊，2022）；二是依靠人才优势，企业具有更多掌握绿色技术、具备绿色发展理念的高素质人才，可以针对关键技术开展精准创新，提高新技术的应用效率，推动企业向绿色化转型（刘朝，2023）。在原材料选择环节，一是使用环境友好型材料，即使用对生态环境和人类健康无害，具备安全性、经济性和废弃物可降解、可处理、可再生利用性的包装材料（王琪等，2023）；二是选择可循环利用型材料，即从材料本身的可回收性和可再生性出发，选择具有良好的使用性能和优良的环境协调性的材料（宋丰伊等，2023）。在产品包装环节，一是采用包装减量化设计，包装减量化设计主要体现在所使用的包装材料可降解、可再生、可循环利用的材料比重增加，高污染、不可降解的材料比重下降（王健，2023）；二是包装再循环可持续化使用，包装再循环可持续化使用是在包装基本功能之外，在包装的全制造过程中，选择绿色环保可降解的原材料，改进产品包装的生产工艺，增加使用功能以延长包装的生命周期，提高产品外包装的利用率，减少资源浪费以及降低环境污染（董娅南，2023）。此外，制造业应当在发展过程中，将绿色理念嵌入产品创新过程（Xie et al.，2019；Lee，2023），可形成绿色产品创新新态势（郭丕斌和张爱琴，2021），助力绿色化转型，推动制造业高质量发展。

第二，绿色工艺创新。绿色工艺创新注重减少废料和废气的排放，通过优化生产过程提高资源的利用效率，减少浪费和污染，实现制造业的绿色化转型。绿色工艺创新包括在生产过程中改进现有生产工艺和清洁生产技术（李婉红和李娜，2023），以及处理生产结束后排放物的末端治理技术（程粟粟和张帆，2022）。在改进现有生产工艺和清洁生产方面，强调在环境技术标准下，从源头减少污染，提高资源利用效率和更新优化用能结构（万攀兵等，2021）。在末端治理方面，强调将污染物转化为较易处理的其他物质以减少生产末端的污染排放（解学梅等，2020）。此外，研发投入是开展绿色创新活动的重要资源支撑，应积极引导研发投入偏向绿色工艺创新领域（谢宜章和杨帆，2023）。将绿色工艺创新应用于生产实践，研发具备可回收性、低污染性等特征的环保产品（何智励等，2021），可降低产品对环境的负荷，优化生产要素的产出效率（Singh and Saurabh，2022），推动产业升级，为制造业高质量发展增添新的驱动力量。

本节梳理了制造业高质量发展的实现路径，具体包括：通过技术创新和附加值提升方式实现高端化转型，通过产品智能化、装备和工艺流程智能化、运维管理智能化方式实现智能化转型，通过价值链上游服务化和价值链下游服务化方式实现服务化转型，通过绿色产品创新和绿色工艺创新方式实现绿色化转型，进而推动制造业高质量发展。现有关于制造业高质量发展路径的研究仍存在以下两个方面的不足：一是制造业行业门类众多且彼此间差异明显，但现有研究大多忽略了高质量发展战略与制造业不同行业属性间的适配性问题；二是现有研究多从高端化、智能化、服务化、绿色化转型等单一视角研究其对制造业高质量发展的赋能作用，缺少基于产业链、创新链、价值链融合视角下高质量发展实现路径的研究成果。

2.6 制造业高质量发展的驱动机制研究

《中华人民共和国国民经济和社会发展第十四个五年规划和2035年远景目标纲要》提出，深入实施制造强国战略，坚持自主可控、安全高效，推进产业基础高级化、产业链现代化，增强制造业竞争优势，推动制造业高质量发展。对此，现有文献主要聚焦创新驱动机制和金融驱动机制两个方面展开研究。

2.6.1 制造业高质量发展的创新驱动机制

创新是经济高质量发展的第一动力，能够对制造业高质量发展产生一定的推动作用（师博和樊思聪，2021），创新驱动制造业高质量发展的机制包括自主创新驱动机制、政产学研用协同创新驱动机制。

第一，自主创新驱动机制。我国制造业关键核心技术受制于人的现象仍然存在。解决这一问题的关键在于创新，尤其是自主创新。从宏观层面来看，需要完善政策法规，推动形成创新驱动发展的内生机制，通过建设功能完备、运行高效的制造业创新体系，提升制造业创新驱动发展的能力（贺俊，2021）。科技人才要素的投入和研发资金的投入能够显著提升区域创新能力（姜玉梅等，2021），通过深化人才体制改革，建立合理的人才流动机制，促使制造业的高技术人才在区域层面流动（刘成坤和林明裕，2023）。创新能力对制造业高质量发展存在显著的空间差异性，应对不同类型区域制定差异化政策（高丽娜和宋慧勇，2020）。从微观层面来看，创新主体已由过去的高校、科研院所转变为制造业企业。自主创新驱动机制能够有效改变资本、劳动力和资源配置方式，为企业探寻出最优的配置方案，提高企业的高质量发展水平（窦丽琛和柳源，2022）。研发投入是提升制造业企业自主创新能力的基础，能有效助力企业开展研发活动，促进企业创新能力的提升（郭秀强和孙延明，2020），研发投入包括研发人员投入和研发资金投入。人才为核心驱动因素，有了创新人才才可能产出创新成果；资金投入为重要保障，保障创新成果的高质量产出（张治河等，2019）。

第二，政产学研用协同创新驱动机制。产学研深度融合发展是推动企业创新的关键源泉（Ambos et al.，2008），无论是产业界还是高校抑或是科研机构，尽管它们在创新活动上的表现形式不同，但在"减少外部环境的不确定性影响以及提高对未来的预判技能"等方面需求都是相近的（Ankrah et al.，2013），产学研融合促进知识在组织间的共享和转移，能够有效推动产业的技术创新发展水平（Hong and Su，2013）。随着市场经济的发展，用户参与创新成为企业价值创造的新途径（刘洪民和杨艳东，2017），同时，制造业企业高质量发展需要政府的支持和推动。据此，政产学研用协同创新成为现代制造型企业竞争优势增长的重要途径。制造业企业通过听、看等途径，全方位对消费者需求和偏好进行了解和掌握，将其融入对产品的设计、开发、升级或再消费等环节，使科研机构和高校等创新主体参考用户价值主张并进行创新（张省等，2017）。通过政产学研用融合创新方式提升制造业企业竞争力是持续的动态过程，通过相似的利益追求、建立创新平台、项目研发和转移转化、市场和政府双元驱动四个环节，构建永续运行机制助力政产学研用的协同创新（原长弘等，2015）。创新成果的转化是促进制造业高质量发展的重要纽带，而政产学研用深度融合是解决成果转化问题的关键。要以创新为动力引领产业发展，面向国家重大需求，从"重视数量"转向"提升质量"、从"规模扩张"转向"结构升级"、从"要素驱动"转向"创新驱动"，深度融合政产学研用，加快形成技术成果、产品成果和产业成果，建立完善科技成果转化相关体制机制（张亚明等，2021）。

2.6.2　制造业高质量发展的金融驱动机制

高效的金融资源配置是提高我国经济发展质量的直接动力（魏蓉蓉，2019）。金融驱动制造业高质量发展机制包括投资驱动机制、投贷联动驱动机制和产业基金驱动机制。

第一，投资驱动机制。投资主要包括风险投资和私募股权投资。区域层面风险投资能够从产业价值创造、绿色化发展等方面推动产业高质量发展（余婕和董静，2021），通过资助新兴产业形成产业扩散效应的方式推动产业结构转型升级（庞明川等，2021），通过技术创新、技术扩散及科技竞争等方式呈现溢出效应（刘娥平等，2018）。制造业企业尤其是初创企业，在获得风险投资后所进行的技术创新和效率提升，会在一定程度上影响行业内其他企业，从而助力行业整体实力的提高（Aldatmaz，2013）；在企业层面，风险投资通过提供资金支持以缓解企业融资压力，实现资源整合优化配置等途径，促进制造业企业发展（Popkovaeg et al.，2021）。风险投资通过合理配置自身资源，改善受资企业内部治理结构，提高受资组织生产经营效率和企业竞争力。作为短期投资行为，风险投资人在获得理想资本增值后会退出企业。因此，风险投资有动力帮助初创企业进行生产扩张和重组再造，从而实现受资企业的成长和资本增值（曹文婷和杨永华，2023）。私募股权能够有效推动制造业产业的创新增长（肖宇，2022），对于微观受资企业而言，能够有效缓解企业融资约束问题，且利用私募机构自身知识资源助力企业进行决策，为企业提供技术指导并进行监督（Wilson et al.，2003），改善受资企业的市场管理水平（郑勇等，2022）。但也有学者认为，私募股权对企业发明专利创新绩效的影响并不显著，即私募投资推动的是企业的数量创新而非质量创新（刘冠辰等，2022）。

第二，投贷联动驱动机制。在投贷联动模式下，银行不直接对制造业企业进行股权投资，而是通过与其他机构合作的模式进行，如与风投机构、子公司合作等。企业股债权归同一持有者，该持有者拥有显著的信息优势，在选择投资企业时会优先选择信度高的企业，从而有效降低受资企业的融资约束（Tian and Wang，2014）；投贷联动不是为获得短期利润，而是为实现战略目标。银行系风投会倾向寻找银行贷款和风险投资的互补性，实现业务协同获利（Guillaume and Alexander，2012）。据此，投贷联动通过缓解融资约束、关注长期利益两种方式促进企业创新（程京京等，2021），实现企业价值增值和高质量发展。

第三，产业基金驱动机制。国家基金可对制造业产业直接投资，也可以通过设立子基金对制造业企业进行投资和融资活动。同时，国家基金在某一产业设立子基金，能够进行市场信号的释放，促使金融资本对该产业的积极进入。另外，国家资本对产业现存企业提供创新动力，也能为新进入者提供政策支持信号，促进产业竞争（张果果和郑世林，2021）。与私人风险投资行为的逐利性不同的是，政府产业基金是为了缓解企业在融资方面的市场失灵困境，因此更能缓解早期高科技企业的融资缺口问题（李宇辰等，2021）。由于区域经济发展及创新活动的水平不同，各地区的产业基金投资支撑企业创新活动的效果也不同。相较于其他创新发达地区，在私人风险投资不完善的欠发达地区，政府产业基金通过投资与企业形成的天然政治关联，能够降低企业法律诉讼风险，形成正式产权保护制度替代机制。同时，这种政治关联可为企业生产经营活动提供资源，改善企业经营状况、缓解企业现金流压力，形成弥补融资缺口的替代机制，对企业的创新数量具有显著的正向作用（李宇辰等，2022）。

现有研究主要从创新驱动和金融驱动两个方面探讨制造业高质量发展的驱动机制。其中，创新驱动具体包括自主创新驱动和政产学研用融合发展驱动，金融驱动主要包括投资驱动、投贷联动驱动、产业基金驱动三个方面。现有研究仍存在一定的局限性：一是在整体维度，缺少"三链"双循环下制造业高质量发展驱动机制的相关研究成果；二是在具体驱动维度，缺少新技术、新组织、新模式、新业态的相关研究成果。例如，当前在我国数字经济日新月异的背景下，仅依靠投资、投贷联动和产业基金的支持远远不够，还需发挥科技金融、供应链金融、数字金融、绿色金融等新业态新模式对制造业高质量发展的支撑和保证作用。

本章小结

本章系统回顾了新发展格局与制造业高质量发展内涵，新发展格局对制造业高质量发展的影响，"三链"对制造业高质量发展的影响，制造业高质量发展的实现路径，推动制造业高质量发展的驱动机制等相关研究成果，在此基础上对现有研究进行评述。通过文献回溯，一方面识别现有研究的盲点和缺口；另一方面对已有研究观点进行归纳总结，为后续研究指出研究视角和研究方法。

3 "三链"双循环下我国制造业发展实态与问题分析

改革开放以来，我国制造业整体取得了长足发展，但制造业大而不强、基础研发能力薄弱、关键技术空心化、国际化程度不高等问题仍然突出。众多关键技术、核心零部件严重依赖进口，制约了我国制造业产业链供应链的安全性与竞争力的提升。在双循环新发展格局下，我国距离实现"建设制造强国，打造先进制造业产业体系，推动我国制造业整体高质量发展"的目标仍有显著差距。因此，有必要对我国制造业的发展现状进行全面剖析，梳理制造业发展进程中存在的关键与共性问题。本章通过描述性统计对我国制造业发展现状进行实态分析，并进一步从产业链、创新链、价值链三个方面厘清我国制造业高质量发展过程中的主要问题，为后续目标定位、发展路径及驱动机制部分奠定研究基础。

3.1 产业链双循环下制造业发展实态与问题分析

在全球产业链供应链加速重构等背景下，要推动我国制造业高质量发展，需要从产业链国内国际双循环视域下对我国制造业的发展现状进行实态分析。本节从制造业产业规模、产业效益、产业结构、产业可持续发展四个方面对我国制造业的产业发展实态进行分析，并参照美国、德国、日本等制造业发达国家及印度等新兴市场国家数据，通过横向国别对比与纵向趋势比较，掌握我国制造业产业发展实态信息。然后，在实态分析的基础上，进一步从产业链双循环视角下梳理我国制造业发展过程中存在的关键与共性问题，为后续目标定位、发展路径及保障机制的研究奠定基础。

3.1.1 产业链双循环下制造业发展实态分析

高质量发展以"质量第一、效益优先"为原则，我国经济要实现高质量发展，必须以高质量的制造业作为支撑。自改革开放以来，我国制造业整体发展实现了高速跨越，已建成门类齐全、体系健全、独立完整的制造业体系，是目前全球唯一拥有联合国产业分类目录中所有工业门类的国家，具体包括41个大类、207个中类和666个小类。从制造业产业规模看，现阶段我国已成为名副其实的全球制造大国，制造业的持续扩张有效带动了我国的工业化与现代化进程。然而，在产业规模取得快速发展的同时，必须深刻认识到当前我国制造业处于"大而不强"的尴尬处境，总体仍处于全球制造业价值链的中低端，同全球制造业发达国家相比，在产业结构、基础研发、工艺流程及国际竞争力等方面差距依然显著。

当前我国已迈入后工业化时代，并逐步向高质量发展阶段迈进，目前依靠产业规模、政策刺激、基础设施、人口红利等为支撑的增长模式难以为继，制造业转型发展势在必行。在此阶段，客观、合理地评价当前我国制造业发展现状成为优化产业结构、转变发展方式的重要前提。本书从制造业发展实力与发展潜力两个方面对我国制造业发展现状进行实态分析，在制造业发展实力方面，通过规模发展、质量效益两个维度进行评价；在制造业发展潜力方面，通过产业结构与可持续发展两个维度进行综合评价。

规模发展维度代表了制造业规模发展的整体概况，用于评价某一个国家或地区产业体系的规模水平与贸易总量，即反映"大"的状况；质量效益维度主要反映制造业经营绩效水平，表现了一个国家或地区制造业生产组织效率与品牌质量，即评估"好"的状况；产业结构维度结合一国制造业区域布局角度，综合反映一个国家或地区制造业国内与国际产业结构水平；可持续发展维度主要结合产业转型与升级视角，反映一个国家或地区制造业绿色化水平、数字化水平等，即考察"稳"的状况。本节借鉴联合国工业发展组织2020年发布的《2020全球工业竞争力指数报告》及中国工程院2020年12月发布的《2020中国制造强国发展指数报告》等相关资料，基于规模发展、质量效益、产业结构、可持续发展四个方面进行制造业发展实态分析，具体指标及维度如表3-1所示。

表3-1 中国制造产业发展实态评价分析指标体系

一级指标	二级指标	选取维度
规模发展	制造业增加值总额与增速	规模总量
	制造业增加值占GDP比重	
	制造业出口额占本国商品出口总额比重	规模竞争力
	制造业出口额占全球制造业出口总额比重	

续表

一级指标	二级指标	选取维度
质量效益	制造业全员劳动生产率	产业效率
	制造业增加值率	
	一国制造业拥有的世界知名品牌数	品牌质量
	制造业出口质量指数	
	高技术产品出口额占制成品出口总额比重	
产业结构	基础零部件进出口总量及均价	产业结构基础化
	机械装备制造业增加值占制造业增加值比重	
	外商直接投资占主营业务收入比重	
	中高技术制造业增加值占制造业增加值比重	产业结构高级化
	高、中、低技术及资源型制造业出口额占本国制造业出口总额比重	
	高技术产业贸易竞争优势	
	制造业生产阶段数	
可持续发展	一次能源消耗总量及结构分布	绿色化
	制造业二氧化碳排放强度	
	数字化发展指数	数字化服务支撑
	服务业增加值占制造业出口总额比重	
	物流绩效指数	

注：笔者根据《2020 中国制造强国发展指数报告》《2020 全球工业竞争力指数报告》整理。

3.1.1.1　产业规模

制造业产业规模可从规模总量、规模竞争力两个维度综合反映，其中规模总量包括制造业增加值总额、制造业增加值增速、制造业增加值占 GDP 比重三项指标，规模竞争力从制造业出口占本国商品出口比重、制造业出口占全球制造业出口总额比重两个维度反映。

（1）制造业增加值总额是反映一个国家或地区制造业发展规模的绝对值指标

如图 3-1 所示，2013～2021 年，中国制造业增加值总额规模优势明显，从 2.94 万亿美元增长至 4.87 万亿美元，样本期内中国制造业年平均增速为 8.50%，美国制造业增加值总额从 2013 年的 1.98 万亿美元增长至 2021 年的 2.56 万亿美元，年平均增速为 2.92%。从制造业增加值总额来看，中国自 2010 年起连续 12 年居于世界制造业第一大国的地位，2021 年中国制造业增加值占全球比重近 30%。样本期内，日本、德国等国家增加值较稳定，新兴经济体印度增加值总额相对较低，2021 年制造业增加值仅为 0.44 万亿美元。

（万亿美元）

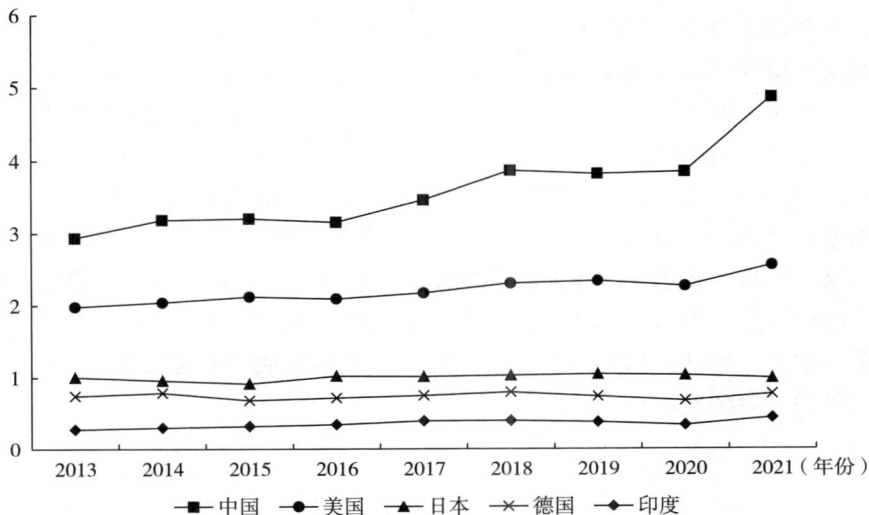

图 3-1 2013~2021 年样例国家制造业增加值总额

注：笔者根据世界银行数据库、《中国国民经济与社会发展统计公报》整理。

（2）制造业增加值增速是考察一个国家或地区制造业发展速度的相对指标

由图 3-2 可知，2013~2021 年，各国制造业增加值增速普遍呈先下降后上升趋势，其中，在 2013~2020 年整体呈下降趋势，2021 年则出现反弹。例如，

（%）

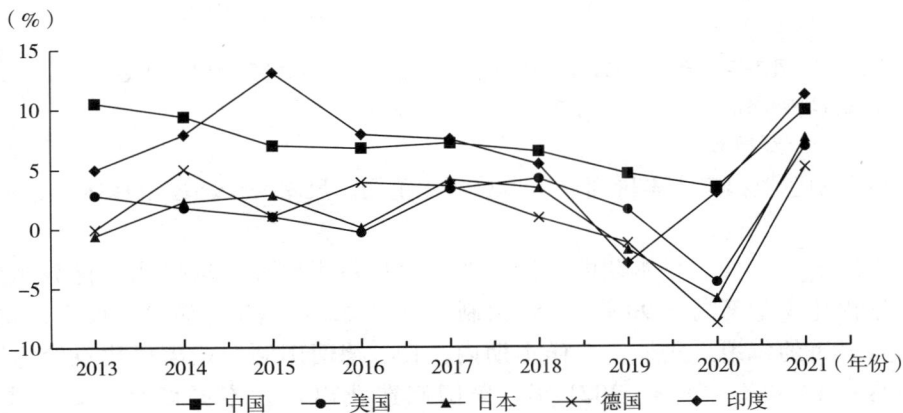

图 3-2 2013~2021 年样例国家制造业增加值增速

注：笔者根据世界银行数据库、《中国国民经济与社会发展统计公报》整理。

中国从 2013 年的 10.50% 降至 2020 年的 3.40%，2021 年上升至 9.80%；美国从 2013 年的 2.81% 降至 2020 年的 -4.60%，2021 年增长至 6.79%。这表明中国制造业增加值增速虽然逐步放缓，但仍高于同期主要发达国家制造业增加值增速。

（3）制造业增加值占 GDP 比重指标主要反映一个国家或地区工业化发展水平及制造业对国民经济的贡献程度

由图 3-3 可知，2011~2021 年，中国制造业增加值占 GDP 的比重呈逐年下降趋势，由 2011 年的 32.06% 降至 2021 年的 27.58%，但仍显著高于同期其他样例国家，反映了制造业对我国经济增长贡献程度仍处于较高水平，表明现阶段制造业已成为推动中国经济增长的关键产业，推动制造业高质量发展对经济稳定增长至关重要。2011~2021 年，日本、德国两个国家制造业增加值占本国 GDP 的比重保持在 20% 左右。

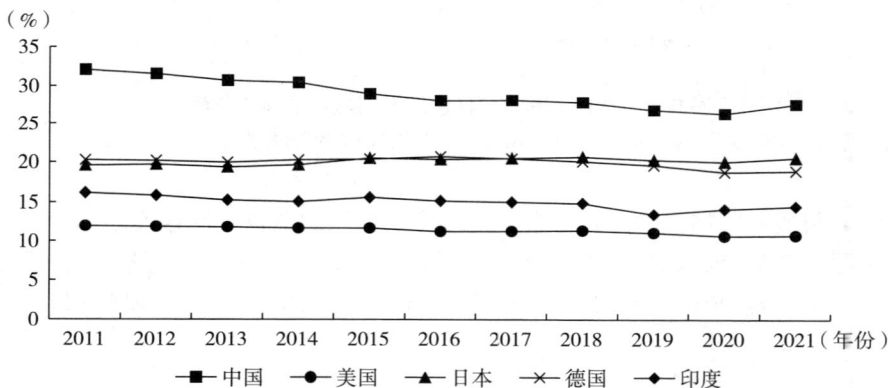

图 3-3　2011~2021 年样例国家制造业增加值占本国 GDP 的比重

注：笔者根据联合国工业发展组织《国际工业统计年鉴》整理。

（4）制造业出口占本国商品出口总额比重用于反映一个国家或地区制造业贸易结构

由图 3-4 可知，样本期内中国制造业出口占本国商品出口比重优势明显，样本期内比重全部高于 90%，反映出制造业在拉动我国出口贸易发展方面发挥了举足轻重的作用。此外，在样本期内，日、德两国制造业出口比重较稳定，基本保持在 80%~90%。2021 年，美国制造业出口占本国商品出口比重为 57.5%，可能的原因是美国对外服务贸易与农产品贸易高度发达，导致制造业比重相对较低。

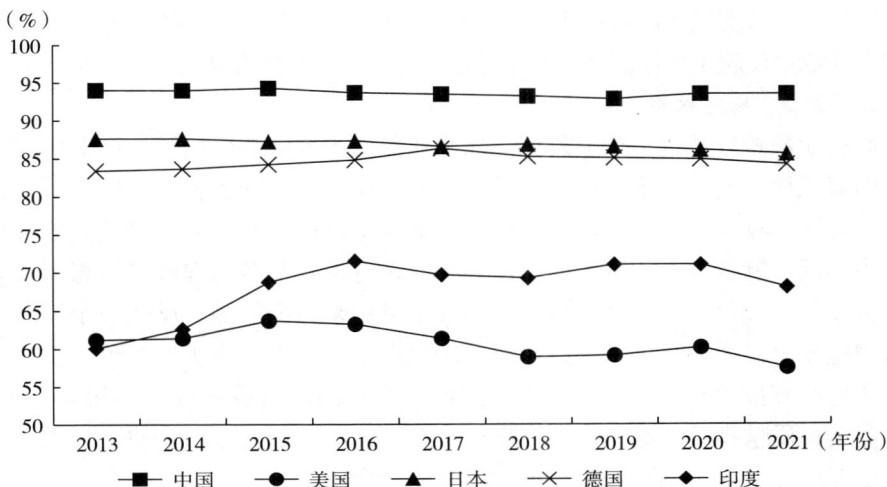

图 3-4　2013~2021 年样例国家制造业出口占本国商品出口总额的比重

注：笔者根据世界银行数据库整理。

（5）制造业出口占全球制造业出口总额比重是衡量一个国家或地区制造业出口规模的重要指标

由图 3-5 可知，2013~2021 年，中国制造业出口占全球制造业出口总额比重保持在 15% 以上，2015 年最高，达到 19.6%。2013~2021 年，德国出口总额占全球制造业出口总额比重基本在 10% 左右，且在 2016 年后呈逐年下降趋势，而

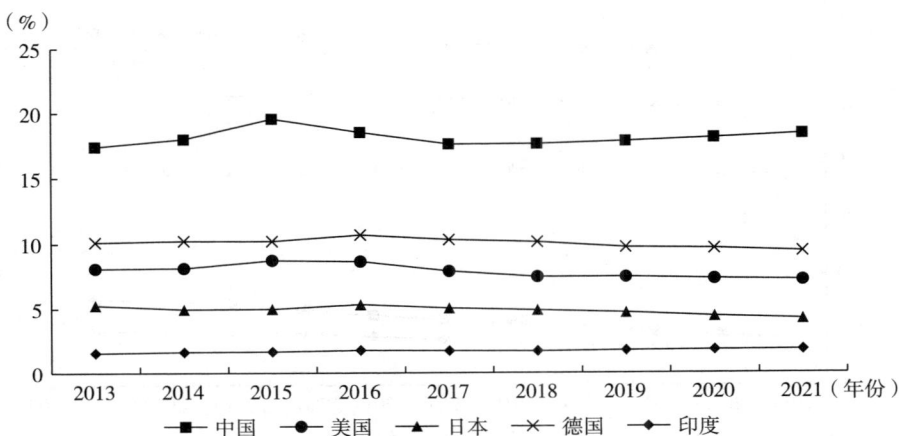

图 3-5　2013~2021 年样例国家制造业出口占全球制造业出口总额的比重

注：笔者根据世界银行数据库整理。

美国、日本、印度三个国家的出口总额占全球制造业出口总额的比重均在 10%以下。上述数据反映了中国制造业在全球制造业竞争力方面存在显著的规模优势。

3.1.1.2 质量效益

制造业质量效益可从产业效率、品牌质量两个方面综合反映。产业效率体现一个国家或地区制造业产出能力与发展效益，品牌质量则反映一个国家或地区制造业参与国际竞争的能力。因此，使用制造业全员劳动生产率、制造业增加值率两项指标反映制造业产业效率。一国制造业拥有世界知名品牌数可以客观反映该国制造业品牌质量，制造业出口质量指数则可用来综合监测、反映一个国家或地区的制造业出口质量状况，高技术产品出口占制成品出口比重指标可以反映一个国家或地区高技术产品出口竞争力。因此选取一国制造业拥有世界知名品牌数、制造业出口质量指数、高技术产品出口占制成品出口总额比重三项指标综合反映产业链双循环下我国制造业参与国际竞争的能力。

（1）制造业全员劳动生产率反映了一个国家或地区制造业人员在单位年内生产的增加值，可以客观反映一个国家或地区制造业生产效率

图 3-6 显示，2011~2021 年，我国制造业全员劳动生产率呈稳定上升态势，从 2011 年的 1.71 万美元/人上升至 2021 年的 3.14 万美元/人。从增长速度来看，我国制造业全员劳动生产率超过全球平均水平，但从绝对值指标来看，水平仍然较低。样本期内，美国、德国的制造业全员劳动生产率均超过 10 万美元/人。与美国、德国等国家相比，我国制造业全员劳动生产率仍存在明显差距。

（万美元/人）

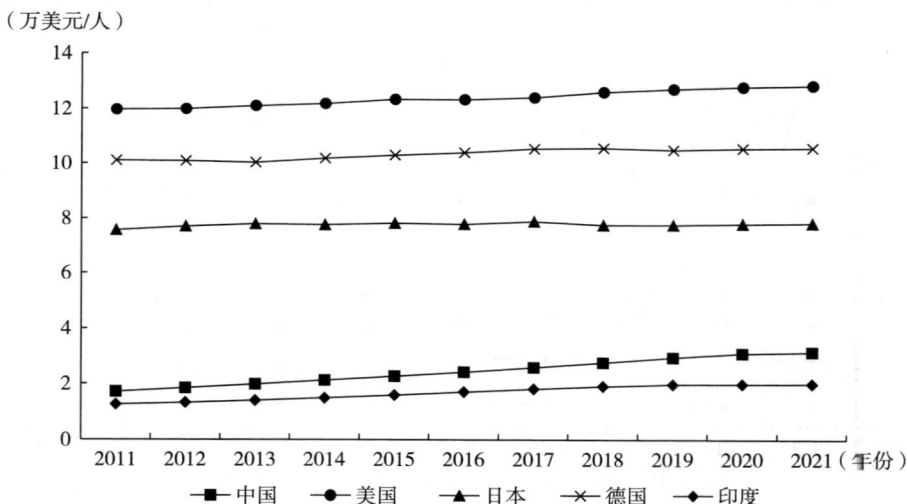

图 3-6　2011~2021 年样例国家制造业全员劳动生产率

注：笔者根据国际劳工组织（ILO）数据库整理（按照 2011 年国际购买力平价计算）。

（2）制造业增加值率反映在单位时期内制造业增加值占同期总产出的比重，是衡量一个国家或地区制造业发展质量与综合效益的基础指标

制造业增加值率反映制造业降低中间消耗、提升附加价值的效益指标，制造业增加值率越低，则表示制造业生产耗费越高，创造的附加价值越少，制造业的整体发展质量与效益水平较低。依据 2018 年版经济合作发展组织国家间投入产出（ICIO）数据库和世界银行数据库基础数据进行测算，2010~2018 年样例国家制造业增加值率变动情况如图 3-7 所示。其中，中国制造业增加值率呈显著下降趋势，由 2010 年的 27.9%降至 2018 年的 24.5%。样本期内印度制造业增加值率呈现稳定上升趋势，2018 年达到 29.19%，这一比重高于中国。同期美、日、德制造业增加值率均在 30%以上，表明我国制造业产品附加值显著低于美日德等发达国家。此外，中国工程院发布的《2022 中国制造强国发展指数报告》数据显示，近年来中国制造业增加值率长期处于较低水平，2021 年为 25.9%，与美国、日本、德国等制造业发达国家平均 30%的高增加值率相比，中国制造业增加值率提升乏力的问题仍然突出。

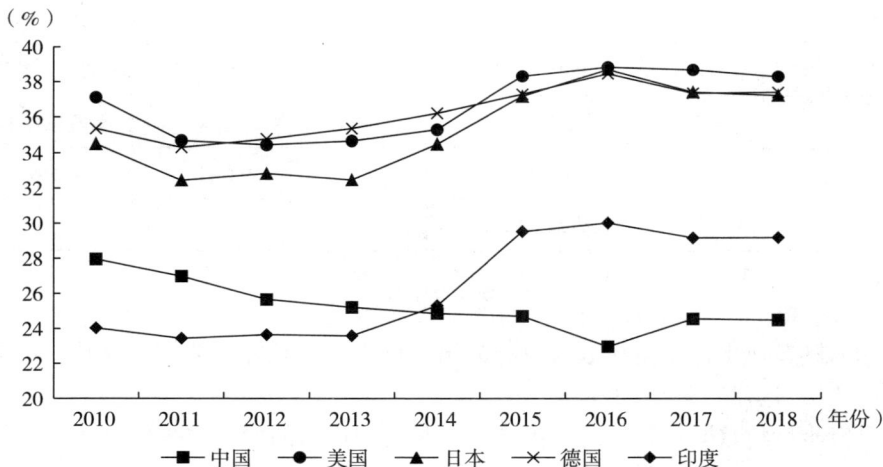

图 3-7　2010~2018 年样例国家制造业增加值率

注：笔者根据经济合作与发展组织国家间投入产出（ICIO）数据库和世界银行数据库数据整理。

（3）一国制造业拥有世界知名品牌数是考察国家或地区制造业品牌质量的重要依据

整理世界品牌实验室编制的《2022 世界品牌 500 强》，对中国制造业拥有世界知名品牌数进行统计如表 3-2 所示。其中，企业品牌排名源自品牌影响力，具

体包括市场占有率、品牌忠诚度及全球领导力三项指标。《2022世界品牌500强》数据显示，2021年美国共入榜198家企业，有47个品牌；中国有45个品牌进入500强榜单。从制造企业入榜情况来看，美国制造企业入榜超过80家；在全球品牌前10企业中，美国有8家，包括3家制造业企业。在表3-2中，中国制造业企业入榜15家，仅占中国入榜企业比重的1/3，且主要集中在食品与饮料（茅台、五粮液、青岛啤酒）、纺织（恒力、魏桥）等轻工业。通过世界品牌500强报告不难发现，中国制造业企业的品牌影响力仍然有限，尤其是在制造业核心领域与关键环节缺少具有国际影响力与控制能力的制造业企业。

表3-2 《2022世界品牌500强》上榜的中国制造业企业名单

序号	企业简称	所属行业	序号	企业简称	所属行业
1	海尔	物联网生态	9	中化集团	化工
2	华为	计算机与通信	10	宝武	钢铁
3	台积电	计算机与通信	11	恒力	石化 纺织
4	联想	计算机与通信	12	徐工	工业设备
5	茅台	食品与饮料	13	盛虹	石化 纺织
6	五粮液	食品与饮料	14	小米	计算机与通信
7	长虹	电子电气	15	魏桥	纺织
8	青岛啤酒	食品与饮料			

注：笔者根据《2022世界品牌500强》整理。

（4）制造业出口质量指数通过产品出口价格、数量等相关信息反映一国或地区制造业出口产品综合质量

出口质量指数既可以衡量一国出口产品附加价值的变动水平，又可以从侧面反映出口产品的技术含量。一国出口产品质量指数越高，表明该国制造业产品国际竞争力水平越高。由图3-8可知，2011~2021年，我国出口产品质量指数整体呈下降—上升—下降的发展态势，2011年为0.83，2021年为0.84，出口质量指数均大于0.8，高于全球平均水平。但与日本、德国等工业发达国家比较后可知，2021年日本制造业出口质量指数达到0.91，德国为0.87，我国制造业产品的出口质量与日本、德国等国家的差距依旧明显，持续提升制造业产品的出口质量成为增强我国制造业国际竞争力的重要途径。

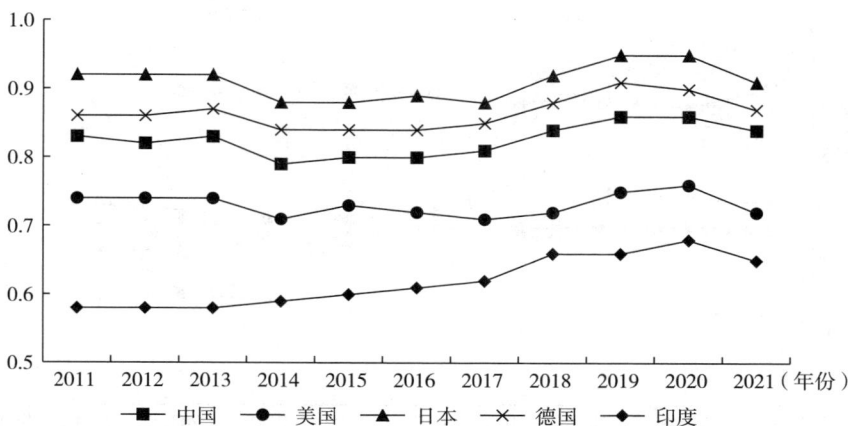

图3-8　2011~2021年样例国家制造业出口质量指数

注：笔者根据联合国工业发展组织《国际工业统计年鉴》整理。

（5）高技术产品出口额占制成品出口总额比重是衡量一个国家或地区制造业出口竞争力的重要指标

高技术产品具有高附加值、高研发强度、高知识密集度的典型特征，主要分布于航空航天、电气机械、计算机、医药、科学仪器等高新技术行业。2013~2021年，样例国家高技术产品出口占制成品出口总额比重的分布情况如图3-9所示。其中，近年来，我国高技术产品出口占制成品出口总额的比重基本高于30%，美国长期保持在20%左右，日本、德国略低于美国，印度基本维持在10%左右。从图3-9可知，我国制造业贸易质量不断提升，高技术产品出口具有显著的国际竞争力。

3.1.1.3　产业结构

产业结构可通过制造业产业结构基础化与产业结构高级化两个方面得到综合反映。在产业结构基础化方面，基础零部件进出口总量及产品单价是考察一国制造业产业结构基础化的重要指标。本节以轴承及集成电路两个典型行业为例展开分析。机械装备制造业增加值占制造业增加值比重可以客观反映一个国家机械设备制造能力，制造业外商直接投资占主营业务收入比重可以从贸易及投资视角考察一国产业基础化水平。在产业结构高级化方面，中高技术制造业增加值占制造业增加值比重可以反映一国制造业跃升能力，高、中、低技术及资源型制造业出口额占本国制造业出口总额比重和高技术产品的贸易竞争优势指数可以从全球视角考察中国制造业产业高级化的相对水平，制造业生产阶段数可以客观反映一个国家或地区制造业在国内及国际市场参与程度。

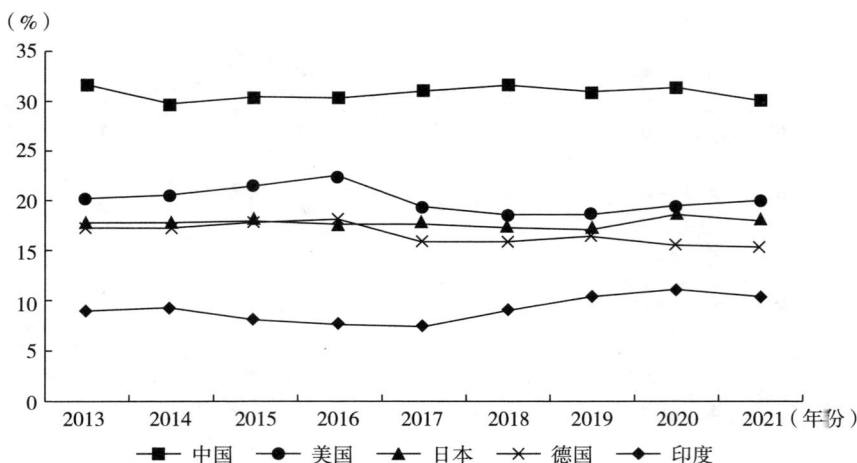

图 3-9 2013~2021 年样例国家高技术产品出口占制成品出口总额的比重
注：笔者根据世界银行数据库整理。

（1）基础零部件的贸易水平是反映一个国家或地区产业基础能力强弱的重要指标

轴承是"工业关节"，是机械设备中一种重要零部件，其种类多样，并广泛应用于汽车制造、工程机械、家用电器等领域。轴承的制造水平往往代表了一个国家的基础制造水平。集成电路是众多电子设备的核心组成部分，同时在 5G、人工智能、物联网等领域应用广泛，是要突破发展的重点领域。因此，以轴承行业及集成电路行业为例，通过进出口规模及产品均价数据对比分析我国在基础核心零部件领域的发展能力。

从图 3-10 可以看出，我国轴承进口总额整体呈上升趋势，从 2016 年的 32.3 亿美元增至 2021 年的 54.7 亿美元，年均增速达 10.75%，同期轴承出口总额呈现"先升后降再升"的波动变化态势。从贸易差额来看，我国轴承行业整体呈现贸易顺差特征，贸易差额绝对值从 2016 年的 19.9 亿美元降至 2020 年的 4.7 亿美元，2021 年贸易顺差恢复至 14.77 亿美元。样本期内，与 2016~2019 年相比，贸易顺差总额在 2019~2021 年呈现先快速下降后快速上升的趋势，反映了我国轴承行业贸易竞争优势逐渐缩减。

从进出口数量来看，我国轴承进口总量从 2016 年的 20.6 亿套增至 2021 年的 29.6 亿套，出口总量从 2016 年的 54.7 亿套增至 2021 年的 78.0 亿套，轴承出口总套数是进口总套数的 2 倍以上。如图 3-11 所示。从产品均价来看，样本期内我国轴承产品进口均价集中在 1.5~1.9 美元/套，出口均价则低于 1 美元/套，

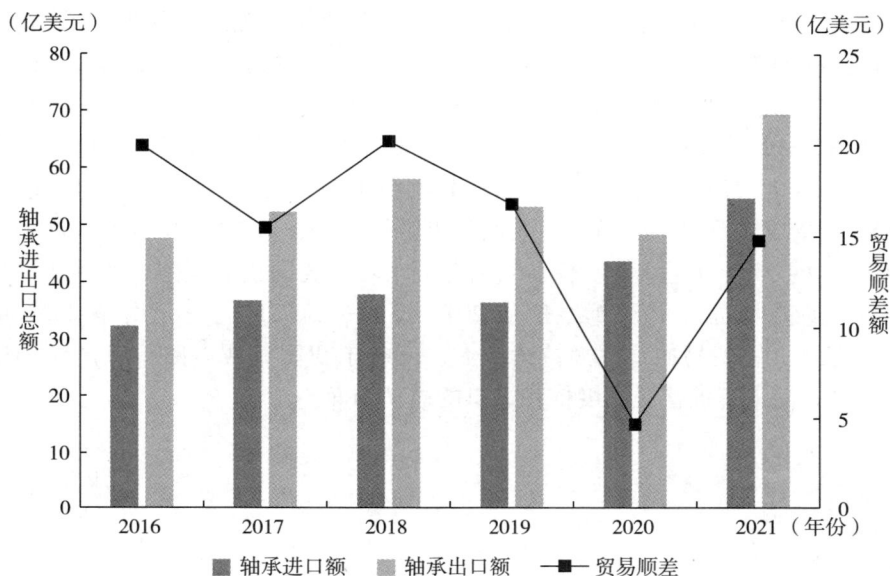

图 3-10 2016~2021 年中国轴承行业进出口总额及贸易顺差额

注：笔者根据中国轴承工业协会、中国海关总署统计数据整理。

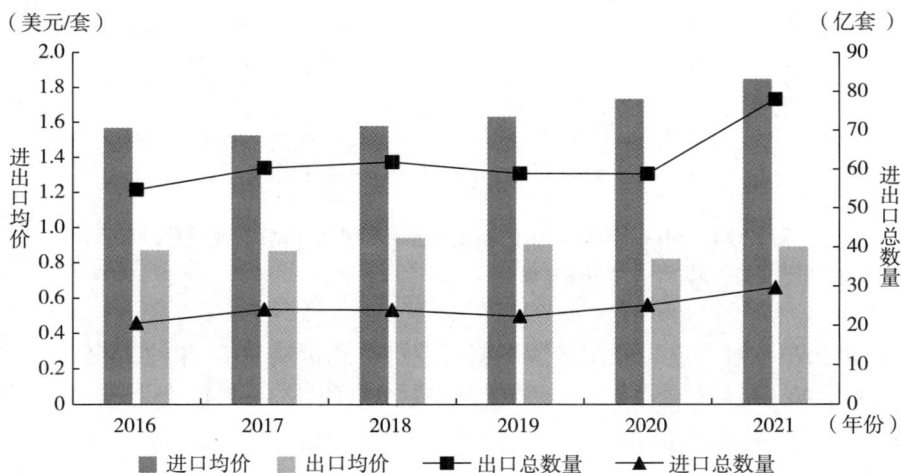

图 3-11 2016~2021 年中国轴承进出口总数量及产品均价

注：笔者根据中国轴承工业协会、中国海关总署统计数据整理。

进口轴承单价是出口轴承单价的两倍左右。结合轴承进出口规模及产品均价数据不难发现，我国轴承行业国际竞争力仍处于较低水平，轴承产品出口份额较大，但是产品附加值与利润率较低。目前，轴承制造行业高端市场由瑞典、德国、日本、美国等国家的跨国集团占据，国内高端轴承市场主要依赖进口。

从图 3-12 可以看出，样本期内，我国集成电路行业进口总额整体呈上升趋势，从 2014 年 2176.2 亿美元增至 2021 年的 4325.5 亿美元，年平均增速达到 11.36%。集成电路出口总额同样呈现逐年增长态势，从 2014 年 608.6 亿美元增至 2021 年的 1537.9 亿美元。但从贸易差额来看，我国集成电路行业整体呈现典型的贸易逆差特征，贸易逆差额从 2014 年的 -1567.5 亿美元增至 2021 年的 2787.6 亿美元，贸易逆差数额持续扩大，反映了我国集成电路行业产能仍处于较低水平，尚未有效摆脱高度依赖进口的被动局面。

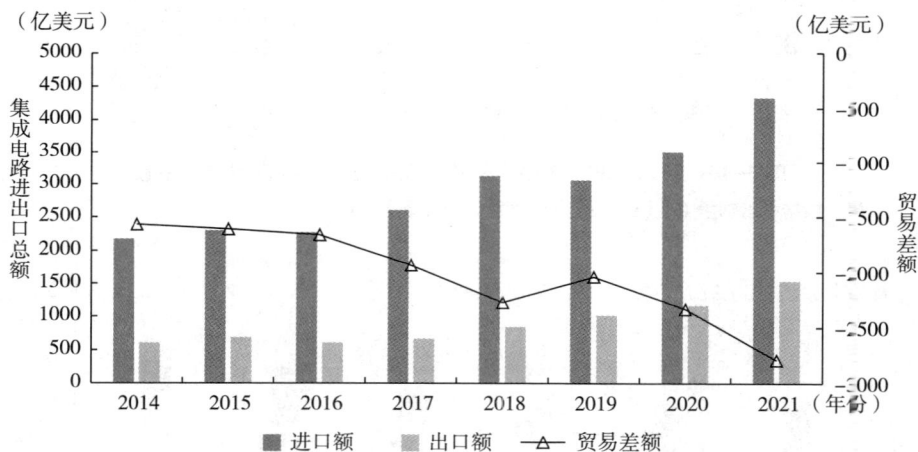

图 3-12　2014~2021 年中国集成电路行业进出口总额及贸易差额

注：笔者根据中国海关总署统计数据整理。

从进出口数量来看，我国集成电路行业进口总量从 2014 年的 2856.6 亿个增至 2021 年的 6354.8 亿个，出口总量从 2014 年的 1535.2 亿个增至 2021 年的 3107.0 亿个，集成电路进口总量约为出口总量的 2 倍。从产品均价来看，样本期内我国集成电路进口均价集中在 0.6~0.8 美元/个，出口均价均低于 0.5 美元/个，进口均价远高于同期出口均价。如图 3-13 所示。这一方面反映了我国集成电路行业长期受制于人，产品高度依赖进口，产业链自主和安全问题面临挑战；另一方面体现出我国集成电路行业产品竞争力处于较低水平，产品主要集中在中低端市场，产品利润率与增值能力方面与发达国家差距明显。

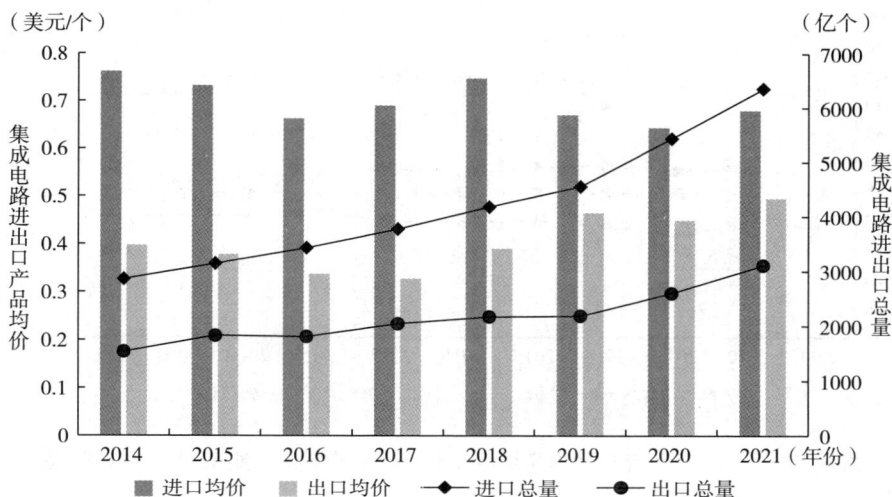

图 3-13 2014~2021 年中国集成电路进出口总量及产品均价

注：笔者根据中国海关总署统计数据整理。

（2）机械装备制造业增加值占制造业增加值比重是考察一个国家或地区装备制造能力与水平的通用指标

按照联合国的划分，机械装备制造业选取国际标准产业分类（ISIC）中的第 29（橡胶和塑料制品制造业）、30（非金属矿物制造业）、32（有色金属冶炼和压延加工业）、34（通用设备制造业）、35（专用设备制造业）组。如图 3-14 所示，2011~2021 年，中国机械装备制造业增加值占制造业增加值比重较为稳定，基本维持在 25%左右。样本期内，美国、日本、德国的比重均高于中国。以 2021 年为例，德国的比重达到 41.2%，日本为 44.6%，均显著高于我国同期水平，反映出我国在装备制造领域与发达国家仍存较大差距。

（3）制造业外商直接投资占主营业务收入比重既可以反映一个国家对外开放程度，又可以衡量一国制造业发展对外资及技术引进的依赖程度

表 3-3 所示为 2017~2021 年我国制造业及相关细分行业外商直接投资占主营业务收入的比重。从制造业整体来看，2017 年的比重为 0.248%，2021 年为 0.259%，样本期内呈小幅波动变化趋势。从细分行业看，除纺织业比重低于制造业整体水平外，化学原料和化学制品制造业，医药制造业，通用设备制造业，专用设备制造业，计算机、通信和其他电子设备制造业外商直接投资的比重均普遍高于制造业整体水平，反映了我国在基础原材料与零部件等领域对外资依存程度较高。

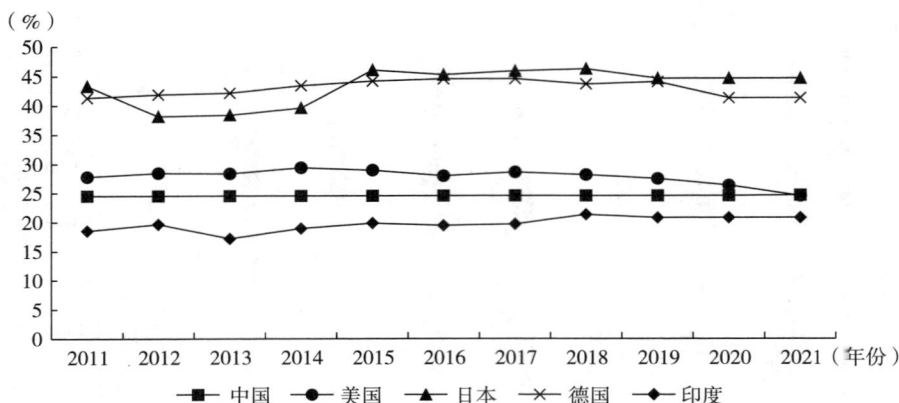

图 3-14　2011~2021 年样例国家机械装备制造业增加值占制造业增加值的比重

注：笔者根据世界银行数据库整理。

表 3-3　2017~2021 年我国制造业及相关细分行业外商直接投资占主营业务收入的比重

单位:%

行业	2017 年	2018 年	2019 年	2020 年	2021 年
制造业	0.248	0.225	0.222	0.293	0.259
纺织业	0.123	0.078	0.092	0.122	0.122
化学原料和化学制品制造业	0.196	0.170	0.197	0.302	0.342
医药制造业	0.336	0.495	0.533	0.358	0.589
通用设备制造业	0.377	0.400	0.427	0.492	0.334
专用设备制造业	0.434	0.449	0.460	0.982	0.669
计算机、通信和其他电子设备制造业	0.466	0.383	0.375	0.517	0.498

注：笔者根据《中国工业统计年鉴》《中国统计年鉴》整理。

（4）中高技术制造业增加值占制造业增加值比重反映一个国家或地区制造业的技术结构与技术贡献分布情况

如图 3-15 所示，2013~2021 年，中国中高技术制造业增加值占制造业增加值比重维持在 41% 左右，同期美国约为 48%，日本则超过 55%，而德国超过60%，印度的比重在 2014 年以前低于中国，2014 年后超过中国。由此可知，从制造业增加值技术贡献构成来看，我国中高技术制造业增加值比重与印度较为接近，但与日本、德国等制造业发达国家差距明显，反映了我国制造业在高技术领域产品增值能力仍然处于较低水平。当前我国高技术制造业在发达国家前端封锁和后发国家后端追赶的双重竞争下，产业链高端化进程面临严峻挑战，如何有效提升中高技术制造业增加值比重成为产业链高端化的关键基础。

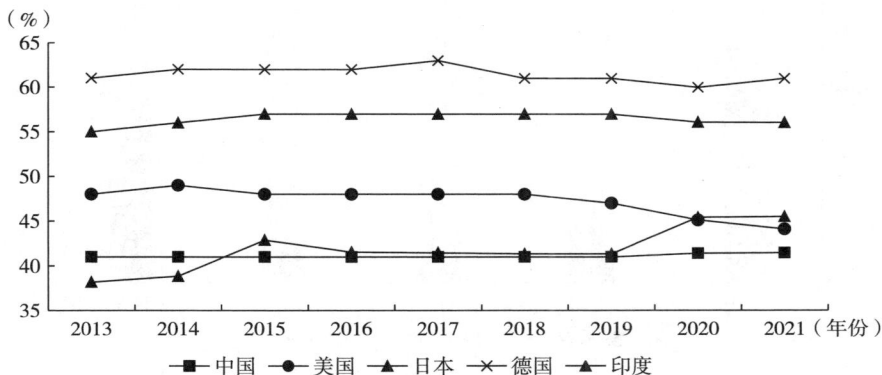

图 3-15 2013~2021 年样例国家中高技术制造业增加值占制造业增加值的比重

注：笔者根据联合国工业发展组织《全球 CIP 指数》报告整理。

（5）高、中、低技术及资源型制造业出口额占本国制造业出口总额比重可以反映一个国家或地区制造业的出口技术结构

参照联合国工业发展组织《全球 CIP 指数》研究报告，将制造业分为高、中、低技术三类。从中高技术制造业出口额比重来看，日本为 95.8%，德国为 86.8%，美国为 87.1%，中国为 78.6%，日本、德国、美国的中高技术制造业出口比重均高于中国；从低技术制造业出口额比重来看，现阶段我国低技术制造业出口比例仍过高，比重为 21.4%，同期日本的比重仅为 4.2%。如图 3-16 所示。过高的低技术制造业出口比重会对我国制造业出口结构优化产生一定的阻碍作用。

（6）高技术产品贸易竞争优势指数（Technological Products Trade Competitiveness Index，G_{TC}）是分析制造业国际竞争力的重要指标，G_{TC} 指数具体衡量方式如下：

$$G_{TC} = (E_X - I_M)/(E_X + I_M) \quad\quad\quad (3-1)$$

其中，E_X 为一个国家或地区高技术产业出口总额，I_M 为一国高技术产业进口总额。如果一国高技术产品的 G_{TC} 大于 0，表示该国/地区高技术制造产品的贸易竞争优势高于全球平均水平，同时数值越大，表明该国/地区贸易竞争优势越大。G_{TC} 值计算结果分布在 [-1，1]，数值越接近于 1，反映该国/地区高技术制

造业产品的国际竞争力越强。

（%）

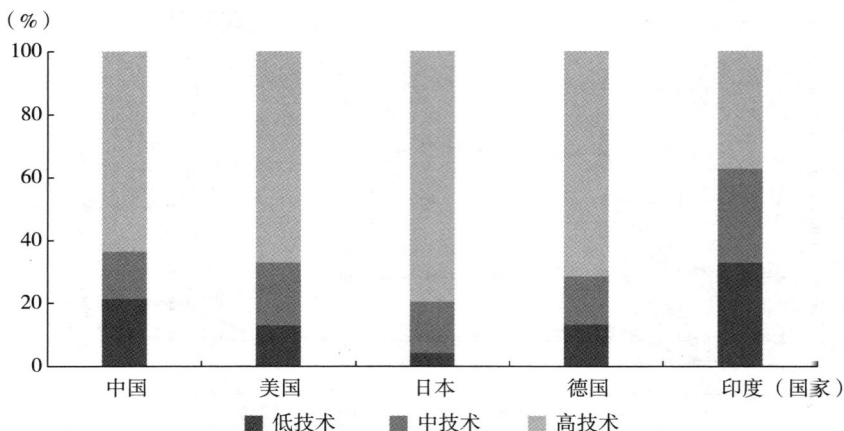

图 3-16　2021 年样例国家制造业出口按技术结构分布

注：笔者根据联合国工业发展组织《全球 CIP 指数》报告整理。

2011~2021 年我国高技术产品贸易竞争优势指数如表 3-4 所示，从整体分布来看，样本期内我国高技术产品 G_{TC} 指数>0，表明我国高技术产品的生产效率高于国际平均水平，在高技术制造领域存在贸易竞争优势；从时间分布来看，2011~2013 年我国高技术产品 G_{TC} 指数波动幅度较小，表明此阶段我国高技术制造业贸易竞争力较稳定，2014~2018 年我国高技术产品 G_{TC} 指数呈显著下降趋势，由 2014 年的 0.090 降至 2018 年的 0.055，2019 年后出现小幅回升，2021 年为 0.078，表明当前我国高技术制造业贸易竞争力出现缩减趋势，高技术产品的贸易竞争优势面临挑战；从高技术产品细分行业来看，我国在计算机与通信技术行业呈现较强的出口贸易竞争力，G_{TC} 指数整体呈上升趋势；生命科学技术行业 G_{TC} 指数由正转负，同时绝对值逐渐增大，反映我国生命科学技术行业的出口竞争力出现减弱趋势；材料技术行业从 2013 年开始 G_{TC} 指数由负转正，2017 年达到 0.27，2018~2020 年出现一定下滑。值得关注的是，2011~2020 年，生物技术行业 G_{TC} 指数一直为负数且数值不断下滑，2021 年迅速由负转正，G_{TC} 达到 0.45，生物技术行业出口总额出现大幅增长。航空航天技术、光电技术两个行业 G_{TC} 指数呈一直为负，但绝对值呈不断缩小趋势，表明其贸易出口竞争能力持续改善，具体如图 3-17 所示。

表 3-4　2011~2021 年我国高技术产品贸易竞争优势指数

年份	E_X（百万美元）	I_M（百万美元）	G_{TC}
2011	548830	463224	0.085
2012	601173	506864	0.085
2013	660330	558193	0.084
2014	660543	551384	0.090
2015	655297	549291	0.088
2016	604174	523724	0.071
2017	670815	586733	0.067
2018	743044	665521	0.055
2019	730752	637092	0.068
2020	776658	682223	0.065
2021	979580	837331	0.078

注：笔者根据《中国科技统计年鉴》、中国海关总署出口统计数据计算。

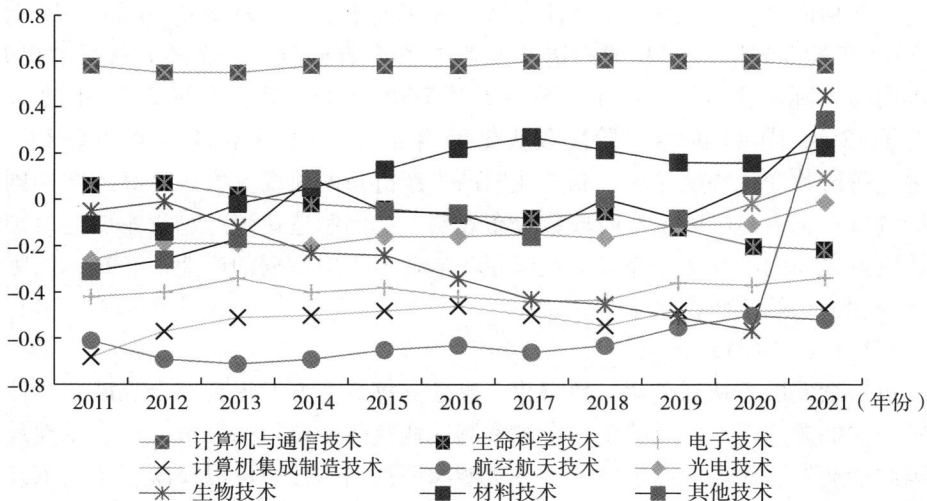

图 3-17　2011~2021 年高新技术产品 G_{TC} 指数

注：笔者根据中国海关总署历年出口统计数据绘制。

（7）制造业生产阶段数可以客观反映一个国家或地区制造业在国内及国际市场参与程度

参考陈爱贞等（2021）的研究，使用生产阶段数衡量我国制造业产业链国内关联与国际关联分布情况。生产阶段数概念最早由 Fally（2012）提出，主要用于衡量一个国家或地区在全球产业链的参与程度，随后被倪红福等（2016）进一步扩展为全球投入产出模型，提出能够区分一个国家或地区产业部门国内生产阶段数及国际生产阶段数的方法。本书以此反映一国产业部门产业链国内相关与国际相关程度。一般而言，一国生产阶段数越大，表明其产业参与度与复杂度越高，在全球产业链中的影响力越大。生产阶段数计算公式具体可表示为：

$$N_i^k = 1 + \sum_{s,j} a_{ij}^{sk} N_j^s \tag{3-2}$$

其中，N_i^k 为 k 国 i 产业的生产阶段数；a_{ij}^{sk} 为生产 1 单位价值的 i 需要投入 s 国 j 产业 a_{ij}^{sk} 单位的产品。如没有中间品投入，则该产业生产阶段数就是 1；如生产过程需要大量中间品，则 N_i^k 取值受中间品消耗数量 a_{ij}^{sk} 及中间品的生产阶段数 N_j^s 的影响。

依据 WIOD 数据库（2016）数据，测算了 2006~2014 年我国制造业整体生产阶段数分布情况，具体包括整体生产阶段数、国内生产阶段数、国际生产阶段数三类。概括而言，我国整体生产阶段数呈逐年递增趋势，从 2006 年的 2.74 上升至 2014 年的 2.89，表明我国制造业产业链条不断延伸，产业链关联程度提升。从国内与国际对比看，国内生产阶段数从 2006 年的 2.5 上升至 2014 年的 2.8，上升了 12%，同期国际生产阶段数从 2005 年的 0.25 上升至 2014 年的 0.26，国际生产阶段数变化幅度较小，制造业国内生产链条的长度及增幅远高于同期国际生产链条。国内与国际生产阶段数分布表明，我国制造业生产过程主要通过国内相关产业之间的相互协作完成，在国际制造业分工中占据的产业链较短，国际分工参与程度仍处于较低水平。

3.1.1.4 可持续发展

可持续发展可从绿色化、数字化、服务支撑三个方面得到综合反映，具体包括：一次能源消耗总量反映了一个国家制造业整体能源消耗总量，可直观地反映该国制造业发展对能源需求情况；一次能源消耗结构分布可以反映一个国家或地区制造业能源消耗结构分布情况；制造业二氧化碳排放强度可反映一个国家或地区制造业增长过程中对能源需求情况，即制造业增长在多大程度上依赖高能耗产业；数字化发展指数可通过对世界各国或地区数字技术、数字基础设施、数字市场和数字治理四个维度的成效进行综合评估、打分而得到排名，能客观反映国家数字化综合发展水平；物流绩效指数是衡量与贸易、运输等活动相关的物流基础设施及物流服务质量的综合指标，可以较好地反映一国的物流基础设施水平及服务能力。

（1）一次能源消耗总量是衡量一国制造业能源使用总额的绝对值指标，反映一个国家或地区制造业能源消耗总量

根据《2012 年 BP 世界能源统计年鉴》的定义，一次能源是指进行商业交易的各类燃料，包括石油、天然气、煤、核能及可再生能源等。由图 3-18 可知，2011~2021 年我国制造业一次能源消耗总量从 112.5 艾焦耳上升至 157.6 艾焦耳，年平均增速为 3.13%，样本期内日本一次能源消耗总量从 20.0 艾焦耳下降至 17.7 艾焦耳，美国一次能源消耗总量基本在 90 艾焦耳以下，德国也呈现逐年下降趋势。从能源消耗总量及增速指标看，相较于日本、德国、印度等国家，我国能源消耗总量长期处于较高水平，是典型的能源消耗大国，且能源需求呈上升趋势。

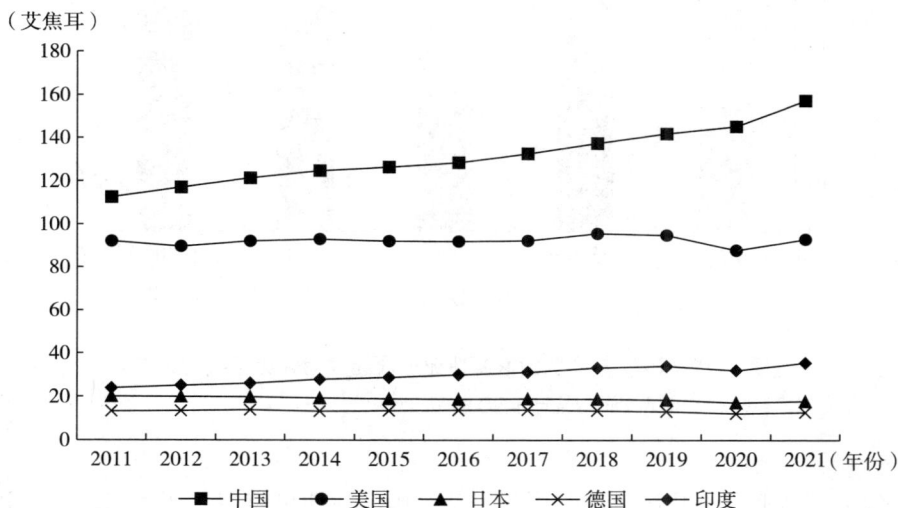

图 3-18　2011~2021 年样例国家一次能源消耗总量

注：笔者根据历年《BP 世界能源统计年鉴》整理。

（2）一次能源消耗结构分布是衡量一国各类一次能源消耗量占消耗总额的比重，反映一个国家或地区制造业能源需求结构分布

以 2021 年为例，图 3-19 展示了样例国家 2021 年各类一次能源消耗比重分

布情况。我国能源消耗比重最高的为煤炭，比重为 55%，远超德国（17%）、日本（27%）、美国（11%）；在天然气方面，中国消耗比重为 9%，远低于美国（32%）、德国（26%）、日本（21%）。一次能源消耗结构分布数据表明，中国制造业发展对煤炭具有较高的依赖性，以煤炭为主要需求能源使我国能源结构不合理，同时容易出现能源使用率低下、环境污染等一系列问题，严重阻碍了我国制造业的绿色化转型发展。

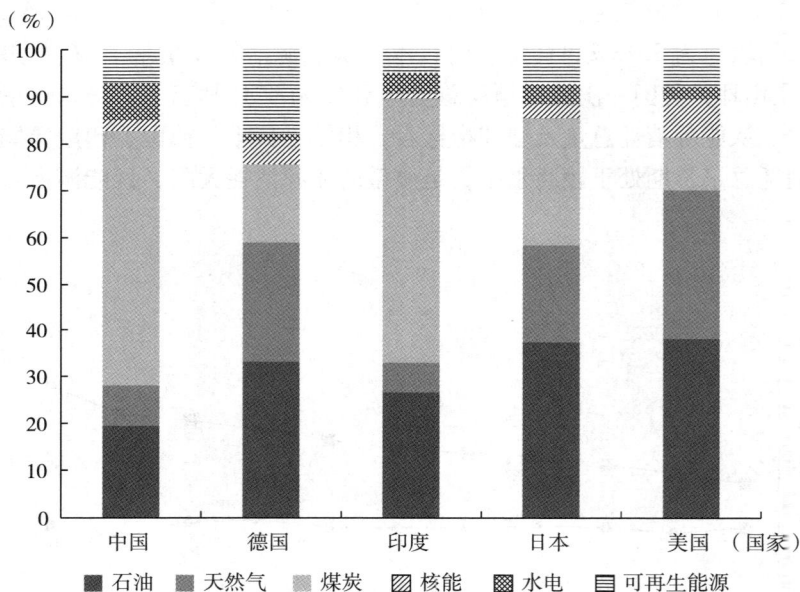

图 3-19　2021 年样例国家制造业一次能源消耗比重结构分布

注：笔者根据《2022 年 BP 世界能源统计年鉴》整理。

（3）制造业二氧化碳排放强度指的是一国制造业单位增加值的二氧化碳排放量，可以客观反映一个国家或地区制造业绿色化发展程度

如图 3-20 所示，样本期内我国制造业二氧化碳排放强度整体呈下降趋势，从 2011 年的 0.117 吨/百美元下降至 2021 年的 0.059 吨/百美元，表明我国制造业正逐步向绿色低碳增长方式迈进。但对比美国、日本、德国等发达国家不难发现，现阶段我国制造业二氧化碳排放强度仍然处于较高水平，2021 年德国二氧化碳排放强度为 0.015 吨/百美元，约为中国的 1/4；美国二氧化碳排放强度为 0.02 吨/百美元，也显著低于中国二氧化碳排放强度。

因此，现阶段我国应以绿色制造及低碳制造为目标，加快推动制造业绿色化转型升级。

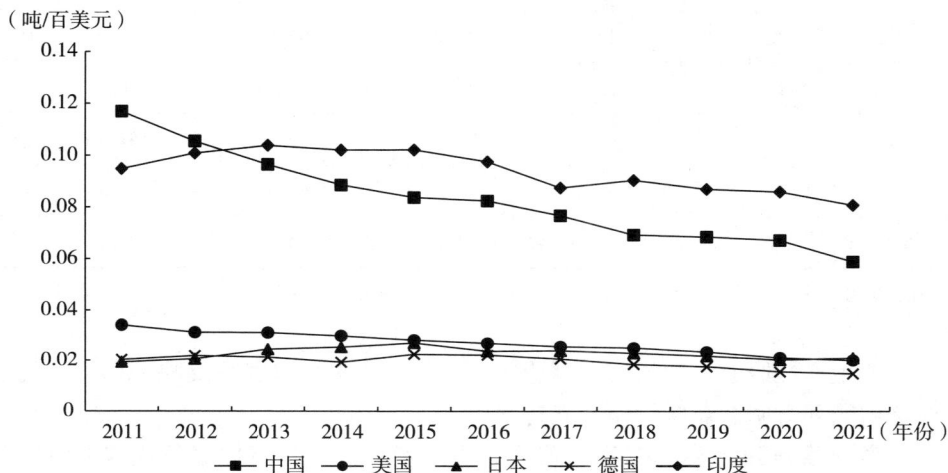

图 3-20　2011～2021 年样例国家制造业二氧化碳排放强度

注：笔者根据《BP 世界能源统计年鉴》、世界银行数据库整理。

（4）数字化发展指数是衡量一国数字化发展水平的综合指标

2023 年，中国社会科学院金融研究所、国家金融与发展实验室等联合发布了《全球数字经济发展指数报告（TIMG 2023）》，从数字技术、数字基础设施、数字市场和数字治理四个维度，构建全球数字化综合考评指标，对 2021 年全球 106 个经济体的数字化发展程度进行度量。数字化发展指数值越大，代表一国数字化发展水平越高。如表 3-5 所示，2021 年，中国数字化发展指数为 81.42，居全球第 8 位；美国为 95.28，居全球首位，日本和德国数字化发展指数也均高于中国。从细分维度来看，我国在数字基础设施和数字市场方面表现突出，数字技术和数字治理发展方面相对滞后。尤其是数字治理与发达国家相比仍有较大的差距。数字化发展指数的结果表明，在数字化建设与应用方面，我国与美国、日本、德国等发达国家仍有一定的差距，加快推动制造业与新一代信息技术的深度融合成为当前制造业转型升级的关键。

表 3-5   2021 年样例国家数字化发展指数

国家	数字化指数		数字技术		数字基础设施		数字市场		数字治理	
	得分	排名	得分	排名	得分	排名	得分	排名	得分	排名
中国	81.42	8	74.17	15	89.33	3	95.57	2	66.6	41
美国	95.28	1	91.83	1	93.07	1	106.08	1	90.15	4
日本	83.22	6	76.62	8	87.46	6	87.41	5	81.40	19
德国	85.63	4	82.22	4	86.93	8	92.42	4	79.85	24
印度	72.17	27	64.16	42	87.10	7	84.20	9	74.2	36

注：笔者根据《全球数字经济发展指数报告（TIMG 2023）》统计报告整理。

（5）生产性服务业增加值占制造业出口总额比重可以客观反映一国主产性服务业国内循环对制造业国际循环支持程度

参考汪建新和杨晨（2021）的研究，本书使用国内生产性服务业增加值占制造业出口总额比重反映各国生产性服务业的国内循环与制造业的国际循环联动的程度。指标为一国国内生产性服务业增加值占该国制造业出口总额的比重。生产性服务业增加值在制造业出口总额所占比重与其本身的特点具有紧密的关联：一方面，作为高级生产要素中的重要构成部分，生产性服务业需要嵌入在制造业产业链中进行交易，并作为一种重要的间接投入，连接全球制造业产业链的各个环节；另一方面，各国生产性服务业供给数量、结构和效率也会影响制造行业的需求。

表 3-6 表明，从制造业整体来看，2005～2018 年中国、美国、日本、德国、印度五国生产性服务业国内增加值占制造业出口总额的比重均不高，但中国比重普遍低于美国、日本、德国等发达国家，仅高于印度。样本期内，中国为17.8%，美国为 23.6%，日本为 24.5%，德国为 22.0%，反映当前我国主产性服务业国内循环与制造业国际循环的联动能力普遍低于美国、日本、德国等发达国家。从制造业细分行业来看，样本期内我国生产性服务业增加值占各细分制造业出口总额的比重均低于日本、德国，除焦炭和精炼石油产品以及计算机、电子和光学产品两个行业比重高于美国外，其他制造业细分行业比重均低于美国。此外，从制造业行业属性看，无论是电子设备等高技术制造业，还是纺织、服装等传统制造业，我国生产性服务业增加值的融入水平都显著低于发达国家，表明我国生产性服务业内循环与制造业外循环关联程度仍处于较低水平。

表 3-6 2015~2018 年样例国家生产性服务业增加值占制造业出口总额的比重

行业	中国	美国	日本	德国	印度	中美	中日	中德
制造业	17.8	23.6	24.5	22.0	15.1	-5.8	-6.8	-4.2
食品、饮料和烟草	13.9	35.1	29.3	28.1	16.8	-21.2	-15.3	-14.2
纺织品、服装、皮革和相关产品	20.1	33.4	30.0	27.2	18.2	-13.3	-9.9	-7.1
木材及木材和软木制品	15.6	30.4	22.1	26.9	12.2	-14.8	-6.4	-11.3
木材和纸制品、印刷	17.2	28.1	28.6	24.5	14.3	-10.9	-11.4	-7.3
纸制品和印刷	20.0	27.6	29.2	23.8	16.5	-7.6	-9.2	-3.7
焦炭和精炼石油产品	12.6	10.0	14.7	20.2	8.3	2.7	-2.1	-7.6
化学品和非金属矿物产品	17.5	20.0	26.3	22.7	11.2	-2.5	-8.8	-5.2
化工和医药产品	17.3	24.1	28.7	22.8	13.8	-6.8	-11.4	-5.5
橡胶和塑料制品	18.7	28.9	27.8	22.4	14.4	-10.3	-9.1	-3.7
其他非金属矿物产品	18.4	26.3	24.3	26.2	16.1	-7.9	-5.9	-7.8
基本金属	15.5	25.6	26.4	23.4	17.6	-10.2	-11.0	-7.9
金属制品	17.5	22.9	22.6	19.0	14.7	-5.4	-5.1	-1.5
计算机、电子和光学产品	17.1	16.1	24.2	21.1	13.7	1.0	-7.1	-4.0
电子设备	18.9	22.1	22.4	19.9	13.8	-3.2	-3.5	-1.0
其他机械设备	18.0	23.3	21.3	20.2	14.5	-5.3	-3.3	-2.2
汽车、拖车和半拖车	18.2	27.1	24.9	22.0	18.3	-8.9	-6.7	-3.8
其他运输设备	18.4	26.1	26.2	19.7	16.7	-7.7	-7.8	-1.3
其他制造业、机械设备维修和安装	17.2	24.7	26.4	23.7	18.2	-7.6	-9.3	-6.6

注：笔者根据 OECD-TITA 数据库测算。

（6）物流绩效指数是衡量一国物流基础设施水平及物流服务质量的重要指标

该指数由世界银行联合相关学术机构、国际组织、私营企业等共同完成建设及测算。采用主成分分析法计算，每两年更新一次，指数评分区间为 1~5 分，得分越高，表明该国物流基础设施水平越完善，物流业服务质量越强。发达国家的经验表明：作为生产性服务业的重要代表，现代物流业对制造业生产效率的提升具有重要的促进作用，物流基础设施及服务能力的提升有助于促进制造业持续健康发展。尤其是在双循环新发展格局下，建设高效的流通体系是畅通国内大循环的关键基础。

图 3-21 表明，2010~2022 年我国物流绩效指数整体呈上升趋势，表明我国物流基础设施水平及物流服务能力逐渐提升。2022 年我国物流绩效指数值为

3.7，高于全球平均水平，但与发达国家相比，依然存在明显的差距。2022 年德国物流绩效指数为 4.1，日本为 3.9，美国为 3.8，均高于同期中国物流绩效指数。物流绩效指数数据表明，当前我国现代物流业发展与发达国家仍有一定差距，生产性服务业发展滞后成为制约制造业高质量发展的重要因素。

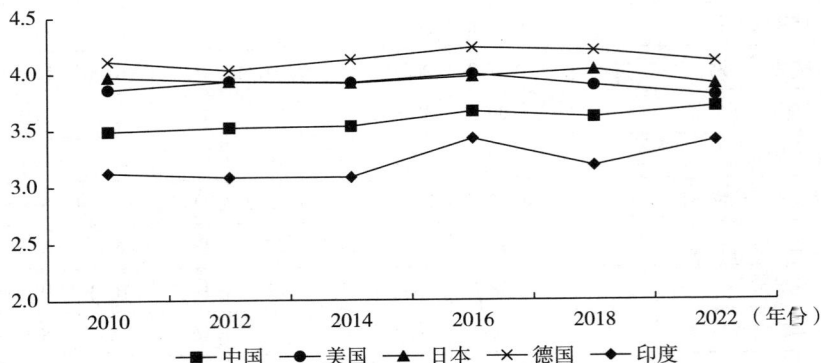

图 3-21 2010~2022 年样例国家物流绩效指数

资料来源：笔者根据世界银行调查报告整理。受新冠疫情影响，缺少 2020 年统计数据。

样例国家物流绩效指数各分项比较如表 3-7 所示。可以发现，在影响物流绩效关键指标中，我国在物流服务能力和质量、物流基础设施、清关效率等方面与美国、日本、德国差距明显。当前，我国物流业仍存在标准化程度低、物流网络分布不均衡、多式联运衔接不畅、融合不够、冷链物流配套设施缺乏等突出问题，致使国内大循环生产和消费环节之间的衔接不畅。因此，加快建设高质量的现代化流通体系成为打通双循环堵点的重要内容。

表 3-7 2022 年样例国家物流绩效指数总分及分项得分

国家	总分	服务能力和质量	基础设施	清关效率	国际货运价格
中国	3.7	3.8	4.0	3.3	3.6
美国	3.8	3.9	3.9	3.7	3.4
日本	3.9	4.1	4.2	3.9	3.3
德国	4.1	4.2	4.3	3.9	3.7
印度	3.4	3.5	3.2	3.0	3.5

注：笔者根据世界银行调查报告整理。

3.1.2 产业链双循环下制造业发展问题分析

以美国、日本、德国等发达国家及新兴经济体印度作为参照国，以规模发展、质量效益、结构优化、可持续发展四个维度共 23 个二级指标，对近年来我国制造业发展现状进行实态分析，通过横向国别对比与纵向时间趋势比较获取现阶段我国制造业实态信息。本节在实态分析的基础上，进一步从产业链双循环视角梳理我国制造业发展过程中存在的关键与共性问题，具体从产业链安全自主可控、产业链柔性韧性、产业链关联与协同三个方面展开。

3.1.2.1 产业链安全自主可控存在的问题

安全自主可控的产业链是经济高质量发展的基础（黄群慧，2021）。近年来，美国等发达国家为保持本国制造业的国际竞争优势，一方面，采取一系列贸易和投资保护措施，通过"逆全球化"限制中国制造业参与国际分工；另一方面，将"产业回归""再工业化"作为重塑竞争优势的重要途径，迫使我国与发达国家的产业链关系由产业上下游分工的互补协作转向竞争与合作并存（江小涓和孟丽君，2021）。"逆全球化"暗流涌动，对中国制造业产业链安全自主可控产生重要影响，让全球主要经济体开始重新审视产业链供应链安全问题，纷纷将涉及核心技术、关键基础、自主安全的产业重新移回本国内，不断升级贸易壁垒与技术壁垒，在推动全球产业链供应链调整收缩的同时加速了产业链"去中国化"趋势（王一鸣，2020），我国制造业发展面临全球产业链供应链调整带来的严峻挑战。本节立足我国制造业发展实态，从产业链安全自主可控视角分析当前我国制造业发展面临的主要问题。

（1）产业基础能力弱

产业基础能力是大国经济循环畅通的关键。产业基础能力涵盖产业的底层核心技术、零部件及原材料、配套设施、质量标准等，直接反映一国的产业链水平（盛朝迅，2019）。产业基础能力主要分为核心基础零部件、先进基础工艺、关键基础材料、产业技术基础及基础软件（以下简称工业"五基"）。在产业基础方面，我国制造业产业链存在的问题包括以下两个方面：一是工业"五基"发展严重滞后。当前我国制造业核心零部件、基础原材料严重依赖国外市场，国内从事核心零部件、基础原材料研发和生产的企业尚未形成竞争优势，质量及性能难以与国外产品抗衡，存在关键基础环节掌控力弱、短期难以实现技术替代的问题。2018 年，工业和信息化部对中国 30 多家大型制造企业 130 多种关键基础材料调研的结果显示，现阶段 32% 的关键材料在中国仍为空白，52% 的关键材料依赖进口，70% 以上的智能终端处理器、95% 以上的高端专用芯片依赖进口。产业基础领域落后现状亟待改变。二是基础产业国际竞争力弱。我国在核心零部件和基础原材料方面制造能力薄弱，核心零部件与基础原材料高度依赖进口，且产业链竞争主要依靠"人有我廉"的低价模式，低价竞争特征显著。例如，2014~2021年我国集成电路贸易逆差额逐年增大，贸易逆差绝对值从2014年的1567.50亿美元扩大至2021年的2787.60亿美元，反映我国在集成电路领域的产能仍处于较低水平，高性能集成电路产品严重依赖进口（见图3-12）。同时，从产品价格（见图3-13）来看，进口集成电路产品均价远高于同期出口均价，反映出我国集成电路产品主要集中在低端市场，产品附加值低且利润水平较低，国际竞争力不强。

（2）产业链安全性低

产业基础能力直接决定产业链的安全稳定程度。受制造业产业基础能力长期发展滞后的影响，我国制造业产业链安全性不高，主要表现在以下两个方面：一是基础产业对外依存度过高。在实态分析部分，从表3-3外商直接投资依存度可以看出，外商直接投资占主营业务收入比重较高的行业同样集中于专用设备制造业、通用设备制造业、计算机、通信和其他电子设备制造业等基础制造领域，反映了我国在基础原材料与核心零部件领域对外依存程度偏高。二是高端产业与国际先进水平有较大差距。除产业基础领域对外依存度过高外，我国产业链安全性低体现为高端制造领域发展滞后，与国际先进水平仍有显著的差距。长期以来，我国制造业"大而不强"特征表现为制造业低端产能过剩、高端产能不足，真正代表产业链国际竞争力的高精尖产品和核心技术装备缺失。2019年，中国工程院围绕我国制造业产业链开展安全性评估，重点对新能源汽车等国内26类典型制造产业进行国际比较，并将其划分为领先、先进、差距大、差距巨大四类。其中，中国处于世界领先水平的产业包括通信设备、纺织、家电等5类；处于世界先进水平的产业包括钢铁、石化、建材、发电装备等6类；与世界水平差距大的产业包括高档数控机床与基础制造装备、高性能医疗器械、机器人、高技术船舶与海洋工程装备等10类；与世界水平差距巨大的产业包括智能制造核心信息设备、集成电路及专用设备、操作系统与工业软件、航空发动机、农业装备5类。

"2019国家制造强国建设专家论坛"评估结果显示，我国26类产业处于世界领先和先进的产业有11类，且主要集中在纺织、家电、钢铁、建材等传统制造领域，有15类产业处于与世界差距大或巨大状况。更关键的是，我国与世界差距大及巨大的两类产业主要集中在高档数控装备、操作系统、航空发动机等高精尖制造领域。高端制造领域竞争优势缺失不仅对我国制造业产业链完整性构成威胁，更会严重影响我国产业链自主与安全。近年来，发达国家对产业链安全性及高端产业技术外溢出现担忧，美国、日本等国家纷纷制定了一系列产业链供应链调整收缩政策，加快推进制造业回流，大幅减少产业对外投资，这进一步增大了我国产业链"断链"风险，具体如表 3-8 所示。

表 3-8　国内 26 类典型制造业产业国际比较分析

划分依据	产业分布
世界领先水平的产业	通信设备、纺织、家电、输变电装备、先进轨道交通装备
世界先进水平的产业	钢铁、石化、建材、发电装备、新能源汽车、航天装备
与世界水平差距大的产业	高档数控机床与基础制造装备、高性能医疗器械、机器人、高技术船舶与海洋工程装备、新材料、飞机、航空机载设备及系统、节能汽车、生物医药、食品
与世界水平差距巨大的产业	智能制造核心信息设备、集成电路及专用设备、操作系统与工业软件、航空发动机、农业装备

注：笔者根据《2019 国家制造强国建设专家论坛资料》整理。

（3）产业链控制力不足

作为全球制造工厂，我国制造业产量规模居世界首位，目前在纺织、汽车、石化、家电等领域已建立起规模显著、品类齐全的产业链体系（盛朝迅，2021）。在整体得到快速发展的同时，囿于"重生产、轻研发""重整机、轻零部件"的发展模式，导致我国制造业出现核心技术能力缺失、产业链关键环节控制力不足等问题。一是具有全球影响力的世界一流企业少。当前我国制造业在全球产业链体系中的话语权不足，一方面表现为具有产业链控制力的龙头企业和国际竞争优势的一流企业少，无法实现对产业链关键环节的有效掌控。美国商业专利数据库（IFI Claims）数据显示，截至 2021 年 12 月，在全球拥有专利最多的 250 家企业中，中国大陆企业和机构仅有 8 家，分别为华为、京东方、联想集团、TCL、中兴、清华大学、腾讯及海尔智家，远不及美国、日本、德国等发达国家。同时从分布领域来看，美国专利较多的企业涵盖半导体、信息通信、精密机械、生物医疗、航空航天、计算机软件、化工等领域，而中国入围企业主要集中在智能手机、移动通信、笔记本电脑等领域，在高尖端领域严重欠缺控制权和市场力量，制约了中国产业链在国际市场上的控制能力。二是产业价值增值能力弱。受传统发展模式的影响，我国多数制造企业长期依靠国外研发设计，仅按照国外订单要求进行简单生产组装及出口，自身拥有的核心技术、装备和产品数量少，产品附加值低，长期被锁定在"微笑曲线"底端。在前文实态分析部分，图 3-6 和图 3-7 分别从制造业全员劳动生产率、制造业增加值率等维度与样例国家进行了对比分析。从产出能力来看，2021 年中国制造业全员劳动生产率为 3.14 万美元/人，美国为 12.83 万美元/人，是中国的 4.1 倍，德国为 10.55 万美元/人，是中国的 3.3 倍；从增值能力来看，中国工程院发布的《2022 中国制造强国发展指数报告》显示，2014～2021 年，中国制造业增加值率保持在 20% 左右，而美国、日本、德国等发达国家的制造业增加值率平均为 30%。产业价值增值能力弱成为制约产业链控制力提升的重要瓶颈。

3.1.2.2 产业链柔性韧性存在的问题

产业链柔性韧性强调通过优化、升级、重构等方式不断提升整个产业链的技术经济水平，使其在高端方向适应更宽的市场范围、应对更复杂的市场不确定性（罗仲伟和孟艳华，2020）。因此，产业链柔韧性可以理解为在面对各种风险与挑战时，产业链整体所表现出的维持自身稳定、合理应变及持续升级的能力。因此，下文具体从稳定能力、应变能力、升级能力三个方面展开分析。

（1）产业链稳定发展能力弱

当前，我国制造业发展面临突出的“双重挤压”难题，不利于制造业稳定生产。所谓“双重挤压”，是指我国制造业面临发达国家从产业链高端和更低成本的发展中国家从产业链低端与我国进行的两端竞争的现状。“双重挤压”缩短稳定产业链窗口期，对制造业产业链稳定发展带来巨大挑战。

第一，产业链低端被持续分流。从国际竞争环境来看，当前我国传统劳动密集型产业比较优势面临严峻挑战。近年来，印度、越南、柬埔寨、缅甸等东南亚国家积极利用自身劳动力、土地的成本优势，纷纷制定制造业战略发展规划，加速吸引国际投资和产业转移，并逐渐发展成为全球性的低端制造业生产基地，给我国部分劳动密集型产业及出口加工型制造业造成明显的替代压力。例如，“印度制造优先”（Preference to Make in India）政策鼓励外资在当地投资设厂；越南工贸部贸易防卫局制订了“贸易防卫总体计划”，包括了钢铁、化工、纺织等产业，计划打造完整的制造业产业体系，吸引外商投资建厂。目前，东南亚国家在轻工、纺织、笔记本电脑、手机等领域已逐步建立起部分替代我国的出口型中低端产业链，这无疑对我国产业链中低端环节构成较大竞争，同时对我国产业链稳定性及完整性形成巨大威胁。例如，根据世界银行的统计数据，中国服装出口额占世界的比重从 2013 年的 39.2% 降至 2021 年的 25.3%，南亚国家和东盟国家的份额却出现持续提升。此外，从国内区域分工来看，我国产业梯度转移存在衔接不畅问题。随着国际竞争加剧，低端加工贸易利润逐渐收窄，加上我国中西部地区资源禀赋不足，产业配套尚不完善，物流及金融成本普遍更高，导致多数企业不愿意转移至中西部地区。因此，加工贸易型企业的产业链迁移，更倾向前往越南、马来西亚等东南亚国家或地区的港口城市（盛朝迅，2021）。

第二，产业链中高端加速回流。新科技革命重塑全球产业链分工形态，以人工智能、自动化等为代表的数字技术大幅降低传统制造环节的劳动力成本权重，推动数据、信息等新型要素权重持续提高，从而有效弱化发达国家劳动力昂贵的制约因素，使发达国家产业"回流"成为现实选项（江小涓和孟丽君，2021）。在贸易保护主义、"逆全球化"政策叠加的情况下，美国等发达国家纷纷推出"再工业化"、"产业回归"战略规划，不断收缩和破坏产业链和供应链的全球布局，加速本国制造业在外国投资企业的撤回步伐，使原本在中国生产的外资高端制造企业出现回流发达国家趋势。例如，美国政府通过税收优惠等激励政策引导美国跨国公司如苹果公司、美国电话电报公司、通用电气、卡特彼勒等将制造环节回流美国，缩短全球产业链和供应链的长度，推动全球产业链"去中国化"，从而对我国产业链稳定造成巨大冲击。表3-4的数据显示，近年来，我国高技术制造业贸易竞争优势指数呈现整体递减趋势，重要原因之一就是发达国家的中高端制造业"回流"。当前受大国博弈加剧等因素的影响，跨国公司在全球战略布局中更注重产业链安全性，"不把鸡蛋放在一个篮子里"、降低产业链供应链风险已成为多数跨国公司的战略共识，部分公司开始实行"中国+1"或"中国+X"战略，这使我国一些原本较稳定的产业链开始面临较大的压力和挑战。产业向低成本地区流动虽符合客观经济规律，但当前我国具有比较优势的产业链存在被过度替代、加速替代的风险。若在部分低端产业被替代的同时，中高端产业能够快速崛起，则这种产业转移对我国制造业产业链的稳定发展尚不会构成巨大威胁；但如果产业链中高端同时面临发达国家的"回流"竞争，则这种"双重挤压"容易导致产业链供应链升级出现"断链""掉链"情形。

（2）产业链柔性应变能力不足

随着人工智能、区块链、云计算、大数据等新一代数字技术与经济社会各领域各行业的深度融合，数字技术已逐渐成为促进我国经济转型发展的新动能。在制造领域，数字技术的普及应用有助于产业链上下游企业实现信息共享、资源整合及流程优化，同时能够缩短产业链调整时间，增强产业链柔性应变能力。但是与数字技术在居民生活及消费领域的广泛应用和快速推进相比，我国产业数字化程度仍处于较低水平，尤其在制造领域，区块链、大数据等数字技术在研发设计、生产制造、经营管理、市场服务等产业链环节全流程应用程度滞后，这种状况导致企业与供应链上下游端在信息共享、资源整合等方面出现不通畅、不统一、不同步等问题，进一步降低了产业链在不确定市场环境中的柔性应变能力。制造业数字发展滞后主要反映在以下三个方面。

第一，数字化建设水平低。受制于制造业传统封闭式技术范式和价值壁垒、线上服务能力不强、数字设备成本高昂、价值回报预期不清晰等因素，我国大多数制造企业数字化水平偏低，这种情形在中小制造业企业中尤为明显。

国家工业信息安全发展研究中心发布的《中国两化融合发展数据地图（2020）》报告（以下简称两融报告）显示，2020 年全国两化融合发展水平值为 55.0，其中大型企业为 63.4、中型企业为 52.8、小微型企业仅为 46.1，中型和小微型企业均低于全国平均水平。此外，2020 年我国制造企业生产设备数字化率和联网率仅为 48.7% 和 42.6%，终端设备数字化、联网化水平仍处于较低水平。产业数字化基础薄弱带来数据接入难、分析难、应用难，制约了数字技术在制造业产业链应用的广度和深度；同时大、中、小企业间数字化水平的较大差异会产生产业链"数字鸿沟"问题，降低产业链上下游企业协同与集成水平，阻碍产业链柔性化应变能力提升。

第二，数字技术应用范围窄。依据两融报告，2020 年我国仅有 20.0% 的制造企业实现数字技术在供应链上下游合作的全覆盖（高级阶段），能够在供应链物料采购、原材料库存、生产制造、成品库存、产品销售、产品配送环节实现信息化管控；48.7% 的制造企业尚处于单项业务覆盖阶段（中级阶段），数字技术应用仅限于企业研发设计、生产制造、采购销售等单一环节，尚未实现关键业务系统集成、资源优化和一体化管理；20.2% 的制造企业尚处于起步建设阶段（初级阶段）。应用范围受限削弱了数字技术对产业链柔性应变能力的提升作用。

第三，数字技术赋能属性弱。在现阶段，我国众多制造企业仅仅将数字化转型理解成优化企业信息基础设施，对数字化转型方向不清晰，未能充分认识到数字化转型的核心是将基于工业技术专业分工取得规模化效率的发展模式逐步转变为基于信息技术赋能作用获取多样化效率的发展模式，从而导致数字化转型与企业业务发展形成"两条线，两层皮"，严重制约了数字技术赋能效应。依据埃森哲和工业和信息化部国家工业信息安全发展研究中心联合发布的《2021 中国企业数字转型指数研究报告》，我国制造企业在数字化转型过程中存在的突出问题是数字化转型对企业主业的价值输出模糊。很多企业数字化转型呈现"零敲碎打"特征，企业设备层、控制层、执行层、管理层数据未能实现有效协同，在造成资源浪费的同时制约了数字技术对制造业产业链柔性化的赋能作用。

（3）产业链高端化升级能力缺失

在全球产业链分工体系下，我国制造业产业链能否持续推进高端化升级，关键在于是否掌握了产业链的核心技术，现阶段全球产业链竞争的焦点已经转向产业链核心技术与关键环节。

第一，核心技术自给率低，关键领域"卡脖子"问题突出。

第二，发达国家加速科技领域"抢滩布局"，实施更为严苛的技术封锁。

3.1.2.3 产业链关联与协同存在的问题

产业链关联侧重考察一国产业部门在国际及国内产业链中的生产长度与参与程度，即从生产参与过程视角反映一国产业链分布情况。参与全球产业分工体系之所以能推动产业链供应链现代化水平提升，原因在于其有利于专业化分工的深化，使参与国获得由专业化分工带来的红利。产业链协同是指通过价值链、企业链、供需链和区域链的优化配置，实现产业链纵向上下游各环节和横向各功能间合作互补，进而实现产业链效率提升及成本优化，即从生产效率视角衡量一国产业链运行状况（罗仲伟和孟艳华，2020）。因此，下文从产业链关联（国际循环）及产业链协同（国内循环）双视角出发，首先通过分析制造业产业链国内国际关联度、生产性服务业国内循环对制造业国际循环支持度，考察我国产业链"国际循环"联动程度；其次探讨我国制造业产业链在纵向衔接与横向融合中存在的关键共性问题，厘清制约产业链"国内循环"畅通运行的梗阻。

（1）产业链参与国际循环的能力弱

当前，我国制造业产业链参与国际循环仍面临诸多问题，其中较典型的问题表现在产业链国际参与链条短、生产性服务业对制造业外循环支持程度低两个方面。

第一，产业链国际参与链条短。长期以来我国制造业参与国际贸易的方式主要以简单的加工贸易为主，虽然已融入全球产业链分工体系，但这种融入方式是基于发达国家关键产品核心技术提供配套的融入，导致我国在全球产业链分工中的制造技术含量低，产品附加值不高。制造企业参与全球产业链分工的形式更多地表现为零部件在国内各部门之间加工转移，而在技术研发、后市场等方面深度参与全球产业链转移相对较少。通过测算我国制造业整体生产阶段数、国内生产阶段数、国际生产阶段数分布情况，表明我国制造业产业链参与国际分工地位低，体现为国际生产阶段数变化幅度小，从 2005 年的 0.25 略增至 2014 年的 0.26，而同期国内生产阶段数从 2006 年的 2.5 上升至 2014 年的 2.8，制造业国内生产链条的长度与增幅远高于同期国际生产链条。这反映了我国制造业加工出口主要基于国内各部门间的分工协作来实现，在国际制造业分工中占据的链条短，产业链国际关联程度处于较低水平。近年来，我国制造业增加值率长期徘徊在 20%~30%，出现提升乏力现象。其中一个重要原因是我国制造业在全球产业链分工体系中的参与链条过短，致使制造业长期处于价值链低端位置。

第二，生产性服务业内循环与制造业外循环联动能力弱。我国制造业产业链参与国际循环的能力弱还体现为生产性服务业内循环与制造业国际循环联动水平低。表 3-6 使用国内生产性服务业增加值占制造业总出口比重考察生产性服务业国内循环与制造业国际循环联动水平。生产性服务业增加值在制造业出口总额所比例与服务行业本身的特点具有紧密的关联，一方面，作为高级生产要素中的重要构成部分，生产性服务业需要嵌入制造业产业链进行交易，并作为一种重要的间接投入，链接全球制造业产业链的各个环节；另一方面，各国生产性服务业供给数量、结构和效率也会影响制造业的需求。如表 3-6 所示，当前我国生产性服务业国内循环与制造业国际循环的联动能力显著低于美国、日本、德国等发达国家，从细分行业来看，无论是电子设备等高技术制造业，还是纺织、服装等传统制造业，我国生产性服务业增加值的融入水平都显著低于发达国家，这反映出我国生产性服务业内循环与制造业外循环关联程度仍处于较低水平，生产性服务业内循环对产业链外循环存在支持程度弱的突出问题。

（2）产业链畅通国内循环的协同水平低

一方面，从产业链纵向衔接来看，产业链上下游企业在生产、分配、流通、消费等环节的专业化分工水平为产业链协同发展奠定了基础，龙头企业在产业链上下游的整合及带动作用突出，是产业链协同发展的关键动力；另一方面，从产业链横向融合来看，产业链区域布局合理化程度是产业链各功能环节高效运转的重要保障，此外，信息技术为产业链各功能、各环节协同发展提供了技术支持。因此，需从专业化分工水平、龙头企业规模两个方面考察我国制造业产业链纵向衔接水平；从区域产业分工布局、数字技术支撑能力两个方面考察产业链横向融合水平。

第一，产业链专业化分工不充分。当前围绕制造业产业链的相关配套政策和市场机制尚未完善，分工合理、功能互补、特色突出的专业化分工与协作体系并不健全，尤其在产业链核心技术与关键环节领域，出现大量低质量重复建设与同质化竞争现象。中国开发区网 2021 年统计数据资料显示，截至 2021 年 4 月，我国有 2728 家开发区，包括 230 家各类国家级开发区及 2498 家省级开发区，其中省级开发区首位产业定位为装备制造、电子信息战略性新兴产业的分别为 405 家和 176 家，相邻开发区首位产业相同的比重约为 1/3，呈现典型的同质化竞争现象。同质化必然引致制造产业出现低价竞争或底线竞争等劣质竞争状态，这也极大抑制了开发区内部及开发区之间的专业化分工，加剧"堵链""抢链"现象。

第二，产业链龙头企业匮乏。龙头企业在产业链上下游协同发展中发挥"领头羊"的主导作用，产业链的形成、发展与升级离不开龙头企业的带动与协调。当前我国制造业整体规模发展显著，但在微观层面，缺乏具有国际影响力与控制力的龙头企业成为制约产业链协同发展的重要障碍。表 3-2 的数据显示，当前中国制造企业的品牌影响力仍然处于较低水平，尤其在制造业核心领域与关键环节缺少具有国际影响力与控制能力的制造企业。依据世界品牌实验室编制的《世界品牌 500 强》报告，2021 年中国制造企业仅 15 家入榜世界品牌 500 强，入榜数量不足美国制造企业的 1/5，且入榜企业主要集中在食品与饮料、纺织等轻工业领域，在基础制造、工业原材料、高端制造、工业软件等制造业核心领域我国几乎没有企业入榜。

第三，产业链区域分工布局不平衡。产业链兼具产业组织形式与空间组织形式的双重特征，在空间上体现为区域间的产业分工布局，对产业链发展产生重要影响。产业链区域分工布局不平衡问题成为影响产业链现代化水平提升的重要现实因素。当前我国区域发展不平衡不充分问题仍然突出，在城市圈层面，部分都市圈、城市群产业链内部分化明显，高端资源及生产要素呈现过度向核心城市倾斜态势。以京津冀地区为例，近年来北京地区在高新技术企业数量和规模、专利数量和质量等创新指标的领先优势持续增强，呈现明显的"虹吸"现象，反观其他周边地区部分产业指标却呈现持续下滑态势。

第四，产业链协同融合的支撑要素发展滞后。产业链协同融合一方面离不开数字技术等新型生产要素的广泛支持，另一方面需要发挥现代物流、金融等生产性服务业的基础性保障作用。首先，从数字技术发展水平来看，2022 年中国信息通信研究院发布的《全球数字经济白皮书》显示，2021 年我国数字经济规模约为 7.1 万亿美元，居全球第 2 位。然而，相较于在居民生活及消费领域的应用和推进速度，我国产业数字化程度仍处于较低水平，尤其是在制造领域，人工智能、区块链、大数据等数字技术在产业链全流程、全周期的应用程度滞后，导致企业与供应链上下游在信息共享、资源交互等方面出现不通畅、不统一、不同步等问题，影响了制造业产业链协同融合。表 3-5 的分析结果也表明，在全球数字经济发展指数（TIMG）的国际比较中，我国在数字技术和数字治理等方面与美国等发达国家仍存在显著差距。其次，从生产性服务业发展水平来看，现阶段我国生产性服务业，特别是高端生产性服务业发展滞后，未能有效发挥其对制造业产业链协同发展的基础性保障作用，成为产业链各环节关联与互动程度低下的重要原因（唐晓华等，2018）。本节实态分析部分通过对样例国家物流绩效指数对比分析发现，我国在现代物流业基础设施建设与服务质量方面发展仍然滞后，较低的服务效率成为阻碍制造业产业链协同发展的主要瓶颈。

3.2 创新链双循环下制造业发展实态与问题分析

3.2.1 创新链双循环下制造业发展实态分析

国家工业信息安全发展研究中心发布的《2021 中国制造强国发展指数报告》显示，制造业已成为全球国家关注的焦点，2020 年，在全球制造强国中，美国以 173.19 的发展指数值处于第一阵列，德国、日本分别以 125.94 和 128.19 的指数值处于第二阵列，中国制造业发展指数为 116.02，仍处于第三阵列。虽然《2022 年全球制造业创新指数白皮书》指出，中国全球创新指数排名第 11 位，较 2019 年提高了 3 位，位居中等收入经济体之首，但从制造业全球竞争力来看，我国仍未迈入"制造强国第二阵列"。从国内形势来看，根据中国信息通信研究院发布的《城市制造业高质量发展评价研究报告（2022）》可知，江苏省、浙江省、山东省、广东省制造业高质量发展显著，进入 50 强的城市数量居全国前四，分别有 10 个、8 个、6 个、5 个；从区域分布来看，东部、中部、西部和东北地区分别有 33 个、11 个、3 个和 3 个城市入围。可以看出，东部地区制造业高质量发展取得显著成效，在全国处于绝对领先地位，引领带动能力不断增强，西部地区、东北地区与东部地区、中部地区相比仍有较大的差距。从制造业创新规模、创新效益、创新协同及创新环境四个方面衡量制造业创新链发展水平，具体如表 3-9 所示。

表 3-9 中国制造业创新链实态评价分析指标体系

一级指标	二级指标	选取维度
创新规模	• 制造业研发支出（R&D）占国内生产总值的比重 • 制造业 R&D 人员全时当量 • 规模以上工业企业中硕士及博士研发人员与研发总人数之比 • 制造业新产品投入产出系数	研发投入
	• 制造业技术引进消化吸收指数	技术转化
创新效益	• 单位制造业增加值的全球 PCT（专利合作条约）专利申请量	直接产出
	• 新产品销售收入比重 • 新产品出口销售收入占新产品销售收入比重	间接产出

一级指标	二级指标	选取维度
创新协同	• 制造业 R&D 经费内部支出中来自政府的资金数 • 开展创新合作的企业数占全部企业数的比重 • 对境内高校支出经费占规模以上制造业企业 R&D 经费外部支出的比重 • 对境内研究机构支出经费占规模以上制造业企业 R&D 经费外部支出的比重	政产学研
创新环境	• 有研发机构的企业与规模以上工业企业总数之比 • 每百万就业人数中研发人员数 • 国家新型工业化产业示范基地数量 • 制造业创新中心数量 • 创业机构风险投资强度	创新氛围

注：笔者根据《2021 中国制造强国发展指数报告》《制造业创新指数报告（2021）》《2020 全球 CIP 指数报告》《中国制造业发展研究报告》《中国科技统计年鉴》《国家高新区创新能力评价报告》整理。

3.2.1.1 创新规模

创新资源规模是一国开展创新活动的基本保障，创新资源投入主要从研发投入环节和技术转化环节进行分析。

（1）研发投入

研发投入包括创新资金投入和人力资源投入，创新资金投入可用制造业研发支出（R&D）占国内生产总值的比重来衡量；人力资源投入水平可用制造业 R&D 人员全时当量，以及规模以上工业企业中硕士及博士研发人员与研发总人数之比等指标测度。

第一，制造业 R&D 占国内生产总值的比重。由图 3-22 可知，近年来，中国不断重视对制造业的研发设计投入，制造业研发支出占国内生产总值的比重呈逐年上升趋势，从 2013 年的 0.88% 上升至 2018 年的 2.32%，增幅显著。但 2021 年，我国制造业研发投入强度仅为 1.54%，远低于发达国家 3% 以上的较高水平；且与 2018 年相比下降了 0.78 个百分点，出现明显下滑，而同期全球平均水平上升了 0.09 个百分点。由此可以看出，我国制造业研发投入强度并没有保持与全球相当的水平。

图 3-23 显示，从制造业分产业部门来看，2017~2021 年中国高技术制造业和装备制造业 R&D 经费投入强度呈稳步增长态势。2021 年，高技术制造业和装备制造业 R&D 经费投入强度分别为 2.71% 和 2.56%，较 2017 年分别提高了 0.71 个和 0.91 个百分点，较 2021 年制造业平均水平分别提高 1.17 个和 1.02 个百分点。整体来看，除 2018 年外，其他年份高技术制造业和装备制造业 R&D 经费投入强度均高于制造业 R&D 投入强度平均水平。另外，高技术制造业投入强

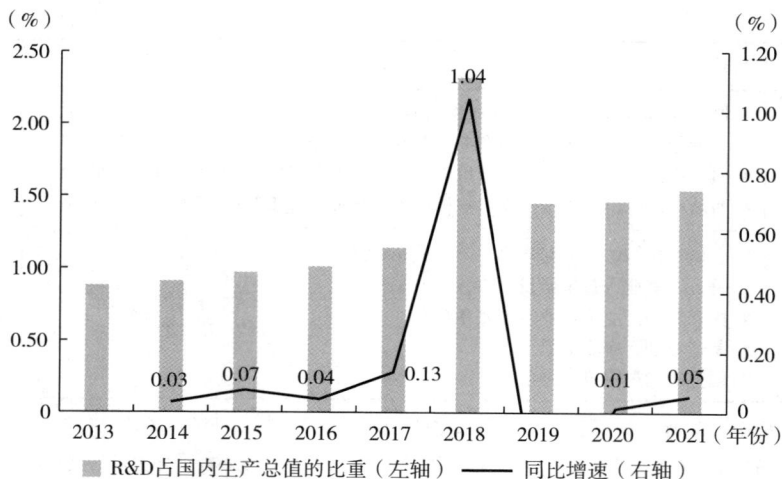

图 3-22　制造业 R&D 占国内生产总值的比重及同比增速

注：笔者根据世界银行数据库及 2013~2021 年《全国科技经费投入统计公报》整理。

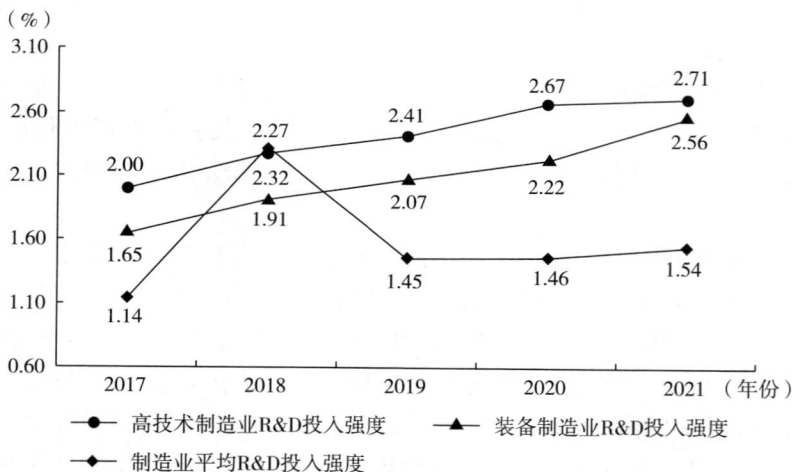

图 3-23　分产业部门制造业 R&D 投入强度

注：笔者根据 2017~2021 年《全国科技经费投入统计公报》整理。

度高于装备制造业投入强度，从侧面反映了该产业在整个制造业中的重要程度，表明高技术制造业和装备制造业的引领带动作用在不断增强，资金向高技术产业和装备制造业等先进制造业加快转移，因此中国制造业投入水平也进一步得到提升。

第二，制造业 R&D 人员全时当量。如图 3-24 所示，2013~2021 年，制造业 R&D 人员全时当量总体呈现增长趋势，年均增长率为 9.47%；2013 年 R&D 人员全时当量为 237 万人年，2021 年达到了 468 万人年，是 2013 年的 1.97 倍。从增长率来看，2014~2021 年制造业 R&D 人员全时当量同比增长率分别为 6.30%、0.46%、2.51%、1.45%、9.84%、5.41%、10.02% 和 39.75%。其中，2021 年增幅达到最大值。可以看出，制造业研发人员投入呈稳步上升态势，表明科技人员队伍在不断壮大，研发人力资源水平持续提高，制造业创新潜力进一步提升。

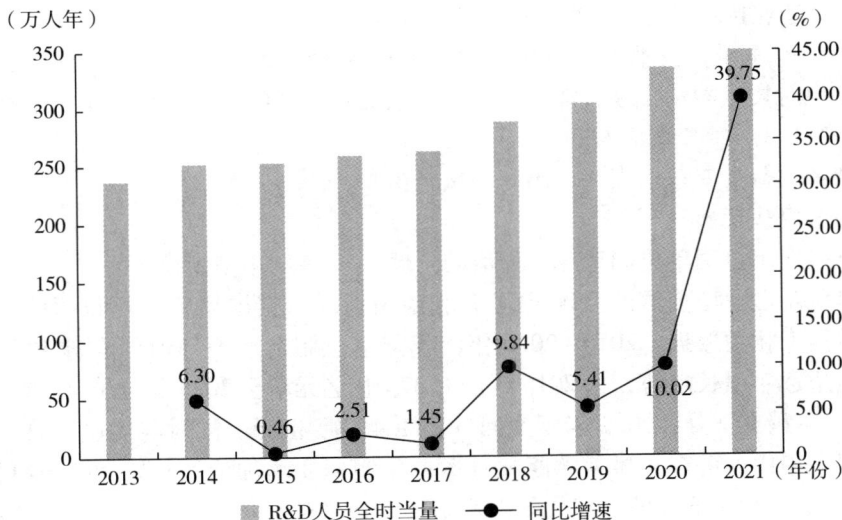

图 3-24 制造业 R&D 人员全时当量

注：笔者根据 2014~2022 年《中国科技统计年鉴》数据整理。

第三，制造业规模以上工业企业中硕士及博士研究人员比重。2014~2022 年《中国科技统计年鉴》显示，2013~2020 年，制造业规模以上工业企业中硕士及博士研究人员数稳步提升。2013 年，硕士及博士研究人员共有 28 万人，2020 年增加到 31 万人，是 2013 年的 1.11 倍，表明制造业引进高层次人才的步伐明显加快。但从硕士及博士研究人员比重来看，2013~2021 年平均比重仅有 12.58%，依然处于较低水平，表明制造业对高层次人才的投入力度还有较大提升空间。

（2）技术转化

技术转化可用制造业新产品投入产出系数和制造业技术引进消化吸收指数来反映。

第一，制造业新产品投入产出系数。新产品投入产出系数为新产品销售收入与新产品开发经费支出之比。2014~2022 年《中国科技统计年鉴》相关数据显示，制造业新产品投入产出系数在 2013~2016 年保持高速增长，2016 年达到最大值 14.96，2017~2019 年又呈下降趋势，2019 年之后又开始回升，表明 2016 年之前我国制造业技术转化效果较好。2016~2019 年一味地加大新产品开发经费，但市场开发有限，导致技术转化效率较低，2020 年开始出现好转。

第二，制造业技术引进消化吸收指数。技术引进消化吸收指数为消化吸收经费支出与引进技术经费支出之比。根据 2014~2022 年《中国科技统计年鉴》的相关数据，制造业技术引进消化吸收指数除在 2017 年稍有回升外，其余年份均保持下降趋势。2021 年，技术引进消化吸收指数仅为 15.8%，表明中国虽然加大技术引进，但对技术的消化吸收能力有限，导致对新技术的运用效果并不是很好。

3.2.1.2 创新效益

创新效益主要包括直接产出和间接产出。

（1）直接产出

直接产出可用单位制造业增加值的全球 PCT 专利申请量测度。

单位制造业增加值的全球 PCT 专利申请量。根据世界知识产权组织、世界银行数据库相关数据，2016~2020 年，我国单位制造业增加值的全球 PCT 专利申请量呈逐年增长趋势，由 2016 年的 1.37 项/亿元增至 2020 年的 1.78 项/亿元，但 2021 年稍有下降，2022 年再度回升至 1.41 项/亿元。同时与美国、日本、德国等国家相比，仍存在显著差距。日本单位制造业增加值的全球 PCT 专利申请量除 2021 年有所下降外，其余年份均呈逐年递增趋势，从 2016 年的 4.43 项/亿元上升至 2022 年的 5.99 项/亿元，显著高于同期我国水平，表明我国在转化制造业核心技术与专利，并将其推广应用到商业领域方面，与发达国家相比仍然存在较大差距。

（2）间接产出

间接产出可用新产品销售收入比重以及新产品出口销售收入占新产品销售收入比重来衡量。

第一，新产品销售收入比重。根据 2014~2022 年《中国科技统计年鉴》数据，2020 年，我国制造业新技术、新材料、新装备、新工艺广泛应用，规模以上工业企业新产品销售收入占主营业务收入的比重达 25%。我国制造业规模以上工业企业新产品销售收入比重除 2014 年稍有回落外，其余年份均保持高速增长，2014 年新产品销售收入比重为 14%，2020 年达到了 25%，增长了 11 个百分点，表明随着企业创新积极性的增强和创新投入效应的释放，制造业技术成果实现了较好转化，企业创新活动市场价值逐步提升。

第二，新产品出口销售收入占新产品销售收入之比重。2021年我国制造业中31个分行业新产品出口销售收入与新产品销售收入之比的平均值为13.8%，反映出我国制造业新产品技术水平普遍较低，新产品国际竞争力不高。

3.2.1.3 创新协同

创新协同主要指企业与政府、科研院所及高校等主体间的合作创新情况，具体可用制造业 R&D 经费内部支出中来自政府的资金数、对境内研究机构支出经费占规模以上制造业企业 R&D 经费外部支出的比重、对境内高校支出经费占规模以上制造业企业 R&D 经费外部支出的比重及制造业中开展创新合作的企业比重等指标来衡量。

（1）制造业 R&D 经费内部支出中来自政府的资金数

根据 2014~2022 年《中国科技统计年鉴》数据，2013~2021 年政府对制造业的资金支持力度总体呈现良好的增长态势。2013 年 R&D 经费中来自政府的资金数为 346 亿元，2021 年为 505 亿元，是 2013 年的 1.46 倍。从增长率来看，2013~2021 年制造业政府资金支持年均增长率为 6.34%，其中 2019 年增长率最大，达到了 36.97%，表明 2019 年相对于 2018 年，制造业政府资金支持增加了将近 37%；2020 年增幅最小，仅为 -26.81%，出现了负增长，表明 2020 年制造业政府资金支持力度稍有回落，其余年份均保持了较好的增长态势。

（2）对境内研究机构支出经费占规模以上制造业企业 R&D 经费外部支出的比重

由图 3-25 可知，对境内研究机构支出经费占规模以上制造业企业 R&D 经费外部支出的比重在 2013~2021 年呈先升后降趋势。具体地，2013~2016 年呈上升趋势，2016~2021 年呈下降趋势，2016 年规模以上制造业企业 R&D 经费对研究机构支出比重为 47.9%，达到最大值，2021 年其值为 32.9%，比 2016 年下降了 15.0%。

（3）对境内高校支出经费占规模以上制造业企业 R&D 经费外部支出的比重

如图 3-25 所示，对境内高校支出经费占规模以上制造业企业 R&D 经费外部支出的比重在 2013~2021 年一直呈下降趋势，2013 年为 49.2%，2021 年降至 14.4%。可以看出，创新主体间交流互动并不充分，创新主体间没有形成合力，产学研合作水平依然较低。

（4）制造业中开展创新合作的企业数占全部企业数的比重

由图 3-26 可知，2016~2021 年，开展创新合作的企业比重从 24.3% 上升至 42.0%，年均增长率为 14.7%。可以看出，近几年，制造业逐步加大合作创新步伐，合力推动制造业转型升级。从整体来看，2016~2021 年，与高等学校开展创

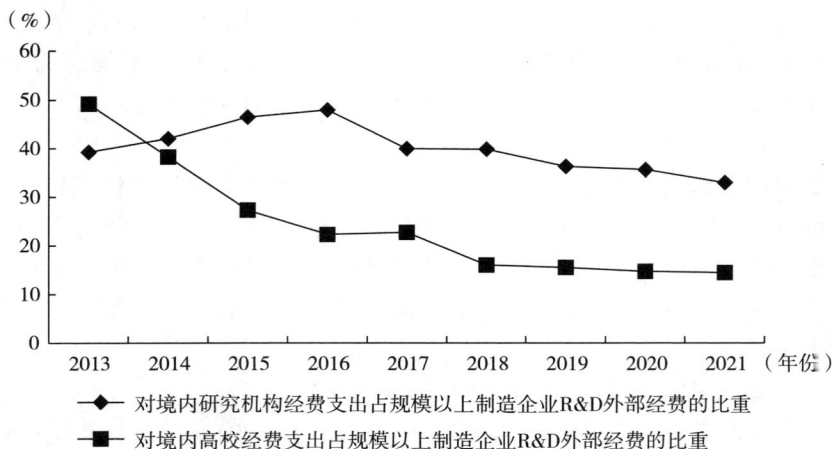

图 3-25 制造业产学研合作情况

注：笔者根据 2014~2022 年《中国科技统计年鉴》数据整理。

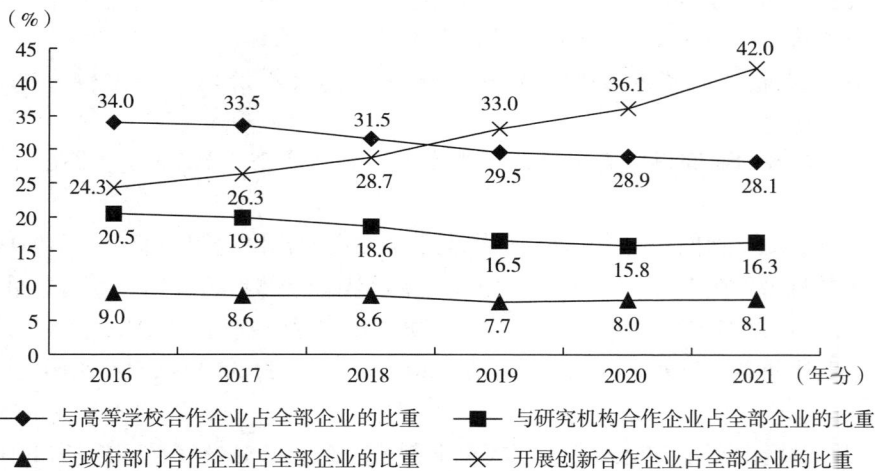

图 3-26 制造业政产学研创新合作情况

注：笔者根据 2017~2022 年《中国科技统计年鉴》数据整理。

新合作的制造业企业占比最大，2021 年为 28.1%，与研究机构开展创新合作的企业比重次之，与政府开展合作创新的企业占比最低，2021 年仅为 8.1%，表明我国制造业政产学研合作水平依然较低。

由图 3-27 可知，制造业企业与上游供应商、下游客户、竞争对手及市场咨询机构等主体间的合作在 2016~2021 年均呈现持续增长趋势。尤其是制造业企业本身与上下游主体间的合作越来越紧密。2016 年,与供应商及客户开展创新合作的制造业企业占比分别为 36.0% 和 43.0%,2021 年分别达到了 43.0% 和 49.2%,上涨了 7% 和 6.2%,与竞争对手和市场咨询机构开展创新合作的制造业企业占比分别达 18.3% 和 16.2%。这说明供应商和客户在创新进程中的主体地位进一步凸显,也表明知识社会环境下更加强调开放创新和协同创新。

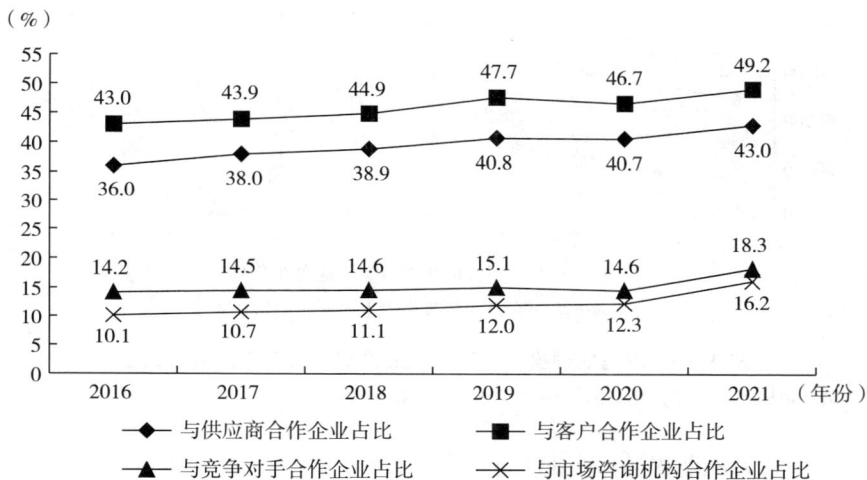

图 3-27 制造业企业与其他主体开展创新合作情况

注:笔者根据 2017~2022 年《中国科技统计年鉴》数据整理。

3.2.1.4 创新环境

创新环境是提升国家或行业创新能力的重要基础和保障,为制造业的可持续发展提供良好支撑,具体可用有研发机构的规模以上制造业企业比重、每百万就业人数中 R&D 研究人员数、国家新型工业化产业示范基地数量、制造业创新中心数量及创业风险投资机构数量来测度。

(1) 有研发机构的规模以上制造业企业数占制造业企业总数的比重

如图 3-28 所示,从总量来看,2013 年制造业有研发机构的规模以上工业企业数为 42352 个,2021 年为 106590 个,比 2013 年增加了 64238 个。从有研发机构的规模以上制造业企业数占制造业企业总数的比重来看,2013~2021 年保持稳步增长状态,2021 年规模以上制造业企业中有研发机构的企业个数比重为 25.98%,比 2013 年提升了 13.76%。可以看出,近几年,制造业有研发机构的规模以上工业企业数总体呈现较好的增长态势，表明制造业设立研发机构主动开展创新活动的积极性在不断提高，也为企业全面提高自主创新能力提供了重要保障。

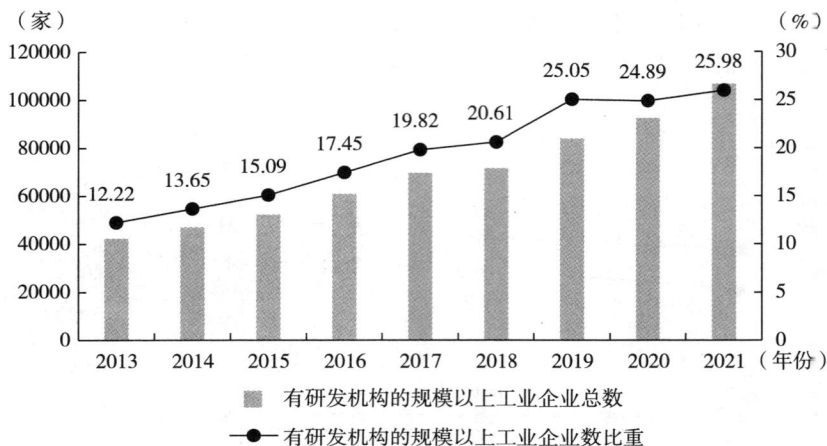

图3-28 制造业规模以上工业企业设有研发机构数量及比重

注：笔者根据2014~2022年《中国科技统计年鉴》数据整理。

（2）每百万就业人数中R&D研究人员数

2016~2020年，我国每百万就业人员中研发人员总数呈逐年上升趋势，由2016年的2220人上升至2020年的3040人，但是R&D研究人员增速较低，R&D研究人员仍然存在较大的需求缺口。同时与日本、德国等国家相比，R&D研发人数仍存在明显不足（见图3-29）。2016年，日本每百万就业人员中研发人员总数为10060人，德国为9150人，显著高于我国同期人数。

（3）国家新型工业化产业示范基地数量

国家新型工业化产业示范基地不仅是制造强国建设的支撑力量，而且是我国制造业集聚发展的核心载体。根据工业和信息化部网站的相关资料，2012年，国家新型工业化产业示范基地累计数为169家，2022年累计数达445家。可以看出，近年来，国家不断加大对国家新型工业化产业示范基地的建设力度，整体形成了较完善的创新公共服务体系和良好的营商环境，为加强制造业共性关键技术研发和转化提供了重要平台。

（4）制造业创新中心数量

制造业创新中心是以需求为导向，以协同创新机制为手段的跨界型国家级新型创新载体，是围绕前沿共性技术研发、转移扩散、市场化应用等，打造贯通产

（人）

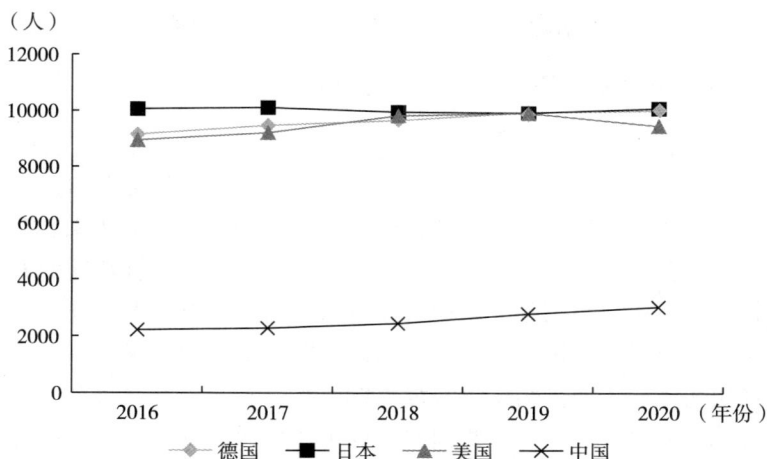

图 3-29　R&D 研究人员数（每百万就业人员）

注：笔者根据世界银行数据库、联合国教科文组织数据库整理。

业链、创新链、资本链的制造业创新生态系统。前瞻产业研究院公布的《智能制造行业市场前瞻与投资战略规划分析报告》数据显示，2020 年，美国已创设了7 所国家级的制造业研究中心。截至 2023 年 2 月，我国已建设 26 个国家级制造业创新中心（含 2 个国家地方共建制造业创新中心）、200 多个省级制造业创新中心、125 个产业技术基础公共服务平台，这为制造业创新提供了系统化平台和有力支撑。

（5）创业风险投资机构数量

风险投资机构可以通过参与企业管理，帮助企业实现知识流动与共享和资源整合，缩短产品市场化时间，进而促进行业优势业务发展，是制造业进行创新产出和科技成果转化的重要桥梁。近年来，中国创业风险投资机构数量呈爆发式增长。2013 年中国创业投资机构为 1408 家，2020 年达到 3290 家，较 2013 年增加1882 家。从创业投资机构投资项目数来看，2021 年累计数达到 31996 项，累计金额达 7283 亿元，且主要分布在半导体、新材料工业、医药保健、高效节能技术、新能源等领域。2021 年，累计投资高新技术企业项目数为 12937 项，累计投资金额达 2585.8 亿元。从募集的资金管理来看，2021 年，全国创业投资管理资本占 GDP 比重达到 1.1%，总额较上年增长 16.8%，达到 13035.3 亿元；基金平均管理资本规模达 3.4 亿元，与 2020 年相比稍有回落。从创业投资构成来看，我国国有独资投资机构、政府引导基金及其他财政资金出资比重分别为 23.0%、10.6% 和 16.8%。从全球范围来看，美国的募集资本占全球募资额的 67.2%，仍占据全球主导地位。

3.2.2 创新链双循环下制造业发展问题分析

新兴产业创新链是以重大发展需求和重大技术突破为导向，以创新性知识、技术和产品供给为核心，围绕创新的核心主体，联结其他相关主体，以构建新兴技术开发、产业化和市场化的链接模式(王宏起等，2014)。近年来，我国制造业创新能力明显提升。规模以上工业企业研发强度逐年上升，有效发明专利申请数量稳定增长。大飞机、核高基、高档数控机床等国家科技重大专项，以及智能制造、绿色制造项目不断推进，工业互联网创新发展工程和国家级制造业创新中心建设工作加快实施，工业供给质量和绿色发展水平不断提升，特高压输变电、大型掘进装备等已跻身世界前列，我国制造业正逐步形成以知识链为原动力，以技术链为驱动力，以成果转化链为支撑力的制造业创新体系。然而，从中国制造业创新现状来看，创新链条的核心环节发展动力不足现象明显，创新链衔接处又存在传递的"肠梗塞"现象。当前，制造业研发投入短板明显、高层次创新人才稀缺、融通创新合力不足、供需对接渠道不畅、技术吸收与再创新能力薄弱、市场中介和平台发展滞后等问题依然存在，研发创新的制度环境仍需进一步完善。

3.2.2.1 知识链存在的问题

作为技术创新的关键要素，各种创新主体的知识转移不仅可以提升合作创新效率，而且可以塑造企业核心竞争优势。由于企业自身所拥有的知识存量有限，以及知识更新速度在不断加快，为保持自身竞争优势，企业与其他创新三体建立战略伙伴关系，构成组织之间的知识链，通过吸收、利用彼此的异质性知识实现技术创新与科技成果转化。知识链具体包括知识传播、知识吸收与再创新及知识转化三个阶段。目前，我国制造业在知识链上主要存在基础研究投入明显不足、高层次创新人才稀缺、知识共享平台缺乏、融通创新合力不足及知识溢出效应有限等问题。

（1）基础研究投入明显不足

《2021年全国科技经费投入统计公报》数据显示，2021年我国基础研究经费占R&D比重仅为6.5%；而美国和日本等发达国家基础研究投入比重大多处于12%~23%，并呈逐年微升趋势。基础研究和原创重大创新成果的出现需要持续不断地投入，而我国基础研究投入偏少，原始创新能力低下，导致其战略支撑作用明显不足。同时，《2022年全球创新指数报告》数据显示，2022年我国企业研发经费中基础研究的比重仅为0.5%，而欧美国家以及日本、韩国等创新强国的比重普遍在5%以上，远高于我国。可以看出，我国企业并未发挥创新主体作用，在此方面企业参与过低是制约我国基础研究转化效率的重要原因之一。

（2）高层次创新人才稀缺

近年来，为持续推进知识能力建设，我国制造业不断加强创新人才培养。首先，从总量上看，我国每百万人就业人员中研发人员总数呈逐年上升趋势，但与日本、德国等国家相比，研发人数仍存在明显不足。其次，从研发机构中硕士及博士研究人员比重来看，2013~2021年平均比重仅有12.58%，依然处于较低水平，制造业对高层次人才的投入力度还有较大的提升空间。最后，从结构上看，不同领域的一流工程师、领军型人才等高层次人才依然短缺。根据《人民日报》对广州和深圳、青岛和潍坊、长沙和株洲3省6市100家企业的问卷调查结果，制造业吸引人才正面临"找不到、招不来、留不住"的三难困境。高达73.08%的企业认为，创新型技术领军人才稀缺、复合型人才缺乏"懂工艺的不懂软件，懂软件的又不懂工艺"、基础技术人才断档是造成制造业企业难以高质量发展的主要因素。重点领域人才供给不足，我国制造业的技术人才需求缺口正越来越大。2020年，我国高档数控机床和机器人领域人才缺口达到300万。

（3）知识共享平台缺乏

制造业的创新发展需要拥有大量知识资源和技术资源的合作研发平台。尽管目前我国已建立了26家粗具规模的国家级制造业创新中心，制造业中开展创新合作的企业比重达33%，但受到各主体发展规划、知识产权保护、路径依赖等方面的制约，制造业创新中心尚未有效发挥作用，创新主体间知识溢出效应及研发合作有限，知识与技术共享程度较低，科研资源整合能力不足，科研院所与企业之间的联系较弱，同时缺乏可以参与制造业核心技术研发的全球研发中心、大区域研发中心和开放式创新平台等，上述局面导致不同区域间、不同创新主体间的知识流通和共享程度有限。

（4）融通创新合力不足

融通创新是企业分担创新风险、提升创新绩效的基础，也是企业促进创新生态系统建设的关键抓手。目前，我国制造业融通创新合力不足主要表现在以下几个方面：首先，产业链龙头企业"以大带小"作用明显不足。近年来，全球产业链倾向集中化、集群化发展，龙头企业在全球产业链中的作用日益凸显。我国以华为为代表的部分企业虽然已跻身世界制造500强名单，但是并不能有效改善我国在全球化中的被动地位。我国制造业长期以来以加工组装为主，虽然在创新设计、售后服务、系统解决方案等领域发展较快，但与美国等制造强国相比，仍缺乏装备制造业、生物医药、ICT制造业及军工航空航天制造业等领域的世界级企业。在波士顿咨询公司（BCG）公布的"2022年全球最具创新力的50家公司榜单"中，我国入围企业仅有7家，产业链龙头企业"以大带小"促进作用明显不足。其次，制造业中小企业协同创新参与度低。中小企业是制造业创新的"蓄水池"。信息技术的不断进步推动产业链的裂解、延伸、交叉和融合，生产呈现网络化和社会化趋势，中小企业的作用更加凸显。但当前我国制造业企业发育滞后，许多中小企业参与协同创新动力不足，缺乏世界领先的隐形冠军企业。我国虽为制造业大国，但大而不强，核心竞争力严重缺乏、关键零部件受制于人，在重大项目技术攻关环节中小微企业发挥作用有限，创新创业不够活跃，这严重阻碍着我国制造业产业的创新发展。最后，产学研融合协同程度偏低。美国等国家鼓励学术创业，注重知识、技术等要素在不同创新主体间的有效传递。相比之下，我国制造业产学研合作水平依然较低。其一，产学研合作比列偏低。2021年，与高等学校和研究机构开展创新合作的制造业企业比重分别为28.1%和16.3%，相比2016年分别下降了5.9%和4.2%。其二，产学研合作动力不足。由于高校和科研院所与企业，特别是非国有企业之间在人事制度、考核评价和福利待遇方面存在着制度性差异，创新人才尚不能无障碍地双向流动，企业的创新主体地位并未显现，产学研合作动力不足。其三，典型合作案例示范作用有限。聚集企业、高校、研究机构以及行业机构等各方优质资源，可复制、可推广的，具有领先性、普适性、实用性的发展案例较少，涉及具体领域、满足我国制造业发展实际所需的整体解决方案缺乏。其四，科教融合、产教融合不足。中国制造业高质量发展理论研究创新不足，符合中国制造业发展实际的基础理论更是缺乏。国家研究实验体系尚未建立，前沿引领技术供给能力和前瞻性基础研究较薄弱，科教融合、产教结合效果并不理想。

（5）知识溢出效应有限

根据知识创造理论，知识创造需由隐性知识和显性知识内隐化、组合化向社会化、外在化循环（野中郁次郎和西原文乃，2019）。制造业具备的丰富产出能力和集聚知识能力，是带动其他产业发展的引擎，也关系到上下游产业链安全及国家战略。近年来不少国家提高了对产业链的安全性和稳定性要求，为预防"断链"风险并重塑产业链韧性，各国加快相关产业回流战略布局。特别针对影响国家未来发展战略的核心高端制造业，核心技术和知识集中于少数国家使产业链进一步"缩短"，如发达国家牢牢把控集成电路、半导体芯片等相关核心技术。而过度集中化阻断技术和知识向外扩散，使技术创新"引进—消化吸收"模式中"引进"源头受阻，技术创新难度进一步加大（李颖和贺俊，2022）。

3.2.2.2 技术链存在的问题

技术链是物化于产业中的各种技术依据产业环节而形成的技术链接关系，包括技术供给，以及基于技术的后续商业化开发直至经济社会效益实现的过程，其核心内容包括整个链的完整程度及不同技术之间的依赖程度。技术链作为一种"能力"或"内核"，通过产业链媒介步入新市场并实现价值。随着国际贸易逐步扩大、国际分工日益明显，美国、日本、德国等国家凭借拥有完整的技术链，几乎垄断了所有产业的高新技术。目前，我国制造业面临研发投入强度偏低、自主创新能力匮乏及技术专利化不足等核心问题。

（1）研发投入强度偏低

根据经济合作与发展组织（Organization for Economic Co-operation and Development，OECD）公布的数据，2021年，美国、日本、德国的研发投入占GDP的比重均超过3%，分别为3.45%、3.27%和3.14%，我国的研发投入占GDP的比重仅为2.44%。可以看出，我国研发投入强度远低于美国、日本、德国等主要经济体。同时，欧盟发布的《2022版欧盟工业研发投资记分牌》显示，2022年美国进入全球研发投入TOP2500的822家企业的研发投入总额为4397亿欧元，比重达40.2%，而中国进入全球研发投入TOP2500的企业研发投入比重仅为17.9%。从全球研发投入TOP20企业榜单来看，美国进入TOP20榜单的公司数量有10家，而我国仅有3家。

（2）自主创新能力匮乏

我国制造业企业核心技术长期停留在"引进"阶段，整体技术水平偏低，自主创新能力薄弱，导致国际竞争力缺乏优势。首先，核心技术对外依存度高。我国"工业五基"不强，一些关键核心技术受制于人，对新兴技术领域的掌控力度不够，支撑产业转型升级的技术储备不足，技术创新资源协同运作不畅。工业和信息化部的统计数据表明，2019年我国关键零部件和元器件、关键材料的自给率只有30%。在装备制造领域，超过95%的制造及检测设备依赖进口。其次，产业共性技术支撑不足。目前我国关键共性技术供给体系存在战略统筹缺乏、研发主体缺位、部门间资源分散、引导与支撑体系不足等问题。最后，工艺技术水平落后。工匠精神缺乏、更迭速度缓慢及与生产能力不匹配等导致我国制造业工艺水平落后，这不仅增加了企业成本，降低了企业盈利能力，还影响制造业企业持续发展能力，同时造成资源供给紧张、环境污染不断加剧等问题。

（3）技术专利化不足

技术专利化是制造业获取产业国际竞争优势的主要战略工具，借助专利制度界定新兴技术创新成果归属，既有利于产业主体占据全球技术链的关键位置，也能激励产业主体进行新兴技术研发和创新（岳中刚，2014）。我国制造业技术专利与主要制造强国相比存在着明显的差距。首先，专利研发产出效率不高。2016~2020年，我国单位制造业增加值的全球PCT专利申请量由2016年的1.37项/亿元增至2020年的1.78项/亿元，但日本单位制造业增加值的全球PCT专利申请量从2016年的4.43项/亿元上升至2020年的5.43项/亿元，显著高于同期中国水平，表明我国制造业研发效率整体仍处于较低水平。其次，专利结构不合理。

世界知识产权组织(World Intellectual Property Organization，WIPO)统计数据显示，截至 2020 年，我国制造业发明专利有效量已达 267 万件，仅次于美国的 310 万件，但从相对值来看，我国发明专利有效量与申请量(累计)之比仅为 0.26，远低于韩国(0.52)、美国(0.55)及日本(0.63)，可以看出，我国制造业有效发明专利比重依然很低。同时，中国制造在高端机械、医药、精密仪器、半导体乃至汽车等细分领域，均没有跻身全球第一梯队，中国企业与国际领先水平还有很大差距，专利结构的缺陷是造成制造业产业自主技术链难以构建的主要原因。最后，专利质量不高。高质量的专利是制造业企业的优质资产，也是推动制造业发展的核心因素。我国制造业的专利申请量虽有一定突破，但尚未形成优势技术领域专利池，专利质量仍有很大的提升空间。其一，多局同族专利布局比重低、覆盖国家少。赛迪观点公布的《我国与主要制造强国知识产权质量差距分析》显示，全球约 85% 的同族专利均来自单一专利，但排名靠前的同族专利来源地差异较大。中国同族专利总量占全球 60% 以上，但多局同族专利布局比重仅为 2.1%。而美国、日本等制造强国布局比重分别为 39% 和 32%，是中国的 15 倍以上。同时，中国多局同族专利平均布局国家数为 2.8 个，而美国、日本、法国、英国等国家分别为 3.4 个、3.2 个、3.4 个和 3.6 个。其二，发明专利平均维持期限短。根据 2020 年《世界知识产权指标》的数据，我国国内有效发明专利平均维持年限仅有 7.6 年，而韩国为 8.4 年，德国为 11.2 年。

3.2.2.3 成果转化链存在的问题

科技成果转移转化是打通创新链后端、推进创新链发展的关键手段，是一项复杂的跨组织和高智力的创造性任务。制造业高质量发展的技术关键就在于突破技术成果转化"最后一公里"的市场化跳跃。近年来，中国科技成果转移转化制度体系已初步建立，2022 年，中国共签订技术合同 77.25 万项，成交额达 47791 亿元。其中，先进制造技术、电子信息、城市建设与社会发展领域的技术交易额居前三位，占全国技术交易总项数和总金额的 50% 以上。由此可知，我国制造业科技成果转化工作取得了初步成效。但同时要看到，科技成果转化是一项系统工程。我国科技成果比重远低于发达国家，只有 10% 左右的科技成果得到了顺利转化。当前，制造业存在科技成果向现实生产力转化不力、不顺、不畅的现象，具体表现为供需对接渠道不畅、中试孵化资金短缺、技术吸收与再创新能力薄弱、市场中介和服务平台发展滞后等。

（1）供需对接渠道不畅

科技成果供给与需求不能有效对接是造成科技成果难以顺利转化的关键所在。目前制造业既缺乏能实现供需双方高效匹配的科技成果对接平台，也缺少能提供高端增值服务的科技中介机构。现有科技成果转化信息平台不能精准地挖掘企业真实需求，也无法匹配科研机构高质量科技成果。同时，由于缺乏专业化人才，大多数科研中介机构只能提供"牵线搭桥式"的信息服务。此外，科研成果要实现转化和产业化，必须先经过中试环节。但中试环节不仅需要专业化人才，而且需要大量资金投入等，多数科研机构无法达到上述中试条件，导致成果产业化难以实现。

（2）中试孵化资金短缺

技术成果的转移转化具有投资大、风险高、周期长等特点，资金问题更是困扰科技成果转让方和受让方的大难题。制造业关键技术具有高度复杂性，科技成果转化需要经过技术研发、中试孵化、工业化生产三个阶段。其中，中试环节是科技成果走出实验室、形成经济效益的基础，是成熟科技成果应用于企业生产和工程应用领域的核心步骤。但该阶段所需资金投入更大，风险更高，使创新主体并不愿意在此环节投入大量研发资金，于是导致成果转化环节出现"中试空白"现象，主要原因有以下几点：一是企业承接科技成果转化能力不强。2021年，有研发活动的规模以上制造业企业数量占规模以上工业企业数量的25.98%，还不足一半，我国仍有74.02%的规模以上制造业企业没有开展研发活动，制造业企业创新活力明显不足。同时，由于中试孵化具有高风险和高难度，科研人员在完成原创性技术成果开发后，缺少持续投入研发资金的保障，企业又不愿承担失败风险，导致中试孵化成为空白区。二是政府、企业等创新主体资金投入有限。2013~2021年，制造业政府资金支持年均增长率为6.34%，但是政府资金一般只投入技术研发环节，导致技术转移环节资金短缺。另外，由于企业和投资商对尚未完成产品化开发的成果投资意愿较低，科研院所、高校自身中试熟化条件有限，科技成果关键转化环节投入缺位。2021年对境内研究机构支出经费占规模以上制造业企业 R&D 经费外部支出的比重为32.9%，比2016年下降了15个百分点。对境内高校支出经费占规模以上制造业企业 R&D 经费外部支出的比重在2013~2020年一直呈下降趋势，2013年为49.2%，2020年下降到5.24%。三是风险资本市场不完善。通过获取资本市场投资也是企业获取研发资金的有效途径。在发达国家，通常采用共同出资的方式建立创业投资基金用于支持高科技，让多个投资者或专家共同运作和管理。2021年，我国创业投资管理资本占 GDP 的比重为1.1%，而美国管理资本占 GDP 总量的2.11%，美国创业投资规模及强度仍在全球占据主导地位。

（3）技术吸收与再创新能力薄弱

国外引进技术的消化吸收与再创新不仅可以推动引进技术本土化，而且可以促进后发国家制造业企业实现技术创新。而我国制造业往往重引进而轻消化，忽视二次开发等问题较严重。2021年，我国制造业技术引进消化吸收指数仅为

15.8%，可以看出，我国消化吸收再创新能力薄弱，引进技术和消化吸收及再创新严重脱节，这也成为制约我国技术进步和自主创新能力提高的重要障碍，导致制造业整体技术水平低下，究其原因在于技术引进容易出现"天花板效应"。在中低端环节，发达国家跨国公司会主动对发展中国家企业进行知识输出和技术外溢；然而，在高端环节，发达国家容易实施策略性制裁。一方面，通过提高技术转移门槛或强化知识产权保护体系等削弱甚至阻挠发展中国家本土企业对其先进知识和技术的消化、学习和吸收；另一方面，通过使用特定许可技术和加速产品升级换代等手段，加重发展中国家企业对其先进设备、技术和零部件的进口依赖度，再通过"进口剥削"策略压缩发展中国家本土企业利润，使其进一步丧失自主研发的动力和能力，陷入低端锁定的境地。因而，该阶段企业自主创新能力受到抑制，进口的技术溢出效应趋降，此时中间品进口增多带来的挤出效应可能超过技术溢出效应，进而抑制发展中国家本土企业的创新活动（陈爱贞等，2021）。

（4）市场中介和服务平台发展滞后

中介机构向社会开展创新决策和管理咨询、技术扩散、创新资源配置等专业化服务，从而有效分散转化风险，提升转化效率，在各类创新主体与市场之间的流动和转移过程中扮演着重要角色。目前，我国科技中介服务市场方面主要面临以下几个问题：一是科技中介服务机构少。我国严重缺乏投融资咨询、科技成果价值评估等方面的权威机构，且大部分科技中介服务机构服务功能单一。二是公共服务平台不健全。目前，高校大量的科技成果无法对接市场需求，且企业又在花大量的时间和精力寻找合适的创新成果。而现存的科技成果转化平台无法实现高校科技成果和企业需求的精准匹配，导致高校和企业双方存在严重的信息不对称现象。

3.3　价值链双循环下制造业发展实态与问题分析

3.3.1　价值链双循环下制造业发展实态分析

改革开放以来，中国制造业发展迅猛，目前已经具备全球瞩目的规模优势。2022年，工业和信息化部公布的数据显示，中国制造业增加值占全球比重近30%。尽管如此，我国制造业仍然面临大而不强、低端锁定等问题。双循环新发展格局的提出，使推动制造业高质量发展成为学界和业界共同关注的焦点问题。在中国制造业已经深度融入全球价值链的背景下，要确定制造业高质量发展的目标定位，就必须了解价值链双循环下我国制造业发展实态。本节从价值链参与程度、分工地位和价值增值能力三个方面对价值链双循环下我国制造业发展实态进行测度和分析。

3.3.1.1 价值链参与程度

在俘获型价值链网络属性的影响下，实力雄厚的国际大买家或跨国公司通过掌控研发设计、高端渠道整合及重要的战略资源，牢牢控制着全球价值链高端及战略核心环节，使大多数发展中国家和欠发达国家陷入被长期锁定在全球价值链低端的境地（Gramer，1999；王玉燕等，2014；杨水利等，2014）。由此，学术界开始关注不同国家制造业在全球价值链中的参与程度问题。现有研究主要从产业特征视角设计相应的参与程度测度指标，包括垂直专业化指标、全球价值链前后向参与度指数、上游度指标、相似度指标等（王直等，2015；Antras et al.，2012；唐海燕和张会清，2009）。鉴于全球价值链参与度指数（包括 GVC 前向参与度和 GVC 后向参与度，即 GVCpt_ f 和 GVCpt_ b）能有效弥补其他测度指标忽视国外附加值这一局限性，可从上下游两个方面测度各国参与 GVC 的程度。因此，本节选取全球价值链参与度指数（含 GVC 前向参与度和 GVC 后向参与度）作为反映一国制造业全球价值链参与程度的指标。

参考 Koopman 等（2011）构建的测算方法，建构全球价值链前后向参与度指数计算公式分别如式（3-3）和式（3-4）式所示，全球价值链参与度指数是 GVC 前后向参与度指数之和，其计算公式如式（3-5）所示：

$$GVCpt\_f_{ir} = \frac{IV_{ir}}{E_{ir}} \qquad (3-3)$$

$$GVCpt\_b_{ir} = \frac{FV_{ir}}{E_{ir}} \qquad (3-4)$$

$$GVC\_participation_{ir} = \frac{IV_{ir}}{E_{ir}} + \frac{FV_{ir}}{E_{ir}} \qquad (3-5)$$

其中，IV_{ir} 为第 r 国第 i 产业间接增加值出口，FV_{ir} 为第 r 国第 i 产业出口中包含的国外增加值，E_{ir} 为第 r 国第 i 产业的总出口额。

基于上述计算公式，以 UIBE GVC 官网中 ADB MRIO 2022 数据库作为原始数据来源，按照表 3-10 所示的该数据库涵盖的 13 个制造业细分行业类别（C3~C15，C16 代表的其他制造业和废料回收业，不予考虑），分别测度了 2012~2021 年中国、美国、德国、日本和印度五个国家内整个制造业的 GVC 参与度指数、GVC 前后向参与度指数及 13 个制造业细分行业的 GVC 前后向参与度指数。

表 3-10　2022 版 ADB MRIO 数据库包含的制造业细分行业

行业代码	行业名称
C3	食品、饮料和烟草制品业
C4	纺织品和服装制造业
C5	皮革及其制品和制鞋业
C6	木材及木材制品和软木制品业
C7	造纸和纸制品以及印刷和记录媒介复制业
C8	焦炭、精炼石油和核燃料制造业
C9	化学原料和化学制品业
C10	橡胶和塑料制品业
C11	非金属矿物制品业
C12	基本金属和金属制品业
C13	未分类的机械和设备制造业
C14	电子产品和光学产品制造业
C15	交通运输设备制造业

注：笔者根据 2022 年 ADB MRIO 数据库行业名录整理。

　　基于全球价值链参与度指数（GVC_participation）及全球价值链前后向参与度指数（GVCpt_f 和 GVCpt_b）测算的 2012~2021 年中国、美国、德国、日本、印度五国制造业参与国际分工程度的结果如图 3-30 和图 3-31 所示。综合图 3-30 和图 3-31 可知，中国制造业全球价值链后向参与程度大于前向参与程度，表明中国制造业主要通过后向联系参与国际分工，并且与美国、德国、日本相比，中国制造业 GVC 参与程度（尤其是前向参与度）差距较大。从 GVC 参与程度发展趋势来看，自 2016 年开始，中国制造业的 GVC 参与程度逐步提高，表明我国制造业融入全球价值链的程度进一步加深。美国、德国、日本和印度四国制造业的 GVC 参与程度均高于中国，且美国、德国、日本主要以前向参与为主，表明此三国的制造业国际分工优势明显。尽管印度 GVC 参与程度指数大于中国，但该国的 GVC 后向参与度远大于其前向参与度，且其 GVC 前向参与度指数和中国大致相同，但与美国、德国、日本三国的 GVC 前向参与度指数差距明显，表明印度制造业国际竞争力较低。

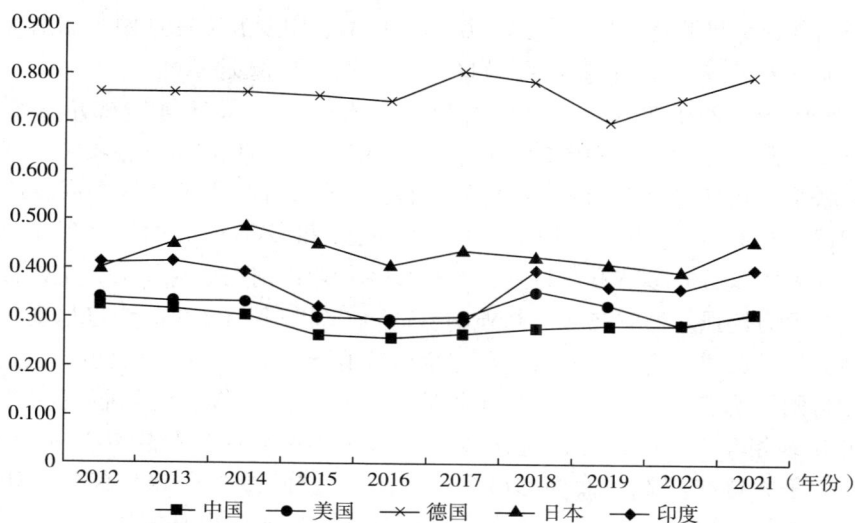

图 3-30　中国、美国、德国、日本、印度五国制造业全球价值链参与度指数

资料来源：笔者根据 ADB MRIO 2022 年数据库计算绘制。

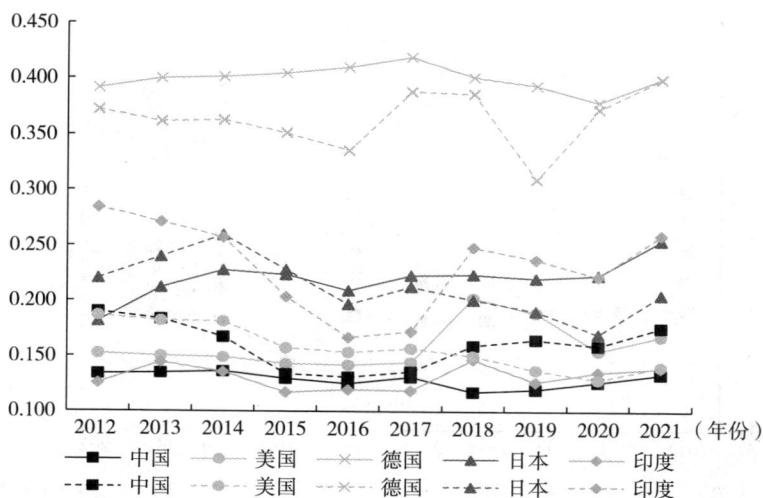

图 3-31　中国、美国、德国、日本、印度五国制造业全球价值链前后向参与度指数

注：图中实线表示全球价值链前向参与度指数（GVCpt_ f），虚线表示全球价值链后向参与度指数（GVCpt_ b）。

资料来源：笔者根据 ADB MRIO 2022 年数据库计算绘制。

以未分类的机械和设备制造业（C13）、电子产品和光学产品制造业（C14）两个行业为例，分别测度中国、美国、德国、日本、印度五国在这两个制造业细分行业方面的 *GVC* 前后向参与程度，如图 3-32 和图 3-33 所示。

根据图 3-32 和图 3-33 可以看出，首先，从国家自身的视角来看，在 C13 和 C14 两个行业中，中国的 GVCpt_f 普遍小于 GVCpt_b，这表明中国主要以后向联系形式参与这些行业的全球价值链，显示出产业对外依存度较高的情况。2012~2021 年，美国在 C13 行业的 GVCpt_f 和 GVCpt_b 曲线呈现相互交错的现象，主要以后向参与形式为主，而在 C14 行业以前向参与形式为主，显示出其产业竞争力较强。德国在 C13 行业的 GVCpt_f 和 GVCpt_b 曲线也呈现相互交错的趋势，最近两年则表现为后向参与全球价值链，而在 C14 行业主要通过前向联系参与国际分工。日本在 C13 行业的 GVCpt_f 和 GVCpt_b 曲线在 2012~2021 年出现相互交错的情况，且在 2015~2021 年由后向参与转变为前向参与，其产业竞争力逐步提高，而在 C14 行业表现为前向参与全球价值链。印度在 C13 和 C14 两个行业的 GVCpt_f 均小于 GVCpt_b，显示出其主要以后向联系形式参与这些行业的全球价值链，表明其产业竞争力较弱，对外依存度较高。

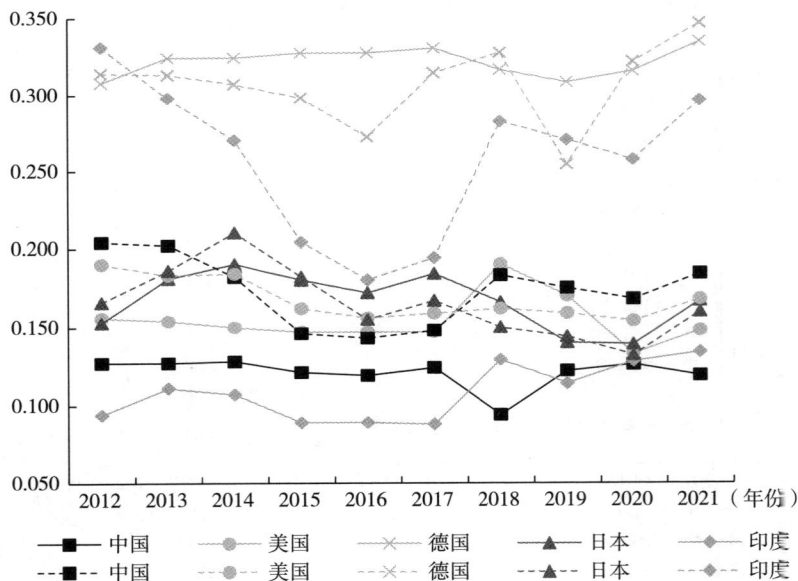

图 3-32 中国、美国、德国、日本、印度五国 C13 行业全球价值链前后向参与度指数

注：图中实线表示全球价值链前向参与度指数（GVCpt_f），虚线表示全球价值链后向参与度指数（GVCpt_b）。

资料来源：笔者根据 ADB MRIO 2022 年数据库计算绘制。

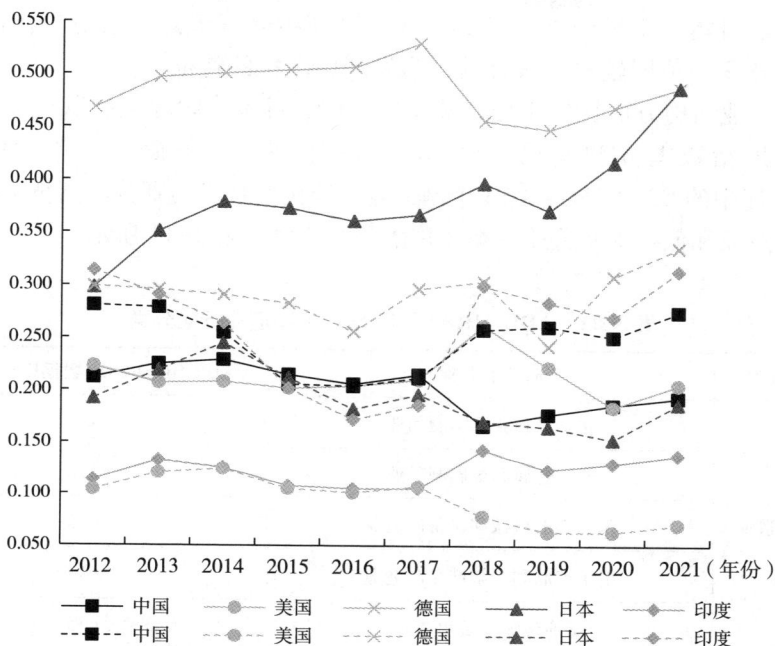

图 3-33　中国、美国、德国、日本、印度五国 C14 行业全球价值链前后向参与度指数

注：图中实线表示全球价值链前向参与度指数（GVCpt_f），虚线表示全球价值链后向参与度指数（GVCpt_b）。

资料来源：笔者根据 ADB MRIO 2022 年数据库计算绘制。

其次，从国家之间的比较来看，从 2012～2021 年，德国在 C13 和 C14 两个行业的 GVCpt_f 值均大于中国、美国、日本、印度四个国家，显示出其在全球价值链中的链主地位十分稳固，制造业国际竞争力远超过中国、美国、日本、印度四国。中国在 C13 和 C14 两个行业的 GVCpt_f 值普遍小于美国、德国、日本，尤其是 C13 行业与发达国家存在明显差距，前向参与程度远远落后于发达国家，产业竞争力有待提高。日本作为发达国家，其 C13 行业的 GVCpt_f 值小于德国，但在研究时段中仅在 2012 年、2018 年和 2019 年落后于美国，基本上位居五国中的第二位，显示出其在该行业全球价值链中的前向参与程度很高，而 C14 行业的前向参与程度从仅次于德国，一直发展到 2021 年已经与德国持平，表明其在该行业的竞争力很强。美国在 C13 和 C14 两个行业的 GVCpt_f 值基本上排在五国中的第三位，表明美国在这两个行业的全球价值链前向参与程度表现中规中矩，与德国和日本相比存在差距，但依然高于中国和印度。印度 C13 和 C14 两个行业的全球价值链前向参与程度远远落后于美国、德国、日本，不过近年来其 C13 行业的 GVCpt_f 值逐渐接近中国的水平，但该产业竞争力依旧较弱，符合其作为发展中国家的特征。

为从产业结构方面比较中国、美国、德国、日本、印度五国制造业 GVC 前后向参与度指数差异和变化趋势，借鉴蒋伟（2022）的研究，将 ADB MRIO 2022 数据库中的 C3~C15 共计 13 个制造业行业按照技术类别分为高技术制造业、中技术制造业和低技术制造业三类，具体分类情况如表 3-11 所示。

表 3-11　ADB MRIO 2022 数据库制造业行业分类

制造业分类	制造业名称	ADB MRIO 2022 数据库行业代码
高技术制造业	化学原料和化学制品业	C9
	基本金属和金属制品业	C12
	未分类的机械和设备制造业	C13
	电子产品和光学产品制造业	C14
	交通运输设备制造业	C15
中技术制造业	橡胶和塑料制品业	C10
	非金属矿物制品业	C11
低技术制造业	食品、饮料和烟草制品业	C3
	纺织品和服装制造业	C4
	皮革及其制品和制鞋业	C5
	木材及木材制品和软木制品业	C6
	造纸和纸制品以及印刷和记录媒介复制业	C7
	焦炭、精炼石油和核燃料制造业	C8

资料来源：蒋伟．基于制造业全球价值链的国际产能合作研究［D］．北京：中共中央党校　2022.

与前述测度方法相同，2012~2021 年中国、美国、德国、日本、印度五国在高技术制造业、中技术制造业和低技术制造业方面的 GVC 前后向参与度指数，具体如图 3-34 所示。

根据图 3-34 的数据分析可知，德国在高、中、低三类技术制造业方面的 GVC 前后向参与度指数都远远高于中国、美国、日本和印度。德国在中高技术制造业中以前向形式参与国际分工，展现出在制造业技术实力方面的强大竞争力。中国在高、中、低三类技术制造业中主要以后向参与形式融入全球价值链,尤其在高技术制造业表现出明显的后向参与特征。中国在高技术制造业的前向参与度与发达国家存在显著差距,表明中国在高端制造业方面仍有提升空间;而在中低技术制造业中,中国的前向参与度相对更平衡。

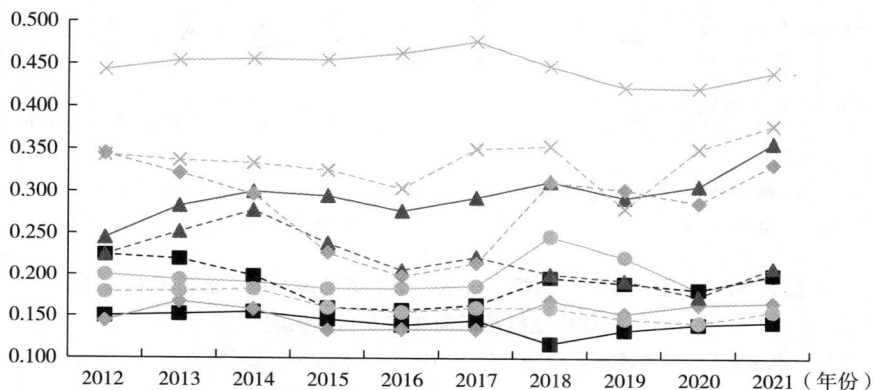

（a）高技术制造业

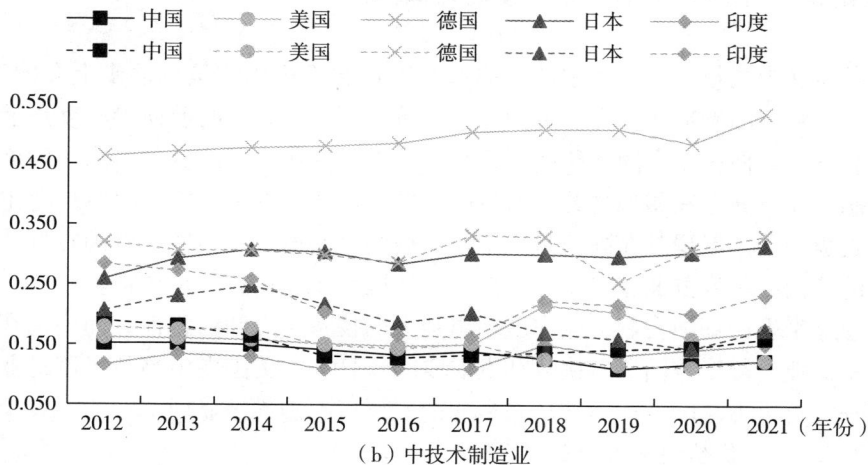

（b）中技术制造业

图3-34 中国、美国、德国、日本、印度五国高、中、低技术制造业
全球价值链前后向参与度指数

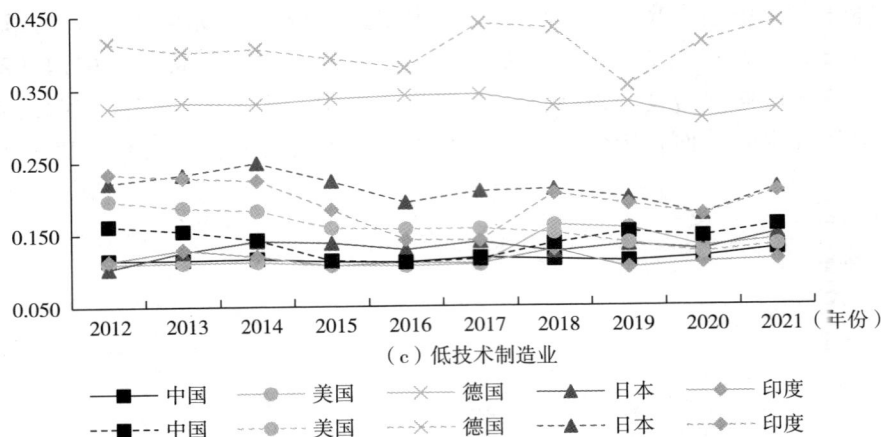

（c）低技术制造业

——■—— 中国　　——●—— 美国　　——×—— 德国　　——▲—— 日本　　——◆—— 印度
----■---- 中国　　----●---- 美国　　----×---- 德国　　----▲---- 日本　　----◆---- 印度

**图3-34　中国、美国、德国、日本、印度五国高、中、低技术制造业
全球价值链前后向参与度指数（续）**

注：图中实线表示全球价值链前向参与度指数（GVCpt_ f），虚线表示全球价值链后向参与度指数
（GVCpt_b）。

资料来源：笔者根据 ADB MRIO 2022 年数据库计算绘制。

　　日本在中高技术制造业中的前向参与度仅次于德国，呈现逐步上升的态势，展示出其强大的制造业实力。美国在中高技术制造业方面的前向参与度虽然不及德国和日本，但高于中国和印度，显示出其在制造业方面的竞争实力。印度和中国在制造业方面存在相似之处，不过印度在中高技术制造业的前向参与度在2018年后超越中国，展现其在高技术制造业领域的发展潜力。印度和中国在低技术制造业的前向参与度方面相对接近，但与发达国家相比仍有一定差距。

　　总体来看，德国在制造业中展现出强大的技术实力和前瞻性，而中国在提升高端制造业参与度方面仍有挑战和发展空间，日本和美国在中高技术制造业中保持着一定竞争力，印度在高技术制造业的发展潜力则逐渐显现。

3.3.1.2　价值链分工地位

　　即使两国参与全球价值链程度相同，但两者在价值链上的地位也有可能存在差异，因此需要借助全球价值链地位指数（GVC_ position）这个指标来反映一国在全球价值链中所处的分工地位（刘琳，2015）。参考 Koopman 等（2011）构建的测算方法，GVC 地位指数计算公式如式（3-6）所示，式中各参数的含义同式（3-5）。

$$GVC\_position_{ir} = \ln\left(1 + \frac{IV_{ir}}{E_{ir}}\right) - \ln\left(1 + \frac{FV_{ir}}{E_{ir}}\right) \qquad (3-6)$$

GVC 地位指数通过比较一国某一产业的间接增加值出口与出口中的国外增加值反映其在全球价值链中的国际分工地位。当 GVC_position 大于 0 时，表明一国以 GVC 前向参与方式为主，即其嵌入价值链前端环节，相对处于全球价值链中高端位置，出口中本国增加值留存能力较强；当 GVC_position 小于 0 时，表明一国主要以 GVC 后向参与方式为主，其从事加工组装中间产品等低端环节，出口增加值中外国成分比重较高，产业对外依存度较高。

基于 UIBE GVC 官网中的 ADB MRIO 2022 数据库，测算 2012~2021 年中国、美国、德国、日本、印度五国制造业全球价值链地位指数，结果如图 3-35 所示。

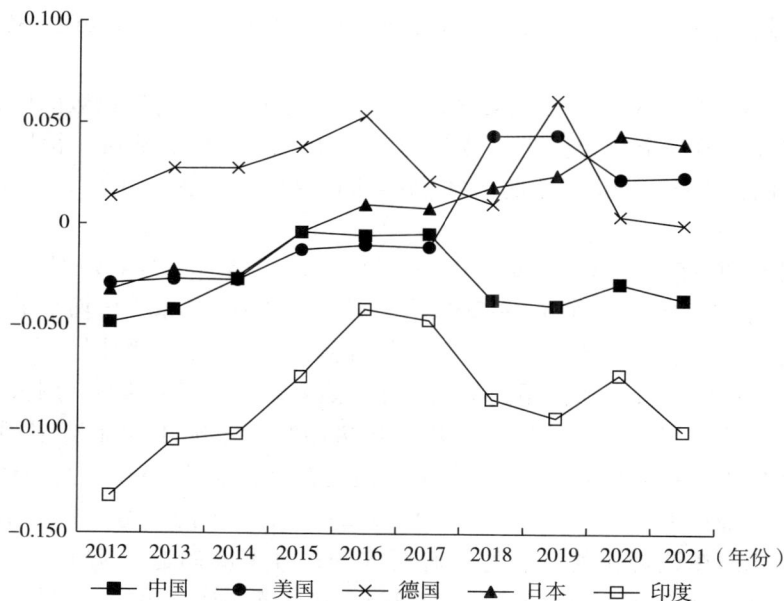

图 3-35 中国、美国、德国、日本、印度五国制造业全球价值链地位指数
资料来源：笔者根据 ADB MRIO 2022 年数据库计算绘制。

由图 3-35 可知，德国制造业 GVC_position 值在除 2021 年外的其他研究时段中均大于 0，说明其嵌入在全球价值链的前端，处于 GVC 的中高端位置，但从变化趋势来看，2012~2016 年德国制造业 GVC_position 稳步上升，2016 年以后，除 2019 年由于其全球价值链后向参与度指数大幅减小 GVC_position 值陡增外，整体上德国制造业 GVC_position 值呈现逐年下降趋势，甚至在2021 年其 GVC_position 值已经降至 0，可见德国制造业在全球价值链中的优势正被逐步削弱。与德国的变化趋势相反，美国和日本 2012~2021 年的

GVC_position 值总体上呈现稳步上升趋势，并双双由负值转变为正值，并在研究时段后几年相继赶超德国，逐渐嵌入 GVC 中高端环节，链主地位得到进一步加强。中国制造业的 GVC_position 值在 2012～2021 年始终为负值，整体上表现为先上升后下降并维持稳定的态势，可见与美国、德国、日本相比，我国制造业整体上嵌入在 GVC 中低端环节，产业国际分工地位不高。印度制造业 GVC_position 值变化趋势和中国大致相同，但其在全球价值链中的分工地位远低于中国及美国、德国、日本，结合图 3-30 和图 3-31 可知，尽管印度制造业 GVC 参与程度大于中国和美国，但其主要通过后向联系参与国际分工（印度制造业 GVCpt_f 指数均值为 0.232，显著高于 GVCpt_b 指数均值 0.131），以进口中间品进行加工组装的形式嵌入在全球价值链低端环节，制造业整体竞争力薄弱。

与上节以 C13、C14 两个行业比较五国制造业 GVC 参与度指数的做法相同，本节依旧以上述两个行业为例，测算 2012～2021 年中国、美国、德国、日本、印度五个国家 C13、C14 行业的 GVC_position 指数，结果如图 3-36 和图 3-37 所示。

由图 3-36 和图 3-37 可知，2012～2021 年，中国 C13 行业的 GVC_position 值均小于 0，C14 行业只有 2015～2017 年该值略大于 0，其余年份均小于 0，表明我国上述两个行业在全球价值链的分工位置低，与以美国、德国、日本为代表的发达国家的国际分工地位相比依然存在一定差距，尤其是 C14 行业，差距十分明显，我国这两个行业均处在 GVC 低端环节；德国作为制造强国，其在 C14 行业 GVC_position 值均大于 0，相应地处在该行业的 GVC 中高端环节，不过其 C13 行业的 GVC 地位指数在 2019～2021 年呈现下降趋势，且数值由正变负，表明德国在该行业的链主地位有所削弱；日本的制造业实力同样不容小觑，其 C13 行业 GVC_position 值逐步攀升，并逐渐领先于美国、德国，可见其已处于该行业全球价值链高端位置，具有较强的国际竞争力。在 C14 行业方面，日本长期处在全球价值链的高端，逐渐成为该产业的全球价值链链主国家，领先优势十分明显；美国在 C14 行业长期占据优势地位，且 GVC_position 值整体上呈现上升趋势，表明其 C14 行业的国际竞争力得到了进一步提高。但在 C13 行业方面，美国 GVC_position 值由负值变为正值后再次变为负值，表明其在该行业的国际分工地位角色处于不断变化之中，且 2019 年后上述行业的产业优势衰退，回归全球价值链低端位置，不过依旧强于中国和印度；印度作为发展中国家，制造业总体实力较弱，2012～2021 年 C13、C14 行业的 GVC_position 值始终小于 0，表明其在这些行业长期位于全球价值链低端环节，产业竞争力薄弱。

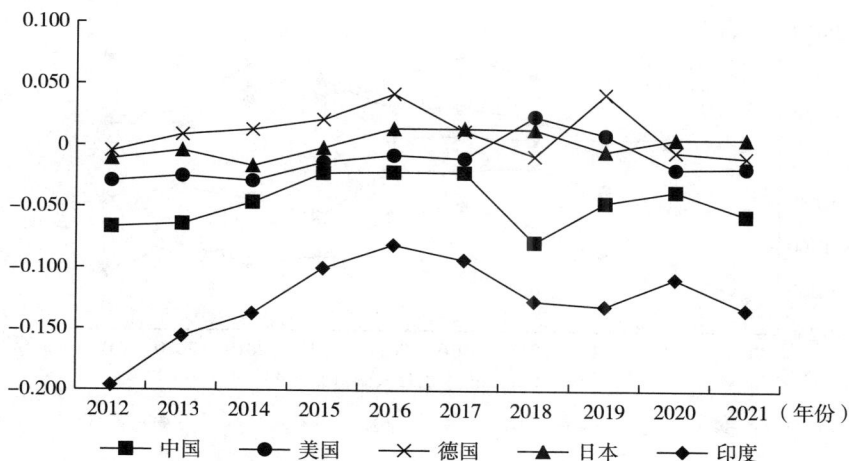

图 3-36 中国、美国、德国、日本、印度五国 C13 行业全球价值链地位指数
资料来源：笔者根据 ADB MRIO 2022 年数据库计算绘制。

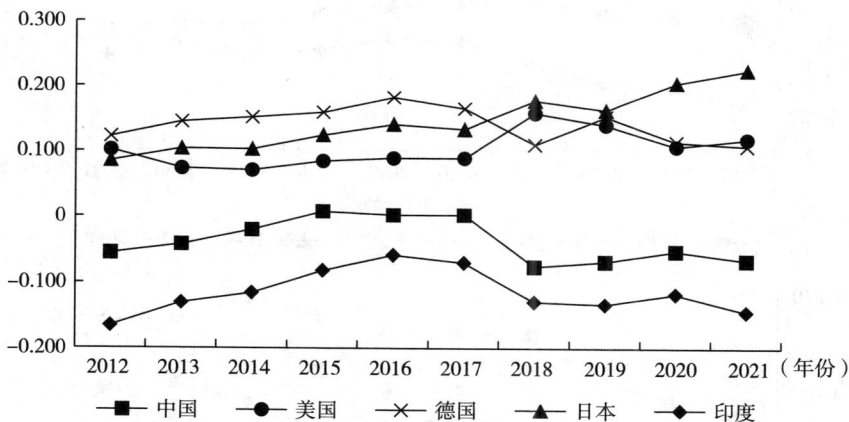

图 3-37 中国、美国、德国、日本、印度五国 C14 行业全球价值链地位指数
资料来源：笔者根据 ADB MRIO 2022 年数据库计算绘制。

与前文参考蒋伟(2022)的研究测度各国不同技术类型制造业的 GVC 参与度指数一样，分别从高、中、低技术制造业三个方面对中国、美国、德国、日本、印度五国全球价值链地位指数进行测算，结果如图 3-38 所示。

（a）高技术制造业

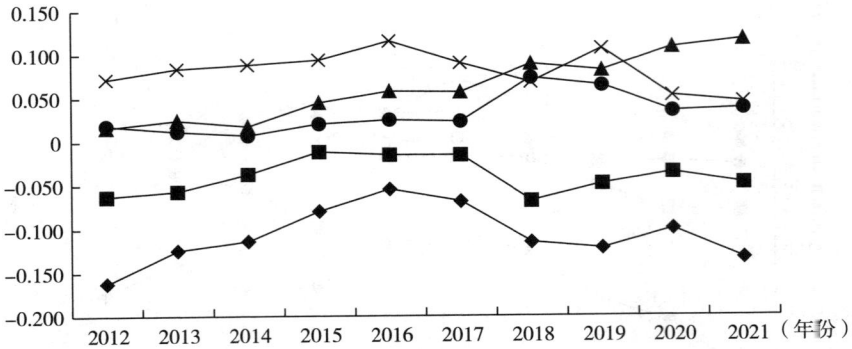

■ 中国　● 美国　✕ 德国　▲ 日本　◆ 印度

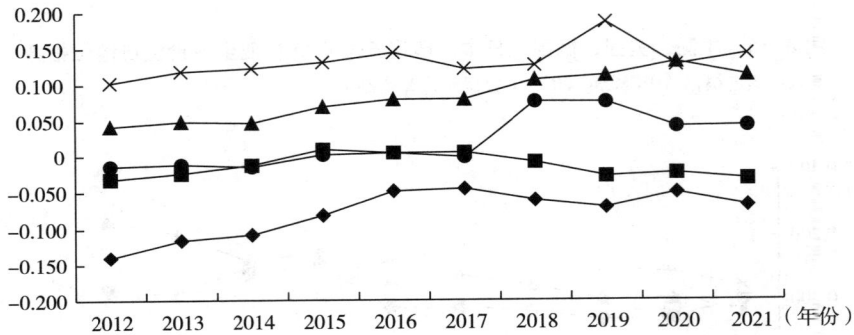

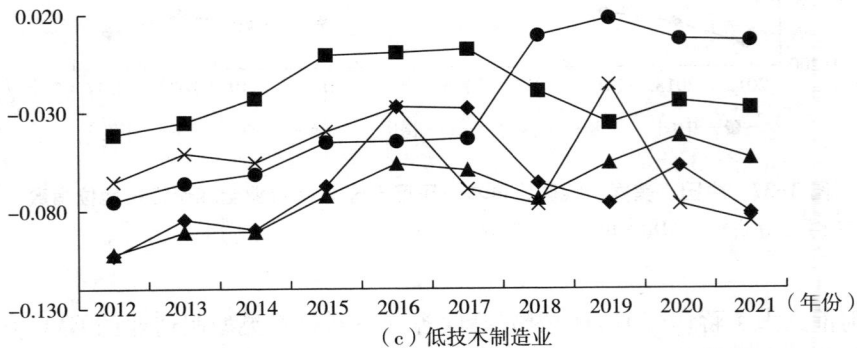

（b）中技术制造业

■ 中国　● 美国　✕ 德国　▲ 日本　◆ 印度

（c）低技术制造业

■ 中国　● 美国　✕ 德国　▲ 日本　◆ 印度

图 3-38　中国、美国、德国、日本、印度五国高、中、低技术制造业全球价值链地位指数
资料来源：笔者根据 ADB MRIO 2022 年数据库计算绘制。

由图 3-38 可知，中国高技术制造业的 GVC 地位指数在研究期内均小于 0，中、低技术制造业的 GVC 地位指数在研究期内除 2015～2017 年外也均小于 0，其中高技术制造业 GVC_position 均值为-0.040，中技术制造业为-0.014，低技术制造业为-0.021，表明我国制造业长期陷入全球价值链低端锁定的困境，尤其是高技术制造业和中技术制造业，我国与美国、德国、日本在全球价值链上的分工地位存在较大差距。在低技术制造业方面，2018 年以前中国、美国、德国、日本、印度五国的 GVC 地位指数普遍小于 0，五国均处在该类行业的全球价值链低端，但中国凭借低成本劳动力等优势，GVC_position 值高于其余四国，表明相对于美国、德国、日本、印度四国而言，中国嵌入在低技术制造业的国际分工地位要高于这些国家，但是自 2018 年开始，受美国贸易保护主义的冲击影响，中国低技术制造业的 GVC 地位大幅下降，与之相反，美国低技术制造业的 GVC_position 值陡增并越过零点变为正值，实现了从全球价值链低端向中高端的跃升。德国和日本的中高技术制造业的 GVC_position 值均大于 0，而低技术制造业的 GVC_position 值均小于 0，可见作为世界制造业强国，德国和日本在中高技术制造业方面具备较强的实力，嵌入在全球价值链中高端环节，而低技术制造业长期处于全球价值链低端。在全球价值链分工地位的变化趋势上，德国、日本两国之间存在差异，具体表现为日本高、中、低技术制造业的 GVC_position 值在 2012～2021 年总体保持上升态势，GVC 链主地位得到了进一步增强；而德国 2017～2021 年（除 2019 年外）高技术制造业与低技术制造业的 GVC_position 值呈现不断下降趋势，表明德国这两类制造业的国际分工地位降低，竞争力减弱。2012～2021 年，美国高、中、低技术制造业的 GVC_position 值大体呈现上升态势，尤其是中技术制造业和低技术制造业的 GVC_position 增长幅度较大，实现了由全球价值链低端向中高端的转变，并且其长期处于 GVC 中高端的高技术制造业的国际分工地位也得到了进一步提高，逐渐与德国并驾齐驱，把控着高技术制造业的 GVC 中高端环节，但随着日本高技术制造业在全球价值链位置的快速攀升，美国、德国与其的差距在近两年内逐渐扩大。印度制造业国际竞争力较弱，高、中、低技术制造业长期处于 GVC 低端环节，从 GVC 地位指数的变化趋势来看，其高技术制造业和低技术制造业相似，GVC_position 值均是先上升后下降，中技术制造业的 GVC_position 值稳步提升。尽管如此，印度高中低技术制造业的 GVC_position 值依然小于 0，其长期处于全球价值链低端位置的困境并未得到改变。

3.3.1.3 价值增值能力

在全球经济贸易发展一体化的背景下，融入全球价值链、参与全球生产分工能否提升贸易利得成为各国关注的重要问题。参考龙飞扬和殷凤（2021）的研究，选取附加值贸易中体现制造业价值增值能力的出口国内增加值率（DVAR）这一指标测度中国、美国、德国、日本、印度五国的制造业价值增值能力，计算公式如式（3-7）所示。

$$DVAR = \frac{DVA}{EXP} \tag{3-7}$$

其中，DVA 为行业出口国内增加值，EXP 为行业出口总值。

为保持数据统计口径相同，测度制造业价值增值能力的原始数据来源和前文测度价值链参与程度、分工地位的一样，均采用 ADB MRIO 2022 数据库，同时效仿前两节的研究方法，按照技术类别将 13 个制造业细分行业分为高技术制造业、中技术制造业和低技术制造业三类。据此，分别测度了中国、美国、德国、日本、印度五国制造业总体的出口国内增加值率以及五国在高技术、中技术和低技术三类制造业的出口国内增加值率，结果如图 3-39 和图 3-40 所示。

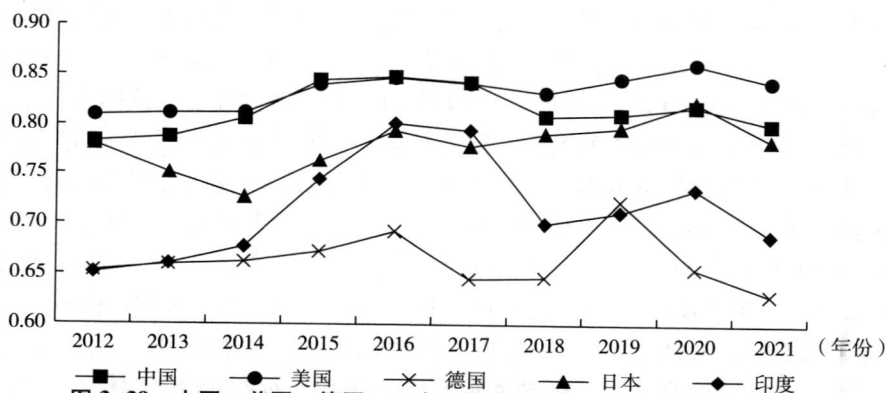

图 3-39　中国、美国、德国、日本、印度五国制造业出口国内增加值率

资料来源：笔者根据 ADB MRIO 2022 年数据库计算绘制。

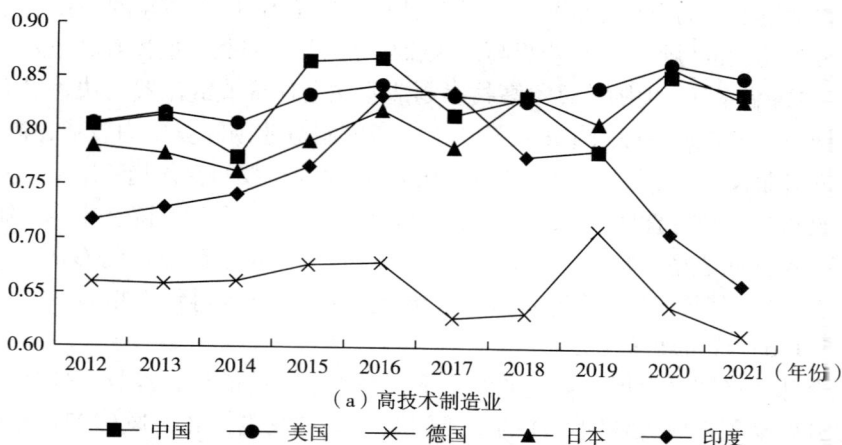

（a）高技术制造业

图 3-40　中国、美国、德国、日本、印度五国高、中、低技术制造业出口国内增加值率

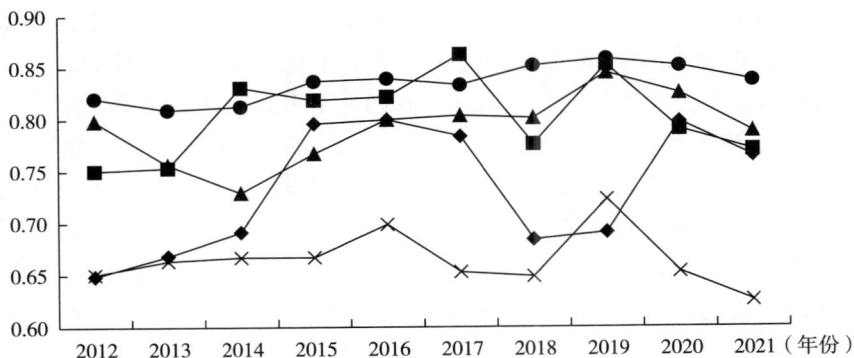

（b）中技术制造业

■ 中国　● 美国　✕ 德国　▲ 日本　◆ 印度

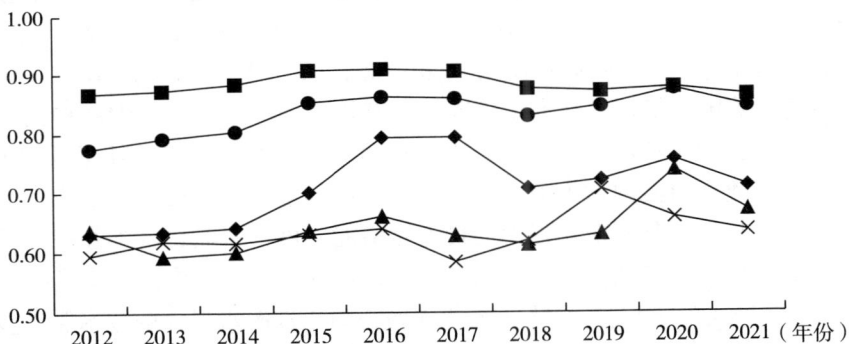

（c）低技术制造业

■ 中国　● 美国　✕ 德国　▲ 日本　◆ 印度

图 3-40　中国、美国、德国、日本、印度五国高、中、低技术制造业出口国内增加值率（续）
资料来源：笔者根据 ADB MRIO 2022 年数据库计算绘制。

如图 3-39 所示，中国制造业总体出口国内增加值率仅次于美国，具体而言，中国制造业出口 DVAR 均值为 81.49%，低于美国的 83.42%，但从变化趋势来看，美国制造业出口国内增加值率呈现不断上升态势，而中国自 2018 年以后受贸易保护主义、劳动力低成本优势逐步丧失等影响，制造业出口国内增加值率逐渐下降。随着日本从 2014 年后出口 DVAR 稳步提高，其制造业出口国内增加值率逐渐和中国不相上下。印度制造业出口国内增加值率在 2012~2021 年表现为先上升后下降趋势，但总体上其制造业出口 DVAR 值与中国、美国、日本三国相比存在较大差距。德国制造业出口 DVAR 均值为 66.40%，排在五个国家的最后，可见尽管德国制造业 GVC 参与程度（包括前向与后向）高于其他四个国家，然而其制造业整体出口国内增加值率并不高，前文的分析也指出，德国制造业整体的GVC 地位指数自 2016 年逐渐下降后被美国和日本赶超并且差距日渐增大，表明德国的价值链优势正在被其他发达国家所赶超。本书分析认为德国制造业整体出口国内增加值率较低的原因在于德国制造业专注高端产品研发设计和生产制造，但高昂的生产成本和劳动力成本使其选择外包一些低附加值环节，不仅如此，德国在部分制造业细分行业会将研发、设计、营销等高附加值环节外包给其他国家，导致其制造业国内增加值率相对偏低。但不可否认的是，德国制造业在技术、创新方面的能力非常强大，其以高质量和高技术含量著称的产品在全球市场上具有较强竞争力。

由图 3-40 可知，中国低技术制造业出口国内增加值率显著高于其高技术制造业和中技术制造业，也高于美国、德国、日本、印度四国，原因在于低技术制造业多为劳动密集型产业，而我国具有大量低成本劳动力等资源优势，生产要素也大多来自国内，国外附加值投入比重不高，因此中国的低技术制造业出口DVAR 值高于美国、德国、日本及印度，具有较强的产业优势，但在中高技术制造业方面，中国的出口国内增加值率不如美国，也逐渐被日本所赶超。美国的高中低技术制造业出口国内增加值率比较均衡，和其余四国相比都处于较高位置且呈现整体上升趋势，其制造业强大的价值增值能力可见一斑。日本在中高技术制造业方面的出口国内增加值率显著高于其低技术制造业，其中，日本高技术制造业的出口 DVAR 值处于上升态势，已达到和美国相近的水平，中技术制造业的出口 DVAR 值在研究时段后两年有所下滑，但依然仅次于美国，可见日本中高技术制造业的价值增值能力较强。德国中高技术制造业出口国内增加值率普遍高于其低技术制造业，表明其中高技术制造业的价值增值能力强于其低技术制造业。但德国中高技术制造业的出口 DVAR 值均小于其余四国，低技术制造业出口 DVAR 值与日本接近，基本处于五国中后两位，表明德国中高低技术制造业的价值增值能力不如中国、美国、日本、印度四国，低技术制造业的价值增值能力和印度有一定差距，但远落后于中国和美国。印度高技术制造业出口 DVAR 值在上升至中国、美国、日本三国的水平后，在研究时段后两年急剧下滑，其高技术制造业的价值增值能力现在已远不如中国、美国、日本三国。印度中技术制造业的出口DVAR 值在经历中间短暂的下降后，现已达到中国的水平，但和美国相比依然存在不小的差距。在低技术制造业方面，印度出口国内增加值率高于德国和日本，但远小于中国和美国，表明印度低技术制造业的价值增值能力远远落后于中国和美国，这与其长期嵌入在全球价值链低端的特征相符。

3.3.2 价值链双循环下制造业发展问题分析

在经济全球化背景下,中国积极融入发达国家主导的全球价值链体系,实现了制造业发展的高速增长并取得了显著的规模优势。2022年,我国制造业增加值占GDP的比重达到了27.7%,高于美国(11.0%)、德国(23.5%)、日本(19.8%)的同期水平,制造业规模已连续13年居世界首位。在世界500种主要工业品中,我国有超过四成产品的产量位列全球第1,并且我国是目前全世界唯一拥有联合国产业分类中所列全部工业门类的国家。齐全的产业门类和完善的基础设施使我国逐渐成为全球制造基地,获得了"世界工厂"的称号。然而,尽管中国融入全球价值链后制造业整体实力相较于之前有所提高,但与美国、德国、日本等全球制造业先进强国相比,我国制造业大而不强、大而不优的问题依然突出。国家制造强国建设战略咨询委员会主任路甬祥在2016年国家制造强国建设专家论坛上指出,中国制造业总体上处于全球制造业产业链、价值链的中低端,制造业发展不平衡不充分问题显著,且存在落后产能过剩、创新力不强、基础核心技术与创新设计能力薄弱、发展质量和效益总体较低等问题。综上所述,价值链双循环下中国制造业发展在价值链参与程度、价值链分工地位及价值增值能力三个方面均存在问题,下面就此展开详细分析。

3.3.2.1 价值链参与程度存在的问题

根据图3-30和图3-31可知,中国制造业整体GVC参与程度较低,并且主要通过后向联系参与全球价值链上的国际分工。在GVC前向参与度指数方面,我国的水平和同为发展中国家的印度大致相当,甚至最近几年被其赶超,而和美国、德国、日本相比,我国制造业GVC前向参与程度与其差距十分明显。可见,我国"世界工厂"的称号是源于国内多数制造企业陷于发达国家制造业生产、加工、组装等GVC低附加值环节,很难在短时间内占据由发达国家牢牢把控的研发、设计、营销等GVC高端环节。就不同技术类型制造业而言,我国中高技术制造业的GVC前向参与程度大于低技术制造业,表明我国制造业转型升级虽取得了一定的成效,但与发达国家的差距依然很大,并且近几年中国中高技术制造业的GVC前向参与度有所下滑和波动,而这是由于美国"国家制造创新网络"、德国"工业4.0"、日本"工业价值链"等战略的相继出台,发达国家"制造业回流"浪潮对中国制造业产生了冲击。与前文测算制造业全球价值链前向参与程度方法一样,本节对ADB MRIO 2022年数据库中的各细分行业进行了测算,结果表明在橡胶和塑料制品业、非金属矿物制品业、基本金属和金属制品业、未分类的机械和设备制造业、交通运输设备制造业等中高技术制造业方面,中国的GVC前向参与程度远不如美国、德国、日本。不过,2019~2022年中国低技术制造业

GVC 前向参与程度呈现不断上升态势，在超越印度后，逐步缩小了和美国、日本的差距，尤其是在食品、饮料和烟草制品业，纺织品和服装制造业，木材及木材制品和软木制品业，造纸和纸制品以及印刷和记录媒介复制业四个低技术制造业方面，中国的 GVC 前向参与度和美国、日本两个制造强国不相上下，甚至后两个行业的 GVCpt_f 均值超过了美国和日本。

综上所述，中国在加工程度比较浅、技术水平要求不高、附加值较低的低技术产业的 GVC 参与程度尚能比肩美日两个发达国家，但在工艺流程复杂、技术水平要求高、附加值较高的中高技术产业，我国实力薄弱导致其 GVC 前向参与程度显著偏低，不仅远远落后于美国、德国、日本等制造强国，甚至近几年逐渐被印度超越并拉开差距。由此可见，近年来随着发达国家采取技术封锁、设立形式多样的非关税壁垒等手段，以及诸多发展中国家制造业产业的奋起直进，我国中高技术制造业面临严峻的挑战，亟须增强自身实力，以提高中高技术制造业的 GVC 前向参与程度及制造业整体的 GVC 参与程度。

3.3.2.2 价值链分工地位存在的问题

根据图 3-35 可知，中国在 2012~2021 年制造业整体 GVC 地位指数始终小于 0，而德国该指数除 2021 年外其他研究时段中始终大于 0，日本和美国制造业整体 GVC 地位指数分别在 2016 年和 2018 年由负值上升为正值，表明相较于处在 GVC 中高端位置的美国、德国、日本三国而言，中国制造业在国际产业分工中长期徘徊在 GVC 低端。此外，综合图 3-35 和图 3-38 来看，自 2018 年以来，中国制造业整体 GVC 地位指数及高、中、低三类技术制造业的 GVC 地位指数均呈下降趋势，与 2015~2017 年达到的峰值相比，我国 GVC 地位指数近几年下降明显，表明受到了发达国家"制造业回流"的影响，中国制造业，尤其是中高技术制造业面临关键核心技术被世界制造强国"卡脖子"的窘境，进一步深陷于 GVC 低端。就高、中、低三类技术制造业而言，总体上中国在低技术制造业的 GVC 地位指数虽然在研究期内大多数年份均为负值，但仍高于德国、日本和印度三国，只在 2018 年后被美国赶超，表明我国基于劳动力成本优势和资源禀赋优势，在低技术制造业方面具备一定的国际竞争力。与前文测算制造业全球价值链地位指数方法一样，本节也对 ADB MRIO 2022 年数据库中所包含的各细分行业进行了测算，结果表明目前除少数几个低技术行业位于 GVC 中高端外，多数低技术行业依旧嵌入在 GVC 低端。以纺织品和服装制造业、造纸和纸制品及印刷和记录媒介复制业两类具有劳动密集型特征的低技术制造业为例，其 GVC 地位指数大于 0，表明我国在上述两个行业处于 GVC 中高端，尤其是纺织品和服装制造业，作为我国的优势产业之一，每年对外出口大量相关产品，极大地促进了我国外贸经济的增长，并且该行业近几年 GVC 地位指数不断上涨，使我国该行业的国际分工地位仅次于日本，远高于美国、德国，产业实力可见一斑。与之相反的是，中国橡胶和塑料制品业、非金属矿物制品业、基本金属和金属制品业、电子产品和光学产品制造业等中高技术制造业在全球价值链中的分工地位很低，常年被美国、德国、日本等发达国家锁定在 GVC 低端，这主要源于我国过度依赖发达国家，在积极承接其产业加工、制造、生产等低附加值环节转移的同时，忽略了自主创新能力的提高，导致 GVC 两端的高附加值环节均被发达国家所占据，我国只能被动嵌入发达国家主导的全球价值链低端而被其俘获。

综上所述，中国制造业的国际分工地位和美国、德国、日本存在较大差距，长期处在 GVC 低端，尤其是中高技术制造业，在发达国家技术封锁和制裁、关键核心技术缺失、自主创新能力不足、资源要素成本上涨等因素交织影响下，2018 年以来我国中高端技术制造业的国际分工地位均有不同程度的下降，进一步深陷在 GVC 低端。由此可见，中国制造业目前尚未摆脱 GVC 低端锁定的局面，并且面对发达国家和发展中国家的双重竞争，我国制造业国际分工地位呈进一步下滑态势，因此加快推动国内制造业转型升级，实现制造业高质量发展的目标既迫在眉睫，又任重道远。

3.3.2.3 价值增值能力存在的问题

根据图 3-39 可知，2012～2021 年中国制造业出口国内增加值率（出口 DVAR）仅次于美国，高于德国、日本及印度，表明我国作为世界货物贸易第一大国，在出口额位居全球第一的情况下，制造业货物贸易的增值能力也比较强。然而，2018 年以来，受"中美脱钩"的影响，我国制造业出口国内增加值率不断下降，在 2021 年已经降至与 2012 年的出口 DVAR 相差无几的水平，可见我国被动融入全球价值链的弊端开始显现。主要原因在于，中国长期以来依托廉价劳动力、资源禀赋等优势，通过高投入、高消耗的方式参与国际产业分工体系，以代工者的角色融入世界贸易体系，而自主创新能力薄弱、关键核心技术缺失等短板导致我国被占据制造业全球价值链中高端的发达国家所俘获，在一些关键设备、核心零部件、尖端技术等方面受制于人。通过图 3-40 可以看出，就不同技术类型制造业而言，中国低技术制造业的出口 DVAR 大于高技术制造业和中技术制造业，表明我国在食品、饮料和烟草制品业，纺织品和服装制造业等具有劳动密集型特征的低技术制造业方面因国内具有劳动力禀赋优势，故生产要素多以国内为主，国外价值投入相对较少，进而低技术产品出口国内增加值率较高，具有一定的国际竞争力。但对于技术复杂度较高的中高技术制造业，中国相关产品的出口国内增加值率显然落后于技术领先、产业实力雄厚的美国，并逐渐被日本所赶超。此外，从出口 DVAR 的变化趋势来看，中国的高、中、低三类技术制造业的出口国内增加值率近几年均呈现不同程度的下滑，表明我国在全球贸易体系中的出口贸易增值能力逐渐被削弱。与之相反，美国和日本的中高技术制造业的出口DVAR 逐渐超越中国，尤其是在中技术制造业领域，中国的出口 DVAR 波动下降幅度较大，不仅被美国逐步拉开差距且被日本超越，甚至研究时段后两年，印度的中技术制造业出口国内增加值率也已经和中国相当，其贸易产品的价值增值能力不容小觑。

综上所述，尽管中国制造业整体的出口国内增加值率小于美国，处于较高水平，但多由低技术制造业贡献，并且受发达国家制造业回流和发展中国家制造业分流、国内劳动力与资源要素低成本优势逐步丧失等因素影响，我国高、中、低三类技术制造业的出口国内增加值率近年来均呈现下降趋势，贸易产品价值增值能力逐渐被削弱，导致我国中高技术制造业贸易产品中所需要的关键设备、核心零部件等生产要素仍然依赖进口，相关产品的出口国内增加值率逐渐被美国、日本赶超并拉开差距。由此可见，我国亟须加强基础研究，突破并攻克制造业领域诸多关键核心技术，减少高技术、高附加值生产要素的对外依赖，不断增强我国在国际贸易体系中的产品价值增值能力。

本章小结

本章重点对"三链"双循环下我国制造业发展实态与问题进行分析。首先，从规模发展、质量效益、产业结构、可持续发展四个方面分析产业链双循环下我国制造业发展实态，并从产业链安全自主可控、产业链柔性韧性、产业链关联与协同三个方面剖析产业链双循环下我国制造业发展面临的关键问题；其次，从创新规模、创新效益、创新协同、创新环境四个方面分析创新链双循环下我国制造业发展实态，并从知识链、技术链、成果转化链三个方面厘清创新链双循环下我国制造业发展存在的突出问题；最后，从价值链参与程度、分工地位、增值能力三个方面分析价值链双循环下我国制造业发展实态，并从这三个方面梳理价值链双循环下我国制造业发展面临的主要问题。

4 "三链"双循环下我国制造业高质量发展的目标定位

　　总结全球制造业发达国家与国内典型省份的发展经验和成功模式，剖析我国制造业高质量发展的优势与劣势、机会与威胁，设计"三链"双循环下我国制造业高质量发展的目标定位。总结高质量发展经验：从经济指标、科技创新、优势产业等视角分析美国、德国、日本等国家的制造业发展概况，总结产业发展规律，提取产业发展共性和个性经验；从经济效益、重点产业与代表企业等方面分析国内典型省份制造业发展概况，梳理制造强省的发展经验和特点。确立高质量发展起点：从产业体系、市场规模、产业基础设施、自主创新能力、产品质量、增值能力等维度分析制造业高质量发展的优势与劣势；从全球新一轮科技革命、"双碳"目标、"一带一路"倡议、供给侧结构性改革、新一轮国有企业改革、关键核心技术"卡脖子"等议题分析面临的机会与威胁。把握高质量发展方向：从产业组织变革、结构优化、质量效益、可持续发展、全球化五个方面明确我国制造业高质量发展的目标定位。

4.1　典型发达国家制造业发展的比较研究

　　当前，世界制造业"去全球化"趋势显现，自 2008 年全球金融危机后，以美国、德国、日本为代表的发达国家采取各种途径吸引制造业回流，以达到"再工业化"目的。发达国家的制造业战略部署会对我国制造业发展产生重大影响，并由此带来竞争力和竞争格局的变化。面对全球经济环境的日益复杂，以习近平同志为核心的党中央，结合我国经济发展特征，着眼未来，提出构建新发展格局的战略，支撑制造业发展新竞争优势。本节对国内外制造业发展现状及特点进行分析，以期找出发展的共性及个性经验。

4.1.1 发达国家制造业发展的特点

目前，全球制造业领域，美国、德国和日本的实力都名列前茅，且国际知名的制造业高端企业基本集中在美国、德国和日本。这些企业规模大，技术力量雄厚，资本实力强大，引领世界制造业发展。美国、德国、日本在高端制造业优势突出：美国在航空航天、汽车与零部件、医疗器械与制药、ICT 制造业等高科技产业均发展迅速，拥有全球知名龙头企业；德国在汽车与零部件、机械制造、电子电器和化工制药等产业拥有强劲竞争力；日本在汽车与零部件、机床、工业机器人和船舶制造等产业拥有技术优势，掌握核心零部件的关键技术。据此，以美国、德国和日本三个制造业竞争优势明显、具有丰富发展实践经验的制造业强国为例，分析总结典型发达国家制造业发展经验。

4.1.1.1 美国制造业

（1）美国制造业发展现状

受 2008 年全球金融危机影响，美国经济进入低迷期，以制造业为代表的实体经济受到剧烈冲击。为刺激本国经济复苏，美国自 2009 年开始推行"再工业化"战略，发布了《美国制造业振兴框架》《促进美国制造业发展法案》及所谓的"2021 美国创新和竞争法案"等一系列政策法案，并且加大了政府财政预算的支持力度，主要支持数字芯片、人工智能等以高科技技术为主的产业，以促使美国发展先进制造业，实现制造业的智能化，保持美国在制造业价值链上的高端地位和全球领先优势。

1）经济指标方面。世界银行数据显示，2021 年美国制造业增加值为2.497 万亿美元，占 GDP 比重为 10.7%，美国制造业增加值自 2013 年呈增加上升趋势，但制造业增加值占 GDP 比重呈下降趋势，由 2013 年的 11.79%下降至10.71%。2022 年，美国制造业进口额占商品进口总额比重为 76.27%，制造业出口额占商品出口总额比重为 53.47%。相较于 2013 年数据，美国制造业进口额占商品进口总额比重上升，制造业出口额占商品出口总额比重下降。OECD 发布的统计数据显示，2021 年，美国制造业就业人数为 1470 万，2010~2021 年美国制造业就业人数呈先升后降的趋势，2019 年达到 1570 万人。

2）科技创新方面。2010~2020 年美国研发支出占 GDP 比重呈上升趋势，2018 年达到 3.01%，首次破 3%。相较于 2010 年，2020 年美国研发支出占 GDP比重增加了 0.71 个百分点。科技部数据显示，2020 年我国研发支出占 GDP 比重为 2.4%，美国的研发支出占 GDP 比重比我国高 1%。2020 年美国专利申请量为59.7 万件，较 2019 年的 62.1 万件下降了 2.4 万件；2020 年美国专利授权量为35.2 万件，较 2019 年的 35.4 万件下降了 0.2 万件。2010 年，美国专利申请量为

49 万件，专利授权量为 21.9 万件。总体来看，2010~2020 年，美国专利申请量及授权量均有所提高。

3）优势产业方面。2023 年《财富》世界 500 强排行榜及我国商务部资料显示，美国在 ICT 制造业、医疗器械与制药、航天航空与防务、汽车与零部件等产业具有突出优势。

ICT 制造业。ICT 制造业是美国制造业的核心产业，以苹果、英特尔、戴尔、惠普、思科公司、慧与公司为代表。2023 年《财富》世界 500 强排行榜数据显示，苹果公司以超过 998 亿美元的利润成为世界科技型制造企业的典型代表。

航空航天与防务产业。美国航空航天与防务产业在就业、收入等方面为美国经济作出了重大贡献，是美国制造业的支柱之一。美国航空航天与防务产业代表公司以洛克希德-马丁为例，该公司业务涉及航空航天制造和国防工业，主要产品包括运输机、战斗机、导弹、卫星和民航客机。

医疗器械与制药产业。美国拥有多家该产业的龙头企业。2023 年《财富》世界 500 强榜单中，美国辉瑞制药、强生、默沙东、艾伯维、HCA 医疗保健公司排名均在前 300；美国是医疗器械与制药产业上榜公司最多的国家。

汽车与零部件产业。2023 年《财富》世界 500 强排行榜中，美国汽车产业领域上榜三家企业，分别为福特、通用和特斯拉，其中，福特和通用是美国传统汽车制造商，特斯拉于 2021 年首次进入该榜单，且排名逐年提升。

（2）美国制造业发展特点

世界经济论坛《2022 年全球竞争力报告》显示，在全球最具竞争力的 63 个国家和地区中，我国与美国相比差距较大。对美国制造业现状进行分析发现，美国制造业以科技型制造企业为主，企业具有竞争力强、技术开发及创新能力强、创新生态良好等特点。

1）科技型制造企业竞争力强。美国拥有全球知名的大型科技型制造企业，以苹果、埃克森美孚、通用、福特、通用电气、波音、IBM、微软等为代表，公司产值高，市场占有率高，营业收入居世界前列，在全球范围内具有强劲竞争力。

2）技术开发及创新能力强。美国是全球创新的中心，美国国家科学基金会的数据显示，2019 年，美国研发经费为 1568 亿美元，同比增长 2%。美国制造业创新研究所的数量从 2015 年的 7 家增长至 2019 年的 14 家。

3）创新生态良好。良好的创新生态需要创新资源和创新氛围的支撑，创新资源包括高校、金融、企业、人才等，助力美国制造业集群与创新集群融合发展。美国聚集世界众多一流大学，支撑美国制造业产业发展。如哈佛大学、麻省理工学院、波士顿大学等高校对波士顿生物医药产业的发展支持；斯坦福大学和加州理工学院等高校对硅谷的人才支持。美国聚集各类投资资金，推动科技成果转化。如风险投资发展对美国硅谷的电子信息、生物医药产业集群发展的支撑。美国领军企业对创新资源要素的吸收，助力制造业产业集群发展。如波音公司、洛克希德·马丁公司、美国联合航空技术公司等企业对美国航空航天与防务产业发展的支撑。

4.1.1.2 德国制造业

（1）德国制造业发展现状

德国 2010 年出台《德国 2020 高技术战略》，提出一系列针对制造业的创新措施。2013 年，德国政府和学术界联合发布的《保障德国制造业的未来——关于实施"工业 4.0"战略的建议》，首次提出了"工业 4.0"概念，同年上升为国家战略。为使德国处于供应链和市场"双领先"地位，设立了德国数字化基础设施特别基金，发布了《平台工业 4.0 发展报告》等。

1）经济指标方面。德国是世界第四大经济体，经济总量居欧洲之首。世界银行数据显示，2022 年，德国制造业增加值为 0.75 万亿美元，占 GDP 的比重为18.45%，德国制造业增加值在 2013～2022 年起伏较大，2015 年大幅下滑，2016～2018 年制造业增加值上升至顶峰后开始下降。制造业增加值占 GDP 比重呈先平稳上升后下降的趋势，2022 年制造业增加值占 GDP 的比重最低，仅为18.45%。2013～2022 年，德国制造业出口情况稳定，整体变化幅度不大，2022 年德国制造业出口占商品出口总额的 82.82%，与 2010 年的 83.39% 相比有所下降。从制造业进口占商品进口总额来看，德国 2022 年制造业进口占商品进口总额比重为 69.11%。OECD 数据显示，德国 2021 年制造业就业人数为 830 万，2010～2020 年，德国制造业就业人数稳步上升，2010 年德国制造业就业人数为760 万，与美国和日本相比，德国制造业吸纳就业的能力较弱。

2）科技创新方面。2010～2020 年，德国研发支出占 GDP 的比重呈上升趋势，2017 年，德国研发支出占 GDP 的比重为 3.07%，至 2020 年，德国研发支出比重已达到 3.14%。相较于 2010 年，2020 年德国研发支出占 GDP 比重提升了0.4%，比我国研发投入强度高 0.74%。2020 年德国专利申请量为 6.2 万件，专利授权量为 1.7 万件，相较于 2010 年，德国专利授权量和专利申请量分别增加了 0.28 万件和 0.36 万件。

3）优势产业方面。2023 年《财富》世界 500 强排行榜及我国商务部资料显示，德国的汽车与零部件、机械设备、化工制药、电子电器等产业具有突出优势。

汽车与零部件产业。2019 年德国汽车产业营业额达 4388 亿欧元，远超排名第二的机械工程（年营业额为 2570 亿欧元）。在推动就业方面，2019 年德国汽车产业吸纳83.3万人。在德国的汽车产业中，2019年员工薪酬平均总年收入为71261欧元，远高于制造业整体平均水平的54718欧元。2019年，德国汽车产业研发投入282.53亿欧元，相当于整个德国经济研发总支出的37%。2019年，德国出口汽车价值2250亿欧元，占德国出口总额的17%。

机械设备产业。德国是仅次于中国、美国的世界第三大机械设备制造国，同时也是世界第一大机械设备出口国。2020年全球销售额2035亿欧元，同比下降12%；出口额1611亿欧元，同比下降12.2%。德国约80%的机械设备产品销往国外，出口额约占世界机械出口总额的16%。在机械设备业31个产品领域中，德国在26个领域位列世界出口前三。

化工制药产业。德国拥有完善的化工制药产业基础设施和高素质人才。德国是世界上最大的化工产品出口国，同时也是在欧洲投资时第一个考虑的国家。德国化学工业协会数据显示，2020年德国化工制药业销售总额1896亿欧元，同比下降4.4%；出口额1997亿欧元。

电子电气产业。德国拥有的世界领先的电子电气产业，是德国第三大支柱产业。德国电子电气工业协会数据显示，2020年该产业销售额约1819亿欧元，国内雇员总数约86.8万人；出口总额2027亿欧元，同比下降5.7%；前三大出口目的国分别是中国、美国和法国。电子电气产业是德国的第二大研发投入产业，每年的研发投入约占德国工业总研发投入的20%，其中，2020年该产业研发投入为197亿欧元。

4）行业协会方面。德国科研体系中由马普学会、亥姆霍兹联合会、弗劳恩霍夫协会、莱布尼茨协会四大机构组成的国立科研机构体系是其科研力量的中流砥柱。其中，马普学会侧重基础研究，持续为来自世界各地的科学家提供一流的研究环境；亥姆霍兹联合会主要基于大型研究基础设施开展跨学科的前瞻性、战略性研究；弗劳恩霍夫协会侧重应用研究和应用转化开发，是基础研究与工业应用的桥梁；莱布尼茨协会则以问题为导向开展实际工程问题的基础研究并进行国际交流合作。

（2）德国制造业发展特点

根据德国制造业发展现状，总结出如下特点。

1）隐形冠军企业数量多。国家信息中心数据显示，全球拥有2734家隐形冠军企业，其中德国有1307家，比重达到47.8%。德国每100万人拥有16家隐形冠军企业。

2）产品附加值高。德国为高度外向型经济，由于其出口产品大部分属于质量性能好的高附加值产品，能够减少遭遇反倾销的可能。高附加值已成为德国制造业的一个重要特点，而高附加值往往又依托于产业链进行表现。

3）技术装备专业性强。德国制造业在发现问题时，通过人解决问题后，将解决问题的经验和流程融入生产设备和生产流程，从而避免出现类似问题，同时注重将各类创新融合在生产设备、生产装置及各类生产零件上，即通过生产设备和生产体系的改造升级，使知识赋能设备以降低生产制造环节的误差，进而能够在生产制造现场解决问题。

4）行业协会发挥核心作用。如前所述德国的国立科研机构体系是由莱布尼茨协会、亥姆霍兹联合会、弗劳恩霍夫协会和马普学会构成的，这四大科研机构在前沿领域研究、基础研究和应用领域研究等研究领域统筹互补、分工明确，从而助力德国在科技成果转化、基础及应用研究等领域领先世界。

4.1.1.3 日本制造业

（1）日本制造业发展现状

日本经产省明确表示"互联工业"是日本制造的未来。"互联工业"强调"通过各种关联，创造具有高价值的产业社会"，包括人和技术相互关联、物和物的连接、人和设备及系统间的协同。这一国家战略面向制造业，通过企业、人、数据和机械设备的连接，以日本具有优势的实时数据为核心，展开"三大横句"政策支持生产制造业价值创造，提供新的产品和服务。

1）经济指标方面。世界银行数据显示，2021年日本制造业增加值为1.02万亿美元，占GDP的比重为20.48%，日本制造业增加值较为平稳，2021年制造业增加值较2013年基本持平。2013~2022年日本制造业增加值占GDP的比重总体保持在20%左右。2013~2021年，日本制造业出口情况稳定，整体变化幅度不大，基本保持在86%~88%，2022年日本制造业出口占商品出口总额的百分比为83.24%，为2012~2022年中的最低值。从制造业进口占商品进口总额比重来看，日本2022年制造业进口占商品进口总额的比重为52.07%，为2015~2022年的最低值。OECD数据显示，2021年日本制造业就业人数为1040万人，相较于2010年的1050万人变化不大，整体稳定在1020万~1070万人。

2）科技创新方面。与美国、德国相比，日本的研发投入占GDP的比重最大，2010年日本研发投入占GDP的比重已超过3%。2010~2020年，日本研发投入占GDP的比重波动明显，2014年达到顶峰3.40%。相较于2010年，2020年日本研发投入占GDP的比重提升了0.13%，比我国研发投入占GDP的比重高0.87%。2010~2020年，日本专利申请量呈下降趋势，专利授权量呈先升后降趋势。2020年，日本专利申请量为28.8万件，专利授权量为17.9万件，相较于2010年，日本专利申请量及专利授权量分别下降5.6万件、4.3万件。

3）优势产业方面。2023年《财富》世界500强排行榜及我国商务部资料显示，日本在汽车与零部件、工业机器人、机床、电子信息及船舶制造等产业具有突出优势。

机床产业。日本机床产业具有先进的技术水平和生产能力,赛迪顾问数据库数据显示,2019 年全球机床生产额为 842 亿美元,其中日本机床生产额为 129.9 亿美元,比重为 15.43%。日本机床数控率较高,维持在 80% 以上;2019 年日本机床总产值为 10725 亿日元,其中数控机床产值为 9644 亿日元,数控率为 89.9%。

汽车与零部件产业。日本是世界汽车生产大国,汽车与零部件产业在经济中占重要地位,日本与汽车相关产业就业人数约 546 万,占全国就业总人数的 8.2%。2020 年日本国内新车销量为 460 万辆,比 2019 年减少了 11.5%。2020 年,日本各大型汽车公司销量同比有所下降。其中,丰田汽车全球销量达 952.84 万辆,虽较 2019 年减少了 11.3%,但仍超越大众汽车,成为全球销量第一的汽车制造商。

工业机器人产业。到 20 世纪 80 年代中期,日本机器人产量和安装台数在国际均居首位。截至 2021 年,在全球机器人市场中,日本品牌所占份额超 50%。日本机器人工业协会数据显示,2020 年日本工业机器人订单金额比 2019 年增长 8.6%,达 7255 亿日元。

船舶制造产业。日本造船工业协会统计显示,2020 年日本造船完工量 1294 万吨,占全球总量的 22.2%,仅次于中国和韩国,位居世界第三。

(2)日本制造业发展特点

制造业是日本保持经济实力的重要支点,对日本制造业的发展现状进行分析、总结,得出以下发展特点。

1)技术创新能力强。科睿唯安公布的 2022 年度全球创新百强企业与机构榜单中包含了 35 家日本企业。全球知名专利数据库提供商 IFI Claims 的统计数据显示,截至 2021 年 1 月,日本在美获授专利 52421 项,仅次于美国。在技术研发方面,日本的研发支出占 GDP 的比重达 3.27%,居世界前列。世界知识产权组织数据显示,2019 年日本企业科研经费 14.21 万亿日元,同比下降 0.1%,其中制造业科研经费比重 87.0%。在电器机械领域,日本技术专利申请数量居全球第一。

2)产品质量精益求精。日本制造业企业注重持续创新,对产品质量负责,使日本制造业产品呈高质量的特质,推动制造业的高质量发展。以日本汽车产业龙头公司——丰田公司为例,丰田在实践中摸索和创造出的精益生产,满足了多品种小批量混合生产条件下的高质量、低消耗生产的要求,通过对生产过程整体优化及技术改进,坚持有效利用资源、消除无效劳动和浪费的精益生产方式,推动日本汽车产业的高质量发展。

3）产业链上游竞争力强。联合国发布的各国工业竞争力报告显示，20世纪以来，日本在全球产业链上游的零部件和装备制造等核心技术、高附加值产品制造方面位居世界前列。以机床产业为例，全球机床企业前10名中，日本占4家，主要包括山崎马扎克、大隈等公司，产品以数控机床等高附加值产品为三。

4.1.2 发达国家制造业发展经验借鉴

截至2022年，全球制造业面临复杂的国际环境，以新一代信息技术与制造业融合发展为特征，全球掀起了新一轮科技革命和产业革命。本节对美国、德国和日本制造业发展的共性经验进行分析总结，以期为我国制造业高质量发展提供借鉴。

4.1.2.1 共性经验

（1）新一代信息技术赋能制造业发展

人工智能、大数据、物联网和云计算等新兴信息技术的快速发展，正加速与传统制造业融合，不断形成新产品、新流程和新形式。美国、德国、日本三国相继出台了制造业发展战略，如美国的"再工业化"，德国的"工业4.0"和日本的"互联工业"，相同之处在于均注重智能制造核心地位。美国在人工智能、物联网等领域绝对领先，且创新能力突出，在新兴领域如智能手机、无人驾驶技术等方面遥遥领先。德国信息技术赋能制造业，主要是基于信息物理系统（CPS），促使传统优势制造业向智能化转型发展，将智能终端和智能传感器植入原材料、零部件和制造设备，依托物联网技术，实现人与机器的实时交互，达到生产过程中的个性化管理。日本"互联工业"战略实施以来，新一代信息技术赋能制造业的成果显著。东芝、日立等大型企业大规模使用机器人技术和物联网技术，大幅消减了生产成本和工作时间，提高了产品品质。

（2）"拜技主义"驱动企业长远发展

美国制造业企业注重技术创新，美国研发支出占GDP的比重逐年上升，政府颁布法案进行创新的驱动与鼓励，使美国成为全球创新科技发明和技术创新最多的国家。德国、日本两国的"拜技主义"体现在对技术和产品质量的精益求精上，注重技术创新，崇尚"工匠精神"，持续专注，从而使德国和日本拥有较多隐形冠军企业，成为其发展制造强国的基础。例如，能够满足高端半导体行业焊锡需求的企业全球只有三家，其中日本千重金属株式会社是日本焊锡行业的隐形冠军企业，其产品占据日本市场份额的70%，其在国际上的客户包括联想、华为等知名企业。

（3）产学研结合推动研发成果产业化

研发成果产业化是制造业发展的原动力，产学研结合是达到该目的的有效途径。美国制造业创新的一种模式是制造业企业从高校或科研机构获得创新成果，其中包含两种方式：一是制造业企业直接从高校或科研机构获得专利，二是通过与高校共建科研机构实现。德国的产学研网络是由行业协会、制造业企业和大学合作形成的，众多的高校为制造业企业输送高素质、高技能人才，为科技创新提供持续支持。这种模式下，高校的创新成果能够快速进入制造业企业，为德国经济发展助力。在日本，同样聚集大量高校，这些高校不仅能够为制造业发展输送人才，还能够通过高校与企业的合作交流，推动技术的实际运用与研发成果的产业化，以实现创新的价值和意义。

（4）政府进行"顶层设计"

制造业的发展离不开政府的引领与支持。美国所实行的"国家制造业创新网络计划"，注重通过各类制造业创新研究机构，聚集创新资源，形成完备的创新链，构建良好的美国产业创新生态。所谓的"2021年美国创新和竞争法案"等政策在技术投资、科技体制改革等方面作出规定，目的是重塑美国智能制造生态系统，为制造业智能化发展提供保障。德国的隐形冠军企业数量居世界首位，离不开政府给予的支持。具体包括营造良好的竞争环境，制定各类政策法规，成立专门的创新机构进行技术创新以增强制造业竞争优势，提供财税金融服务助力制造业发展，以及充分发挥各类行业协会的作用等举措。同美国、德国政府一致，日本制造业的发展依托政府各项政策支持。日本政府针对国内经济发展状况，给予制造业企业财政、技术等方面的支持，同时在总结大型企业成功的实践经验后，形成了《日本制造业白皮书》等相关文件，给予中小企业借鉴。

4.1.2.2　个性经验

发达国家依据其制造业发展基础及国内资源禀赋等实际情况，在制造业发展方面有其独特的经验。美国通过知识创业促进经济发展；德国的科研机构体系建设为制造业创新提供动力；日本牢牢把握了产业链上游以保证制造业竞争优势。

（1）美国知识创业驱动制造业高速发展

美国作为世界创新中心，具有强大的创新能力及良好的创新环境。随着新一代信息技术的迅猛发展及其与制造业的加速融合，美国形成了以知识创业促进制造业发展的典型模式。知识创业典型特征是依靠知识、技术开发创办新企业、开创新行业、进军新市场，实现知识的价值，其关键在于创新。科研人员不再专注于基础应用，而重视将科研成果转变为企业的商业化运用，这就提高了将创新构想转化为实际产品的可能，同时促使企业员工建立新的创新企业，进而提高整个社会的创新效率，实现了知识创业，助力制造业高质量发展，以驱动经济快速发展。

（2）德国行业协会注入制造业创新活力

德国行业协会形成的科研机构旨在为市场提供科研创新服务，使科技成果能够快速转化为市场成熟产品，促使德国制造业在国际市场上保持较强的创新能力。弗劳恩霍夫等协会自 2015 年开始推行其子机构——能力中心，借助能力中心，弗劳恩霍夫协会可以保持可持续性的研究优势。这些能力中心可以有效结合高校与其他研究工作，为产学研网络中的各类合作伙伴提供支持，包括创新、技术转让等，从而优化分析各创新研究成果，助力制造业企业尤其是创业企业和中小微企业的研发活动。

（3）日本把控产业链上游，保持制造业竞争优势

受全球外部环境变化的影响及新兴经济体企业的发展，日本在零售及终端市场的竞争力逐渐减弱。但日本制造业转变创新方向，开始在上游的原材料及关键零部件领域进行创新。除在机床产业把控竞争优势外，日本还在其投资收益相对稳定的半导体设备、半导体材料领域占据主导地位，在全球半导体设备市场的比重接近40%，在半导体材料市场的比重约为60%。为维持并扩大半导体领域的竞争优势，日本经产省宣布将在未来继续进行尖端半导体研发，并支持其国内研发机构和制造业企业进行合作创新。

4.2 国内典型省份制造业发展的比较研究

在全球制造业进行产业转移和产业布局的大环境下，2021 年 3 月发布的《中华人民共和国国民经济和社会发展第十四个五年规划和 2035 年远景目标纲要》对"制造强国"作出了部署。

4.2.1 典型省份制造业发展的特点

国内各省份结合自身发展现状与特点，按照制造强国战略的宏观方向积极发展制造业，本节选择十个地区的制造业发展特点进行分析，总结出发展的共性与个性经验，这十个地区分别为东部地区的广东省、江苏省、浙江省、北京市、山东省、上海市、福建省，以及西部地区的重庆市、陕西省和东北地区黑龙江省、吉林省、辽宁省。东部地区作为我国经济最发达地区，制造业发展较好，其中东南沿海地区的广东省、江苏省、浙江省、福建省、上海市、山东省制造业种类繁多且规模庞大，北京市制造业主打高精尖发展积极做强"北京制造"。西部地区的陕西省制造业基础良好，是中国制造的重要组成部分；重庆市作为

传统的老工业基地，制造业基础雄厚。东北地区的东北老工业基地中的装备制造业特别是重大装备制造业，曾经为我国作出重大贡献，如今仍具有产业优势。

4.2.1.1 广东省制造业

"十三五"时期，广东加快制造强省建设，2022 年广东省制造业总产值已突破 16 万亿元，产业发展水平连续 34 年居全国前列。

（1）广东省制造业现状

1）经济效益方面。广东省是我国制造业发展的排头兵，全省规模以上制造业增加值、出口值均居全国第一。广东省统计资料显示：2021 年规模以上制造业增加值达 3.38 万亿元，同比增长 8.5%；制造业出口值达 3.73 万亿元，同比增长 11%；制造业销售产值（销售价格×销量）达 15.27 万亿元，同比增长 12.6%；规模以上制造业企业数量超过 5 万家；科技投入逐年攀升，2021 年广东省制造业 R&D 投入 4002.18 亿元，是其发展升级的不竭动力。《中国区域数字化发展指数报告》（2021）显示，广东省已推动超过 2.5 万家规模以上工业企业实现数字化转型，引领 70 余万家企业进行"上线用云"以实现降本提质增效的目标，在创新要素投入（0.7）、数字基础设施（0.88）、数字经济发展（0.84）、数字社会建设（0.72）四项指标测算下的综合指数为 0.8，位居全国第一；数字经济综合创新水平前 20 强的企业中，华为（创新水平 1000）、腾讯（创新水平 843）及维沃（创新水平 721）分列前三；培育了 25 个国家级、378 个省级智能制造试点示范项目，人工智能核心产业及相关产业规模均处于全国第一梯队（得分 0.63 分以上）；重点培育了华为、富士康、树根互联、腾讯 4 家企业作为国家级"双跨"（跨行业跨领域）工业互联网平台，数量位居全国第一。

2）重点产业与代表企业方面。广东省制造业重点聚焦新一代电子信息、高端装备制造智能家电、汽车制造、先进材料软件与信息服务、超高清视频显示、生物医药与健康等十大支柱型产业，其中新一代电子信息（半导体及集成电路）、高端装备（数控机床、工业机器人、轨道交通及航空）和汽车（新能源汽车）也是广东省制造业发展的重点战略性新兴产业。

新一代电子信息产业。新一代网络通信行业的代表企业有华为、中兴、TCL等，半导体与集成电路行业的代表企业有粤芯、宏芯宇、中芯国际等。2023 年《财富》世界 500 强排行榜中，广东省共有 19 家企业上榜。

高端装备制造产业。数控机床行业的代表企业有广州数控、深圳汇川、大族激光等，智能机器人行业的代表企业有广州启帆、巨轮智能、瑞松科技等，轨道交通与航空行业的代表企业有大疆、广州亿航等。

汽车制造产业。主要包括整车制造、零部件生产等领域。整车制造行业的代表企业有广汽、比亚迪、广州本田、广州丰田等，零部件生产行业的代表企业有鸿泰科技、骏汇汽车科技、银通等。其中，广汽集团 2022 年产销量分别达到了 247 万辆与 243 万辆。

广东省打造的年营业收入超千亿元的制造业企业有 9 家，被评选为国家级单项冠军的企业有 50 家。2023 年《财富》世界 500 强排行榜中，广东省共有 19 家企业上榜，其中制造业企业有 8 家，分别为华为（111）、正威国际（124）、广汽集团（165）、比亚迪（212）、美的（278）、广州工控（414）、广州医药（426）及立讯精密（479），其中广州工控、立讯精密为首次进入榜单的制造企业。

广东省着力打造的"10+10"产业集群中，新一代电子信息、智能家电、汽车及生物医药与健康产业集群产值均超过万亿元。截至 2022 年第一季度，汽车产业集群（24.2%）及生物医药与健康产业集群（15.2%）增加值增长较快，带动了广东省的产值增长与产业集聚。

（2）广东省制造业特点

1）产业集群发展成熟。全国现有产业园区 83434 座，其中广东省共有 14425 座，排名第一，且形成了以电子信息、智能家电、汽车、软件与信息服务、超高清视频显示等为主的十大支柱性产业集群，创造营业收入达 15 万亿元，其中电子信息（4.31 万亿元）、智能家电（1.49 万亿元）产业集群是广东省 GDP 突破 10 万亿元的重要支撑。

2）创新实力全国领先。广东省区域科技创新水平处于全国第一梯队（高于全国平均水平 72.44），R&D 投入（2021 年为 4002.18 亿元）持续升高，综合科技创新水平为 80.55，较高知识产权综合发展指数为 86.7，有效发明专利量为 31.5 万件和 PCT 国际专利申请量为 20.7 万件、国家级高新技术企业总量为 5.3 万家。

3）数字化转型效果显著。2021 年以来广东省出台了多份文件聚焦制造业数字化转型，提出"粤数字，粤制造"，如 TCL 运用数字化手段已累计节省制造成本 2.67 亿元、华为构建"双跨"工业互联网平台，并在全国建成 40 多个工业互联网创新中心、服务 2 万多家工业企业数字化转型升级，制造企业数字化转型效果显著。

4.2.1.2 江苏省制造业

江苏省制造业发展基础雄厚，产业门类齐全，产业链条完整，在长三角地区乃至全国都具有较为突出的规模优势和集群优势。结合苏沪浙鲁粤五省市区域发展基础、质量效益、结构优化、创新潜力及国际化水平五个方面的数据来看，江苏省制造业竞争力仅次于上海和广东，制造业发展态势整体向好。

（1）江苏省制造业现状

1）经济效益方面。江苏省是我国制造业最发达的地区之一，其制造业具有规模大、活力高等特点。根据江苏省的统计资料，2013~2021 年江苏省已连续 9 年保持制造业规模全国第一；2020 年制造业生产总值达 3.54 万亿元，占全省生产总值的 34.5%，贡献了全省 39.1% 的税收。2022 年，江苏省制造业增加值达 4.6 万亿元，占全省 GDP 的比重为 37.3%，约占全国 GDP 的 13.7%。《2022 先进制造业百强市》报告显示，江苏省是全国唯一一个全省 13 个地级市均上榜的省份，其制造业高质量发展指数为 89.10。

2）重点产业与代表企业方面。"十四五"时期，江苏省打造了综合实力国际领先的 6 个先进制造业集群和国内领先的 10 个先进制造业集群，其中新型电力装备制造、高端装备、生物医药、新一代电子信息（集成电路）、汽车是重点发展的战略性产业。

新一代电子信息产业。集成电路行业的代表企业有南京九芯、华虹半导体、江苏长电、海太半导体、南大光电等。目前，长三角地区是我国集成电路产业重点聚集区，江苏省也为集成电路与半导体行业制定了很多相关政策以扶持其发展。南京市成为 2021 年全国芯片设计业增速最快的城市之一，增长率高达 107%，仅次于天津和济南。

高端装备制造产业。高技术船舶行业的代表企业有扬子江船业、中远海运等。数控机床行业的代表企业有鸿励数控机床、巨龙数控机床等。工业机器人行业的代表企业有埃斯顿、熊猫、安川、台达、汇川等。

汽车产业。江苏省聚焦新能源汽车领域，其代表企业有前途、敏安、拜腾等。

新型电力产业。智能电网行业的代表企业有中电新源、南瑞集团、国网电科院、西门子电力等。

根据 2023 年《财富》世界 500 强排行榜，江苏省共有三家制造企业上榜，分别为恒力集团（123）、江苏沙钢集团（222）与盛虹控股集团（348）。江苏省共打造年营业收入超千亿元的制造业企业 12 家，国家级制造业单项冠军企业 104 家，国家专精特新"小巨人"企业 113 家。这些企业均是江苏省制造产业集群的重要支柱。

（2）江苏省制造业特点

1）制造业规模占优势。2021 年江苏省地区生产总值 11.63 万亿元，较 2020 年增长 8.6%，其中制造业生产总值约 3.5 万亿元，约占全国总产值的 1/8。电子信息、生物医药和汽车产业增加值分别增长 17.3%、11.0% 和 14.7%，规模实力连续 8 年稳居国内首位。

2）先进制造业集群效应显著。江苏省共重点培育 13 个产业集群，其中 6 个集群（无锡市物联网集群、南京市软件和信息服务集群、南京市新型电力装备集群、苏州市纳米新材料集群、徐州市工程机械集群、常州市新型炭材料集群）在国家先进制造业集群竞赛决赛中胜出，集群内共有57家百亿元以上制造企业，占江苏省全部百亿企业的45%。截至2022年，江苏省重点培育的16个集群中，集聚规上企业主营业务收入超过12万亿元，其中14个制造业集群收入占规上制造业的70%左右、10个集群获评国家先进制造业集群，数量位居全国第一。

3）骨干企业带动力强。江苏省培育了一批世界级领军企业和具有行业主导力的"链主"企业（如集成电路产业链"链主"企业江苏长电、海太半导体等，高技术船舶产业链"链主"企业中航鼎衡、中远海运、金陵船舶等）、国家级单项冠军企业（186家）、国家级专精特新"小巨人"企业（709家），依靠1.2%的大中型企业贡献了54.3%的营业收入，剩余98.8%的小微型企业贡献了45.7%的营业收入。

4.2.1.3 浙江省制造业

制造业是浙江省经济增长的主要动力，创造了全省一半以上的税收和1/3以上的就业岗位。

（1）浙江省制造业现状

1）经济效益方面。浙江省装备制造业是其制造业的重心，浙江省的统计资料显示：2022年浙江省规模以上装备制造业实现总产值4.55万亿元，同比增长7.6%；实现增加值0.97万亿元，同比增长6.2%，高出规上工业增速2%；装备制造业增加值总量占规上工业的比重为44.5%，对规上工业增长贡献率达63.8%，较2021年提升了5.1%。

2）重点产业与代表企业方面。根据浙江省发布的《制造强省建设行动计划》，浙江省的重点产业集中在新一代信息技术、汽车制造、高端装备等九大产业领域。

新一代信息技术产业。浙江省新一代信息技术产业包括集成电路、人工智能、数字安防等行业，其中集成电路领域的代表企业有中电海康、江丰电子、士兰集成、东芯半导体、立昂微电子等，数字安防领域的代表企业有海康威视、大华技术、舜宇集团、华灿光电等。其中，海康威视拥有全球视频监控市场份额的24.1%。

汽车产业。浙江省积极推进燃油汽车转型升级，发展新能源汽车，代表企业有吉利控股、宁波拓普、旭升、瑞立集团、超威电源等。其中，吉利控股是国内汽车产业十强中唯一一家民营企业。

高端装备产业。智能装备领域的代表企业有杭州制氧机集团、杭州新松机器人、浙江中控、杭申集团、华联机械、申昊科技等。

重点产业中的集成电路、数字安防、新能源汽车、智能装备制造业是浙江省高端装备制造业发展的核心发展领域。2021年《财富》世界500强排行榜中，浙江省共8家企业上榜，其中有5家为制造企业，分别为吉利控股（239）、荣盛控股（255）、青山控股（279）、恒逸集团（309）、海亮集团（428）。浙江省共打造国家级制造业单项冠军企业114家，占全国制造业单项冠军企业总数的19.1%。

（2）浙江省制造业特点

1）装备制造业集群效应显著。浙江省累计培育7个高端装备制造业省级高新技术产业开发区，杭—甬区块和温—台区块的装备制造业优势明显并成为主导产业，杭甬两市装备制造业增加值占全省装备制造业增加值比重超过50%。典型代表有杭州高新区集聚了海康威视、大华技术等百余家智慧安防企业，形成了集开发、生产、应用、运维等于一体的完整产业链体系。

2）市场主体实力强。以2022中国制造业企业500强榜单为例，浙江省有97家制造业企业上榜，数量仅次于山东省，远多于江苏省及广东省，且宁波市为我国单项冠军示范企业（产品）数量最多的区域，制造业分布领域多，较为综合。

3）企业上云引领数字化转型。浙江省于2017年启动"十万企业上云"计划，助力企业借助云计算、ET工业大脑等，优化各环节生产效率，推动企业降本增效，促进制造企业上云上平台，累计保障上云企业已达37.78万家，工业企业机器联网率达42.33%。

4.2.1.4 北京市制造业

北京市制造业注重增量发展与高端化发展，"十四五"时期，北京高端制造业进入优化升级和提质增效的高质量发展阶段。

（1）北京市制造业现状

1）经济效益方面。北京市统计局资料显示，2020年北京市制造业总产值为1.43万亿元，制造业企业数量为2858家，但制造业占生产总值比重仅为12%左右，而上海的这一数值为26%左右，深圳为35%左右。制造业比重降低，一方面是产品附加值增高的表现，另一方面会对就业、税收等方面造成影响。2022年北京市制造业R&D投入强度在6%左右，位居国际创新城市前列。2016~2020年北京市的高端装备制造业产值规模年均增长率达到17%，2020年北京市的高端装备制造业产值达到788.4亿元，约占全国高端装备制造业产值规模的1%。

2）重点产业及代表企业方面。北京市制造业以新一代信息技术（人工智能、北斗等）与医药健康（创新药、新器械等）为支柱产业，同时积极发展扶持"北京智造"优势产业：集成电路产业（京东方、紫光、超威等）、智能制造与装备产业

（精仪天和、大族激光等）、智能网联汽车产业（北汽）。

新一代信息技术产业。在人工智能、半导体与集成电路等领域重点布局，尤其是半导体与集成电路领域，代表企业有京东方、紫光、超威、北京智芯等，其中，京东方已发展成为中国半导体显示产业中营业收入、盈利、产线数量等方面的绝对龙头企业。

医药健康产业。北京市重点聚焦于创新药、新器械、新健康服务三大方向，创新药领域的代表企业有国药集团、科兴中维等，2021 年《财富》世界 500 强排行榜显示，国药集团排名第 109；新器械领域的代表企业有 GE 医疗、乐普医疗器械、爱博医疗、万泰生物等，从营业收入规模来看，乐普医疗营业收入在北京市医疗器械上市企业（沪深股）中位居第 1。

汽车产业。北京市以北汽集团为主导，加速传统汽车进行智能化、网联化升级，2023 年《财富》世界 500 强排行榜中，北汽集团是汽车制造产业的领军企业，并于 2009 年创立北汽新能源，积极探索汽车智造领域。

根据 2023 年中国制造企业 500 强排行榜，北京共有 53 家企业上榜，累计培育国家级制造业单项冠军企业（产品）17 家（12 项），且形成了较为规范的产业集群。如汽车制造业集中于顺义区、大兴区，医药制造业集中昌平区、大兴区。

（2）北京市制造业特点

1）注重开放合作。北京市大力发展国际化产业园区，其中中日、中德国际合作产业园区是建成我国对日本、德国开放的重要窗口。中日国际合作产业园重点发展"三核"（生命健康、前沿智造与未来出行行为）、"五链"（生物工程、材料科学、现代工艺、人工智能、能源应用）产业；中德国际合作产业园重点聚焦工业互联网、智能装备、新能源智能汽车三大主导产业。中日、中德国际合作产业园区共同建设，积极融入新发展格局，促进制造业深度参与国际化合作发展。

2）重点发展高技术产业。北京市的国家级高技术企业约占全国比重的 14%，2021 年，日均设立科技型企业数量超 250 家，成功打造了以新一代信息技术与医药健康为主的国际引领支柱产业，以集成电路、智能网联汽车、智能制造与装备等为主的特色优势产业，以区块链与先进计算、科技服务、智慧城市等为主的创新链产业，以及未来前沿产业（3D 打印、超导材料等），这些产业构成了"2441"高技术产业体系。

3）产品附加值高。北京市将大多一般性制造企业迁出后，引入了众多高技术企业，聚焦于价值链高端环节，结合丰富的人力、资源优势，在产品研发、技术含量上相较于国内其他区域均有着明显优势，如北京市的集成电路产业，企业数量虽仅占全国的 1%，但是产值规模占到了全国的 10%，如中芯国际、京东方等企业均处于国内集成电路产业领先地位。

4.2.1.5　山东省制造业

山东是制造业大省，也是制造业强省，制造业种类齐全且体系完整，整体制造业发展质量呈"W"形波动增长趋势，在产业结构方面表现优异，是我国唯一一个拥有制造业全类别的省份，其前十大产业均为制造业。

（1）山东省制造业现状

1）经济效益方面。山东省统计局资料显示：2021年，山东省规模以上制造企业数量共27835家，制造业增加值2.31万亿元；高技术制造业增加值增长幅度达18.5%，装备制造业规模突破2万亿元，占全省工业的1/4，其中高端装备制造业占全省装备制造业比重已超过50%；制造业总体增加值占工业增加值的比重达83.4%。

2）重点产业与代表企业方面。山东省作为我国制造大省，其制造产业（企业）多以装备制造业为主，《山东省"十四五"制造强省建设规划》提出，集中力量发展新一代信息技术、高端装备、新材料、现代医药等新兴产业，加快传统制造业转型升级。

新一代信息技术产业。人工智能行业的代表企业有山东览众、海尔科技、创泽智能机器人、山东海天等；集成电路行业的代表企业有沂光、兆芯、力创赢芯等；软件和信息技术行业的代表企业有浪潮、海信、中车四方、中创软件、东软载波等。浪潮ERP、中创中间件、瀚高数据库、华天CAD、概伦EDA等高端软件产品性能优秀，在业内享有较高的知名度。

高端装备制造产业。重点发展新能源汽车、海洋工程装备及高技术船舶、轨道交通装备等领域。新能源汽车行业的代表企业有北汽新能源、一汽解放、上汽通用五菱、一汽大众等，海洋工程装备和高技术船舶行业的代表企业有山东海洋工程装备有限公司、北船重工、远达船舶、烟台中集来福士等，轨道交通行业的代表企业有中车四方、波鸿轨道、华铁股份等。

2023年《财富》世界500强排行榜显示，山东省共有4家企业上榜，其中魏桥创业（172）、海尔智家（419）为制造企业。截至2021年，工业和信息化部遴选的五批共340家制造业单项冠军示范企业和256家制造业单项冠军产品，山东省共有制造业单项冠军示范企业数83家，位居全国第1。

（2）山东省制造业特点

1）规模总量居全国前列。"十三五"时期，山东省制造业增加值持续增长，2020年达2.31万亿元，占生产总值比重为27.2%。2022年，山东省规模以上工业增加值同比增长5.1%，高于全国平均水平1.5%，制造业高质量发展情况（53.17）排在全国第5位。

2）市场主体实力强。2023年，山东省共4家企业入围"世界500强"，61家企业入围"中国制造业企业500强",新增41家制造业单项冠军企业和401家专精特新"小巨人"企业,分别达到186家和756家,位居全国第2、第3。

4.2.1.6 上海市制造业

上海市制造业基础雄厚,是上海城市能级和核心竞争力的重要支撑。整体呈"规模大、企业优、标杆多、转型快"发展特点。上海市制造业产业链的本土化、多元化、协同化发展将成为确保中国产业链供应链安全稳定的担当。

(1)上海市制造业现状

1)经济效益方面。上海市在先进制造业与智能制造方面取得了突破性的进展。上海市统计局资料显示,2022年上海市规模以上工业总产值4.05万亿元;战略性新兴产业取得了5.8%的增长,占全市规模以上工业总产值的43.0%,总体趋势较为平稳;高技术产业产值比重为21.9%,且2018~2022年一直平稳保持在20%左右。这些都是上海市制造业向高端化转型的直接表现,如集成电路产业销售额为1450亿元,占全国总量的20%。

2)重点产业与代表企业方面。上海市注重发展先进制造业,以人工智能、集成电路、生物医药三大产业引领,重点发展新一代电子信息、汽车、高端装备等六大重点产业,构建了"3+6"新型产业体系。

新一代电子信息产业。集成电路与半导体及其重要发展行业,代表企业有华虹半导体、宏力半导体、华力集成、上海先进半导体、中芯晶圆等。民生电子数据显示,上海市集成电路产值占全国比重约为23%,其中设计业、制造业、封测业的比重分别为25%、18%、17%。

生命健康产业。重点发展生物医药、高端医疗器械等制造领域,生物医药行业的代表企业有上海医药、泽生科技、君实生物医药、复旦张江生物医药、西比曼生物科技、嘉和生物药业等。根据2019年度"中国医药工业百强企业榜单",上海医药与泽生科技在创新根基、创新过程、创新成果方面均位列第一梯队;高端医疗器械行业的代表企业有强生(上海)、上海联影医疗、微创(上海)医疗机器人、康沣生物科技(上海)、博动医学影像科技(上海)等。截至2019年底,上海市已聚集了972家医疗器械生产企业,24014家经营企业,其中,科技型中小企业162家,高新技术企业363家,是我国医疗器械制造的创新高地。

汽车产业。上海汽车制造业注重创新转型,积极推进新能源汽车和智能网联汽车产业集群的构建。新能源汽车行业的代表企业有上汽、蔚来、特斯拉(上海)、合众新能源等。2022年,上汽集团汽车整车销量530.3万辆,营业收入达7440.63亿元。

(2)上海市制造业特点

1)智能制造实力强。《世界智能制造中心发展趋势报告(2019)》显示:2018

年上海市智能制造企业总数位居全国第3，实现产值2.31万亿元；智能制造企业占制造类企业数量比重高达75.65%，位居全国之首。例如，在智能机器人领域，上海市机器人市场分别占全国42%、全球16%的市场份额，吸引了ABB、发那科、安川等一批国内外领军企业。在工业机器人、服务机器人和核心零部件等细分领域均处于领先水平。

2）创新型产业引领发展。具体表现在上海市集成电路技术产品打破垄断、生物医药加快向"首发引领"转型、云端智能芯片取得突破、连续成功举办了三届世界人工智能大会等方面。上海市作为长三角制造带与世界制造融合的枢纽，智能制造、大数据、人工智能、高端芯片等领域均是符合高收入弹性和高关联度的产业。如在人工智能方面，目前全国1/3的人工智能技术人才聚集在上海市，全国日均数据交易量的50%发生在上海大数据交易中心。

4.2.1.7 福建省制造业

福建省作为制造业大省，制造业在全省经济发展中的地位举足轻重。近年来，福建省制造业在生产总量、企业经济效益等方面的发展取得了显著成效，全省制造业形成了较好的发展基础。

（1）福建省制造业现状

1）经济效益方面。福建省统计局资料显示：2022年福建省地区生产总值达5.31万亿元，跃上"5万亿"新台阶；工业增加值为1.96万亿元，是福建省经济重要组成部分；2022年福建省制造业增加值增速约5.6%，对规模以上工业增长贡献率为35.7%，且近两年制造型企业数量保持稳定，在18000家左右。

2）重点产业与代表企业方面。福建省以电子信息和数字产业、先进装备制造产业、石油化工等产业为主导产业，着力引进高端项目，促进本省制造业全产业链转型升级。

电子信息和数字产业。突出"增芯强屏"，聚焦集成电路与半导体、工业软件与互联网等领域，强链补链，加快数字化转型。集成电路与半导体行业的代表企业有联芯、士兰微、瑞芯微、三安半导体等，工业软件和大数据行业的代表企业有中海创、盈趣科技、摩尔元数、华拓自动化、华伦特等，物联网和车联网行业的代表企业有新大陆、上润精密、信达股份、慧翰微电子、冠林科技等。

装备制造产业。突出高端化、智能化发展，重点发展汽车、高档数控机床和机器人等行业。汽车制造行业是福建省制造业的重要支撑，代表企业有福建东南汽车、上汽（宁德）、福建奔驰、厦门金龙、宁德时代新能源等；高档数控机床和机器人行业的代表企业有嘉泰数控、东刚机械、威诺数控、航天思尔特、华数机器人、微柏等。

福建省有一批全国知名的优秀的制造企业，它们坚持自主创新，匠心制造，用高质量发展撑起了高品质产业。例如，宁德时代已成为全球第一的动力电池制造商，福耀集团已成为全球第一的汽车玻璃专业供应商，星网锐捷等一批标杆企业通过持续强化技术发展成为我国制造业高质量发展的"先行军"。福建省在全球彰显着中国制造的新实力，其打造出的27家国家级单项冠军企业，是福建省制造业高速发展的不竭动力。

（2）福建省制造业特点

1）产业集群发展成效显著。截至2022年，福建省产业聚集比较明显的集群约为70个，围绕电子信息、装备制造等重点产业，根据全省产业发展基础与产业规模，积极培育一批主业突出、特色明显、成长性好的制造业千亿元产业集群，如计划打造规模超5000亿元的纺织服装产业集群、超3000亿元的集成电路和光电产业集群、计算机和网络通信产业集群、超1000亿元的电工电器产业集群、汽车产业集群等，积极构建以产业链和供应链为支撑且上下游配套完整的产业集群。

2）企业实力提升明显。2020年全省规模超百亿元工业企业达47家、千亿企业2家；10家企业入围"中国企业500强"，15家企业上榜"中国制造业民营企业500强"，国家级专精特新"小巨人"企业117家、省级专精特新中小企业826家，国家级和省级制造业单项冠军企业（产品）分别为27家和222家，科技"小巨人"企业2301家。

4.2.1.8　重庆市制造业

重庆市是我国重要的现代化制造业基地，属于传统的老工业基地之一，工业及制造业基础深厚，现代制造业也极为发达。其中，电子、汽车、装备制造、化工、能源等产业在全国乃至全球均处于领先地位，是重庆市制造业发展的基础和核心。

（1）重庆市制造业现状

1）经济效益方面。在重庆民营企业100强榜单中，制造企业共44家，可以看出制造业是重庆实体经济的"主心骨"，且长期占重庆地区GDP比重的1/3以上。重庆市统计局资料显示：2020年，重庆制造业产值达2.12万亿元，增加值0.13万亿元，近年来增速呈稳定上升状态；2020年，高技术制造业和战略性新兴产业增加值分别比上年增长13.3%和13.5%，"十三五"时期对工业增长的贡献率分别达到37.9%、55.7%。在我国制造业整体转向高质量发展的背景下，重庆市与成都市联合打造成渝双城经济圈，起到推动制造业高质量发展、承接产业转移的作用。

2）重点产业与代表企业方面。重庆是中国重要汽车产业基地。汽车产业、新一代信息技术产业是重庆重要的支柱产业。

汽车产业。重庆市汽车产业起步发展较早,2017~2019年产值出现下滑,至2020年长安汽车重新翻盘,逆势增长1.3%;2021年,全市电子信息制造业实现营收超7000亿元,增加值占全市制造业增加值的比重为16.6%,增长贡献率占33.9%。"2020重庆制造业企业100强"榜单显示,重庆长安汽车股份有限公司是重庆市第一大制造业企业,这也是长安汽车连续17年居重庆市制造业榜首;重庆化医控股(集团)公司是重庆市第二大制造业企业,英业达(重庆)有限公司是重庆市第三大制造业企业,重庆市能源投资集团有限公司是重庆市第四大制造业企业。

新一代信息技术产业。重庆市面向"智造重镇""智慧名城"建设需求,发挥电子整机加工能力优势,推动人工智能、大数据等技术在软硬件产品中的渗透,建设国家重要半导体产业名城。

近年来,重庆市着力打造"智造重镇",为重庆工业转型升级注入新动能。深化5G、数字孪生、区块链、人工智能等新一代信息技术在工业互联网中的应用,培育"5G+工业互联网"示范场景,探索建设产业链工业大数据中心。

(2)重庆市制造业特点

1)制造业数字化转型速度快。重庆市聚焦半导体、新型显示等领域,培育超高清视频、人工智能、区块链等创新应用,打造具有国际竞争力的电子信息产业集群;围绕产业发展需要,推动共建成渝工业互联网一体化发展示范区,构建全国领先的"5G+工业互联网"生态;支持建设国家数字经济创新发展试验区和国家数字服务出口基地,推动"智造重镇"和"智慧名城"建设。

2)突出培育产业集群。重庆市作出了"培育电子信息、汽车、装备制造三大世界级先进制造业集群,打造材料、特色消费品等具有国际竞争力的先进制造业集群,在新一代信息技术、新能源及智能网联汽车、高端装备、新材料、生物技术、绿色环保等领域建设一批具有全国影响力的战略性新兴产业集群"的部署。

4.2.1.9　陕西省制造业

陕西省制造业涉及航空、航天、汽车等众多产业领域,门类全,框架大,且有着雄厚的技术和研发实力。

(1)陕西省制造业现状

1)经济效益方面。陕西省统计局资料显示,陕西省工业经济保持平稳较快增长态势,规模以上工业总产值年均增长8.0%;规模以上工业增加值年均增长6.1%,高于全国平均值0.6个百分点。2020年全部工业增加值达到0.89万亿元,制造业增加值较2015年增加23.1%。截至2020年底,陕西省规模以上工业企业达到7164家,完成营业收入2.34万亿元,实现利润0.19万亿元,利润率较2015年提高1.0%。

2）重点产业与代表企业方面。陕西省支柱性产业包括高端装备制造业、电子信息、节能与新能源汽车新材料等。2020年以来，陕西省大力培育先进制造业，工业结构不断向好，其中汽车产业是现代工业的基础和标志，是新一轮科技革命和产业变革的重要力量，也是陕西省全力打造的支柱产业。

汽车产业。目前，陕西省汽车产业已形成整车制造，以及关键零部件制造等较为完整的产业链体系，其中，自主品牌乘用车竞争优势明显，新能源汽车研发居全国前列。汽车产值超百亿元的企业有3家，分别是陕汽集团、比亚迪公司与法士特集团。

高端装备制造产业。陕西省装备制造业已形成行业内龙头企业牵头，发挥带动作用，同行业其他企业相互协作的模式，使产业链不断完善，装备制造业产业集群模式发展态势良好，装备制造业产业园区的建设也日趋完善。

（2）陕西省制造业特点

1）装备制造业集群发展。装备制造业产业聚集化发展趋势日趋明显，行业内龙头企业带动作用进一步发挥，中小企业协作配套能力增强，产业链不断延伸，产业集群发展及产品配套水平不断提高，航空、汽车等重点产业集群发展势头良好，装备制造业产业园区（基地）专业化特点更趋明显。如西安阎良国家航空产业基地、西安国家民用航天产业基地等国家级新型工业化产业示范基地带动辐射作用增强。

2）部分产业链条完整。陕西省在机床领域具有良好技术基础和产业基础，数控机床产业链是陕西省重点产业链之一，任何一个生产环节都有对应的生产厂家，且产业链上游国内龙头企业聚集。

4.2.1.10 东北地区制造业

东北地区的根基在制造业，其拥有完善的装备制造业基础体系，是我国轨道交通、汽车及零部件、航空及发动机等重大装备的重要产业基地。

（1）东北地区制造业现状

1）经济效益方面。黑龙江省统计局、吉林省统计局、辽宁省统计局资料显示，截至2023年上半年，辽宁省支柱装备制造业增加值同比增长12.6%；吉林省装备制造业增加值增速达22.6%，其中新能源装备制造业得到快速发展；黑龙江省装备制造业增加值增速达9.5%，其中哈尔滨市铁路、船舶、航空航天和其他运输设备制造业产值同比增长25.5%。随着装备制造业产值的不断增长，东北地区整体经济也逐渐向好。数据显示，2023年上半年黑龙江省GDP为0.66万亿元，吉林省为0.61万亿元，辽宁省为1.40万亿元。

2）重点产业与代表企业方面。作为老牌工业基地，东北地区制造业门类齐全，体系庞大，基础雄厚，在对接新一轮东北地区振兴规划中，高端装备制造及高技术产业成为东北地区着力发展的主要支柱产业。

装备制造产业。东北地区装备制造业起步早、门类齐全，是其制造业的特色标签，其中黑龙江省装备制造业依托高校及科研院所，重点聚焦于航空航天、智能制造、智能机器人等先进装备制造领域，代表企业包括哈电集团、中国一重等；辽宁省装备制造业聚焦于半导体产业方向，已培育出5家以半导体为主业的上市企业，代表企业包括芯源微、神工股份、拓荆科技等；吉林省装备制造业主要聚焦于轨道交通产业，重点推进新一代高速智能动车组、标准地铁列车等新产品的研制，代表企业包括中车长客、长春城际轨道客车配件等。

汽车产业。黑龙江省聚焦于汽车动力多样化战略方面，积极推动甲醇汽车研发与生产，并且黑龙江省已与吉利控股集团正式签约，共同助力甲醇燃料生产加注、新能源及甲醇汽车推广应用等方面；辽宁省拥有包括一汽大众、沈阳奥迪等多家大型汽车制造企业，这些企业在技术研发、生产制造等方面具备丰富的经验和实力，为辽宁省汽车制造业的发展奠定了坚实的基础；吉林省的第一支柱产业为汽车产业，整车产业基础规模雄厚，代表企业包括红旗、解放、大众、丰越、奥迪新能源等。

（2）东北地区制造业特点

1）新兴产业发展缓慢。从东北地区的产业分布来看，主要集中于重装备制造产业，对战略性新兴产业的投资较沿海省市及其他开放程度高的省市仍有较大差距，新兴产业对传统产业的带动效果不显著，并且装备制造业与信息化的融合程度较低，尚未形成成熟的先进装备制造业生产模式，导致制造业生产产品附加值普遍较低。

2）科技创新能力较弱。东北地区很多区域制造业企业技术创新水平与国际先进水平相比仍有较大差距，目前已形成的产业聚集区发展规模普遍较小，政府对制造业的研发投入较少，科技创新力度较弱，且科技成果"流出严重"，尚未形成成熟的科技成果转化体系。

4.2.2 国内制造业发展经验借鉴

4.2.2.1 共性经验

通过对国内十大典型省市及地区制造业发展现状及特点进行总结分析，得到其制造业发展经验，梳理得到的共性经验如下。

（1）积极推进产业园区建设，引导培育产业集群

随着我国经济发展的需要，逐渐被各级政府所重视的产业园区建设，已经成为推进产业集群的重要助推器，各省市均推出了自己的产业园区建设规划。例如，上海市在前沿科技和高端产业方面，围绕人工智能、集成电路、生物医药等重点

方向打造了 40 个产业园区以推动其高端产业集群发展；江苏省在高端装备制造、新能源等领域，推出特色产业园区建设规划；广东省建成产业园区 16000 余座，位列全国第一，并对重点产业集群进行梳理后推出 19 家以信息技术、智能家电、生物医药等为代表的特色产业园区，以推动重点产业集群式发展。

（2）重视智能制造，推进制造业数智化转型

经过多年发展，我国智能制造发展从初期的理念普及进入深化应用、全面推广阶段，形成了试点示范引领、供需两端发力的良好局面。目前智能制造主要以环渤海地区、长三角地区、珠三角地区、中西部地区划分，各具特点。例如，环渤海地区的北京市在工业互联网与智能制造领域表现突出；长三角地区江浙沪以人工智能、大数据、电子信息等领域为重点，智能制造水平相对均衡；珠三角地区以广州深圳为核心，围绕工业机器人、智能装备等领域发展；中西部地区如陕西省、重庆市目前还处在自动化阶段，与东部地区相比发展较为缓慢。

（3）政府政策支持，发挥龙头企业带动作用，推动大中小企业融通发展

在我国制造业向中高端转型的过程中，龙头企业的带动作用日益凸显，大中小企业融通发展是产业集群升级的高端形态。现在的大中小企业融通发展突破了地域限制，通过互联网等信息技术手段，更强调业务的协同、资源的共享和利益的共赢。各地方政府部门一方面搭建平台让企业之间更好合作，推动大中小企业形成产业集群；另一方面通过营造良好的营商竞争环境，促使大中小企业和谐共生，形成各自的差异化优势。

（4）着力产学研结合，发展重点企业，促进企业创新发展

我国正在围绕重点行业转型和先进制造业领域大力推行产学研结合，通过建设制造业创新中心、加大创新投入等方式发展重点企业，促进企业整体创新发展。

4.2.2.2 个性经验

各省市依托其制造业发展基础，利用发展资源与相关政府政策，积极开展制造业高质量发展的进程。自高质量发展战略提出以来，各省市除了有相互借鉴的共性经验，还形成了其个性经验。

（1）重视提升产业链完整度

作为我国最发达的城市之一，上海市的半导体产业也保持着全国领先的地位，从芯片设计、芯片制造到半导体设备、半导体封测乃至 EDA 等细分领域均有涉及，囊括了半导体产业的完整链路，是国内集成电路产业最集中的地区。在芯片设计环节，代表企业有高通、博通、英达、AMD、紫光展锐、华大半导体等；在芯片制造环节，代表企业有中芯国际、华虹宏力、台积电（上海）等；在芯片封测环节，代表企业有日月光、安靠科技、长电科技等；在半导体材料环

节，代表企业有沪硅产业、上海新傲、上海合晶等；在半导体设备环节，代表企业有中微半导体、盛美半导体、上海微电子等。由此可以看出上海市在半导体产业方面的产业链完整度相对较高，且其在新能源汽车、工业机器人等领域也积极发展产业链的完整性。

（2）推进重点"卡脖子"技术攻关

上海市制造业在解决我国制造业发展的 35 项"卡脖子"技术难题方面发挥了重要推进作用。例如，上海微电子是我国国内唯一能够制作光刻机的企业，已生产出 90 纳米的光刻机设备，90 纳米是目前生产国产光刻机的最高技术水平；华虹半导体、中芯国际、积塔半导体等企业在芯片制造技术方面进一步加强，近几年依然保持 90% 以上的产能。

（3）利用工业互联网平台建设推动企业"上云"

自 2017 年山东省开始摸索工业互联网至今，已走过 7 个年头。7 年来，山东始终在工业互联网赋能企业"上云"的进程中先行先试。与之同频发展起来的卡奥斯 COSMOPlat，也于赋能企业数字化转型的实践中在全省乃至全国多地实现单点频繁"开花结果"。在卡奥斯 COSMOPlat 赋能下，青岛征和工业突破"卡脖子"难题，良品率提升到 99.5%，成功入选国家级第三批专精特新"小巨人"企业；山东汽车弹簧厂生产效率提升 20%，设备故障率降低 20%；青州德威动力企业良品率整体提升 20%。

（4）注重智能制造科技创新平台建设

近年来，上海市智能制造产业政策体系不断完善，功能性服务与产业对接平台资源更加丰富多元化，其中最为突出的表现为德国弗劳恩霍夫协会与上海交通大学在临港地区成立上海交通大学弗劳恩霍夫协会智能制造创新中心，这是德国弗劳恩霍夫协会在中国成立的第 1 个、全球第 10 个项目中心，是智能制造科技创新平台建设的里程碑，该中心将围绕智能制造和工业 4.0 前沿技术开展深入合作研究。

4.3　我国制造业高质量发展的 SWOT 分析

推动制造业高质量发展是我国制造业面对复杂的国内外形势，重塑制造业发展结构、构建新发展格局、提高制造业国际竞争力的重要途径。本节使用 SWOT 分析法，对我国制造业高质量发展的外部竞争环境及内部竞争优劣势进行总结梳理。

4.3.1 我国制造业高质量发展的优势与劣势分析

虽然外部竞争环境存在多种机会与威胁，但我国制造业发展历史悠久，尤其是改革开放后，我国经济快速发展，制造业加速融入全球分工格局。自新中国成立以来，我国制造业发展积累了丰富经验，在产业体系、经济规模、市场规模、基础设施等方面具有全球竞争优势，但我国制造业还存在自主创新能力低、产品质量不高、制造业增加值率较低及制造业企业利润率偏低等劣势。

4.3.1.1 制造业发展的优势分析

我国制造业发展至今，已经成为全球规模最大、名副其实的世界工厂，形成诸多竞争优势。

（1）产业体系完整

我国拥有联合国产业分类中所有的工业门类，其中包括 41 个大类、207 个中类和 666 个小类，是目前全球范围内唯一拥有联合国产业分类中所列全部工业门类的国家。我国制造业体系门类齐全，能够独立自主地进行所有制造业产品生产活动，满足人民生活、科技创新、基础设施建设等各领域的需求，是全球范围内包含行业最全、规模最大、配套设施最完善的制造业体系。

（2）市场规模占优

2022 年，中国制造业增加值规模达 32.9 万亿元，占 GDP 比重为 27.7%，较 2021 年提升了 0.2%。自 2010 年以来，中国制造业增加值已连续 13 年位居世界第 1。联合国工业发展组织的数据显示，中国 22 个制造业大类行业的增加值均居世界前列，其中，纺织、基本金属等产业增加值占世界该产业的比重超过了 30%，钢铁、铜等数百种主要制造业产品的产量较高。同时，我国制造业各个三要产业均具有产量规模居世界前列的大型企业集团，如汽车产业的上汽集团和中国第一汽车集团，网络、通信设备制造业的华为公司，电子电气设备产业的鸿海精密工业股份有限公司，纺织业的恒力集团，计算机、办公设备制造业的联想集团等。

（3）基础设施完善

我国制造业产业基础设施完善，包括铁路、公路、航空、水运、隧道及港口等交通运输设施；电信、通信、信息网络等邮电通信设施完善，高效率交通基础设施覆盖范围持续扩大。截至 2022 年底，我国高铁营业里程为 4.2 万千米，铁路营业总里程达 15.5 万千米，全国铁路路网密度 161.1 千米/万平方千米，较 2021 年底增加 4.4 千米/万平方千米。全国港口万吨级及以上泊位 2751 个，较 2021 年底增加了 92 个。民用航空运输机场 254 个，较 2021 年底增加了 6 个。截至 2023 年 5 月，我国互联网宽带接入端口数为 11 亿个，相较于 2021 年底增加了 2996 万个。

（4）市场规模庞大

根据国家统计局发布的"2022年国民经济和社会发展统计公报"，截至2022年年底，全国人口14.2亿，居世界首位。世界银行数据库数据显示，2021年我国人均国民总收入达11890美元，成为全球第二大商品消费市场，可以提供国内产业所需要的各类市场。2022年，内需增长对经济增长的贡献率达82.9%，较2021年提高了4.8%，凸显了国内市场的重要作用。国内市场规模庞大，国内大循环主体作用更加突出，这是制造业高质量发展的重要助力，也是经济平稳发展的重要支撑。

（5）市场主体活力强劲

我国市场主体活力强劲主要表现在数量大、龙头企业强、中小企业专业化能力高三个方面。截至2021年底，我国规模以上工业企业数量为40万家，较2012年增长了23.5%；中国制造业企业500强营业收入从2012年的21.7万亿元增长到2021年的40.24万亿元，58家制造业企业进入2021年世界500强榜单，较2012年增加27家；对于中小企业专业化程度而言，我国积极培育优质中小企业，截至2023年5月，我国已累计培育专精特新"小巨人"企业超1.2万家，专精特新中小企业超9.8万家，创新型中小企业达21.5万家。

4.3.1.2 制造业发展的劣势分析

（1）自主创新能力不强

"2021年国民经济和社会发展统计公报"显示，2021年，我国研究与试验发展（R&D）经费支出2.79万亿元，较2020年增长了14.2%，占GDP的比重为2.44%，为近年来投入比重最高的一年，但仍然与发达国家存在差距。发达国家在2020年就已达到3%以上的R&D经费投入，其中美国为3.45%，德国为3.14%，日本为3.27%。同时，我国创新平台体系尚不健全，国家实验室缺失、大学科研规模小、共性技术研发机构和技术扩散及转移机构治理问题突出等情况仍然普遍存在。

（2）产品质量不高

我国制造业产品质量不高，质量品牌、质量结构和质量效益等方面均有所欠缺。从质量品牌来看，自有品牌建设面临低端锁定，世界知名品牌数量缺少。从世界品牌实验室公布的2021年"世界品牌500强"可知，我国上榜企业仅有44家，约占9%，其中制造业企业仅有13家。相较于美国、德国、日本等发达国家的国际知名跨国企业，我国在高附加值、高精尖产业方面培育的企业远远不够，缺乏高端品牌的培育。从质量结构来看，我国制造业供给侧存在低端供给过剩、高端供给不足问题，高质量和高附加值产品依赖国外进口，与美国、德国、日本等发达国家相比，我国质量敏感型产业比重较低，仍然具有可提升空间。从质量效益看，我国制造业企业多集聚价值链低端环节，制造产品多缺乏核心技术和产品市场竞争力，产品附加值不高。

（3）制造业增加值率低

联合国工业发展组织（United Nations Industrial Development Organization，UNIDO）数据显示，我国制造业增加值率同时低于美国、德国、日本等发达国家和一些新兴经济体。从全球视角来看，各国制造业增加值率与其制造业发展水平呈"U"形关系，而我国处于向"U"形右侧转型阶段（唐泽地等，2020）。我国投入产出表数据显示，我国制造业增加值率自 1989~2017 年呈下降趋势，由 1987 年的 31.34% 降至 2017 年的 22.28%，下降了 9.06%。

（4）制造业企业利润率低

以《财富》世界 500 强排行榜为例，我国上榜企业数量虽多，但多而不强，主要表现在与美国等发达国家上榜企业利润率差距大。2023 年《财富》世界 500 强排行中，中国制造业企业上榜 66 家，美国上榜 44 家，德国上榜 15 家，日本上榜 20 家。中国上榜制造业数量居首，但平均利润只有 2.3 亿美元，平均利润率为 3.51%；美国上榜制造业企业利润率最高，为 14.2%，德国上榜制造业企业利润率为 6.01%，日本为 5.09%，均高于中国。由此可见，我国制造业企业数量多且规模大，但平均利润率低，企业竞争力低。

4.3.2 我国制造业高质量发展的机会与威胁分析

制造业所处外部环境中存在的机会和威胁，直接或间接影响我国制造业发展格局，对外部竞争环境中所含机会与威胁进行梳理并分析。

4.3.2.1 制造业发展的机会分析

随着我国经济高质量发展的逐步推进和国家新发展战略的实施，我国制造业外部环境中存在着多种机会，这将推动我国制造业高质量发展。

（1）全球新一轮科技革命带来的转型发展机会

全球新一轮科技革命将带来数字技术、新一代信息技术、智能制造技术等技术的蓬勃发展，制造业企业积极利用新兴技术赋能企业，通过创新成果的转化，催生新兴产业，助力传统产业改造升级，推动制造业高质量发展。信息技术赋能制造业，将推动制造业产业模式和结构的根本变革，促进制造业数字化、网络化、智能化、绿色化和服务化转型。我国制造业企业需抓住全球新一轮科技革命的浪潮，将新一代信息技术与各生产环节紧密相连，提高自身核心竞争力。以华为为例，世界知识产权组织数据显示，华为在 5G 领域的专利拥有量居世界首位，成为我国高科技制造企业的典型代表。

（2）"双碳"目标带来的绿色转型发展机会

"双碳"目标的战略实施，对我国制造业绿色化、可持续化发展具有引领作用，助力制造业企业进行绿色低碳的生产方式转变，有利于推动我国经济的绿色化转型发展，形成绿色生产制造模式，助力制造业高质量发展。借助"双碳"目标的顶层设计，政府颁布一系列法律法规，推动制造业绿色转型升级，保障"双碳"目标的如期实现，加快相关产业尤其是高排放的重点产业，如有色金属、装备制造、电子等产业的低碳发展路线，建设绿色低碳工厂、绿色低碳工业园区等，推行清洁生产，进一步构建绿色制造体系。

（3）"一带一路"倡议的机会

"一带一路"倡议促进了共建国家和地区投资贸易便利化，降低了营商成本和交易成本，提升了各国参加贸易合作的广度和深度。同时，中蒙俄、中国—中南半岛和新欧亚大陆等六大国际层面的经济合作走廊将连接亚洲和欧洲经济圈，支撑亚欧两洲各国建立互联互通的合作伙伴关系，为构建高度紧密合作的亚欧市场发挥了重要作用。2022年，我国对"一带一路"共建国家进出口额较2021年增加了19.4%；中欧班列累计开行1.6万列，增长了9%；西部陆海新通道班列累计发送货物75.6万标箱，增长了18.5%。

（4）国内经济圈协调发展的机会

目前我国发展较为成熟的经济圈有长三角、粤港澳大湾区、京津冀经济圈和成渝双城经济圈。长三角经济圈是目前我国规模最大、经济总量最大的经济圈；粤港澳大湾区是我国开放程度最高、经济活力最强的经济圈；京津冀经济圈是我国北方经济规模最大、最具活力的经济圈；成渝双城经济圈是西部大开发的重要平台，也是长江经济带的战略支撑。经济圈是区域协同发展、资源共享、合作共赢、推动制造业高质量发展的重要平台。以成渝双城经济圈为例，重庆制造业的支柱（汽摩产业、电子信息产业）以及四川制造业的支柱（电子信息产业、装备制造业）都处于高位发展。

（5）国内自由贸易试验区、自由贸易港的发展机会

自2013年成立上海自由贸易试验区至今，我国已设立21个自由贸易试验区及海南自由贸易港，形成了覆盖东西南北中的试验格局。2022年，我国21个自由贸易试验区进出口额较2021年增长了14.5%；海南自由贸易港货物进出口额突破2000亿元，同比增长36.8%。海南自由贸易港拥有海南自由贸易港生态软件园等11个园区载体，注重高新技术产业的招商引资，推动互联网、物联网、大数据及虚拟现实技术赋能制造业，建设"数字海南"，同时出台相关政策法规，对小微企业大幅减征税费，推动科技创新发展并引进人才，保障企业发展。

（6）供给侧结构性改革带来的机会

从供给侧角度来看，我国制造业长期处于价值链中低端环节，存在关键核心技术缺失情况，高端产品供给不足和低端产品供给过剩问题突出，尚不能满足新

经济背景下的国民个性化需求。据此，贯彻新发展理念，深化制造业供给侧结构性改革，就是要提高供给侧产品质量和服务水平，扩大高附加值供给产品。深化供给侧结构性改革，提高供给能力和供给质量，是推动我国制造业转型升级、提升我国制造业能力最便捷最有效的途径。

（7）国际区域合作发展的机会

当前我国积极参与全球经济治理体系建设，以区域全面经济伙伴关系协定（以下简称 RCEP）为代表的国际区域经济合作发展，为我国制造业发展提供了新的机遇。按照协定，合作成员国间将大幅降低贸易往来关税，甚至是做到零关税；减少贸易合作壁垒，促进各国制造业商品和生产要素流通，进行国际分工合作，打造公平开放的贸易合作环境，促进亚太地区的经济贸易往来规则化和贸易投资便利化，从而降低制造业企业生产经营成本。2022 年，我国对 RCEP 贸易伙伴进出口额、非金融类直接投资分别比 2021 年增长 7.5%、18.9%，吸收直接投资增长 23.1%。RCEP 通过在各成员国之间减免关税和促进贸易化，推动实现全球多边主义和促进全球贸易合作。

（8）国有企业改革带来的机会

国有企业改革聚焦国有企业，进行一系列管理变革，以推动国有经济的发展，更好地发挥国有经济在国民经济中的支撑作用。在国有企业改革"双百行动"中，国有制造业企业可以积极利用这一机遇，完善自身的经营管理机制、人才吸收机制和企业内部激励机制，提升企业的发展质量。2020 年以来，我国积极推动国有企业改革三年行动，抓重点、补短板、强弱项，国有及其控股制造业企业竞争力和创新力进一步提高，国有经济的控制力和影响力增强。目前，国有企业改革进入"关键时期"，国有企业改革三年行动取得了阶段性成果。2021 年，中央企业实现营业收入 36.3 万亿元，同比增长 19.5%；实现利润总额 2.4 万亿元，同比增长 30.3%。

4.3.2.2 制造业发展的威胁分析

当前，全球经济环境震荡，世界各国经济分化有所加剧。国际政治环境剧烈变化，各国对关键核心零部件进出口封锁力度增强，中国制造业发展面临威胁与挑战。

（1）关键核心技术"卡脖子"威胁

我国制造业大而不强，关键核心技术仍受制于人，"卡脖子"问题仍然存在。工业和信息化部对国内关键基础材料的调研结果显示，我国制造业关键材料中超一半依赖进口且 30%仍待创新，用于计算机和服务器的高端芯片、智能终端处理器的进口依赖率分别高达 95%、70%，同时，绝大多数存储芯片也存在依赖进口的问题。"十四五"规划明确指出，我国要注重对新一代人工智能、关键元器件零部件和基础材料等关键核心技术进行自主创新攻关。

（2）国际贸易保护的"去中国化"威胁

以美国为代表的发达国家采取措施进行贸易保护，对全球多边自由贸易体系产生冲击，减弱全球自由贸易动力。WTO 统计数据显示，2018~2019 年，WTO 成员方就实施了近 7470 亿美元的进口贸易限制措施。受发达国家"再工业化"战略实施和低成本国家的"双重压力"影响，我国制造业生存空间被挤压。在先进制造业、高端制造业、绿色制造等新型制造业领域，我国在技术、人才及科技成果转化等方面仍处劣势，而一些发达国家对我国采取技术封锁措施，加大了我国制造企业自主创新的难度。

（3）地缘政治冲突带来的威胁

以美国为首的西方国家在政治上的种种行为，导致全球格局分裂。而美国对我国实施科技限制，威胁到我国制造业产业链供应链的安全可控。

（4）大宗商品价格波动的威胁

受国际大宗商品提供商和华尔街金融资本操控，大宗商品价格出现波动，会对我国制造业企业造成巨大冲击。一方面，上游原材料价格涨幅较大，但下游产品价格涨幅较小，制造业企业利润遭受挤压，生产成本高；另一方面，大宗商品的价格大幅波动，会导致制造业企业库存问题突出，如库存数量不定、库存周期紊乱等，致使制造生产环节运行节奏出现混乱，而如果制造业企业在大宗商品高价格期间增加库存，可能导致企业出现亏损。

（5）国内区域发展不平衡不充分

我国制造业发展受地理位置等要素影响，各区域发展程度参差不齐。以"北上广深"为代表的高端、先进制造业发展迅猛，中西部地区制造业转型升级缓慢、数智化程度不高。根据中国电子信息产业发展研究院发布的《制造业高质量发展白皮书（2021）》，从总体指标评价来看，制造业高质量发展 10 强中，东部地区有 7 个省份入选，中部地区有 3 个省份入选。无论是工业企业增加值、工业企业利润还是创新能力和企业效益方面，前 10 位大多为东部地区省份，表明我国国内区域制造业高质量发展不平衡不充分的劣势明显。

（6）生产要素成本价格上涨

受内外部环境复杂变化及政府政策等多重因素影响，土地成本、劳动力成本、原材料成本等多种制造业生产要素成本升高。中国城市地价动态监测网数据显示，全国工业用地价增长率 2015 年为 2.38%，2020 年为 0.96%，2015~2020 年，增长率均为正，表明地价逐年升高。自 2013 年开始，我国制造业就业人数逐年下降，2013 年制造业就业人数为 5257.9 万人，2020 年制造业就业人数为 3805.5 万人，"人口红利"逐渐消失。同时，劳动力成本不断上升，制造业就业人员平均工资已经由 2005 年的 15934 元上涨至 2020 年的 82783 元。

（7）低端制造环节向其他发展中国家转移

改革开放至今，我国经济水平大幅提高，但人口红利正在逐渐消失，劳动力、土地、能源等生产资源的供给约束增强，劳动密集型制造环节及低附加值制造环节呈向其他发展中国家转移的趋势。2022 年以来，以越南、马来西亚、泰国为典型代表的东南亚国家外国直接投资（FDI）规模持续扩大。从出口价额及出口占 GDP 比重来看，纺织服装加工制造业是越南的优势产业，以鞋类、玩具类产品为代表的轻劳动密集型产品为主，对我国制造业产生替代效应。马来西亚的优势产业则聚集在资源型产品上，以木材及其制品、印刷行业产品为代表的资源型产品，对我国制造业产生替代效应；而泰国的优势产业集中在以橡胶和农产品为主的资源型产品领域。

（8）高端制造业向发达国家回流

受多重外部因素的影响，全球化遭遇逆流，以美国、德国、日本为代表的传统制造强国由于其制造业"空心化"，积极出台相关政策法规，引导制造业尤其是高端制造业回国，依托制造业解决就业问题，重构高端制造业核心竞争优势，以保障本国经济高速发展。发达国家在高端制造业具有一定的优势基础。其中，美国在航空航天与防务、ICT 制造业、汽车、医疗器械与制药等产业具有领先优势，德国在汽车与零部件、机械设备、化工制药和电子电器等产业具有突出优势，日本在机床、汽车与零部件、电子信息和工业机器人等产业的上游及关键核心零部件方面具有技术领先优势。这些发达国家进行的"再工业化"战略也聚集在高端制造业，从而在芯片等高端领域进行把控。

4.4 我国制造业高质量发展的目标定位

4.4.1 我国制造业高质量发展的产业组织变革目标定位

近年来，在发达国家制造业回流和发展中国家制造业分流并存的局面下，全球产业竞争格局发生了重大调整，全球制造业面临新一轮产业分工及供应链重构、生产组织及管理模式的变革。新形势下，我国亟须培育具有国际竞争力的跨国公司，由被动参与全球价值链向主动引领国际产业链分工协作转变。同时相较于其他发展中国家，完善的基础设施、齐全的工业门类、庞大的市场容量等优势使我国具备嵌入国际产业链分工协作网络的能力。因此，深度参与全球产业分工与合作，积极融入新型国际产业链，占领海外高端市场，提高全球市场的影响力和话语权，争取全球产业分工的主导权不仅是响应党的号召、激发市场主体活力、推进制造业产业组织变革的必然要求，也是防范风险隐患、突破发展瓶颈、推动我国制造业迈向全球价值链中高端的迫切需要。基于此，本节主要就制造业产业组织变革的目标为嵌入国际产业链分工协作网络，以及主导国际产业链分工协作两个方面展开论述。

首先，通过技术与产业的联系，寻找新的替代伙伴（如共建"一带一路"国家、RCEP 成员国等），构建新的共同发展平台（区域自贸区建设），开辟新技术领域和新市场（区域产业链建设）是实现我国制造业与国际产业链挂钩，深度融入全球产业链分工协作网络的关键抓手。其次，通过布局全球研发、产业投资、标准合作，打造多元化多维度的技术—产业—经贸网络，优化自身创新体系与全产业链结构，不断扩大规模优势和技术优势，从而加强制定产业技术标准的话语权和产业链国际影响力，引领新一轮全球化，主动布局全球产业，最终实现主导国际产业链分工协作的目标。

4.4.1.1 嵌入国际产业链分工协作网络的目标定位

新形势下，嵌入国际产业链分工协作网络，主要通过横向联系找准国内企业在全球产业链中的定位及与他国的产业技术关联，以向上下游同步拓展技术转移与产业对接的合作空间实现。从发达国家的发展经验来看，产业集群以集合形式嵌入全球价值链，国内集群与国外集群之间的竞争与合作使价值链获取业务的空间越来越大。因此，培育世界级先进制造业集群是我国制造业嵌入国际产业链分工协作网络的关键抓手。而国内价值链是促进产业转移、形成产业集群、助推国内产业嵌入国际产业链分工协作网络的重要基础；同时，包容性区域价值链的培育是我国联合周边产业互补性强的新兴国家和地区，形成新的以中国为中心的区域产业分工新结构，进而促进全球产业链重组，实现我国制造业迈向全球价值链中高端的必由之路。因此，需进一步围绕"国内价值链优化"和"包容性区域价值链培育"构建嵌入国际产业链分工协作网络的子目标定位体系。其中，国内价值链优化具体包括推进产业转移和改善资源错配两个方面，包容性区域价值链培育具体包括"一带一路"倡议推动区域价值链建设以及自贸试验区和自贸港有机对接区域价值链两个方面。

4.4.1.2 主导国际产业链分工协作的目标定位

一方面，企业是构建产业链的主体力量，世界一流企业更是产业链的"牛鼻子"。在全球产业链呈区域化和内链化重构趋势的背景下，以培育世界一流企业为核心，重构价值链治理结构，是我国在世界经济格局中赢得发展主动权、引领产业链实现持续攀升的"助推器"，也是我国制造业在国际产业链中主导战略环节的重要保证。世界一流企业不仅可以依托巨大的国内市场需求，凭借品牌、市场、营销等优势，向全球供应商发出巨额采购订单，以此主导形成市场驱动型全球价值链，而且可以依靠整体科技创新水平，凭借规模优势和技术优势，主导形成生产者驱动的全球价值链，从而带动整个产业链形成新的国际竞争优势，提升产业链国际影响力，最终掌握产业链布局主动权。另一方面，通过打造国际高端合作枢纽，促进构建国际横向协作联盟，使我国制造业依托国内超大规模市场优势虹吸海外优质企业资源，推动国际产业链跨境布局，吸引外资赋能本土产业链，可以推动我国智能终端、集成电路、汽车制造等重点领域广泛参与全球产业链分工协作，在更高水平、更深层次、更大范围加强同各国企业的合作，增强产业链内外循环的关键节点与国际重要枢纽企业之间的良好互动，从而不断提高我国制造业在全球价值链中的主导权和话语权，掌握产业链关键环节的控制权，最终主导国际产业链分工协作。可以看出，世界一流企业和国际高端合作枢纽不仅是建设现代化产业链和提升产业链国际竞争力的重要载体，而且是引领我国产业链实现国内国际循环畅通，最终掌握产业链布局主动权的"架构者"。基于此，本节进一步围绕"培育世界一流企业"和"打造国际高端合作枢纽"构建主导国际产业链分工协作的子目标定位体系。其中，培育世界一流企业具体包括建立世界一流企业动态培育库、加快构建自主创新生态圈和重点实施国际化战略三个方面，打造国际高端合作枢纽具体包括虹吸国际资源、吸引外资企业建设全球研发中心、与海外链主企业联合组建合资企业三个方面。

4.4.2 我国制造业高质量发展的结构优化目标定位

产业结构转型是理解发展中国家与发达国家经济发展差异的重要指标，同时也是后发国家实现经济高质量发展的根本要求，其本质上反映了一国或地区经济增长对技术创新的吸收以及主导产业更替的过程。从动态角度来看，产业结构优化升级反映一国（地区）的产业结构从低效率形态向高效率形态不断演进的过程，即产业结构高级化（干春晖等，2011）。因此，产业结构高级化是揭示产业结构由简单到复杂、由低端到高端、由刚性结构到柔性结构动态演进的重要指标（高远东等，2015）。具体到制造业，实现制造业产业结构高级化跃迁不仅需要关注传统制造领域，着力推动传统制造业向现代制造业转型，还应重视发展战略性新兴产业，加速战略性新兴产业规模化发展，同时前瞻布局未来产业，引导未来产业前演化发展。将产业结构高级化作为制造业结构优化的目标定位，并把制造业划分为传统产业、战略性新兴产业、未来产业三类，分类确定不同类别制造业高质量发展结构优化的目标定位。其中，对于传统产业，设计以现代化转型为导向的目标定位，重点引导传统制造产业向现代制造业转型；对于战略性新兴产业，设计以规模化发展为导向的目标定位，重点加快培育壮大新兴产业规模；对于未来产业，设计以前瞻性布局为导向的目标定位，引领未来产业前沿化发展，加速形成产业发展新动能。

4.4.2.1 传统产业结构优化的目标定位

传统产业主要指以劳动密集型、制造加工为主的行业，是我国制造业体系的关键构成部分，也是稳就业、稳民生的"压舱石"和"稳定器"，其发展水平对我国制造业的整体素质、综合实力和国际竞争力具有重要影响。就我国制造业而言，传统产业具体包括农副产品加工业、造纸和纸制品业、化学原料和化学制品制造业、汽车制造业、电气机械和器材制造业、金属制品业等 25 个行业门类。现阶段，我国传统制造业仍存在产业核心技术装备对外依赖性高、产业融合发展水平低、产能过剩严重、产业组织结构不合理等突出问题。与此同时，随着内外部环境的不断变化，我国传统制造业发展所面临的因发达国家"高端回流"和发展中国家"中低端分流"而被双重挤压的问题持续凸显，如何优化传统产业结构比例、加快推动传统产业转型升级尤为关键且紧要。立足产业结构高级化的总定位，认为传统制造产业结构优化的核心任务是加快从传统产业体系向现代产业体系转型，通过培育现代化产业体系，实现传统产业从中低端向中高端迈进，破解传统产业发展不规范、产品技术含量和附加值低等突出问题。进一步推动传统产业现代化转型的目标可分解为产业基础能力高度化、产业结构协调化、产业质量巩固化三类具体目标。

（1）基础能力高度化

产业基础能力高度化意味着通过实施产业基础能力再造工程，在产业薄弱环节加快补齐短板，在产业优势领域精耕细作锻造长板，在产业配套领域强化支撑体系，以此使产业基础能力不断提升。因此，产业基础能力高度化的主要目标包括以下三个方面：一是关键领域"补短板"。根据传统产业技术的重要性、经济影响力及"卡脖子"程度等进行分类梳理，找出各细分行业"五基"领域问题的难点及痛点，通过政府牵头并做好顶层设计，快速推进关键核心技术攻关工程，加大对"卡脖子"领域的研发投入和技术攻关力度，在产业基础领域创造更多的"从0到1"原创技术和产品；实施产业链链长制，集中力量在产业链薄弱环节进行针对性突破，围绕短板领域研究制定产业链图、技术路线图、应用领域图、区域分布图，推进产业链"四图"作业。二是优势领域"锻长板"。推动传统产业"锻长板"，重点在家电、汽车制造、纺织等具有比较优势的领域打造一批具备国际竞争力的产业链，并形成全产业链的竞争优势，同时通过产业布局突破和掌握关键前沿性技术，尽快在优势领域培育一批颠覆性、非对称性技术。三是应用领域

"强体系"。在突破关键核心技术的基础上，重点推动产业链上下游在研发设计、生产制造、应用推广等环节的多主体协同联动，形成多主体联动推广应用体系（盛朝讯等，2021）。

（2）结构协调化

产业结构协调化反映了制造业各细分行业以及相关要素间呈关系协调、比例恰当、分类主导、分工合理和高效运转的动态优化过程。具体地，推动产业结构协调化发展的主要目标可从企业、产业、区域三个层面展开。首先，在企业层面，重点构建国有企业与民营企业分类主导、分工合理的创新协作体系。其中，国有企业需要积极发挥其在聚集创新资源、组织协调等方面的优势，基于特殊的使命定位重点承担关键性、战略性、基础性的产业共性技术研究，在攻克产业基础"补短板"和"卡脖子"难关中发挥主导和引领作用，着重在高端芯片、高端装备、航天航空零部件等具有重要国家战略意义的产业中实现重大创新突破；民营企业重点聚焦主业，专注细分市场，掌握独门绝技，能够生产某些关键设备和先进材料；在围绕产业基础与共性领域的合作体系中，引导民营企业深度参与央企、高校及科研院所牵头的关键核心技术联合攻关项目；构建面向"国有企业+大中小民营企业"的创新联合体，形成面向产业基础技术的强协同与弱耦合的创新生态圈，推动国有企业同民营企业在产业基础和共性领域的深度合作。其次，在产业层面，加快推动传统产业"两化"与"两业"深度融合发展。一方面，以智能制造为主攻方向，以新一代信息技术为主要工具，以工业互联网平台为关键载体，加快推动传统产业实现信息化和工业化深度融合发展。如在化学原料和化学制品制造、橡胶和塑料制品等领域，"两化"融合的重点在于建设和推广基于原料供需的工业互联网平台，加速原材料生产管控一体化；在汽车制造、机械设备制造等装备制造领域，"两化"融合的关键目标在于提升智能制造的普及程度和应用水平，着力推进数字车间和智能工厂建设。另一方面，着重推动生产性服务业与传统制造业的深度融合发展，通过技术研发服务、运维监管服务、供应链协同服务等多种方式推动传统制造领域"两业"深度融合。如在传统材料领域，可引导原料企业提供原材料定向开发服务，鼓励原料生产企业发展废弃物协同处置、资源循环利用等服务；在汽车制造领域，应推动传统汽车产业向电动化、网联化、智能化方向转型。最后，在区域层面，构建协同联动、优势互补的区域分工体系。将区域重大发展战略、区域协调发展战略、主体功能区战略等实现有机结合，促进传统产业和生产要素向优势区域合理流动和高效集聚，推动形成协同联动、优势互补的区域产业分工体系。例如，东北地区可重点依托装备制造业加快完善现代化产业体系建设，通过新技术、新业态、新模式等加快培育资源枯竭地区接续替代产业；中部地区、西部地区应积极发挥资源丰富、要素成本低的优势，有序承接东部地区的产业转移。

（3）基础质量巩固化

质量巩固化反映了制造业生产活动中要素效率和组织效率，以及所提供的产品和服务附加值持续稳定提升的过程。推动传统制造领域质量巩固化的目标包括以下三个方面：一是强化质量服务能力。加快推进传统制造领域质量标准、专利及技术认证、检验检测等领域的综合改革，打造质量技术基础设施"一站式"服务平台，同时"一站式"服务平台需覆盖产品质量、专利认证、技术监测、工艺校准等多个领域，为传统产业的发展提供质量服务保障。二是优化质量治理模式。重点发挥新一代信息技术的支持作用，推动传统产业质量治理模式的持续优化，包括：面向生产制造过程的优化，如制造工艺、生产流程优化；面向社会化生产的资源优化配置与协同，如供应链协同制造；面向产品全生命周期的管理与服务优化，如产品溯源等。三是完善质量管理制度。加快完善质量通用标准规范，实施质量集成管理方法，整合产业要素资源；推广卓越绩效模式、精益生产、能力成熟度模型等现代管理制度；推广使用信息化系统及智能化设备，实现智慧化管理与智能化生产。

4.4.2.2 新兴产业结构优化的目标定位

战略性新兴产业（以下简称新兴产业）是指以重大技术突破和重大发展需求为基础，对经济社会全局和长远发展具有重大引领带动作用，知识技术密集、物质资源消耗少、成长潜力大、综合效益好的产业。依据国家统计局《战略性新兴产业分类（2018）》，新兴产业包括新一代信息技术产业、高端装备制造产业、新材料产业、生物产业、新能源汽车产业、新能源产业、节能环保产业、数字创意产业、相关服务业九大领域（表4-1主要对前8类进行了整理），是制造业产业结构高端化跃升的重要动力源。2021年，《中华人民共和国国民经济和社会发展第十四个五年规划和2035年远景目标纲要》提出，着眼于抢占未来产业发展先机，发展壮大战略性新兴产业，战略性新兴产业增加值占GDP比重超过17%。凸显了战略性新兴产业在发展现代化产业体系中的重要作用。在双循环新发展格局下，产业结构高级化需要重点发挥新兴产业的先导性与引领性作用，通过不断发展壮大新兴产业，推动制造业产业结构高端化跃升。因此，新兴产业规模化是产业结构高级化的关键构成部分，对于新发展格局下制造业产业结构优化具有举足轻重的作用。新兴产业发展壮大可重点从创新驱动、融合发展和集群发展三个方面展开，因此，新兴产业规模化目标包括产业技术创新化、产业发展融合化、产业集群生态化三个方面。

表4-1 新兴产业技术创新化的重点领域

行业分类	产业技术创新的重点领域
新一代信息技术产业	发挥新一代信息技术的通用技术属性，加快关键芯片、基础材料、高端元器件等核心技术攻关；重点推进工业互联网、区块链等新一代信息技术集成创新和融合应用
高端装备制造产业	着力突破机床整机及关键部件高速高精、多轴联动、复合加工、精度保持、实时监测、可靠稳定性增长等关键核心技术
新材料产业	重点发展低维及纳米材料、先进半导体材料、电子新材料、先进金属材料、生物医用材料等前沿新材料，加速石墨烯、纳米材料等在光电子、航空航天等领域的推广应用
生物产业	在精准医学、新药创制、生物安全、生物制造等领域突破一批关键核心技术；推进生物产业与互联网、人工智能等技术交叉融合，驱动生物经济相关产业技术革新，带动生物医药、生物制造等产业快速发展
新能源汽车产业	加快提升整车集成技术创新，提高动力电池、电机等关键零部件的研发和制造能力；加强车载系统、快充、智能底盘的电空制动加主动悬挂等产业基础发展，推动电动化与网联化、智能化技术互融协同发展
新能源产业	加快控制系统等核心技术部件研发；完善智能电网、新型储能、制氢加氢设施等基础设施网络，不断提升太阳能、风能、核能、氢能等新型能源应用比重，加速形成低碳、清洁、高效的新型能源体系
节能环保产业	重点支持余热余压余气利用、高效储能、节能监测和能源计量、高效照明产品及系统、绿色建筑材料，加快发展水污染防治装备、大气污染防治装备、固体废物处理处置装备、智能水务、环境污染防治装备，提升固体废物综合利用、汽车零部件及机电产品再制造、资源循环利用能力
数字创意产业	重点推进5G、AI、大数据、VR/AR等新技术深度应用，巩固提升设计服务等优势产业。鼓励数字创意产业与传统产业融合发展，激发市场消费活力；适当超前布局一批数字创意产业集群，建设数字内容供给研发平台

注：笔者根据《"十四五"我国战略性新兴产业高质量发展策略研究》报告整理。

（1）产业技术创新化

实现新兴产业技术创新发展的主要目标包括技术研发、市场应用、政策支撑三个层面。在技术研发层面，持续提高新兴产业领域的研发强度，鼓励支持有条件的头部企业投入和参与基础研究及应用基础研究，提升产业创新策源能力；改革高技能人才培养模式，重点培养高端芯片、新材料等领域的紧缺人才；加大顶尖人才引进力度，夯实企业家、创新领军人才及工匠人才等关键要素支撑；整合政府、企业、高校、科研院所、行业协会等多方力量，促进国家实验室、国家科研院所、高水平研究型高校与战略性新兴企业深度合作，通过产学研协同创新实现各方资源高效整合。在市场应用层面，以创新成果应用为导向，加快探索新兴产业的场景式研发与创新，促进新技术在场景中落地熟化；构建面向新兴产业产品市场推广的公共服务平台，为场景式研发与创新提供支持；推进新兴产业发展所需要的数字化标准生产设施、检验检测认证设施等技术服务平台建设；完善科研成果中试、产品创制试制、数字孪生与模拟应用场景等创新成果应用平台。在政策支撑层面，激励新兴产业领域创新型企业，通过新技术的多维组合和跨界应用，加速微经济、零工经济等新形态发展，持续催生出行业新部门、业务新环节、价值新链条。

按照战略性新兴产业分类，对新一代信息技术、高端装备制造产业等8类新兴产业技术创新的关键领域进行归纳整理，具体如表4-1所示。

（2）产业发展融合化

新兴产业融合化发展强调通过产业内外部的协同融合，推动资源共享与分工协作，从而为新兴产业的发展带来更多的机遇与更大的发展空间。在推进新兴产业融合化的过程中，需要重点落实以下三个方面的内容：一是实现技术的渗透融合。推动新技术和新模式向其他传统技术与模式的融合，进而催生全新的技术模式。例如，将可植入技术、智能传感技术、3D打印、数字孪生、物联网等作为先导性技术直接融入传统制造企业研发设计及生产制造环节，实现产品研发设计的模拟仿真、在线监测、远程诊断及优化分析，减少企业在研发、生产环节中的资源投入，提升企业经营效率。二是实现产品的渗透融合。推动战略性新兴产业与传统制造产业在产品层面的深度融合，实现制造产品生态链的同频共振。例如，当前汽车产业正逐步从传统制造产业向电动化、智能化、网联化、共享化转变，车联网已成为5G通信技术和汽车产业跨界融合最具潜力的应用。从智能车载电子系统、智能交互应用等方面重新定义未来智能汽车，已成为我国战略性新兴产业的重要发展方向。三是实现市场的渗透融合。重点发挥新兴产业营造应用场景、引领市场新需求的关键作用，通过新兴产业与传统产业之间的功能互补和需求延伸实现终端市场的互通融合，建立新兴产业应用场景激励机制，择优对应用场景示范推广，推动传统制造产业分化裂变、升级换代、跨界融合。

（3）产业集群生态化

产业集群生态化强调在特定地理范围内，与新兴技术或产业相关的企业、科研机构和服务机构，通过互动与交流、共生形成的产业生态圈。首先，布局新兴产业聚集策源地。以国家区域协调发展战略为主线，重点在京津冀、粤港澳大湾区、长江经济带等国家重大战略区域维度进行布局；立足产业基础优势布局战略性新兴产业集聚区，统筹产业集群发展与城市布局，打造定位明确、优势互补、特色鲜明、辐射力强的区域产业集聚策源地。其次，推动产业集群应用场景建设。面向集聚区特定市场主体发布应用场景项目清单，建立产业集群应用场景激励机制，择优对应用场景进行示范推广，并着力营造新兴产业生态圈。最后，提升产业集群公共服务能力。聚焦"两化融合""两业融合"等重点领域，从产业基础设施、通用性数字服务平台等多方面提高产业集群公共服务能力，建设产业集群创新和公共服务综合体。

4.4.2.3 未来产业结构优化的目标定位

未来产业是指由前沿技术推动、以满足经济社会不断升级的需求为目标，在未来发展成熟和实现产业转化并形成对国民经济具有重要支撑和巨大带动作用、但当前尚处于孕育孵化阶段的新兴产业。高成长性、战略性、先导性是未来产业的显著特征。相较于战略性新兴产业，未来产业可以更好地体现未来科技和产业发展的变革趋向，是对经济结构变迁起引领性、关键性、战略性作用的前沿产业（李晓华和王怡帆，2021）。因此，前瞻布局未来产业、加速未来产业前沿化发展对培育制造业发展新动能、优化产业结构等具有重要意义。考虑到未来产业在产业生命周期中大多处于孕育孵化阶段，其发展规律较难捕捉。为降低未来产业前沿化布局的不确定性，综合考虑不同地区产业基础和创新资源等的分布差异，具体从"既有产业未来化"和"未来技术产业化"两个方面提出未来产业结构优化的目标定位。

（1）未来产业发展的目标定位一：既有产业未来化

既有产业未来化是指将新技术、新模式应用于现有产业使其适应未来产业发展趋势的过程，即实现"有中育新"和"优中培精"的过程。具体地，既有产业未来化的实施重点包括以下两个方面内容：一是发展迭代创新型未来产业。对于部分产业基础优势突出的地区，如长三角、珠三角、京津冀等产业体系相对完备、相对成熟的区域，可采取"有中育新"的方式，遵循"企业界出题、科技界答题"的发展逻辑，加快培育头部企业引领、科研院所支撑、各创新主体融合协同的创新联合体，力争形成以原创性、颠覆性产品与服务为核心特征的产业发展模式，孵化一批迭代创新型未来产业。如长三角作为我国创新资源丰富、基础设施完善、制造业门类齐全的地区，可重点部署前沿新材料、仿生机器人等未来产业，加快推进区域产业体系向高形态、高能级、高价值攀升。二是发展赋能创新型未来产业。具备传统优势产业与特色应用场景的地区可采取"优中培精"方式，通过深度应用未来技术对自身优势产业和特色资源赋能，不断延伸产业链条，推动形成未来产业。如山西省可凭借煤炭行业的发展基础和资源禀赋，大力发展高端炭材料等未来产业。

（2）未来产业发展的目标定位二：未来技术产业化

未来技术产业化实质上是将尖端科技或前沿技术从研究和实验阶段推进到商业化、产业化阶段的过程，即实现"无中生有"的过程。未来技术产业化的实施重点包括以下两个方面内容：一是构建全链条的转化孵化服务体系。未来技术具有"原始创新性"特征,其产业化过程无法实现遍地撒网,因此需重点布局一批科技资源优势突出、创新链条完善的地区,借助国家实验室等战略科技力量,以及政产学研用等多方参与主体共同孵化培育一批原始创新型未来产业,探索"政府引导+科技园牵头+领军企业"模式,构建全链条的转化孵化服务体系。实现未来技术产业化目标的关键是遵循"0—1—N"的发展逻辑,着力整合从基础研究、应用研究再到未来技术产业化的全流程资源。因此,在供给端,应不断强化既有科技资源、创新孵化转化体系对未来产业的支持力度;在需求端,应充分发挥超大规模国内市场的需求拉动作用,为未来产业孵化提供技术熟化、产品中试、早期市场等全链条的有力支撑。二是健全未来技术场景应用创新体系。在北京、上海、深圳等创新资源密集、产业特色优势突出的地区,围绕在脑智能、元宇宙、量子信息等重点领域开展未来场景应用示范、未来产业治理、未来政策试验等集成试验,以新场景创造新需求,不断完善"早期验证—融合试验—综合推广"场景应用创新体系。如北京市可借助其在类脑智能领域的创新资源优势,积极探索类脑计算、脑机接口、类脑机器人等前沿技术的场景推广和应用示范。

依据《中华人民共和国国民经济和社会发展第十四个五年规划和2035年远景目标纲要》的战略部署,我国将重点发展类脑智能、基因技术等6类未来产业。进一步对上述6类未来产业发展的重点方向进行归纳整理,具体如表4-2所示。

表4-2 未来产业布局的重点方向

行业分类	重点发展方向
类脑智能	重点聚焦类脑计算、对话式人工智能平台、智能脑机交互、脑机接口、神经形态计算、类脑机器人等方向
量子信息	重点聚焦量子通信、量子计算和量子精密测量等方向
基因技术	重点聚焦基因检测、基因诊断、基因治疗、基因合成、基因育种和基因专用仪器设备等方向
未来网络	重点聚焦新一代网络通信芯片及系统集成、超高速光电太赫兹通信、高速全光通信网络、第六代移动通信系统(6G)和算力网络等方向
深海空天开发	重点聚焦导航定位技术、空天信息及装备、深海工程装备、深海资源开发与生态保护等方向
氢能与储能	重点聚焦超高压或深冷氢能储运、高效催化剂、氢燃料电池、新型储能、清洁能源开发利用等方向

注:笔者根据公开资料整理。

4.4.3 我国制造业高质量发展的质量效益目标定位

高质量发展强调"质量第一、效益优先"原则。制造业作为当下支撑双循环新发展格局的关键主体，同时也代表了经济高质量发展的方向。2010 年以来，中国制造业增加值已连续 11 年稳居全球首位，从制造业规模品类来看，我国目前已成为名副其实的世界制造业大国，制造业的快速发展有效带动了我国的工业化与现代化进程，然而在取得快速发展的同时，又必须清醒认识到现阶段我国制造业仍未突破"大而不强"的发展瓶颈，同全球制造业发达国家相比，在产品及服务质量、制造工艺流程标准、品牌建设等方面差距依然显著。从制造业发展阶段来看，当前我国已迈入后工业化时期，经济和产业逐步进入高质量发展阶段，追求质量效益成为现阶段中国制造业的必然选择。

质量效益作为高质量发展的基石，综合反映了一个国家或地区制造业整体的质量管理水平、标准化水平与品牌建设能力，对当前企业立足新发展格局、获取竞争优势具有重要影响。其中，标准是质量的基础，质量是品牌建设的关键，三者之间紧密关联，共同反映一国制造业质量效益发展状况。因此，中国可立足"质量强国"的整体目标定位，构建"质量管理""标准制定""品牌建设"三位一体的制造业质量效益目标定位体系。其中，"质量管理"强调加快实现制造业质量管理现代化，"标准制定"强调制定并完善制造业标准体系，"品牌建设"强调形成并强化制造业品牌效应。

4.4.3.1 质量管理的目标定位

党的十九大报告多次提及"质量第一"和"质量强国"，反映了政府层面对质量意识的高度重视，深入推进"质量强国"体系建设不仅是深化供应链结构性改革的重要动能，也是我国立足新发展阶段、贯彻新发展理念、构建新发展格局的关键举措。具体到制造业领域，追求质量管理现代化是"质量强国"体系建设的核心要义和趋势使然，实现质量管理现代化的具体目标包括产业、企业、产品（技术）三个层面。

（1）产业层面，提升产业链质量水平

首先，以我国产业基础领域、关键技术领域及先进制造领域为重点，对标国际先进质量水平，持续推进产业质量技术基础服务示范工程建设，通过培育产业质量标杆等多种方式，推动产业层面质量效益的持续提升，加快实现重点产业质量建设工程的全覆盖、全规范；其次，针对重点产业及短板领域，推动建设一批计量、认证认可、检验检测质量技术基础"一站式"服务示范平台，为平台内企业和各类科技园、孵化器等提供全生命周期质量技术支持，提升重点产业集群在产品开发、生产制造等核心环节的质量能级；再次，加快实施"链—图—策"全景动态的数字化产业链质量治理模式，包括应用数字技术关联产业链、产业地图与产业政策，开发产业链地图系统；最后，积极发挥行业标准对产品质量提升的指引和带动作用，加快提升上下游产业质量标准的一致性、配套性和协调性。

（2）企业层面，完善企业质量管理制度

一是引导企业树立"质量第一、效益优先"的经营理念，高效整合各类生产要素和资源，积极推广全面质量管理（TQM）、卓越绩效模式（PEM）、准时制生产（JIT）、精益生产（LP）、能力成熟度模型（CMM）等现代企业管理制度，支持企业建立健全质量管理体系，积极采用全面质量管理等先进管理模式和方法。二是督促企业严格落实质量主体责任，鼓励企业建立质量安全控制关键岗位责任制，推动企业严格实施岗位质量规范和质量考核制度，加强全员全要素全过程的全面质量管理。三是普及并推广制造业各细分行业的质量通用标准规范。四是在不同制造领域，推广使用数字化管理系统、智能化生产系统，助力制造企业实现智能化生产、数字化管理、协同化运营。

（3）产品层面，提升产品质量性能

首先，在产品质量上，一方面，全面开展制造业全领域的质量行动提升工程，通过质量标杆对标达标，严格把控产品的次品率与返修率，提升制造业产品质量合格率，力争在"十四五"时期实现制造业产品质量合格率稳定在95%以上；实施制造产品质量分级制度，促进制造业细分行业领域完善质量分级制度，对具备条件的产品实施全生命周期的质量追溯，助力制造业产品质量的整体提升，完善制造产品质量标准和后评估机制。另一方面，聚焦制造业关键产品领域（如关键基础材料、核心零部件领域等），着力推广应用新技术、新模式、新流程、新工艺、新材料，围绕产品质量性能、工艺流程、成本能耗等培育综合竞争优势，重点提升原材料制造及基础制造领域供给质量，加快攻克一批产业基础性通用性技术。其次，在产品生产技术层面上，提升产业核心技术的供给质量。一方面，通过梳理我国在关键领域核心技术"卡脖子"现状，发挥"有为政府"与"有效市场"双重力量，重点提升经济影响程度高、技术攻克难度大的产业核心技术与共性技术的质量水平；另一方面，在5G通信、工程机械、先进轨道交通装备、输变电装备等优势领域，加快推动形成核心技术质量的"局部领先"优势。

在从产业、企业、产品（技术）三个层面提出制造业质量强国建设体系主要构成的基础上，进一步列举出我国短期内制造业实现质量强国的主要目标，包括产业质量提升行动、企业质量管理创新、生产性服务要素的供给质量创新三个部分，如表4-3所示。例如，从企业层面来看，当前企业层面需要重点实施制造企业管理质量创新，其主要目标包括采用柔性制造等新型制造模式、推进制造企业"上云"、构建基于互联网的质量管理平台等。

表4-3　制造业质量强国的主要目标

目标分类	推进制造业质量强国的主要目标
产业质量升级行动	（1）聚焦产业基础与关键技术领域，加快实施制造业基础再造强链、产业链协同创新强链、制造业首台（套）产品应用补链、关键核心技术与断链断供技术攻关补链、产业链上下游企业共同体带动护链、工业互联网建链、数字新基建强链等重点工程 （2）加速传统制造业数智化改造升级，完善传统产业园区及产业集群的数字基础设施，实现重点产业集聚地数字技术应用的全覆盖
企业质量管理创新	（1）加快推广柔性制造、服务型制造、共享制造等新型制造模式 （2）推进制造企业"上云用数赋智"，积极推广智能制造普及应用 （3）支持制造企业构建基于"互联网+"的质量管理平台
生产性服务要素的供给质量创新	（1）实施制造业质量行动提升工程，通过健全产品质量分级制度、产品质量标准和后评价体系等，加快提升制造业产品质量合格率，力争在"十四五"时期实现制造业产品质量合格率稳定在95%以上的目标 （2）以国家级、省级制造业质量示范区建设为切入点，推动制造产品和工艺技术的升级，大力推广应用新技术、新工艺、新材料和新模式组织方式，重点提升原材料制造及基础制造领域供给质量 （3）在关键核心技术"卡脖子"领域，加快提升经济影响程度高、技术攻克难度大的产业核心技术与共性技术的质量水平；在技术领先领域，加快推动形成核心技术质量的"局部领先"优势

　　注：笔者依据《中华人民共和国国民经济和社会发展第十四个五年规划和2035年远景目标纲要》及各省质量强省建设规划整理。

4.4.3.2　标准制定的目标定位

　　在广义层面上，除质量和技术外，标准和品牌也是"质量强国"体系的重要组成部分，质量、标准、品牌三者呈递进关系。标准是国际公认的重要质量技术基础，推进制造业"质量强国"战略离不开先进标准的支撑和引领作用，因此，需进一步从标准制定方面确定制造业"质量强国"的目标定位。制定标准意味着成为行业的定义者，在全球制造业市场，谁拥有国际标准的话语权，谁就占据了全球制造领域的制高点。因此，推进制造业先进标准引领发展战略，建设高水平的制造业标准体系，对推动我国制造业深度融入国际市场、提升国际市场话语权与竞争力，进而引领制造业高质量发展具有重要意义。制造业先进标准制定需要重点推进以下三个方面的工作。

　　（1）加快新兴领域标准制定

　　新兴领域标准制定重点包括数字化标准和绿色化标准两个方面：数字化标准：完善制造业大数据法规标准，加强制造业数据确权、数据流通、数据安全等相关法律法规立项，重点在工业大数据分类分级、全生命周期处理、数据管理等领域加快推进标准研制工作，选择重点行业、领域、地区开展大数据标准试验验证和试点示范，引导企业融入统一大数据标准体系；加快研制以工业互联网为关键载体的互联网协议第六版（IPv6）标准，积极构筑以 IPv6 为基础的工业互联网标准体系，支持更多制造业企业通过互联网协议便捷接入工业互联网；加快完善智能生产、智能运维、智能服务等智能制造领域重点标准的制定工作，开展机器学习、深度学习系统规范、算法接口等标准研制，在智能制造基础上结合新技术、新模式的应用，完善人工智能技术服务标准体系；推动大数据治理、大数据应用能力、大数据预测能力等标准研制与实施，完善制造业大数据标准体系；推进区块链基础技术、分布式记账技术等标准研制，加快构建支持产业链供应链上下游高效联动的区块链技术标准体系。绿色化标准：普及制造业"双碳"标识认定标准，引导并支持制造业企业积极开展绿色产品"双碳"认证活动，政府可以通过税收减免、补贴等方式引导企业进行"双碳"标准认证；加快推进绿色供应链标准体系建设，围绕产品设计、生产工艺、产品使用、回收及再利用等全生命周期开展标准制定；加快出台低碳产品替代高碳产品的标准和认定方法，将低碳产品替代高碳产品的制造业项目列入绿色金融碳减排必要支持领域。

（2）优化制造业国家标准供给体系

首先，在国家标准层面上，以"四新经济"（新产业、新技术、新模式、新业态）为重点，建设国家标准采信团体标准机制，对影响范围广、经济效果好、符合国家标准制定范围的先进团体标准，可考虑上升为国家标准；探索增加开源标准、数据库标准、机器识别标准等新型标准供给形式；聚焦长三角一体化发展、粤港澳大湾区建设等国家区域发展战略对标准化的需求，强化重点地区国家标准制定。其次，在标准国际化方面，重视参与制造领域国际标准制定，增强对国际先进标准的持续追踪，促进重点制造领域国际先进适用标准及时转化为国家标准，加快标准升级迭代和国际标准转化应用；推动制造领域内外贸易质量标准、检验检疫、认证认可等相互衔接，加快实现内外贸易同线同标同质；积极参与数字货币、数字金融、数据安全等国际规则和数字技术标准制定。

依据 2021 年国家标准委、科学技术部等联合印发的《"十四五"推动高质量发展的国家标准体系建设规划》，整理现阶段我国在集成电路、网络通信、生物医药等十大重点领域推进的标准强国的主要目标，具体如表 4-4 所示。例如，在集成电路产业，重点在第三代半导体芯片等领域需要加快研制一批标准；在网络通信产业，重点推进通信芯片等领域的标准制定。

表 4-4　制造业标准强国的主要目标

重点产业	推进制造业标准强国的主要目标
集成电路	重点在碳化硅、氮化镓等领域研制一批标准
网络通信	重点在通信芯片、关键射频器件等领域制定一批标准
智能计算	重点在芯片、服务器、操作系统、机器学习等领域研制一批标准
生物医药	探索制定数字化医药研发创新体系标准
数字安防	重点在高端芯片、智能算法等关键共性技术领域研制一批先进标准
新材料	重点在新材料产业链关键核心产品(技术)、关键生产设备等领域制定标准
新能源汽车	重点在新型内燃机、电机控制器等关键技术领域研制标准 重点在动力电池与电池管理系统、纯电动力系统等产业链关键环节研制一批国际领先标准
智能装备	重点在高档数控机床和机器人、航空航天装备、先进轨道交通装备等领域研制一批标准
智能家居	重点在智能家电、智能厨卫等领域研制一批标准
现代纺织	重点在高端纺织装备、纺织新材料等现代纺织领域研制一批标准

注：笔者依据《中华人民共和国国民经济和社会发展第十四个五年规划和2035年远景目标纲要》及各省标准强省建设规划整理。

（3）建设标准创新和应用服务平台

聚焦关键技术和核心制造领域，构建科技成果标准化创新及应用服务平台，强化从标准技术内容到标准研制过程的导航式服务。对于5G通信网络、输变电装备、先进轨道交通装备等优势领域，加快建设一批国家技术标准创新基地、标准创新联盟和验证服务平台，推动标准创新和产业应用的有序对接，通过高标准推动优势产业持续领跑；在关键基础材料、核心零部件、高端装备、智能软件等关键核心技术"卡脖子"领域，积极依托高等院校、科研院所、龙头企业、行业协会等多方力量，建设一批开放型科技成果和标准专利转化平台，通过平台统一部署和高效协作，推动科技创新成果专利化、专利标准化、标准产业化；在生物医药、人工智能、纳米技术等新兴和前沿产业，加快建设国际对口技术机构联络站、国内标准化技术机构工作站、国际标准化人才工作室等标准化创新载体。

4.4.3.3　品牌建设的目标定位

品牌尤其是全球性知名品牌是企业和产业竞争力的综合表现，也是一国综合实力的表现。中国制造业高质量发展需要品牌的支撑，同时品牌也将引领中国制造业高质量发展。制造业品牌建设具体目标包括制造企业品牌建设、产业集群品牌建设、"中国制造"品牌推广三个方面。

（1）推进制造企业品牌建设

第一，行业龙头企业：支持龙头企业积极参与国际竞争，鼓励龙头企业围绕核心领域打造"产品+技术+平台+服务包"品牌生态圈，提升行业龙头企业在全球市场的品牌根植能力，培育并树立一批制造企业国际品牌领跑者；引导行业龙头企业制定全过程、全方位、多品类的品牌管理与服务体系，围绕"产品设计—生产制造—市场销售"全过程，夯实行业龙头企业品牌发展基础，做精做优做强龙头企业品牌提升服务体系；大力支持行业龙头企业品牌"走出去"拓展国际市场，鼓励具备条件的行业龙头企业积极注册国际商标、收购国际知名品牌，实现品牌国际化发展；鼓励并支持行业龙头企业通过定向增发、资产收购、资产剥离等形式开展国际并购，扶持高端品牌领域的国际并购项目。第二，中小微企业：以国家标准体系为指引，逐步完善中小微企业品牌培育管理体系，健全品牌培育成熟度评估制度，积极构建功能全、服务优、全链条、全覆盖的商标品牌服务指导站，帮助中小微企业推进品牌建设；实施内外销产品"同线同标同质"工程，支持中小微企业变贴牌为创牌、变制造为创造，打造出口型名牌，增强中小微企业优质品牌的国际化知名度。

（2）强化产业集群品牌建设

第一，先进制造产业集群：重点推进先进制造业产业集群品牌建设，探索证明商标、集体商标等在先进制造产业集群中的应用和推广，提高先进制造产业集群品牌在全球市场的认可度和影响力；在先进制造产业集群内部建设一批品牌培育和运营专业服务机构，开展品牌管理咨询、海外推广等配套服务。第二，区域特色产业集群：以产业集群品牌商标为纽带，建立政府支持、协会主导、企业广泛参与的工作机制，健全协会、企业、个人的利益联结机制，形成协会创牌、企业用牌、政府护牌的品牌建设机制；加快推动区域特色产业的品牌文化建设，力争在全国范围内形成一批行业影响力广、市场传播力强、特色鲜明的产业集群区域品牌。

（3）"中国制造"品牌推广

引导具备条件的企业实施品牌国际化战略，以优质产品与服务"走出去"带动中国品牌"走出去"，不断提升品牌的全球知名度。政府可加大对"中国制造"的宣传推广和政策支持力度，促进"中国制造"品牌在"一带一路"合作交流、国际产能合作、国际工程建设、政府采购等多领域的应用。此外，政府还可借助国际互联网平台推动落实"互联网+"采购政策，不断提升"中国制造"产品在全球市场的份额和影响力，帮助企业将品牌开拓至国际市场。

同时，明确现阶段我国制造业在推进品牌强国建设过程中的主要目标，包括完善品牌建设制度体系、形成区域品牌良性竞争机制、针对龙头企业的雄鹰计划及面向中小微企业的雏鹰计划四个方面，具体如表4-5所示。可以发现，现阶段完善品牌建设制度体系，一方面需要完善以"知名品牌、市场认证、国际认同"

为内核的品牌建设制度体系；另一方面还要支持制造企业积极拓展国际与国内市场，通过制度建设与市场开拓双重推动，以提升制造企业品牌影响力。

表 4-5　制造业品牌强国的主要目标

目标分类	推进制造业品牌强国的主要目标
完善品牌建设制度体系	（1）完善以"知名品牌、市场认证、国际认同"为核心的品牌建设制度体系，通过"统一标准+权威检测+专业认证+多国证书"的方式提升"中国制造"在国际中的品牌影响力 （2）支持制造企业积极拓展国际与国内市场
形成区域品牌良性竞争机制	积极推进制造业"品牌强省"、"品牌强市（县）"行动计划，唤醒企业树立品牌意识，推动区域制造企业品牌良性竞争机制
针对龙头企业的雄鹰计划	（1）培育一批国际竞争力强、市场占有率高的行业龙头企业，推动国内亘多制造企业进入世界品牌 500 强 （2）引导并支持行业龙头企业对标国际一流企业构建质量管理体系，提高全球化的质量管理和品牌维护能力
面向中小微企业的雏鹰计划	（1）建立健全中小微制造企业梯度培育机制；鼓励中小微制造企业向"专精特新"方向转型，培育细分行业的隐形冠军 （2）引导中小微企业开展品牌提升计划

注：笔者依据《中华人民共和国国民经济和社会发展第十四个五年规划和 2035 年远景目标纲要》及各省品牌强省建设规划整理。

4.4.4　我国制造业高质量发展的可持续发展目标定位

制造业是实体经济的主体，是实施创新驱动、转型升级的主战场。当今世界正经历新一轮大变革大调整，不稳定性不确定性因素明显增多，世界各国围绕塑造制造业新一轮产业竞争优势展开激烈角逐。目前，我国经济进入高质量发展阶段，加快构建以国内大循环为主体、国内国际双循环相互促进的新发展格局，为中国制造业发展赋予了新使命。面对高质量发展目标，我国拥有超大规模市场、新型举国体制和经济发展韧性好、潜力足、回旋余地大等优势条件，同时也面临资源环境约束趋紧、要素成本攀升、区域竞争分化加剧等不利因素影响。而数智化、绿色化、服务化是制造业实现可持续发展的重要突破口和核心体现。中国制造业要在保持合理增速的前提下，加快从要素驱动向效率驱动、创新驱动转变，实现数智化转型、绿色化发展，促进制造业与服务业融合、协同发展。确立制造业可持续发展的目标为数智化、绿色化、服务化转型与发展。通过深入推进制造业供给侧结构性改革，增强自主研发能力，完善产业配套体系，优化产业环境，最终实现制造业可持续发展的目标。

4.4.4.1 数智化驱动制造业可持续发展的目标定位

为抢占全球产业科技竞争制高点，摆脱不可逆的人口老龄化、经济全球化、GDP增速低迷以及制造业产能过剩等因素制约，世界各国均将融合了数字技术和先进制造技术的数字化转型作为战略重点加强部署。但与生活服务消费等行业领域相比，我国制造业领域的数字化转型明显滞后，数字技术应用、智能装备推广、智能场景打造、新需求创造等数字化转型成效不及预期。传统制造业企业仍存在不会转、不能转、不敢转的困境，转型中的供需不匹配、融合不畅通、应用受限等问题较为突出，整体表现参差不齐。制造业对制造过程信息化、数字化、柔性化、智能化、网络化的需求越发迫切，这就要求信息化技术深入应用于基础设施、技术研发、流程设计、运营管理等领域。因此，以数据为关键要素，以智能制造为主攻方向，以工业互联网高质量发展为抓手，以数字技术与实体经济深度融合为主线，以培育平台赋能的新模式新业态为导向，充分发挥工业互联网平台的连接优势，实现更高效率协作分工、更宽领域的资源配置，围绕"智能工厂打造、智慧产业园区打造以及数字化供应链协同"构建数智化转型子目标定位体系。通过推进智能化生产、数字化转型、网络化协同等模式实现智能工厂打造、智能制造产业园区建设以及全球数字化供应链协同的目标，最终加速产业数字化，助力制造业可持续发展。

4.4.4.2 绿色化驱动制造业可持续发展的目标定位

资源与环境的双重约束已经成为限制我国制造业可持续发展的关键障碍，绿色制造则是破除这一障碍，根本改善高耗能、高污染等粗放发展方式的重要手段，也是推动我国制造业高质量发展的主要发力点。随着绿色消费的兴起和环境保护的要求，整个制造业必须走出以往的高投入、高成本、高污染和低价格、低利润、低品牌的恶性循环。绿色制造使企业经济效益和社会效益实现同步优化，在产品从设计到报废处理的整个产品全生命周期，促进资源优化配置，尽可能降低对环境的副作用。目前，我国制造业企业仍存在增长方式粗放、产品结构不平衡、产品质量标准与国际先进水平接轨度低以及生产过程资源消耗高等问题。因此，将绿色化驱动制造业可持续发展的子目标定位为绿色技术创新以及绿色供应链加以打造。通过全面构建绿色技术创新体系以及完善绿色制造支撑体系，推动制造业绿色低碳转型迈上新台阶，从而确保制造业绿色可持续发展。

4.4.4.3 服务化驱动制造业可持续发展的目标定位

制造业和服务业的融合发展可以有效改善制造业的供给质量，推动制造业转型和国际竞争力的提升。而当前我国制造业服务化水平仍然较低，在研发设计服务、系统集成服务、整体解决方案和个性化定制服务等方面缺乏核心竞争力。服务业高度不够、效率不高是制约实体经济发展的关键因素，影响着整个工业体系的生产效率和创新发展能力（赵宸宇，2021）。2021 年 3 月，国家发展改革委、教育部等 13 个部门出台了《关于加快推动制造服务业高质量发展的意见》，旨在加快推进制造业与服务业的融合。立足新发展理念，以供给侧结构性改革为主线，强化制造业企业主体地位，完善服务型制造发展生态。因此，应大力推进制造业服务化和服务业制造化，鼓励制造业企业延伸产业链，加快从单一产品制造向"产品+服务"转型，实现竞争力的提高和价值增值。服务化作为一种先进制造模式，内核为服务型制造和生产性服务，通过探索和实践服务新业态新模式以及推动两业融合等方式实现服务型制造和生产性服务的目标，最终促进我国制造业可持续发展。

4.4.5 我国制造业高质量发展的全球化目标定位

近年来，全球经济增速放缓，国际贸易萎缩，制造业作为实体经济主体，如何增强其国际竞争力，进而实现国家经济高质量发展，成为世界各国关注的焦点。随着单边主义、贸易保护主义、逆全球化思潮涌现，经济全球化进入深度调整时期，我国制造业发展面临机遇与挑战并存的局面。构建双循环新发展格局的提出不仅为经济高质量发展注入了新动力，也为制造业如何实现高质量发展指明了方向。作为经济全球化、自由贸易和开放合作的坚定支持者，我国自改革开放以来制造业发展迅猛，在全球产业分工格局中的地位和影响力较之前有了显著提高和增强，但与世界制造业强国相比依然存在较大差距。面对新环境、新形势，构建全球"三链链主"的目标定位成为我国制造业高质量发展的必然选择。刘志彪、孔令池（2021）指出，"链主"企业决定产业发展的未来，是突破产业链关键核心技术、畅通国内国际市场循环、确保产业链供应链安全稳定的重要主体。尽管我国实施创新驱动发展战略初具成效，但目前的创新能力远不能满足制造业高质量发展要求。为此，"十四五"规划明确提出要强化企业创新主体地位，发挥企业从需求侧拉动基础创新进步的重要作用，加强高等院校、企业、科研院所等之间的深度合作，形成良好的创新生态。自主创新能力薄弱导致我国长期被发达国家锁定在全球价值链低端，为实现新发展格局背景下制造业高质量发展目标，我国亟须培育具有国际竞争力的跨国公司，由被动参与全球价值链向主动嵌入发达国家价值链环流转变。相较于其他发展中国家，完善的基础设施、齐全的工业门类、庞大的市场容量等优势使我国具备引领发展中国家价值链环流的能力。据此，本节将构建全球"三链链主"的目标定位进一步分解为产业链"链主"、创新链链主和价值链链主三个方面，并提出对应的具体目标。

4.4.5.1 产业链"链主"的目标定位

产业链现代化是中国式现代化的重要组成部分，也是推动经济高质量发展的重要支撑。企业是构建产业链的主体力量，"链主"企业既是产业链的组织者，也担任着产业链价值分配者的角色。因此，实现制造业高质量发展必然需要以打造全球产业链"链主"为目标。以作为产业链"排头兵"的专精特新"小巨人"企业和隐形冠军企业为代表，认为构建产业链"链主"的具体目标包括创新主导、业务集成、市场议价主导、国际生产共享、贸易网络控制、服务外包发展六个方面。

（1）创新主导

自主创新能力薄弱一直以来是制约我国制造业升级和经济增长的主要瓶颈。面对自主品牌廉价低端、核心竞争力不强、高度依赖国外技术等突出问题，亟须加快国内专精特新"小巨人"企业和隐形冠军企业创新主导能力的培育，促使其成为全球产业链"链主"企业。一是要提高企业专利创造能力，通过优化专利布局、构建专利网络、打造专利丛林形成技术壁垒，增强企业国际竞争优势；二是要强化标准引领能力，以工业强基工程为基础，加快企业在关键技术领域的标准建设，通过主导行业技术标准、参与国家技术标准制定及对标国际先进技术标准，增强企业标准制定的国际影响力；三是要提升企业成果转化能力，积极推进中试基地建设，支持企业联合高校、科研院所共建科技成果转化平台，推进企业科技创新成果商业化应用进程。同时，鼓励企业通过交易平台面向市场推广其科技创新成果，持续提升企业的科技创新影响力。

（2）业务集成

强化产品流、业务流的高效集成，以新技术、新模式驱动专精特新"小巨人"企业和隐形冠军企业业务集成持续改善。首先，在产品设计业务层面，包括增强对产品原型设计业务、产品结构设计业务、产品流程设计业务、用户界面设计业务等集成，通过横向集成打造协同设计平台，实现产品各项设计业务与客户、研发、供应链、市场营销、服务运营等多个业务领域的贯通。其次，在制造业务层面，包括增强对生产制造、成品检验、销售、售后服务等全业务流程的集成，通过纵向集成优化企业内部从生产制造设备、生产制造执行、生产制造计划到企业运营管理之间整个制造业务流程的集成，连接制造过程中各业务流程断点，实现全流程互联互通，不断提高企业业务集成水平。

（3）市场议价主导

从产业链上下游角度出发，加强企业对产业链上游供应商以及下游客户的市场议价主导权。一方面，通过早期介入供应商产品研发、完善产业链上游原料布局、构建战略合作联盟等途径获得对上游供应商的控制权，增强企业市场竞争力，加大对产业链上游的控制力度；另一方面，提高差异化服务质量、打造"服务+产品包"模式提升企业议价权与品牌附加值，通过创新企业服务模式，如提供个性化定制服务、快速响应服务、质量保证服务等，加强企业对市场定价权的掌控，推动企业成为产业链上的"链主"企业。

（4）国际生产共享

以国际生产共享驱动国内企业畅通国际循环，鼓励专精特新"小巨人"企业、隐形冠军企业通过国际技术转让、授权许可、合作研发等方式，促进技术、知识要素在全球范围内转移和共享，提高企业国际知名度和影响力；支持企业加速构建全球生产网络，强化产业链上下游企业协同联动，在全球范围内实现资源配置共享与生产协作，促使更多国内企业加快走向海外市场，融入全球生产分工体系；推动企业开展国际产能合作，以直接投资、委托加工等方式对外输出产品、技术、服务等要素，提升企业国际生产供给与共享水平。

（5）贸易网络控制

以产业深度捆绑和对外贸易合作强化国内专精特新"小巨人"企业与隐形冠军企业的贸易网络控制。首先，在产业深度捆绑方面，一是要支持国内企业通过签订长期战略合作协议、开展战略性投资等方式与海外头部企业形成战略捆绑模式，强化国内企业与海外企业的业务关联；二是要鼓励国内企业依据自身技术优势融入全球产业链上下游，以技术并购、技术授权等方式进一步加强企业在全球产业链上下游的关联度，实现对相关产品贸易网络的控制。其次，在对外贸易合作方面，依托我国各种对外开放政策、签署的自由贸易协定等便利化条件，推动国内企业抢抓政策红利和市场机遇，发挥自身产业优势和技术优势，积极与有关国家开展贸易合作，通过输出优质产品和优质服务进一步加强对其他国家的商品贸易和服务贸易网络控制。

（6）服务外包发展

以专长外包和经济外包两种模式提高国内专精特新"小巨人"企业与隐形冠军企业的服务外包发展水平。第一，在专长外包方面，发挥企业所具有的技术优势，增强其服务外包项目的承接能力，在"走出去"战略的指引下，积极与海外大企业开展项目合作，整合海外资源，不断开拓新市场，促进企业核心竞争力的提高，进一步强化其专长优势，助推企业成为产业链"链主"。第二，在经济外包方面，加快推进企业数字化转型，通过自动化、信息化水平的提升促使企业具备"承接大规模批量生产"的能力，帮助国内企业在国际项目竞争中获得承接服务外包的成本优势，实现企业规模经济。

4.4.5.2 创新链"链主"的目标定位

制造业高质量发展，尤其是具有知识、技术密集型特征的高端制造业的发展，离不开科技创新的驱动作用。构建创新链"链主"既是落实创新驱动发展战略的重要举措，也是实现高水平科技自立自强、促进我国经济高质量发展的需要。以"雏鹰""瞪羚""独角兽"高成长性科技型企业为代表，提出构建创新链"链主"的具体目标包括政产学研协同创新、大中小企业融通创新、金介用支撑创新、跨国技术联盟合作、海外技术投资并购五个方面。

（1）政产学研协同创新

从创新参与主体角度出发，推动包括政府、企业、高校和科研院所在内的政产学研用协同创新。首先，在政府层面，发挥引导、服务职能，督促相关产业部门牵头绘制产业链图谱，推进创新链图谱制定工作。加快构建重点实验室、产业技术研究院、国家创新中心等各类科技创新平台，汇聚各方创新要素和优质资源，为企业、高校和科研院所的创新活动保驾护航。其次，在企业层面，鼓励"雏鹰""瞪羚""独角兽"企业主动加入龙头企业牵头成立的动态联盟，在共同开发新技术、新产品的过程中不断提升自身创新能力。支持该类高成长性科技型企业引进高水平研究团队，组建技术研究中心，推动建立与科技型中介组织的合作关系，不断拓展企业科技成果转化渠道。最后，在高校和科研院所层面，全面向"雏鹰""瞪羚""独角兽"企业开放实验室、科研基础设施、中试基地等创新资源，同时与企业建立长效合作机制，共同设立人才联合培养项目，源源不断地为企业输送创新型人才，助推企业创新水平持续提升。

（2）大中小企业融通创新

通过释放大企业创新活力，激发中小企业创新潜力。号召各地积极开展大中小企业融通对接活动，采用大企业发榜，中小企业揭榜形式，激励"雏鹰""瞪羚""独角兽"企业依据自身技术优势与大企业建立订单式研发合作关系，推动大中小企业在技术创新、产品配套等方面形成协同创新合力，促进双方搭建科技孵化器、加速器、创新实验室等各类创新应用平台，鼓励更多"雏鹰""瞪羚""独角兽"企业入驻其中，吸取大企业创新经验，学习大企业创新范式，实现协同创新、融通发展的产业生态。

（3）金介用支撑创新

发挥金融科技、科技型中介组织以及市场导向对科技型企业创新活动的支撑作用。第一，要深化金融与科技的结合，通过建立金融科技服务体系，缓解科技型企业融资约束，提高企业创新资金融资效率，激发企业研发创新活力；第二，要强化科技型中介组织的纽带作用，促进科技型企业技术创新与市场需求相匹配，同时发挥技术经理人在技术转移转化及应用过程中的中介作用，加速企业科技成果转移转化和商业化应用；第三，要以市场需求为导向，发挥市场在科技成果生态链条上的驱动作用以及创新资源配置中的决定性作用，促进形成科技成果转化良性循环。

（4）跨国技术联盟合作

深化科技开放合作，鼓励"雏鹰""瞪羚""独角兽"企业入驻国际创新孵化器、加速器，融入全球创新网络，积极与国际合作伙伴建立跨国技术联盟，促进创新水平提升；推动国内科技型企业通过主动嵌入国际科技合作平台、共同参与国际科研项目等途径，增强自身创新能力；支持技术领先、实力雄厚的科技型企业参与国际技术标准制定工作，掌控在诸如量子计算、5G 网络、超精密加工装备制造等部分关键核心技术方面的主导权，不断提高我国科技型企业的国际竞争力和影响力。

（5）海外技术投资并购

开放式创新范式指出企业可以通过投资、并购等方式整合与协同技术流，实现基于资源和能力的创新。一方面，加大国内科技型企业海外投资力度，促进境外创新资源和生产要素整合，通过搭建海外研发中心、生产基地等方式拓宽企业海外布局，增强企业创新能力；另一方面，支持国内科技型企业跨境并购海外同行业企业，吸收其资源和技术要素，从而壮大企业规模，增强企业实力，吸引更多的海外高端人才和技术专家加入企业创新研发活动，持续推进企业创新发展，促进企业成为全球创新链"链主"。

4.4.5.3　价值链"链主"的目标定位

全球价值链正处于解构与重塑阶段，发达国家的全球价值链"链主"地位逐渐受到部分崛起的发展中国家的挑战。经过改革开放 40 多年的发展，中国制造业的总体实力有了明显提高，特别是"一带一路"倡议、RCEP 协定的实施，进一步提高了我国在世界范围内的影响力，也为我国制造业嵌入发达国家价值链环流，引领发展中国家价值链环流提供了机遇。据此，可从嵌入发达国家价值链环流、引领发展中国家价值链环流两个方面实现构建价值链"链主"的目标。

（1）嵌入发达国家价值链环流

基于我国各省份和国内价值链及全球价值链高端的相对距离，产生四种双重价值链匹配类型（分别是较高位置平行匹配、较高位置紧密匹配、较低位置平行匹配、较低位置紧密匹配），从而属于不同类型的省份需采用相应方式嵌入发达国家价值链环流，以实现融入全球价值链，成为价值链"链主"的目标。其一，较高位置平行匹配省份：推动市场结构调整，以瞄准国际市场为主，凭借自身产业优势开辟全球新兴市场；对接全球技术创新体系，提高自主创新能力，打造更多优势产业集群。其二，较高位置紧密匹配省份：推动技术结构调整，促进价值链由生产环节向设计、研发、营销等高附加值环节跨越，打造生产者驱动型全球价值链"链主"企业。其三，较低位置平行匹配省份：先以国内价值链提升为主，通过开发新产品挖掘国内市场需求，向国内价值链高端攀升，进而以技术创新赋予产品更高附加值，实现发达国家价值链环流嵌入。其四，较低位置紧密匹配省份：推动产品结构调整，充分挖掘自身特色资源，专注特色产品和产业发展，走出一条具有各自特色的价值链"链主"构建之路。

（2）引领发展中国家价值链环流

我国作为发达国家价值链和发展中国家价值链"共轭环流"的核心枢纽，在制造业领域对发展中国家的影响力逐步增强。下一步可通过拓展区域价值链关联网络、攀升全球价值链高端环节实现引领发展中国家价值链环流的目标。在拓展区域价值链关联网络方面，充分利用自由贸易协定的便利条件以及自贸试验区、自由贸易港等对外开放平台，促使我国向更多发展中国家延伸价值链，构建起覆盖范围更加广泛的区域价值链关联网络；支持我国跨国企业走向海外，在条件适宜的发展中国家建立境外经贸合作区，加强双边贸易往来和产业合作，推动我国引领发展中国家价值链环流。在攀升全球价值链高端环节方面，落实创新驱动发展战略，推动我国由传统低成本的简单"引进来"向基于创新驱动的"高水平引进来和大规模走出去"转变，通过参与全球产业分工体系学习先进技术和管理经验，提高国内制造企业自主创新能力，促使我国制造业向全球价值链高端环节攀升，从而实现引领发展中国家价值链环流的目标。

本章小结

本章重点分析"三链"双循环下我国制造业高质量发展的目标定位。首先，从产业发展特征、产业发展经验借鉴两个方面对美国、德国、日本等制造业发达国家及广东、江苏、浙江等我国典型省份进行了比较研究；其次，通过优势与劣势分析、机会与威胁分析两个方面展开中国制造业高质量发展的 SWOT 分析；最后，立足内循环、外循环双视角提出"三链"双循环下我国制造业高质量发展的目标定位，包括产业组织变革的目标定位（嵌入国际产业链分工协作网络、主导国际产业链分工协作）、产业结构优化的目标定位（产业结构高级化）、质量效益的目标定位（建设质量强国体系）、可持续发展的目标定位（数智化、绿色化、服务化）、全球化的目标定位（构建"三链"链主）。通过本章的分析，总结出我国制造业发展特征和经验，以及发展的优势与劣势、机会与威胁，进而提出我国制造业高质量发展的目标定位，为后续设计我国制造业高质量发展路径提供了方向。

5 "三链"双循环下我国制造业高质量发展路径研究

新一轮科技革命为中国制造业深度嵌入全球产业链供应链及国际贸易循环体系，逐步融入全球创新网络注入新的动力。加快产业链、创新链及价值链深度融合，不仅是准确把握新发展阶段，全面贯彻新发展理念，加快构建新发展格局，着力推动高质量发展的内在要求，也是提高产业链韧性和推动产业链现代化的重要举措，更是增强创新驱动发展能力、提升我国全球价值链地位、实现经济高质量发展的关键所在。对此，基于国内国际双循环背景，从产业链、创新链、价值链的视角出发，结合产业发展理论、技术创新理论、价值链理论、企业成长理论等，为我国制造业高质量发展综合设计三类路径——基于产业链双循环的高质量发展路径、基于创新链双循环的高质量发展路径以及基于价值链双循环的高质量发展路径，并以海尔集团、美的集团、陕鼓动力、三一重工集团等企业为例，具体分析典型示范企业高质量发展的驱动因素和经验借鉴。

5.1 产业链双循环下制造业高质量发展路径研究

产业链双循环下制造业实态与问题分析部分研究表明：制约我国制造业高质量发展的关键共性问题集中体现在产业链安全自主可控、产业链柔性与韧性、产业链关联与协同三个方面。其中，产业链安全自主可控方面的问题表现为基础能力弱、安全性低、控制力不足，产业链柔性与韧性的问题表现为稳定发展能力弱、柔性应变能力不足、高端化跃升能力不足，产业链关联与协同的问题表现为参与国际循环能力弱、畅通国内循环的协调水平低。针对上述关键共性问题，立足制造业高质量发展的内涵，从质量效益、结构优化、全球化三个方面提出在产业链双循环下我国制造业高质量发展的目标定位。本节在实态与问题分析、目标定位的基础上，设计产业链双循环下我国制造业高质量发展的三个实现路径。

5.1.1 提升产业质量效益的路径设计

高质量发展以"质量第一、效益优先"为核心要义。追求质量效益需要从质量、技术、标准、品牌四个方面协同推进，其中质量是品牌的根基、技术是品牌的支撑、标准是质量和技术的保证，质量、技术、品牌、标准四者互相影响、紧密关联，共同决定了一国制造业质量效益的发展水平。依据质量效益的目标定位，从产业基础质量、核心技术质量、先进标准、品牌建设四个方面构建产业链在双循环新发展格局背景下制造业高质量发展路径，具体如图 5-1 所示。其中，在内循环视角下制造业高质量发展路径包括基于产业基础质量提升的高质量发展路径(形成内循环质量基础)，以及基于核心技术质量突破的高质量发展路径(强化内循环技术支撑)；外循环视角下制造业高质量发展路径包括基于先进标准引领的高质量发展路径(连接内外循环标准构建)，以及基于品牌建设驱动的高质量发展路径(畅通外循环品牌建设)。

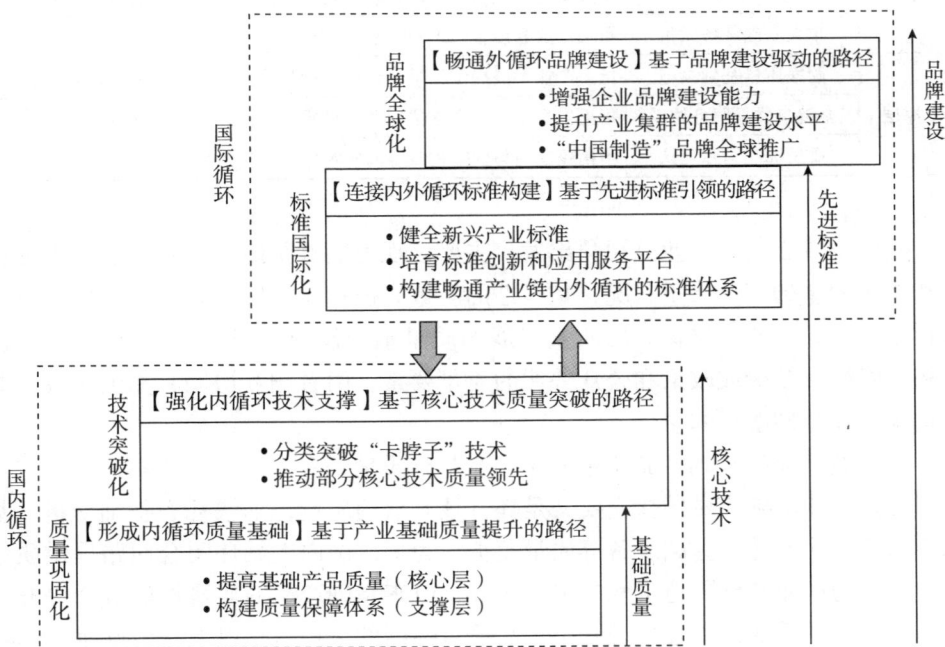

图 5-1　提升产业质量效益的路径设计

5.1.1.1　基于产业基础质量提升的路径设计

"产业基础"是一国产业形成和发展的基本支撑，也是当前形成国内大循环回路的关键所在。"产业基础质量"一方面表现为支撑产业发展的基础原料和关键零部件的质量水平，另一方面包括为基础产业发展壮大提供关键支撑的基础设施、公共平台及服务体系等。参照盛朝迅（2021）的研究，产业基础质量可分为核心层和支撑层两个关键要素。核心层注重支持国内产业链循环的基础设备和原材料质量，包括关键原材料质量、核心零部件质量、重大基础装备质量；支撑层则是指支持核心层提升质量的条件和保障，包括国家质量基础设施、全链条质量服务体系、质量标准国际互认，如表5-1所示。

表5-1　产业基础质量的划分

层级	关键要素	主要内容
核心层	关键原材料质量	指生产制造过程中所使用的支撑和关键材料（如新能源材料等）质量
	核心零部件质量	指技术含量及附加值高、攻克难度较大的零部件（如轴承）质量
	重大基础装备质量	指关键成套设备（如数控机床等）质量
支撑层	国家质量基础设施	指为产业发展提供计量、认证、检验检测等服务的质量基础设施
	全链条质量服务体系	指提供全链条、全方位、全过程质量"一站式"协同服务
	质量标准国际互认	指构建国内与国际相兼容的质量标准互认体系

其中，核心层从产业链视角出发，主要表现为能够明确划分到制造业细分产业和领域的基础产业质量状况，是显性的质量表征；支撑层从软件和硬件支撑条件视角着手，强调支撑核心层质量发展的质量基础设施、服务体系及制度环境，是相对隐性、较少被政策和公众关注的质量要素，两者相互协同、相辅相成，共同构筑产业基础质量的主体。

（1）通过提高基础产品质量夯实产业基础质量

提升产业基础质量的核心要义是提升核心层的质量，加快补齐基础材料、基础零部件及元器件、基础装备等质量短板，为形成国内大循环闭合回路提供质量基础。作为产业基础再造工程的关键构成，改善基础产品的质量性能成为提升产业基础质量的重要选择。提升基础产品质量性能的重点包括以下三个方面。

1）推动关键原材料品质化升级。由表3-9可知，我国在光刻胶、航空钢材、燃料电池关键材料、高强度不锈钢、锂电池隔膜等基础材料领域面临严峻的"卡脖子"难题。因此，应全面梳理高新技术制造业、战略性新兴产业及国防军工等重点领域的关键基础材料需求，选择在短期（如5~10年）内有望实现规模化生产应用和进口替代的关键短板材料为重点突破口,加快推动重点领域基础材料品质化升级。应聚焦高分辨率光刻胶、高精度锂电池隔膜、航空钢材等短板薄弱环节,以提升基础材料的精度、稳定性、耐久性、可靠性及使用寿命为目标,加快提升基础材料的质量性能。在此过程中,可以参照"原料研发设计+定制化生产工艺+终端应用"并行的思路,鼓励在整机与系统的开发初期就制订基础材料需求的计划,积极推广面向不同用户需求层次的供应商早期介入(ESI)研发合作模式,围绕基础材料质量性能提供一揽子解决方案,推动关键基础材料的研发设计,与定制化生产工艺及终端产品设计紧密协同,形成耦合共生关系。通过这种并行推进策略,解决"无材可用、有材不好用、好材不敢用"等难题。

2)推动核心零部件质量创新。提升关键基础零部件质量性能是破解"卡脖子"问题的靶向所在,也是形成产业链国内循环闭合、增强产业链国际竞争力的重要基础。实态与问题分析部分结果表明,当前我国在芯片、集成电路、触发传感器、铣刀等众多核心零部件领域发展严重滞后,产品国际竞争力较低。核心零部件具有品类多、规格杂、非标化、质量参差不齐等特征,而要补齐关键核心零部件质量短板,除了要在核心技术领域实现技术创新突破,还要推动核心零部件领域质量管理创新。具体而言,推动质量管理创新可通过以下三条路径实现:首先,要加快实施产品质量分级制度,鼓励行业协会和专业机构围绕产业基础领域产品性能、技术能力、用户需求等制定标准统一的质量分级标准,对重点产品试点开展质量分级评价,构建质量分级发布机制。可重点以单晶硅、光刻胶、航空钢材、锂电池隔膜、高强度不锈钢等关键核心技术"卡脖子"领域专业化质量分级为试点,推动建立质量分级、应用分类的市场化采信机制。其次,要构建关键零部件产品全生命周期的质量追溯机制,通过引入并完善零部件产品质量标准和后评价体系,引导行业对共性质量问题进行警示和改进,健全缺陷产品召回、产品伤害监测、产品质量担保等相关制度。最后,要推广数字化质量管理方法,针对基础零部件"多、杂、散"特征,应引导企业积极依托虚拟现实(VR)、增强现实(AR)、数字孪生(DT)等数字化技术,构建基于数据信息的质量检测、质量评估、质量改进、质量预防等一系列决策模型,将过去传统的依靠经验判定的决策方式转向基于数据驱动的自改进、智能化的决策方式,提升企业质量决策效率。

3)提升一批重大基础装备质量性能。实态与问题分析部分结果发现,在基础装备领域,我国在高档数控机床、真空蒸镀机、航空发动机短舱等基础装备领域与发达国家相比差距明显。考虑到重大基础装备具有高技术复杂度、高系统集成度的典型特征,仅依靠单一企业的资源和能力难以在短期内取得重大突破。因此,在我国基础装备领域产业链发展现状的基础上,可以从产品性能差距、经济重要程度、断链风险等方面着手,重点对具有通用目的属性和共性技术属性的装备产品进行综合评估和动态监测,通过实施重点基础装备任务清单方式对关键机械装备逐一实现质量突破。首先,重点任务清单应优先考虑经济影响大、进口依赖度高、断链断供风险大的领域,包括智能化装备(如数控机床)及其他关键专用生产设备(如航空发动机短舱)。其次,重点任务清单的实施可由政府牵头,聚合产业链上中下游企业、高校、科研院所及行业协会等多个主体,围绕任务清单打造基础装备质量攻关联合体,同时鼓励、并引导社会资金以市场化方式参与支持重大专项推进。最后,在实施重点任务清单进程中,需要围绕重大基础装备建立健全产品质量性能数据库及工业试验验证平台,通过信息化管理和平台化管理实现质量管理创新,突破基础装备在信息化、集成化和工程化中的瓶颈。因此,应重点推动产品质量性能的数据化、平台化、集成化,综合提高重大成套装备自主配套能力和系统集成能力,提高基础装备产品稳定性、精确性及智能化水平。

(2)通过构建完备的质量保障体系提升产业基础质量

除实施产业基础质量提升工程外,产业质量的持续提升还离不开支撑层的保障性作用,即发挥产业质量保障体系的支撑性作用。因此,构建完备的产业质量保障体系成为提升产业基础质量的第二条路径。构建完备的产业质量保障体系需要重点落实以下三个方面的内容。

1)实施国家质量基础设施(NQI)提升工程。NQI 为制造业基础能力提升提供了技术、标准和规范,是畅通产业链国内循环回路的重要保障。围绕产业基础共性领域,应加快实施 NQI 提升工程,重点瞄准芯片、光刻胶、高端轴承等基础产业和关键领域的发展需求,加强计量、技术认证、标准、检验检测、品牌服务等一体化建设,加快形成支撑国内国际双循环的国家质量基础设施。①标准领域,需要重点建设中国标准与国际标准兼容协调、顺应全球新科技革命与产业变革规律的新型标准体系,不断优化完善技术、产品、服务标准,有效引导新产业、新业态发展。②计量领域,重视研发具有自主知识产权的计量标准物质、器件、装备,加快构建以量子计量为基础的国家现代先进测量体系,加快实现基准量子化、传递方式扁平化的新计量发展格局。③认证认可领域,加快构建国家级认证认可采信共享平台,整合认证认可信息和数据资源,加强认证认可信息共享和应用平台建设,提升认证认可采信水平。此外,在智能制造、生物制药、节能减排等重点领域,还可以主动向外界提供成熟的认证认可制度、模式和经验。④检验检测领域,重点推进检验检测领域的大数据化、云服务化和智能化转型,鼓励检验检测企业将样品受理、检验过程、检验报告以及与之相匹配的检验标准、检验技术、检验设备、计量溯源等实现全过程的数字化、智能化管理,并实现不同数据流的高效融合,以提高数据的可用性和价值。

2）打造全链条的质量服务体系。在国家重点规划部署的工业园区和高新技术开发区，应率先建设一批产业技术基础公共服务平台，促进检验检测、品牌服务等相关机构的集聚落户与合理分工，提升面向产业质量的计量测试、标准研制、检验检测、认证认可、知识产权鉴定等服务能力，并实现线上线下全方位服务。在此过程中：一方面，应针对不同类型的产业链部署质量服务机构，有机融合认证认可、检验检测等要素资源，面向产业链不同企业提供全领域、全流程、全方位的质量"一站式"协同服务，形成"标准—计量—认证认可—检验检测"全链条服务解决方案。可通过上游实验室、研发中心，中游计量标准检测，下游认证培训及咨询配套服务的产业链质量服务项目，纵向拓展研发设计、原料采购、生产制造、售后服务等全链条的"一站式"服务水平。另一方面，应以供应链合作网络为载体，不断健全供应链上下游质量管理联动体系，通过整合上游供应商及下游客户共建供应链协同管理平台，畅通供应链上下游企业间的信息渠道，加快提升基于全生命周期的质量追溯管理、全过程质量协同管控等的质量管理水平。

3）推进质量标准的国际互通互认。一方面，在技术认证、质量鉴定、检验检测等质量标准服务领域，不断强化双/多边国际交流合作，促进内外贸计量标准、质量标准、检验检疫、认证认可等相衔接；另一方面，应加快构建与国际标准相兼容的质量标准认证体系，推进计量、认证、检验检测的国际合作互认，为畅通国内国际双循环、推动产业链的国际合作提供质量标准支撑。例如，在推进"一带一路"倡议的过程中，可以考虑建立"一带一路"质量标准互认、计量信息互换等合作机制，促进检验检测、质量认证、市场监督等在"一带一路"共建国家的互惠互认，实现一个标准、一张证书在"一带一路"区域全通行，推动"一带一路"投资和贸易便利化。除了强化区域合作，还应在产业链的技术、产品、服务等关键领域，加快培育一批具有国际竞争力和影响力的质量服务机构，提升质量服务机构的国际化运作水平。在此过程中，政府还应当鼓励第三方认证机构国际化发展，并支持企业、行业协会以及科研机构参与各种国际性的专业质量、计量和标准组织的活动。

5.1.1.2 基于核心技术质量突破的路径设计

核心技术是推动产业升级、提升产业竞争力的基石，同时也是产业链国内国际双循环新发展格局的关键构成。核心技术质量则从质量性能视角，反映了支撑产业发展的关键核心技术的质量水平，是产业技术显性的质量表征。核心技术质量突破并非强调所有产业技术全面开花，而是应当充分考虑当前我国各产业核心技术与全球主要发达国家的质量差异，对核心技术优势产业和劣势产业分类对待，设计差异化路径方案。实证分析结果部分显示，2019年中国工程院对我国

26类典型制造产业技术性能和安全性进行国际比较后发现，我国在通信设备、先进轨道交通装备、输变电装备、家电等5类产业处于世界领先位置，发电装备、新能源汽车等6类处于世界先进位置，但是在高档数控机床与基础制造装备、高性能医疗器械、机器人等10类产业与世界差距较大，集成电路及专用设备、操作系统与工业软件、航空发动机等5类产业与世界差距巨大。

依据这一结论，将产业核心技术质量分为质量劣势产业（技术"卡脖子"）和质量优势产业（技术全球领先）两类。针对劣势产业，提出分类纾解"卡脖子"技术的发展路径；针对优势产业，提出推动部分核心技术质量领先的发展路径。

（1）分类突破"卡脖子"技术

在推进产业核心技术质量提升的过程中，我们的目标同时取得突破应该根据产业核心技术的重要程度（对经济规模、应用范围的影响程度）和"卡脖子"的程度（技术攻克的难易程度）等精准施策，分类纾解产业核心技术"卡脖子"桎梏。将核心技术按照经济重要程度以及技术攻克的难易程度具体划分为四类：一是经济重要程度高、技术攻克难度高的"卡脖子"技术，二是经济重要程度高、技术攻克难度低的"卡脖子"技术，三是经济重要程度低、技术攻克难度高的"卡脖子"技术，四是经济重要程度低、技术攻克难度低的通用技术，如图5-2所示。针对不同类别设计四类差异化实施路径。

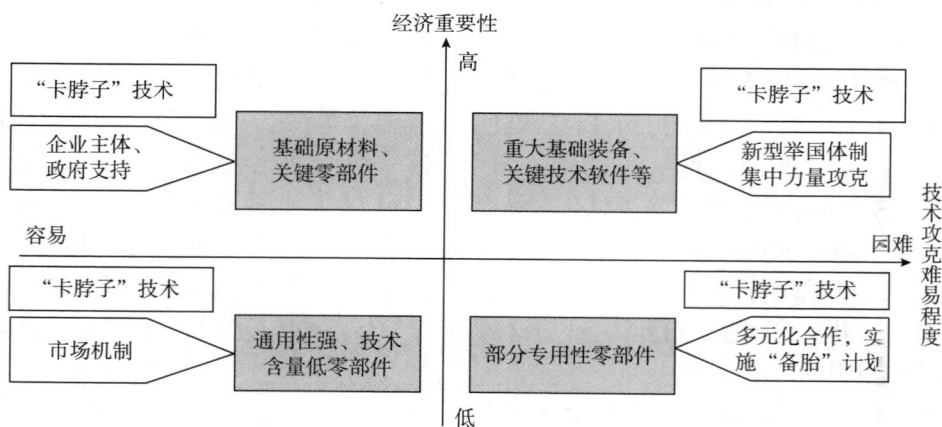

图5-2　技术分类突破路径设计

1）通过实施新型举国体制，重点突破第一类"卡脖子"技术。"卡脖子"技术影响经济规模巨大、技术攻克难度高、知识结构体系复杂，仅依靠单一企业或市场机制难以在短期内实现有效突破，因此，必须通过发挥政府与有效市场的双重力量，将集中力量办大事的制度优势和发挥市场机制有效配置资源的基础性作用结合起来,实施新型举国体制集中力量进行攻克。第一类包括高端芯片、高档数控机床、航空发动机、人工智能的关键算法、核心工业软件及操作系统等。具体而言,新型举国体制的落地实施可重点推行基于国家战略科技力量的政产学研用深度融合模式。

基于国家战略科技力量的政产学研用深度融合模式。政产学研用深度融合模式强调政府作为配置国家科技资源的关键主体,应全面统筹全国各类科技创新资源,包括国家实验室、企业、高校、科研院所等,保证政策制度集中联动供给,并在支撑微观市场主体层面全面打通整个产业链与创新链,共同面对关键领域的技术"卡脖子"问题(陈劲,2021)。基于国家战略科技力量的政产学研用深度融合模式,国家战略科技力量的关键载体是国家实验室,其主要功能是,在国家财政资源的支持下聚焦特定的学科理论与核心技术问题,更关注前沿领域基础研究从0到1的原始创新。因此,国家实验室是基于国家战略需求导向与核心技术需求打造的跨学科和跨领域、产学研用协同的科技攻关体系。除了国家实验室,政产学研用深度融合模式的利益相关方还包括高校、科研院所(工程技术研究中心、工程研究中心、产业研究院等)、企业及科技型中介等,其中,科研院所应当以产业的重大需求为牵引,重点聚焦产业关键共性技术研究;高校则重点聚焦基础研究和专业人才供给;企业应以中央和国有企业为关键主体,与国家实验室、高校、科研院所合作,共建产学研用科技成果转化平台。政产学研用深度融合模式强调明确利益相关方主体功能职责,通过制定新型举国体制下各相关主体的长期规划,加快形成"战略指引导向明确、多主体多领域协同、原创引领特征明显、战略科技力量完备"的创新模式,如图5-3所示。

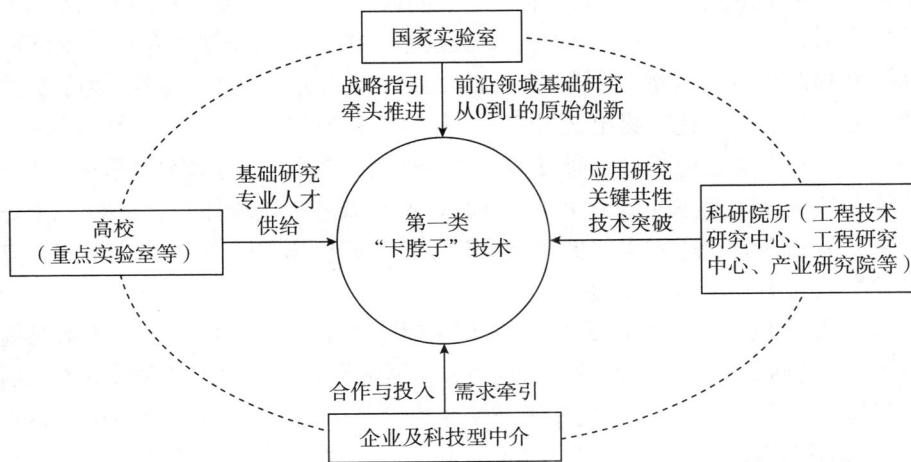

图5-3 基于国家战略科技力量的政产学研用深度融合模式

例如，高端芯片的研发过程是基础创新能力与应用开发能力的高度互嵌，需要产学研深度融合共同协作，其中既离不开数学、物理等多基础学科的综合基础研究，又需要芯片设计、晶圆制造、封装及测试过程中的多工序协同，因此，高端芯片的研发需要开展跨企业、跨领域、跨学科的联合，需要实施基于国家战略科技力量的政产学研用深度融合模式，围绕芯片领域构建完备的产业生态体系，独立完成芯片设计、封装测试等关键环节。此外，还要突破电子设计自动化软件、光刻机等关键核心技术，以冲破美国在半导体领域的封锁打压。

2）"企业主体+政府支持"创新模式攻克第二类"卡脖子"技术。由于第二类"卡脖子"技术的攻克难度相对较低，同时具有较高的市场需求和应用前景，企业从事第二类"卡脖子"技术攻关具有较高的预期收益，可以考虑实施"以企业为主体、政府适当支持"的方式推进。第二类"卡脖子"技术即所谓的"崴脚脖子"技术，包括高端轴承钢、手机射频器件等。针对第二类"卡脖子"技术，提出以相关企业为主体，政府进行适当的引导和支持的方式予以攻克，即实施"企业主体+政府支持"模式。由于该类技术通常在国内相关领域已具备一定的研发基础和比较优势，但技术的质量性能相对较差，在推进"企业主体+政府支持"模式的进程中，除要发挥市场优胜劣汰的竞争机制外，还需要发挥政府的引导和支持作用。政府可通过实施"功能性产业政策"而非直接干预市场的方式，提出政策目标，而不代替市场选择具体技术路线和特定企业。

3）通过实施"备胎"计划破解第三类"卡脖子"技术约束。由于第三类"卡脖子"技术的经济重要程度低但技术攻克难度较大，该类技术研发往往投入巨大但可能收效甚微，同时由于市场价值不高，企业不愿意将其作为现阶段技术突破的重点，可以考虑通过实施"备胎"计划方式进行应对。第三类"卡脖子"技术包括高压柱塞泵、高端焊接电源等领域的研发技术，由于在相关领域发达国家已构建较强的专利池和核心技术"护城河"，想要在短期内完成追赶、实现核心技术突破的可能性较低。因此，提出通过实施"备胎"计划破解第三类"卡脖子"技术的发展路径。一方面，通过自主研发的方式打造技术备胎，不追求短期内质量和性能的绝对领先，而关注的是长期内在核心技术领域差距逐步缩小，并将其作为战略储备；另一方面，还应实施多元化采购战略，积极拓展除美国外的第二供应来源，并扩大与第二技术来源的技术合作。

4）采用市场机制解决第四类"卡脖子"技术。第四类"卡脖子"技术为市场规模小、技术攻克难度较低的通用技术，这类技术通常不会成为发达国家阻碍中国创新能力的关键。即便发达国家实施断供举措，其造成的经济后果和影响范围也相对有限，可以不用将其作为政策关注的重点。因此，可考虑采用市场机制解决这类技术，政府不干预这类技术的市场运行，由企业自由决定是否进入此类技术领域。

（2）推动部分核心技术质量领先

与美国实施全面科技领先战略不同，我国经济发展水平和产业技术创新能力决定了现阶段还不具备构筑全面领先的条件，应优先考虑构建"局部优势"而非"全局优势"，通过培育"局部优势"提升核心技术的非对称反制能力。而构建"局部领先优势"的关键是在部分领域实现产业核心技术质量性能的绝对领先，本章认为，实现产业核心技术质量性能绝对领先的重点包括以下三个方面。

1）推动核心技术迭代升级。推动核心技术迭代升级强调应率先在工程机械、先进轨道交通装备、输变电装备、家电等具有较强国际竞争优势的领域，加快推动传统制造技术与大数据、人工智能、工业互联网等新一代信息技术深度融合，不断催生新技术、新模式和新业态，进而形成以新一代智能制造为底层支撑的技术升级范式。具体来说，可鼓励支持具备条件的龙头企业积极引入工业互联网、大数据、云计算等新一代信息技术，瞄准本领域技术前沿方向，加快推进新一代信息技术在企业技术研发、产品生产、市场应用等各环节的深度应用。在此过程中，应充分考虑商业模式、生产制造流程规范、技术经济性、技术专用性、管理组织等多重因素的影响，制定适合本领域的差异化智能制造升级路径。例如，浙江春风动力股份有限公司（以下简称春风动力）是以全地形车、特种整车研制等为核心技术的高端装备制造企业，是特种车细分领域的世界隐形冠军企业。为满足客户订单小批量、多品种要求，不断扩大品牌知名度和影响力，其在 2012 年确定了"支持个性化定制的特种车辆智能制造技术升级模式"，并提出了"基础建设—单项应用—系统集成—协同创新"的技术升级路径。春风动力先后开展了SCM 系统、ERP 系统等多项信息系统的设计开发、应用维护、反馈升级，并在 2018 年将智能制造技术逐步从制造工厂推向开展数据驱动的数字化设计平台、C2M 市场云平台等工业云平台，有效推动了企业研发技术迭代升级。

2）推动技术创新从终端品创新向中间品创新转变。推动科技创新从"技术追赶"转向构建局部优势的关键在于转变"引进、消化、吸收、再创新"的传统创新模式，加快推动从终端品创新转向中间品创新转变，通过加大对优势领域基础研究的投入，持续提升优势产业中间品的质量性能。由于关键零部件、元器件、基础材料等中间品具有技术迭代速度快、专业化程度高、隐性知识比重高的典型特征，因此在推动中间品创新的过程中，需要发挥龙头企业的引领作用，以行业龙头为主导联合中小企业产业链协同推进，持续突破中间品的关键技术。例如，在5G 通信技术领域，以华为、立讯精密等行业龙头企业为主体，依托其在终端产品市场积累的技术优势、品牌优势、管理优势、市场优势，持续扩大企业在基础领域的研发投入，将提升中间品的自主研发能力和中间品的质量水平作为企业维持市场竞争优势的重要来源。

3）创新核心技术的应用场景。当前，应用场景成为与成果转化、创新创业并重的第三类促进产业技术发展的重要手段，能够显著加速前沿技术产业化落地。因此，可将核心技术应用场景创新作为引领制造业核心技术突破的关键方向，鼓励制造企业开展数字化智能化工厂、数字化智能化车间、工业互联网标杆示范项目、数字化智能化改造标杆示范项目等多类型差异化示范场景建设，通过开放场景需求、搭建对接平台、强化政策支撑等，探索以应用场景引领制造业核心技术升级的新路径。例如，随着物联网快速发展，车联网技术的应用起来越广泛，从而不断创新的车联网应用场景成为推动车联网技术持续健康发展的重要方式。目前，通过部署车联网平台、道路基础设施、车载终端和智能传感器等，车联网应用场景不断延伸，涉及城市交通监控、车辆状况监控、违章识别、驾驶行为监测、优先通行、运营调度、充电桩引导、停车场引导、道路施工提醒等众多领域，有效推进了车联网产业技术快速发展。

5.1.1.3 基于先进标准引领的路径设计

标准是一国经济运行和产业发展的重要技术支撑，也是构成国家基础性制度的重要内容。先进标准引领成为产业链双循环下制造业突破自主安全可控、推进高质量发展的重要实现路径。依据本书研究的实态与问题分析及目标定位可知，提升先进标准的引领作用需要重点从健全新兴和前沿领域标准、培育标准创新和应用服务平台、构建产业链标准供给体系三个方面依次推进。

（1）健全新兴产业标准

新兴产业是以重大技术突破和重大发展需求为基础，对经济发展全局和产业可持续发展具有重大引领和带动作用的产业。知识技术密度高、发展空间大、综合效益好是新兴产业的重要特征。就制造业而言，现阶段新兴产业主要集中在数字技术、智能化技术、节能环保、新能源等战略性新兴领域，因此新兴产业可以归纳为数字化产业和绿色化产业两大类。依据这一划分标准，重点从数字化标准和绿色化标准两个方面设计发展路径。

1）构建制造业数字化转型标准体系。推进制造业数字化转型标准体系建设可重点从以下三个方面展开。首先，健全数字化标准的基础规范。应围绕数字技术特征属性，在术语定义、方法标准、编码标准、符号标记、技术规范等方面率先形成一批广域通用标准，指导企业了解熟悉数字技术赋能属性和应用范围，为推动制造企业开展数字化转型奠定基础。在此过程中，可以采取支持地方先行先试的方式，鼓励具备条件的省份或城市率先制定数字化转型地方标准和团体标准，并将该标准逐步推广应用至全国。其次，推动数字化技术标准化应用。政府应牵头建立支撑制造业数字化转型的两化融合标准体系，包括数字基础设施、数字技术应用流程与使用规范、数字技术配套服务等，加快提升制造企业数字技术的标准化应用能力。例如，加快建立开放、综合、统一的工业互联网标准体系，制定一批基础共性流程标准，为制造企业嵌入工业互联网平台提供标准化应用支持。此外，政府应联合行业龙头企业、行业协会等加快制定数字化车间、"黑灯工厂"等标准规范，积极开展基于细分行业和领域的智能制造标准体系建设。例如，在机械装备制造等相关行业，应加快推进基于数字模型的产品标准设计，推进虚拟仿真等数字技术在产品研发设计环节的标准化应用，搭建产品级、部件级数字仿真模型典型标准，通过智能化标准方案提升产品设计水平。最后，丰富数字化应用场景的标准化建设方案。重点推进"5G+工业互联网"在生产制造环节形成远程设备操控、机器视觉质检、生产效能管控等典型应用场景，同时在底座支撑、场景应用等实践领域，推动更多的数字技术解决方案成为新标准、新规范，为制造企业实施数字化转型提供标准参考方案，例如，加快传统制造设备上云和业务系统向云端迁移成为推动中小制造企业数字化转型的重要途径。但囿于多数制造产品专业化分工程度高，属于典型的离散制造模式，导致诸多企业在制造业务上云过程中出现生产流程匹配程度弱、业务关联程度低等突出问题，如何依据离散制造的模式进行定标贯标成为关键。2020 年，浙江省标准化研究院联合多家单位起草了《离散型制造执行过程云化规范》，该规范的实施有力地规范了离散制造模式企业的上云标准，为中小制造企业"上云"提供了有力的指导。2020 年，浙江新增上云企业 6.12 万家，累计上云企业达 43.9 万家。

2）构建制造业绿色化转型标准体系。绿色化转型标准体系包括绿色评价标准、绿色生产规划标准、温室气体标准、污染物排放标准等。依据工业和信息化部颁布的《工业绿色发展规划（2016～2020 年）》中提出的关于着力强化标准引领约束的要求，从绿色制造标准数据库、绿色管理标准、实施"双碳"标准化战略三个方面，设计推进制造业绿色化转型标准体系建设的实施路径。

首先，完善绿色制造标准数据库。重点在煤炭、铝、钢铁、电池、印染等相关行业，分行业构建包含绿色技术标准、绿色设计标准、绿色生产质量标准、绿色材料与绿色能源标准等多维一体的绿色制造标准基础数据库，通过标准化参数指导企业绿色化转型。例如，绿色制造标准基础数据库包含绿色生产质量评价标准，在产品生产制造过程中，制造企业可预先设计绿色产品质量标准参数，借助绿色工厂自动实现产品预警，有效克服过去依靠人工巡检导致的低效率难题。此外，绿色制造标准基础数据库还应涵盖产品跟踪、能耗感知、质量控制等拓展性功能，突出数据存储与能耗感知，以精准测算产品生产与能耗分布情况。

其次，建立健全绿色管理标准。绿色管理标准重点包括绿色工艺技术管理标准、绿色工厂管理标准、绿色供应链管理标准三部分。①在构建绿色工艺技术管理标准方面：制造企业加快制定绿色工艺技术管理标准，包括生态环境污染防治、资源节约和循环利用、新能源、能耗和污染物协同控制技术，同时明确绿色工艺技术的关键性能和技术指标，定期对能耗限额、碳排放、污染物排放等强制性绿色工艺技术管理标准进行评估，并及时更新修订，以加强贯彻实施绿色工艺技术管理标准。②在推行绿色工厂管理标准方面：制造业企业可重点围绕绿色规划设计、清洁生产、节能排放、监测评价等方面，加快推行相应的绿色工厂管理标准。③推行绿色供应链管理标准方面：应聚焦绿色发展理念，对绿色供应链中的各个环节进行规划，并针对资源流动的全过程实施计划、组织、协调与控制，实现绿色供应链在环境、经济和社会效益方面的平衡。制造企业实施绿色供应链管理标准，应重点围绕企业的生产、采购、回收利用等绿色供应链关键环节展开，以满足制造企业绿色供应链管理要求。

最后，实施推进"双碳"标准化战略。推进"双碳"标准化发展战略的重点包括构建"双碳"标准体系、积极融入碳排放标准体系、打造碳排放标准国际认证龙头企业三个方面。建立健全碳达峰、碳中和标准。由政府有关部门牵头实施"双碳"标准化提升工程，尽快补齐碳排放核算、报告、核查、披露、认证和标识等关键环节短板。加快节能减排领域标准更新升级，并修订一批能耗限额、产品设备能效强制性国家标准，提升重点产品能耗限额要求，扩大能耗限额标准覆盖范围。

（2）培育标准创新和应用服务平台

建设标准创新和应用服务载体，一方面要重视发挥龙头企业及"专精特新"企业标准化创新建设，加快培育标准创新型企业；另一方面要积极发挥高校、科研院所、标准创新基地、标准创新协会（联盟）等专业化组织的支撑作用，通过协同推进、示范试点推进等方式实现。因此，从打造标准创新型企业、培育标准化创新和应用服务组织两个方面设计具体发展路径。

1）打造标准创新型企业。标准创新型企业建设的重点包括"链主"企业、行业龙头企业和"专精特新"企业。一方面，政府应支持"链主"企业、龙头企业围绕产业发展需求推进标准化创新建设，通过在企业设立标准创新中心、支持企业承担标准化试点示范项目等多种方式，打造一批标准创新型企业。同时政府还需要加强对"链主"企业及龙头企业标准制定工作的监督，支持"链主"企业及龙头企业联合产业链上下游企业同步开展标准化试点示范，辐射带动全产业链技术标准创新和质量提升。另一方面，对于"专精特新"企业，则重点引导其聚焦细分领域及关键环节开展标准转化制定，支持企业制定符合国际惯例和市场需求的技术标准，通过"专精特新"中小企业标准支持专项等推进"专精特新"企业标准创新建设。在此过程中，为了更好地发挥标准促进科技成果转化的纽带作用，可通过制定研发与标准同步评价体系方式，在重点领域推动企业建立研发与标准同步机制,完善标准必要专利制度,推动创新成果专利化、专利标准化、标准产业化。此外,还可通过典型企业示范试点方式推动科技成果转化为技术标准。例如,可重点聚焦行业典型企业,遴选符合条件的企业开展科技成果转化为技术标准试点工作,探索科技成果转化为技术标准的有效路径和实践方法,进而总结科技成果转化为技术标准的经验,为科技成果转化为技术标准树立标杆。

2)培育标准化创新和应用服务组织。标准化创新和应用服务组织的培育路径具体包括如下两条:其一,可以鼓励/支持高校、科研院所、国家重点实验室、工程实验室、工程(技术)研究中心等既有创新载体聚焦本领域,开展标准化创新和应用服务建设。例如,加快在高校设立标准化创新中心,依托高校在基础研究、学科平台、人才资源等领域的综合优势推动标准化创新建设。又如,积极引导重点实验室主导或参与本研究领域标准建设,支持实验室引进和培养复合型标准化专业人才,推动实验室将标准研制逐步嵌入科技活动的各个环节,鼓励实验室参与更高水平国际标准制/修订,抢占技术标准话语权。其二,围绕数字经济、节能降耗、生物医药、人工智能等重点和前沿领域,应加快构建一批技术标准创新基地、标准创新协会(联盟)及标准验证服务机构等平台组织,同时也要加大对标准创新载体的政策引导和支持力度。通过不断汇聚产业联盟、行业协会等多方资源,加快形成开放式标准创新交流与合作载体,以标准创新载体为核心共同构建开放型标准生态圈,集标准研究、技术服务、标准化知识培训、成果转化等功能于一体的标准生态圈,为畅通国际大循环提供载体支撑。例如,为推动数字经济的快速发展,于2019年率先成立了"浙江省数字经济标准创新联盟",联盟围绕数字经济领域,致力于推动国际标准、国家标准、行业标准和团体标准的研究、修订、推广及应用服务,发挥标准化合作组织的纽带作用,以先进标准驱动浙江数字经济产业的快速发展。

(3)构建畅通产业链内外循环的标准体系

产业链高效分工与内外协同发展,一方面,要对内强调加快补齐产业链重点领域和关键环节的标准供给短板,在推进"建链、延链、补链、强链"过程中同步开展产业链标准体系建设;另一方面,要不断提升产业链标准体系的国际化水平,不断深化全球产业链分工协作的标准共建,为促进产业链深度融入国际循环提供标准支撑。

1)补齐产业链标准供给短板。支撑产业链分工协作的标准体系不仅包括与产业链上下游领域直接相关的行业标准,还应关注产业链分工协作的保障层面,相关配套服务标准建设等。因此,从产业链核心层和保障层两个方面出发,提出补齐产业链供给标准短板的实施路径。

在产业链核心层面:要重点聚焦产业链关键环节、短板弱项和空白领域,查找并筛选标准短板、分析标准市场需求，完善对应产业链图谱的标准图普，系统分析产业链供应链的关键环节、技术共识和发展趋势，逐链建立健全计量标准体系。应重点加强基础零部件、核心元器件、关键基础材料、先进基础技术及产业技术基础的标准建设，力争在短期内实现基础通用标准研制及应用的重大突破。首先，要发挥标准创新基地、标准创新协会、实验室、"链主"企业研发中心等各类标准创新载体对标准建设的带动作用。支持由"链主"企业牵头，围绕产业链建设标准化服务体系，鼓励产业链上下游企业在市场、资金、技术、标准等方面开展合作，同时针对重点产业链，选育标准创新型企业，支持其建立技术标准创新中心、标准验证点等新型标准研发平台，搭建标准协同服务平台，促进技术、专利、标准等要素联动贯通。其次，结合国家产业基础再造工程等重大技术攻关项目推进制造业标准化建设，通过产业技术攻关项目研制一批重大、关键性的技术标准。以通信领域的 5G 技术标准为例，2016 年，我国主导建设的 Polar 码被国际移动通信标准化组织采纳为 5G eMBB（增强移动宽带）控制信道标准方案，这对确保我国 5G 技术位居全球领先位置产生了重要推动作用。

在产业链保障层面：一方面，要加快建设覆盖产业链各领域各环节的知识产权服务平台，通过形成知识产权工作标准化体系，有效发挥知识产权对产业标准创新的激励与保护作用；另一方面，要加快推进现代服务业标准化、品牌化建设，重点推进现代物流、电子商务、金融科技、物品编码等相关领域标准化建设，以先进标准提升现代服务业对产业链分工协作发展的保障作用。此外，为促进两业融合发展，可以将产业链作为基础单元，加快制造业和现代服务业融合发展标准化建设。例如，随着大数据技术的迅猛发展，可以考虑建立健全大数据与产业链融合发展的标准规范，以先进标准推动数字产业化和产业数字化发展。

2）提升产业链标准体系的国际化水平。产业链标准国际化建设可以重点从推动国内国际产业链标准化协同发展、深化产业标准化交流合作、推进贸易便利化标准建设三个方面展开。首先，推动国内国际产业链标准化协同发展。具体可以"三大工程"（标准化助力重点产业稳链工程、新产业标准化领航工程、高端装备制造标准化强基工程）、"一个行动"（新型基础设施标准化专项行动）为统领，加快构建国内领先、与国际前沿标准接轨的产业标准体系，为产业链融入国际循环奠定了标准基础。产业标准体系建设的重点包括：布局一批具有全球通用属性、影响范围广、覆盖产业链上下游的标准综合体；在产业链关键领域，加快研制一批国际前沿标准，形成以前沿标准与高端技术为核心的产业发展新优势；在智能化、绿色化、服务化等交叉融合领域，推动国内标准与国际前沿标准项目同步提出、同步研制。其次，深化产业标准化交流合作。应加快推进重点产业标准化的对外交流与合作，引导并支持企业、科研院所、高校等参与国际电信联盟

（ITU）等国际标准化组织的标准制定工作，推动重点产业领域标准的国际化发展。以华为为例，华为长期以来一直重视面向全球的标准化创新工作，将研制标准作为提升企业核心竞争力的重要构成部分。截至 2021 年底，华为参与全球标准、开源等各类组织达数百个，累计提交标准提案近 7 万篇，成为欧洲电信标准化协会（ETSI）、第三代合作伙伴计划（3GPP）、互联网工程任务组（IETF）、万维网联盟（W3C）、电气和电子工程师学会（IEEE）等众多组织的重要贡献者，在 5G 通信等相关领域已成为行业标准制定的领导者。在此过程中，以"一带一路"倡议为契机，积极推进与"一带一路"共建国家在产业标准领域的对接合作，加快推动各成员国间的标准协调对接，同时不断强化与金砖国家、亚太经合组织（APEC）、区域全面经济伙伴关系协定（RCEP）等标准化对话，深化与亚太、泛美、欧洲、非洲等区域标准化合作，发展互利共赢的标准化合作伙伴关系。例如，相关制造企业可以依托产业链海外合作项目，联合"一带一路"共建国家共同制定国际标准，探索在国家和行业层面制定双（多）编号标准。以标准为纽带，加速中国先进技术标准在"一带一路"共建国家的普及应用，进而降低我国产品和技术进入"一带一路"共建国家的难度。最后，推进贸易便利化标准建设。依托标准化技术委员会、标准化研究中心等标准服务部门，围绕企业"走出去"需求，积极开展产业链重点领域贸易标准比对分析，大幅提高我国标准并加强其与国际标准的一致性，加快国际标准转化和应用，通过推动全球贸易自由化、便利化以不断提升我国产业链融入外循环的水平。推动贸易自由化、便利化的重点包括提供各产业国外标准化政策、标准文本、产品认证等标准信息服务，完善大宗贸易商品、跨境电子商务、对外承包工程等中国标准外文版编译，推动国家标准外文版同步制定，特别是面向重点贸易商品和产业链国际分工与合作，强化标准外文版有效供给等。

5.1.1.4 基于品牌建设驱动的路径设计

品牌是一国制造业核心竞争优势的重要表征，是国家软实力的重要构成部分。当前，我国已成为全球第一制造大国，但仍不是制造强国，其中一个关键原因是制造业品牌建设远远滞后于制造业发展规模，制造业全球知名品牌少，品牌附加值及国际影响力仍处于较低水平。实态与问题分析研究也表明，缺少具有全球影响力的世界一流企业是导致我国制造业内循环通畅度低、外循环能力弱的重要原因。因此，如何推动品牌建设成为产业链双循环下制造业实现高质量发展的重要路径。基于品牌建设驱动视角，从增强制造企业品牌建设能力、提升产业集群的品牌建设水平、"中国制造"品牌全球推广三个方面提出具体发展路径。

（1）增强制造企业品牌建设能力

依据制造企业市场竞争地位可将企业分为行业龙头企业与中小微企业。对行业龙头企业，提出打造"品牌生态"以推动企业品牌建设；对中小微企业，提出精准培育以推进品牌建设。

1）通过打造"品牌生态"推进龙头企业品牌建设。数字技术蓬勃发展改变了过去企业依靠自身竞争优势实现利润最大化的方式，通过合作共生关系构建品牌生态圈成为企业品牌建设的重要选择（陈剑等，2020）。为顺应数字化时代变革趋势，行业龙头企业应围绕自身的核心技术和关键领域，积极与产业链上下游合作企业、生态嵌入企业等构建合作共生关系，打造融"产品+技术+平台+服务"为一体的品牌生态圈，从产品、服务、技术、平台、文化、体验等不同维度不断丰富品牌内涵，提升企业在全球市场的品牌根植能力。尤其是在高铁、电力装备、新能源、船舶等产业优势领域，行业龙头企业更需要培养构建"品牌生态"的战略意识，主动出击，通过实施"品牌生态"参与国际竞争，从而形成产业外循环发展支点。例如，小米公司围绕核心产品（智能手机），采用"投资+孵化"方式打造品牌生态系统，目前已孵化近300家生态链企业，合作伙伴超过400家，涉及智能产品、智能家居等15个领域，并构建了全球最大的消费级物联网（IoT）平台（曹鑫等，2022）。受益于品牌生态战略的实施，小米公司的品牌价值在短期内取得快速增长，在世界品牌实验室发布的2021年世界品牌500强排行榜中，小米成功入选世界品牌500强。小米品牌生态构成有核心圈层、内圈层、中间圈层、外圈层四部分，其中核心圈层为智能手机；内圈层为智能手机供应链上下游的配套产品，如移动电源、充电器、耳机等；中间圈层是以智能技术和物联网技术为基础构建的智能设备，如智能门锁、智能灯具等，上述智能化设备均可以通过小米手机实现互联与控制，以进一步强化产品与用户的连接、产品与产品间的交互；外圈层包括以个人物联网、家庭物联网、车联网、卫星互联网等为核心的场景链，提升场景与场景之间的互联能力。例如，小米和理想汽车合作构建智能车联系统，用户可以通过小爱同学在车中继续收看在家未看完的电视节目，实现智能家居场景与车载场景的高效联动。

2）通过品牌精准培育推进中小微企业品牌建设。相较于行业龙头及大规模企业，中小微企业资源更为匮乏、抵抗风险能力更低、经营管理规范程度更弱。因此，通过品牌精准培育方式推进中小微企业品牌建设成为更合理的选择。推进中小微企业品牌培育精准化包括实现品牌精准定位，更好地匹配用户需求；基于数据分析提取用户反馈的有价值信息，进一步完善品牌建设等。具体而言，促进品牌市场定位的精准化。中小微企业可以借助大数据分析技术构建用户细分模型，通过开展不同类别市场与用户的数据画像，获取与自身产品与服务相匹配的有效群体，这既可以有的放矢、为品牌精准培育奠定基础，还有利于用户提升品牌辨识度、增强品牌的实施效果。在此过程中，中小微企业不但要用好目有数据资源，还要善于运用大数据中心、智库、咨询公司等专业数据服务机构的数据与分析资料，做好品牌定位的多维度关联分析和潜在价值挖掘。推动品牌管理精准化。精细化品牌管理需要通过良好的品牌管理制度和高效的品牌管理组织发挥协同效应实现。因此，具备条件的中小微企业，一方面应加强品牌管理工作的制度化、规范化，以市场需求为导向，逐步制定品牌战略、品牌传播、品牌危机、品牌资产、品牌应用等一系列品牌管理制度和管理流程，使品牌管理工作有章可循；另一方面应加快建立健全品牌管理组织，明确相应品牌管理职能，优化品牌管理流程，构建规范的品牌管理体系。在推进品牌管理精细化的过程中，企业还应将品牌制度和流程渗透至设计、研发、采购、制造、销售、售后服务等企业生产经营的全过程，实现协同效应。此外，中小微企业可依托专业的品牌服务组织帮助企业完善品牌资产和品牌建设，有条件的企业还可以积极探索将品牌建设工作纳入业绩考核体系，并采取相应的激励约束措施。

（2）提升产业集群的品牌建设水平

产业集群品牌是推动产业集群高质量发展的必然产物，也是推动产业链形成国内大循环闭合回路的重要载体。对于产业集群品牌建设的重点，一方面应聚焦于产业技术属性，重点推进先进制造产业集群的品牌建设；另一方面需要结合区域产业发展特色，结合区域产业发展优势促进特色产业的集群品牌建设。

1）推进先进制造业产业集群品牌建设。要以先进制造业产业集聚区为载体，引导产业集群设立公共品牌服务平台或引进专业品牌服务机构，帮助集群内企业加强品牌塑造。通过完善基础标准、探索集体商标和证明商标、加强地理标志保护等多种方式提升产业集群品牌的全球知名度和影响力，形成先进制造业的集群品牌效应，以集群品牌推动集聚区内企业高效参与国际大循环合作与竞争。例如，可以依据先进制造产业集群的功能属性和行业分类，分类推广"品牌设计+商标注册+技术供给+国际推广"的集群品牌建设模式。一方面，由先进制造产业集群中的主导企业牵头，联合集聚区上下游企业与品牌运营服务机构开展集群品牌合作，为集群品牌创建与培育、品牌管理咨询、品牌评估、海外推广等提供专业化指导；另一方面，应考虑将"链长制"与先进制造产业集群的品牌建设并行推进、融合发展。

2）打造区域特色产业的集群品牌。以畅通国内大循环战略衔接点为目标，加快推动区域特色产业品牌集群发展。区域特色产业的品牌化发展可采用"1+N"或"2+N"式的培育模式，即以区域内一个或两个主导或特色产业为主，先培育区域特色品牌，再集中区域内特色资源形成集群品牌，而非追求"大而全、小而全"，导致区域内资源配置扭曲的做法。在推动区域特色产业的品牌化发展过程中，一方面应充分结合区域内的优势产业和特色产业，重点发挥特色产业的集聚效应和规模效应，实现以特色产品引导产业结构调整，以特色产业规划引导资源配置和产业集聚，利用特色产业集聚产生的聚合效应形成产业区域名牌，以名牌企业群体筑起产业区域名牌，最终形成具有较高知名度的区域特色集群品牌。例如，可以考虑采用"地域集体商标+品牌故事+政府推广"的模式，打造特色产业集群品牌。另一方面可考虑将打造区域集群品牌建设列入区域经济发展的整体规划，通过设计区域品牌发展总体战略，提出循序渐进的集群品牌推进战略，拟定合理的实施步骤和阶段性目标，明确区域内特色行业、配套产业在集群品牌发展的方向和重点，最终形成"集群品牌—企业品牌—产品品牌"的多层次品牌体系。

（3）"中国制造"品牌全球推广

"中国制造"品牌推广可以重点从企业和政府两个方面展开，在企业层面，提出引导企业制定品牌国际化战略的路径，在政府层面，提出增强"中国制造"的宣传推广路径。

1）引导企业实施品牌国际化战略。对于具备国际化发展条件的制造企业，应培养其树立国际化发展战略意识，促进更多企业将品牌国际化建设纳入总体发展战略和经营策略，并支持企业推动品牌国际化战略。一方面，鼓励行业龙头、"专精特新"企业"走出去"参与国际合作与竞争，通过优质产品与服务"走出去"带动品牌国际化发展，向世界传递中国品牌价值，扩大"中国制造"品牌的国际认可度和影响力。行业龙头企业能够以品牌国际化为契机，通过倒逼机制不断夯实质量基础，推动形成质量提升与品牌认可的正反馈循环，通过扩大品牌影响力增强我国在全球产业链中的话语权，为制造业畅通国际大循环奠定品牌基础。在企业"走出去"参与国际合作的过程中，可以通过并购、收购、合资等方式与国际知名企业构建互利共赢的品牌合作联盟，充分整合品牌、技术、服务、渠道等国际资源，为"中国制造"品牌走向世界提供推动力。另一方面，企业在开展品牌国际化战略的过程中，应加强对东道国民俗文化、法律法规及消费习俗等的研究，自觉遵守东道国法律法规，主动承担相应的社会责任，并建立品牌危机防控体系并制定保障措施，妥善化解潜在的合作冲突。

2）促进品牌宣介。对于政府而言，可具体从以下四个方面对"中国制造"品牌进行宣传推广和政策支持。首先，制定"中国制造"品牌建设梯度体系。考虑从国家层面设立"中国制造"品牌建设领导小组，把"中国制造"品牌建设作为推进质量强国战略、提升制造业国际竞争力的重要举措来推进。在此过程中，要突出企业主体、政府主导的职责，着重把推进"中国制造"品牌推广作为畅通国际大循环的重要方式。其次，拓宽品牌推广渠道。一方面，政府应重视博览会、交易会等在促进制造企业品牌宣传中的重要作用，可将中国进出口商品交易会、中国国际进出口博览会、中国国际高新技术成果交易会、中国—东盟博览会、中国西部国际博览会、中国义乌国际小商品(标准)博览会、中国国际服务贸易交易会等作为制造企业品牌宣介的重要载体,积极引导支持制造企业参会宣传;另一方面,政府可考虑在"一带一路"商贸合作、金砖国家国际产能合作、国际工程建设等战略合作领域扩大对"中国制造"品牌的宣传推广,帮助企业将品牌开拓至国际市场。再次,制定品牌支持政策。可加大对"中国制造"品牌企业建设在融资、信息咨询、跨国并购等领域的支持力度,支持"中国制造"品牌推广应用。例如,获得"中国制造"认证的产品可优先纳入政府采购、政府性投资及补助、国有企业投资等项目,同等条件下优先采购。此外,政府还可借助互联网平台推动落实"互联网+"采购政策。最后,增强市场监管。在市场监管方面,政府应加强对质量不合格企业的监管,强化行业性质量品牌治理力度,推动清除不符合标准的产品和假冒伪劣产品工作进展。

5.1.2 推动产业结构高级化的路径设计

产业结构优化是一个动态过程,主要反映了一国(地区)产业结构不断升级,逐渐跃升到更高层次合理化状态的过程。对于制造业而言,推动产业结构优化首先要关注传统产业,加快实现传统产业高级化跃迁;其次需要重视发展新兴产业,大力推动战略性新兴产业发展;最后还要聚焦国际科技前沿,前瞻布局未来产业。因此,推动制造业产业结构优化升级可以从传统产业、新兴产业和未来产业三个方面展开。

第一,根据国家统计局 2017 年发布的《国民经济行业分类》(GB/T 4754—2017),全部制造业分为 31 个大的行业门类。由于医药制造业,计算机、通信和其他电子设备制造业,石油、煤炭及其他燃料加工业,有色金属冶炼和压延加工业,黑色金属冶炼和压延加工业,化学纤维制造业等 6 个行业在新技术的开发及应用等方面具有显著的优势,参照张震宇(2013)的研究,在 31 个行业中剔除上述 6 个行业,将剩余 25 个行业划入传统制造业。第二,依据国家统计局 2018 年发布的《战略性新兴产业分类(2018)》,新兴产业具体包括新一代信息技术产业、高端装备制造产业、新材料产业、新能源汽车产业、新能源产业、节能环保产业、生物产业、数字创意产业、相关服务业 9 大领域,参照该划分依据,将上述9 大行业门类全部列入新兴产业。第三,对于未来产业,目前政府尚未出台具体的产业分类指导文件。参考《中华人民共和国国民经济和社会发展第十四个五年规划和 2035 年远景目标纲要》的相关陈述,将类脑智能、量子信息、基因技术、未来网络、深海空天开发、氢能与储能 6 类产业归为未来产业。

在双循环新发展格局下,产业结构优化更强调制造业在内外循环中的合理化布局与均衡发展。立足双循环新发展格局,依据不同行业分类,从国内循环和国际循环双视角提出推动产业链双循环下制造业结构优化的实施路径。

5.1.2.1 基于传统产业现代化转型的路径设计

推动传统制造业结构优化应加快推动传统产业高端化发展，而传统产业高端化跃迁的重点是将传统的低效率、低附加值、粗放型产业增长方式转变为高效率、高附加值、集约化的发展模式，通过不断提高高新技术对传统制造产业的渗透程度，利用技术进步推动传统制造业结构升级改造，实现从传统制造产业向现代制造业转型。考虑到传统制造业涵盖细分门类众多，且不同产业间发展特征存在一定差异，具体以传统汽车产业为例，设计传统汽车产业现代化转型的高质量发展路径。

汽车制造业是建设制造强国的重要支撑，是国民经济的重要支柱。现阶段，推动传统汽车产业结构优化的重点是坚持绿色化、网联化、智能化发展方向，加快形成纯电动汽车、氢燃料电池汽车等新能源汽车高产业比重，智能网联汽车深入渗透的产业格局以及完善的产业配套体系，引领传统汽车产业转型升级，如图 5-4 所示。

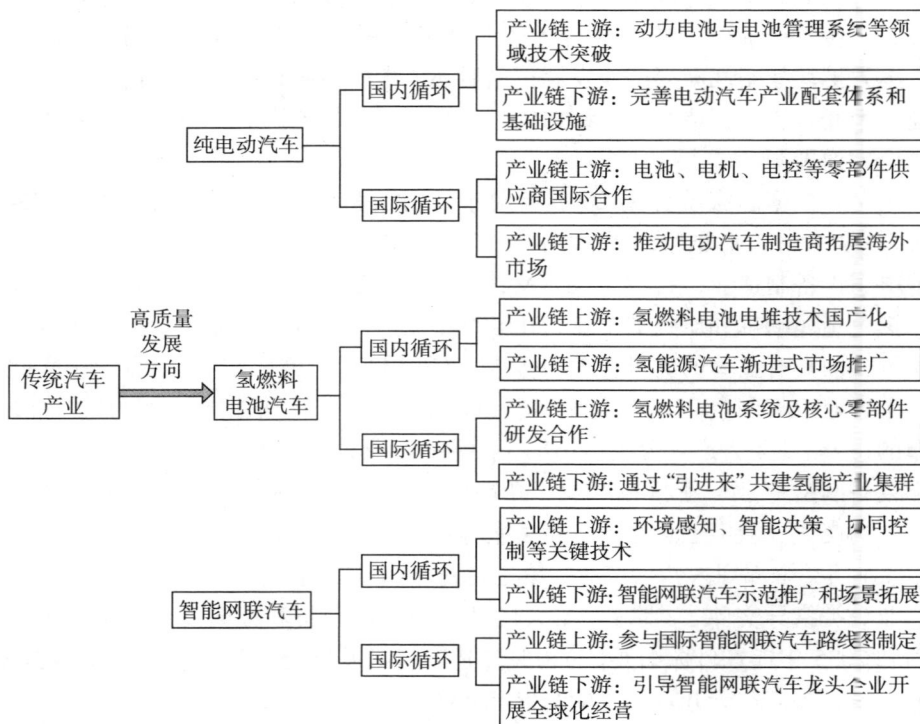

图 5-4 传统汽车产业现代化转型的路径

（1）发展纯电动汽车产业

近年来，我国纯电动汽车产业取得长足发展，市场规模快速扩张，但仍存在待完善之处：一方面，我国在电池等核心领域仍存在技术短板，突出问题为电池续航能力弱、充电速度慢等，此外，与纯电动汽车产业快速发展相比，其上下游产业配套体系及相关基础设施的建设相对滞后；另一方面，纯电动汽车制造企业参与全球产业链的能力仍处于较低水平，突出反映在零部件领域国际合作水平低，整车制造商国际化进程缓慢等。从双循环视角下优化纯电动汽车产业结构优化的路径与代表企业如图 5-5 所示。

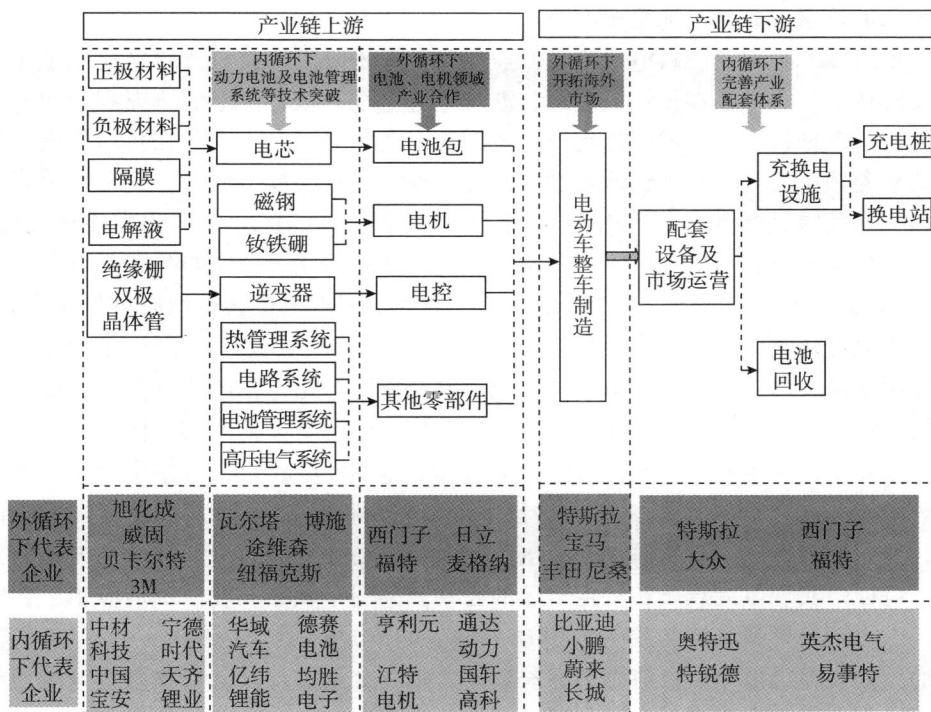

图 5-5 双循环视角下纯电动汽车产业结构优化的路径与代表企业

1）在内循环视角下，在产业链上游，应持续聚焦电池领域技术研发，重点围绕动力电池与电池管理系统、电机驱动与电力电子总成等领域开展技术突破，提升电池管理、充电连接、结构设计等安全技术水平，提高纯电动汽车整车综合性能；在产业链下游，应重视完善纯电动汽车产业配套体系，加快充换电基础设施建设。例如，应加快构建汽车电动化、智能化虚拟仿真和测试验证平台，提升整车、关键零部件的计量测试、性能评价与检测认证及服务能力。

2）在外循环视角下，在产业链上游，应进一步深化国内电池、电机、电控等汽车零部件供应商与国际知名电动汽车企业开展深度合作，例如，电池制造商宁德时代与特斯拉开展长期战略合作，向特斯拉供应锂离子动力电池产品。此外，在产业链下游，应加快推动国内电动汽车制造商"走出去"，不断拓展海外市场。例如，新能源汽车制造商比亚迪通过"强强联合、优势互补"合作新模式，不断深耕海外市场，运营足迹遍及全球六大洲300多个城市，在美国、法国、匈牙利和巴西等国家建设海外纯电动巴士工厂，在荷兰鹿特丹、美国洛杉矶、巴西圣保罗成立海外巴士研发中心。

（2）发展氢燃料电池汽车产业

现阶段，我国氢燃料电池汽车产业仍处于起步阶段，在氢燃料电池电堆领域的关键技术与国外还存在较大差距，涉及电池电堆等核心技术的研究和专利相对较少，关键材料长期依赖国外进口，且国内企业与国际龙头企业在技术引进、技术共享等领域的合作处于较低水平。此外，囿于成本、技术储备、安全性等多方面影响，我国氢燃料汽车的产业化、商业化进程缓慢，产业集群化发展程度低。双循环视角下氢燃料电池汽车产业结构优化的路径与代表企业如图5-6所示。

1）在内循环视角下，在产业链上游，应加快实现氢燃料电池电堆技术突破，重点攻克催化剂、质子交换膜和碳纸"三大材料"及双极板、膜电极"两大部件"等应用支撑技术，逐步实现氢燃料电池电堆技术国产化；在产业链下游，应加大氢能源汽车推广应用力度，完善氢能源汽车推广应用政策，尤其是使用环节的扶持政策体系，并重视完善氢气供应运输及加注基础设施建设，支撑生产企业不断提高氢能源汽车产销比重。在此过程中，可采用循序渐进的方式逐步推进。例如，在短期内，以中等功率氢燃料电池与大容量动力电池的深度混合动力结构为技术特征，实现氢能汽车在特定地区的公共服务用车领域大规模示范应用；在中期，以大功率燃料电池与中等容量动力电池的"电电"混合为特征，实现氢能汽车的较大规模批量化商业应用；在长期内，则应重点实现以全功率燃料电池为动力特征，在大型商用车等领域实现大规模的商业推广。

2）在外循环视角下，在产业链上游，针对氢燃料电池动力系统复杂性特征，应不断增强与国际知名氢能汽车企业在氢燃料电池系统领域的研发合作；在产业链下游，可通过"引进来"等多种方式共建氢能产业链集群。例如，广州于2022年积极引入全球最早研发氢燃料电池的车企韩国现代汽车集团，通过建立现代集团首个海外氢燃料电池系统研发、生产、销售基地"HTWO广州"，打造包含氢燃料电池电堆生产工厂、氢燃料电池系统研发中心和生产制造中心在内的综合型基地。"HTWO广州"项目包含上游核心零部件研发、氢气生产、氢能运

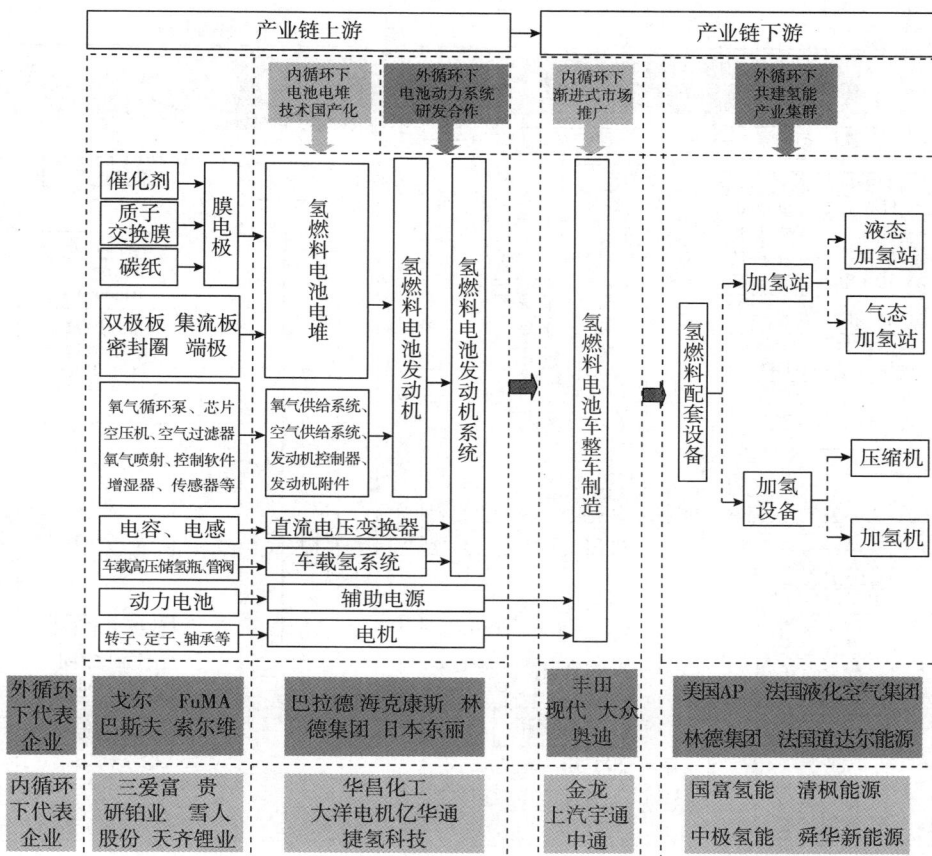

图 5-6 双循环视角下氢燃料电池汽车产业结构优化的路径与代表企业

输储存供应、氢燃料电池汽车运营、氢燃料电池系统等多个领域，成为国内共建氢能产业集群的典范。

（3）发展智能网联汽车产业

受益于人工智能等新一代信息技术的蓬勃发展，我国智能网联汽车产业发展迅速。截至 2022 年 12 月，我国智能网联汽车相关企业达 1.1 万余家，但同时相关问题也随之凸显：一方面，在环境感知、协同控制、智能决策等核心领域，我国企业技术积累不足，核心产品市场竞争能力弱，同时在应用端智能网联场景建设水平相对滞后，"人—车—路—云—网"场景生态尚未真正得到落地和推广；另一方面，智能网联汽车企业商业模式尚不清晰，相关法律及行业标准建设滞后，国内龙头企业更多聚焦于国内市场，国际化发展程度低。如图 5-7 所示。双循环视角下智能网联汽车产业结构优化的路径与代表企业。

产业链上游	产业链下游

内循环下 环境感知、协同控制技术突破	外循环下 国际协同与 全球化经营	内循环下 应用场景拓展

感知系统

摄像头	激光雷达
日立 海拉 大华股份 水晶光电	Luminar Velodyne 巨星科技 才赛科技

毫米波雷达	高精地图
德国博世 德国大陆 华城汽车 纳雷科技	HERE TOMTOM 百度地图 高德地图

定位系统
GPS博通
北斗卫星 北斗天汇

通信系统

电子电器架构
博世集团
奥托立夫
天合汽车
上汽集团

云平台
思科
微软
阿里巴巴
腾讯控股

控制系统

算法	芯片
微软 谷歌 中科寒武纪 华为 阿里巴巴	瑞萨电子 德州仪器 深鉴科技 四维图新

决策与操作系统
微软 苹果
百度公司
商汤科技

执行系统

ADAS执行
奥托拉夫 德国大陆 博世集团
纵目科技 路畅科技 前向启创

智能中控
博世 法雷奥 麦格纳
东软集团 均胜电子 天瞳威视

语音交互
苹果公司 亚马逊 Nuance
科大讯飞 百度语音 微硕科技

整车制造

智能网联汽车整车制造

维护运营

出行服务
Uber
Autowale
滴滴出行
嘀嗒出行
神州租车

物流服务
Maersk
UPS
FedEx
驭势科技
森图未来

数据增值服务
励讯集团
Otonomo
中智行
优必爱

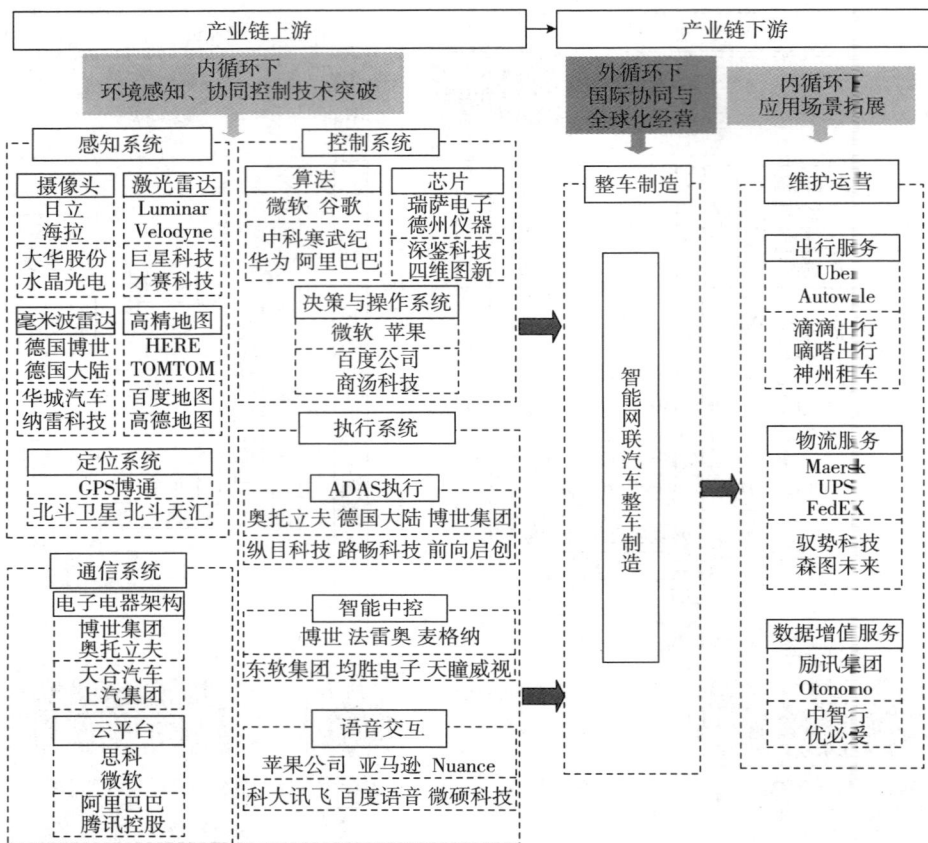

图5-7 双循环视角下智能网联汽车产业结构优化的路径与代表企业

1)在内循环视角下,在产业链上游,应重点攻克环境感知、协同控制等关键技术,加快实现传感器、车载终端、操作系统等研发与产业化应用;在产业链下游,应积极开展智能网联汽车示范推广,加快推进智能网联汽车准入试点工作,在确保合规、安全可靠的前提下,选择有条件的典型地区,探索智能网联汽车全区域、多场景应用,加速推动智能网联汽车产业化进程。

2)在外循环视角下,在产业链上游,应积极引导智能网联整车制造企业参与国际智能网联汽车路线图制定,在共同愿景、路线图协同合作、跨产业协作、推动产业环境发展等方面加快推进智能网联汽车行业的国际协同;在产业链下游,应引导国内智能网联汽车龙头企业积极开展全球化经营,积极开拓海外市场,同时在参与全球市场竞争的过程中,重视产品及服务配套体系及商业模式、后市场服务等在各国市场的协同落地和推广。在此过程中，尤其是要注意遵从各国关于数字安全、个人隐私的法律法规。

5.1.2.2 基于新兴产业规模化发展的路径设计

战略性新兴产业（以下简称新兴产业）包括新一代信息技术产业、高端装备制造产业、新材料产业、新能源汽车产业、新能源产业、节能环保产业、生物产业、数字创意产业、相关服务业九大领域，是推动制造业产业升级的重要力量，培育壮大新兴产业有助于促进一国产业结构高级化发展（任保平和豆渊博，2021）。在双循环新发展格局下，推动产业结构高级化需要发挥新兴产业的先导性作用，通过不断培育壮大新兴产业规模，带动制造业产业结构高端跃升。考虑到新兴产业门类众多，具体以新材料产业为例，设计新兴产业结构优化的高质量发展路径。

与传统材料相比，新材料产业具有技术高度密集、产品附加值高，应用范围广、发展前景好的特征，其研发水平及产业化规模已成为衡量一国（地区）经济发展及科技创新能力的重要标志。2017年，工业和信息化部联合国家发展改革委、科技部、财政部编制了《新材料产业发展指南》，为引导我国新材料产业高质量发展设计了顶层架构，也为"十四五"时期我国新材料产业的结构优化指明了方向。《新材料产业发展指南》明确提出：现阶段，新材料产业高质量发展的方向主要包括先进基础材料、关键战略材料、前沿新材料三大领域。其中，先进基础材料包括先进钢铁材料、先进有色金属材料等，关键战略材料包括稀土功能材料、新型显示材料等，前沿新材料包括石墨烯、液态金属等。考虑行业典型性和代表性，在先进基础材料领域，具体以先进钢铁材料领域中的特殊钢（以下简称特钢）产业为例；在关键战略材料领域，具体以稀土产业为例；在前沿新材料领域，具体以石墨烯产业为例，设计新材料产业结构优化的路径，如图5-8所示。

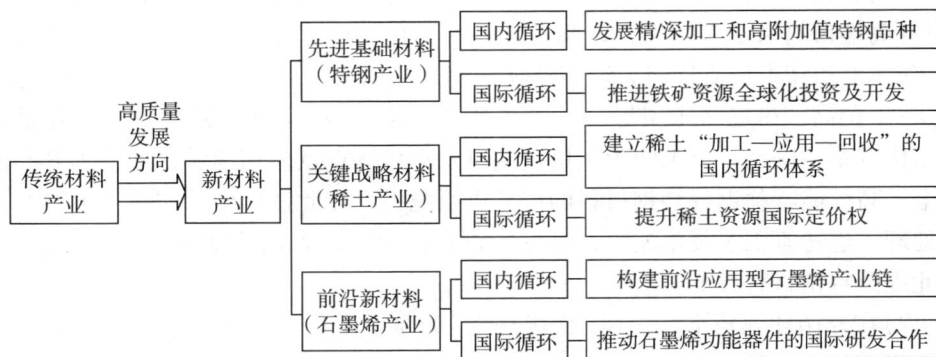

图5-8 新材料产业结构优化的路径

（1）发展先进基础材料

以特钢产业链为例，近年来，我国特钢产业在取得快速发展的同时仍面临一些突出的障碍。一方面，代表高附加值、高技术性能的特钢产品供应不足，特钢生产工艺和产品质量性能落后，手撕钢、轴承钢、弹簧钢等特钢产品的供给能力及市场比重仍处于较低水平；另一方面，在产业链上游，我国特钢产业还面临铁矿资源产出不足、海外资源供应渠道过于集中、海外矿产权益比重低等难题。双循环视角下先进基础材料结构优化的路径（以特钢产业链为例）如图5-9所示。

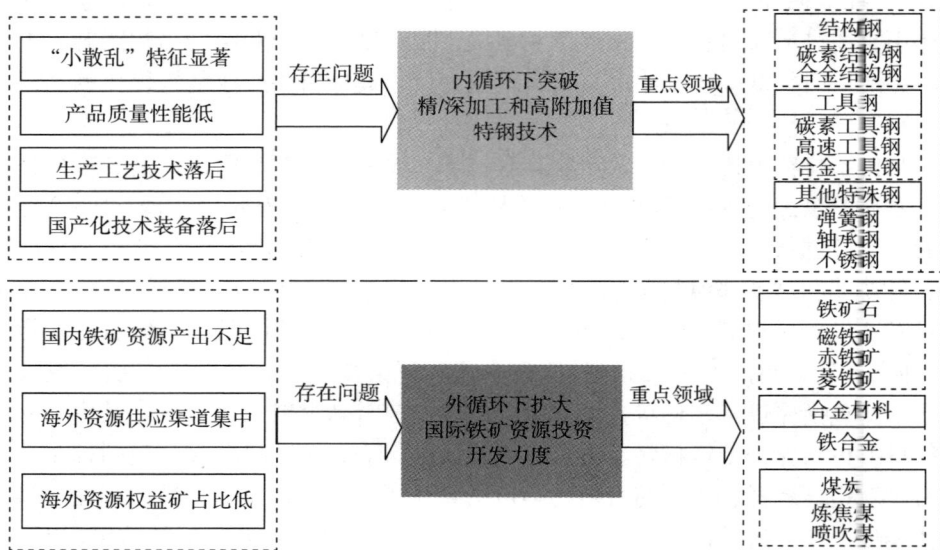

图5-9 双循环视角下先进基础材料结构优化的路径（以特钢产业链为例）

1）在内循环视角下，应以结构钢、工具钢、其他特殊钢（如轴承钢、弹簧钢）等高端市场需求为指引，以高性能、差异化、功能化为主攻目标，加快发展精/深加工和高附加值特钢品种，提高特钢产品的质量稳定性和服役寿命，通过构建"下游高端市场需求引导—上游产品品质化升级"闭环，带动钢铁产业链产品结构调整。例如，可围绕大飞机、航空发动机等重点应用领域，加快提升高温合金、高性能特种钢等特钢材料的产品供给能力。在此过程中，应重视不断改进热处理、连铸等工艺技术流程，推进特钢产品生产过程的智能化和绿色化改造，以此提升特钢材料性能。

2）在外循环视角下，应以"扶优扶强"为重要突破口，通过兼并重组等方式加快建设具有国际先进水平的特钢领军企业，并支持特钢领军企业"走出去"。通过整合全球铁矿资源，加快构建稳定可靠的多元化原料供应体系，为保障特钢产业链中下游安全及畅通运行奠定了基础,以此破解产业链上游"海外供应渠道过于集中、权益矿比重低"的难题。具体而言,应支持特钢领军企业扩大国际铁矿资源开发,包括铁矿石、合金材料、煤炭等,通过加大海外矿产资源投资和开发力度,增加海外资源权益比例,实现海外铁矿资源来源多元化,切实提高产业链上游的资源保障水平。

(2)发展关键战略材料

以稀土产业为例,作为我国重要的战略储备资源,稀土产业能否健康发展对我国产业链安全稳定意义重大。然而,囿于国际定价能力和开发能力弱,过度开采、大量低价出口等现象屡见不鲜。此外,国内稀土企业长期依赖开采、冶炼,对高端化产品研发投入不足,同时从产业链完整性来看,当前我国稀土资源回收及循环应用体系尚未形成,亟须补齐稀土资源回收及循环应用环节的短板。双循环视角下关键战略材料结构优化的路径(以稀土产业为例)如图5-10所示。

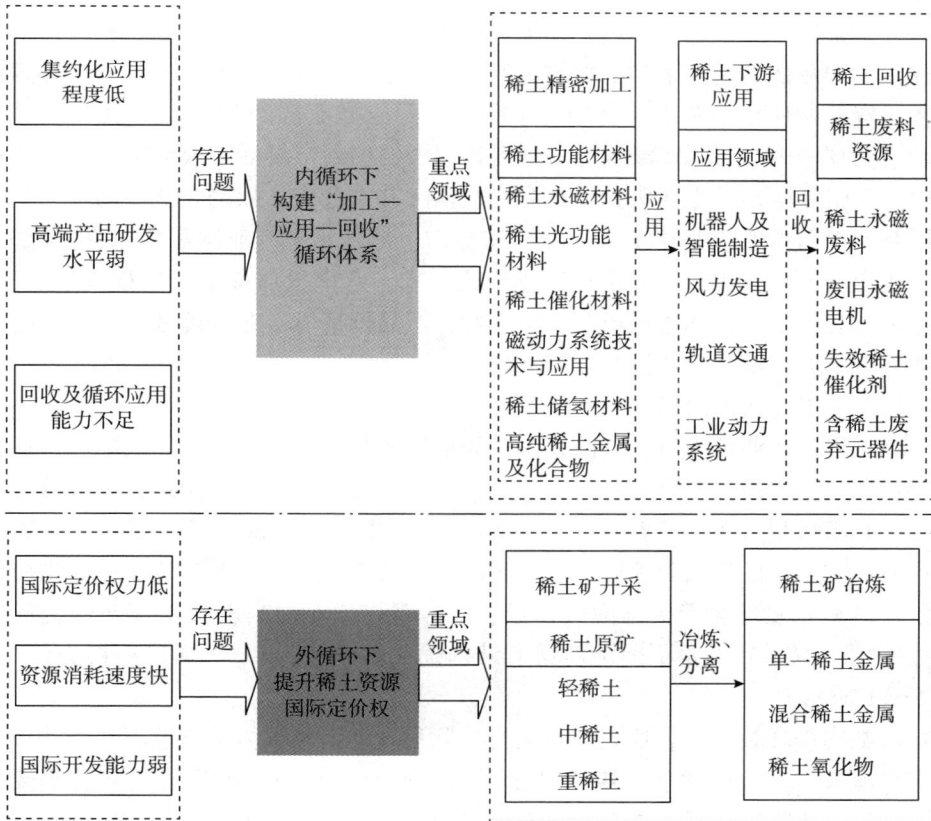

图5-10 双循环视角下关键战略材料结构优化的路径(以稀土产业链为例)

1）在内循环视角下，应以稀土的资源加工应用路线与资产再生路线的有机耦合为核心，立足稀土全产业链、全生命周期视角。一方面，稀土精密加工领域，包括稀土功能材料如稀土永磁材料、稀土光功能材料、稀土催化材料、磁动力系统技术与应用、稀土储氢材料、高纯稀土金属及化合物，为稀土资源的有效利用提供技术支持；另一方面，稀土下游应用领域，如机器人及智能制造、新能源汽车、风力发电、节能变频空调等，展示了稀土在不同行业中的重要作用。此外，稀土回收也是关键领域，涵盖稀土废料资源的再利用，如稀土永磁废料、废旧镍氢电池、失效稀土催化剂，以及含稀土废弃元器件的处理与再循环。通过构建稀土"加工—应用—回收"的国内循环体系，加强稀土资源的节约、集约、循环使用，有助于解决稀土生产、消费、回收再利用的结构性不平衡问题。

2）在外循环视角下，应重视统筹利用国内国际两个市场、两种资源，着力提升稀土资源国际定价权，尤其在稀土矿开采、冶炼和分离等关键领域。这些领域涵盖稀土原矿的挖掘（包括轻稀土、中稀土、重稀土）、冶炼和分离过程，涉及单一稀土金属、混合稀土金属以及稀土氧化物等产品。具体而言，应充分发挥我国在稀土产业链前端开采和中端冶炼的工艺技术优势及基础，积极参与海外国家的稀土资源勘探开采及冶炼利用，不断拉伸稀土产业链的"长板"，在产业链上游环节实现国内与国际市场畅通，推动稀土资源国际市场话语权的提升。在此过程中，应引导国内稀土龙头企业有序参与国际开发合作，鼓励企业、高校、科研院所与国外新材料企业和技术研发机构合作，提升稀土产业国际化水平。此外，对于国内稀土矿资源，还应依据市场应用需求，有序投放稀土探矿权和采矿权，优化稀土总量控制指标管理机制，引导稀土产品价格稳定在合理区间，推动稀土产业链上下游形成供需匹配的良性循环。

（3）前瞻布局前沿新材料

以石墨烯产业链为例，当前我国石墨烯产业整体仍处于概念导入期和产业化发展初期，主要面临两个方面的发展瓶颈：一方面，由于核心功能器件供给能力不足，石墨烯制备工艺滞后，我国石墨烯产品质量性能低，产品国际竞争能力弱；另一方面，由于缺乏顶层设计，我国石墨烯产业存在供需错位、产品同质化竞争、区域重复建设等突出问题，限制了石墨烯产业对高新技术产业的支撑和服务作用。双循环视角下前沿新材料结构优化的路径（以石墨烯产业链为例）如图5-11所示。

1）在内循环视角下，应当重点关注国际科技前沿和国内战略性新兴产业市场的应用需求，着力构建前沿应用型石墨烯产业链。这包括前沿材料如石墨烯粉体、石墨烯薄膜、石墨烯浆料、石墨烯纤维，以及石墨烯改性复合材料等产品。为实现这一目标，应当加快石墨烯核心技术、专利和产品在移动设备、航空航

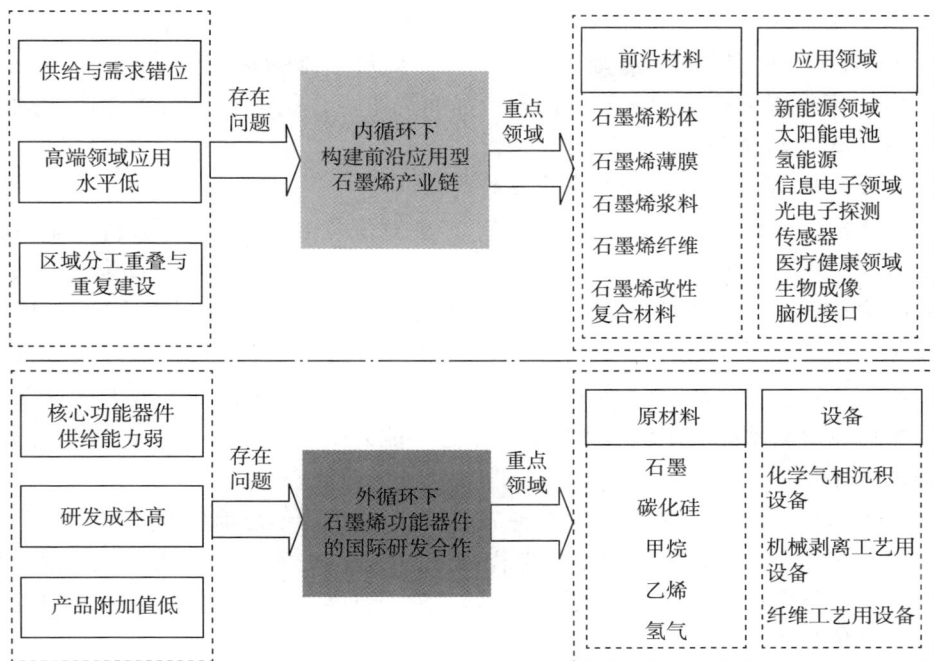

图 5-11 双循环视角下前沿新材料结构优化的路径(以石墨烯产业链为例)

天、新能源电池、生物医药、复合材料、电子信息等科技前沿领域的区域合理布局。这将促进重大原创科技成果的突破和转化,形成以前沿应用为主导、区域分工明确协调的新型发展格局。在推进过程中,要特别重视市场需求的引导作用,加快构建产业链上下游的"共生共融、协同发展"的产业循环体系。例如,可以在不同地区重点打造以新一代信息技术、航空航天装备、节能环保等前沿领域需求为导向的石墨烯产业链。另外,可重点发展面向电动汽车、海洋工程、电子信息等领域的应用需求的石墨烯产业链,以及石墨烯新型显示等产业集群,以满足市场的多样化需求。

2)在外循环视角下,应鼓励/支持国内石墨烯龙头企业与科研机构深化国际合作,尤其是增强与产业链上游石墨烯功能器件的国际研发合作,加快补齐我国在石墨烯产业链上游关键功能器件领域的短板。在这一合作中,关键原材料如石墨、碳化硅、甲烷、乙烯和氢气的稳定供应和技术支持至关重要。同时,设备方面的合作,包括化学气相沉积设备、机械剥离工艺用设备和纤维工艺用设备的共同研发与应用,也将对石墨烯产业链的发展起到关键作用。一方面,通过国际合作,加快改进我国企业在石墨烯制备技术、碳化硅提炼技术等产业链上游领域的技术供给不足和补齐功能器件短板，为畅通稀土产业链国内循环和国际循环奠定技术基础；另一方面，通过国际合作，借鉴美国、日本、韩国等国家石墨烯技术的研发方向和产品布局重点，提高我国石墨烯产业战略部署的针对性与合理性。

5.1.2.3 基于前瞻布局未来产业的路径设计

现阶段，未来产业对国家经济发展、产业竞争乃至国家安全都发挥着举足轻重的作用，世界主要国家纷纷发布未来产业发展的战略规划和相关政策，未来产业成为全球各国科技和产业竞争的焦点，我国也在"十四五"规划中明确提出"前瞻谋划未来产业"。未来产业已成为我国畅通国内循环、参与国际循环的关键动能，因此，在双循环新发展格局下，应前瞻布局未来产业，抢占未来产业新赛道，形成竞争新动能。本节具体以量子信息产业为例，设计未来产业前沿化的高质量发展路径。

量子信息技术具有叠加、纠缠等物理特性，已成为信息通信技术演进和产业升级的关注焦点之一，是驱动信息技术颠覆性变革的关键动力。现阶段，量子信息产业高质量发展的方向是推动量子计算、量子通信和量子测量三大领域的技术突破，具体如图 5-12 所示。

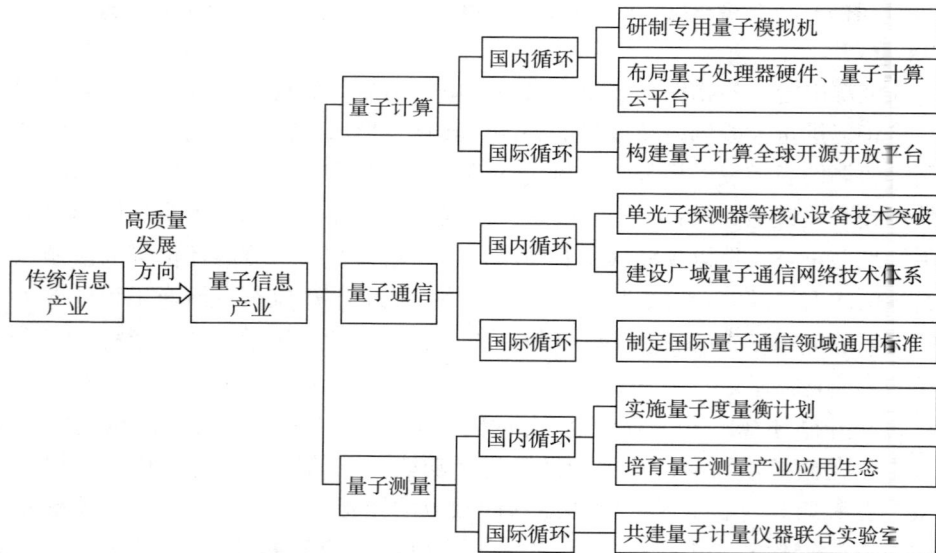

图 5-12 双循环视角下量子信息产业结构优化的路径

（1）发展量子计算产业

目前，我国量子计算产业仍处于探索阶段，专用量子模拟机尚未研制成型，同时商业化推广应用体系尚不成熟，如何突破大尺度量子系统的运行效率成为加速量子计算产业发展的关键。此外，由于国内核心企业参与不多，且多数企业国际研发合作能力弱，如何高效整合全球资源以加速量子计算产业发展显得尤为关键。双循环视角下量子计算产业结构优化的路径如图 5-13 所示。

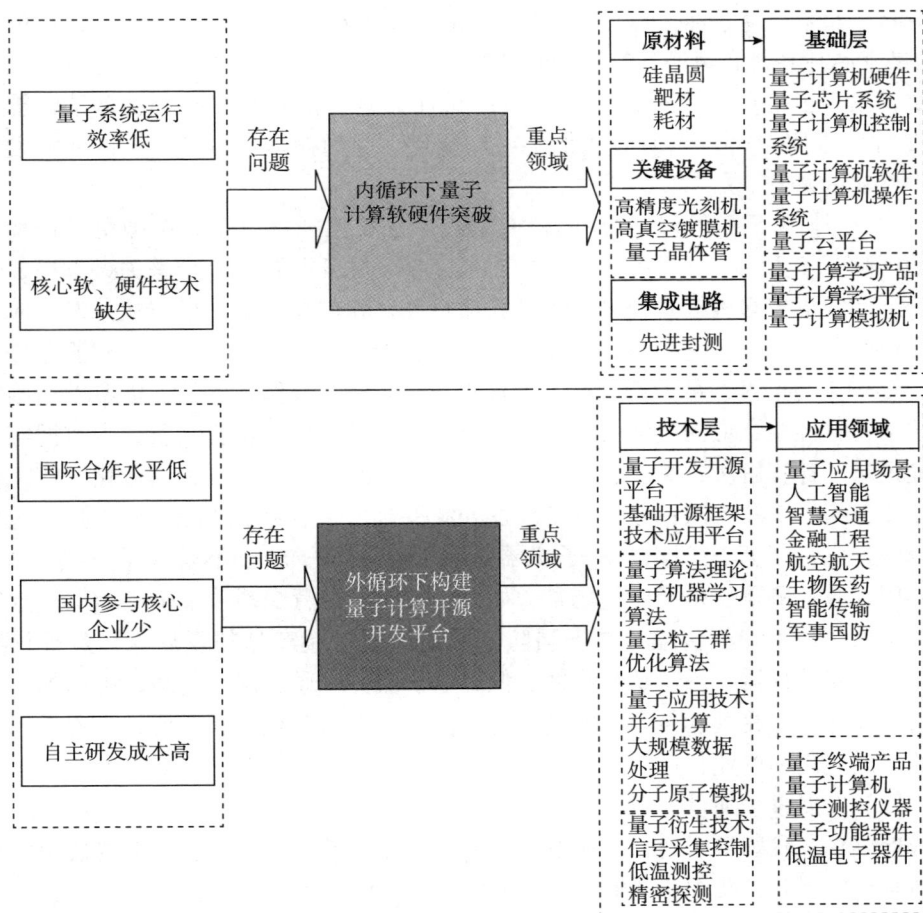

图 5-13 双循环视角下量子计算产业结构优化的路径

1）在内循环视角下，基础层是量子计算软硬件突破的核心，关注突破经典计算极限、提升大尺度量子系统运行效率的目标。在这一过程中，原材料（如硅晶圆、靶材、耗材）、关键设备（包括高精度光刻机、高真空镀膜机、量子晶体管），以及集成电路技术（先进封测）等方面发挥关键作用。为实现这一目标，首先，加快研发专用量子模拟机，解决传统计算机难以处理但具有实用价值的难题，为通用量子计算机的发展奠定基础。其次，鼓励领先企业如阿里巴巴、腾讯、华为等与科研机构合作，建立量子计算实验室，重点在量子处理器硬件、量子计算云平台等领域进行前瞻布局，推动量子处理器硬件、量子计算机操作系统、量子计算云服务等技术的研究与应用，为量子计算产业形成完整生态系统提供支持。最后，综合原材料、关键设备和集成电路等基础支撑，量子计算硬件（如量子芯片系统、量子计算机控制系统）、量子计算软件（包括量子计算机操作系统、量子云平台）以及量子计算学习产品（如量子计算学习平台、量子计算模拟机）将共同推动量子计算技术的突破和应用，为内循环下量子计算产业的发展提供坚实的基础。

2）在外循环视角下，关注的核心是技术互联互通，以提升中国量子计算产品的国际竞争力为主要目标。加快构建和完善全球开源开发平台是关键举措，通过云上和线下等多种模式提供量子计算项目开发和创新应用，形成从开发到应用的产业闭环。在这一过程中，建设开源开发平台是推动因素，加速量子算法理论、量子应用技术、量子衍生技术等核心领域的国际合作。此外，借鉴发达国家的技术转化经验，应向生物科技、化学材料、金融分析、轮船制造、大数据等领域提供量子计算解决方案，以推动量子计算产业的国际化发展和商业化推广。重点领域包括：①技术层：建立量子开发开源平台，涵盖基础开源框架、技术应用平台，提供量子算法理论、量子机器学习算法、量子粒子群优化算法等支持。②应用领域：侧重于量子应用场景，如人工智能、智慧交通、金融工程、航空航天、生物医药、智能传输、军事国防，推动量子终端产品的发展，如量子计算机、量子测控仪器、量子功能器件、低温电子器件。通过这些措施，可以加速中国量子计算产业在国际舞台上的竞争力，促进技术创新和产业发展，实现量子计算的广泛应用和商业化推广。

（2）发展量子通信产业

近年来，我国量子通信产业发展迅速，产业规模持续扩大。在保持快速发展的同时也应看到，我国量子通信产业的发展仍面临不小的挑战：一方面，在产业链上游，量子通信底层技术突破难，对量子密钥分发器、量子路由器等核心设备及元器件的研发能力不足，同时还面临高投入、高风险、国际技术竞争和技术限禁等难题；另一方面，在产业链下游应用领域，囿于参与企业少、企业间"各自为战"特征显著，导致量子通信行业标准不一，亟须建立统一的行业标准本系来规范发展。双循环视角下量子通信产业结构优化的路径如图5-14所示。

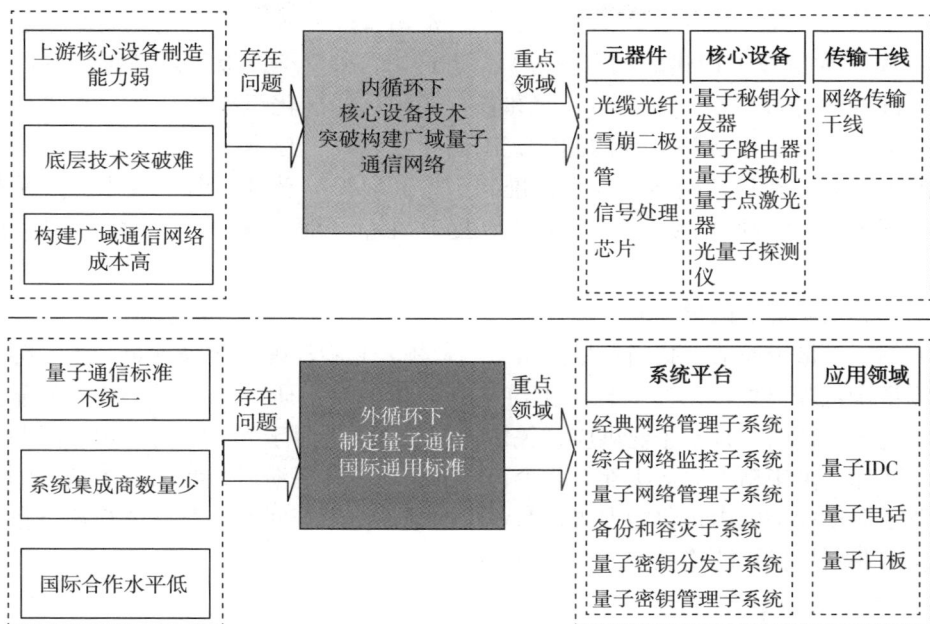

图 5-14 双循环视角下量子通信产业结构优化的路径

1）在内循环视角下，一方面，针对我国量子通信产业链"下强上弱"的分布特征，重点关注元器件（如光缆光纤、雪崩二极管、信号处理芯片）和核心设备（包括量子密钥分发器、量子路由器、量子交换机、量子点激光器、光子探测仪）以及传输干线（网络传输干线）的技术突破，应以亨通光电、神州量子、问天量子等产业链上游龙头企业为核心，以提升国产元器件及关键设备的性能水平为目标，通过产学研合作、企业间动态联盟等多种方式，加速实现脉冲光源、单光子探测器等核心设备领域技术突破，补齐量子通信产业链上游技术和设备短板；另一方面，在传输环节可以中国移动、中国联通、中国电信三大运营商为关键载体，加快构建完整的天地一体广域量子通信网络技术体系，助力量子通信的产业化应用。在上游技术突破和中间传输网络构建的双轮驱动下，量子通信企业、通信运营商、系统解决方案服务商等市场主体共同参与量子通信商业生态构建，推动形成量子通信产业闭环。在此过程中，可优先推动量子通信技术应用服务于国家信息安全等领域，加快形成非对称优势，并加速量子通信技术在国防、金融、电力系统、汽车信息安全等对保密性要求高的领域的应用推广。

2）在外循环视角下，应着重关注系统平台和应用领域，其中系统平台包括经典网络管理子系统、综合网络监控子系统、量子网络管理子系统、备份和容灾子系统、量子密钥分发子系统、量子密钥管理系统。应用领域则涵盖量子IDC（量子通信技术构建的数据中心）、量子电话和量子白板等。在推动国际通用标准的制定过程中，重视与各国和各行业国际标准化组织的合作，积极参与国际量子通信应用领域标准的制定，以倡导全球统一标准，促进产业化工程化实践的发展。在通信网络融合和标准制定方面取得突破的同时，我国应注重推动国际与国内标准的协调和互动，以提升在量子通信标准化领域的国际影响力。

（3）发展量子测量产业

相较于量子通信，我国在量子精密测量领域起步较晚，相关计量技术、标准及测量设备等仍处于起步阶段，上游基础元器件自主研发能力弱，基本依靠美国、英国、德国、日本企业供应，关键测量设备"受制于人"的"卡脖子'问题突出。此外，由于精密测量头部企业少、标准化建设体系滞后，我国量子精密测量产业还存在成果应用转化能力弱、商业化前景不清晰等问题。双循环视角下量子测量产业结构优化的路径如图5-15所示。

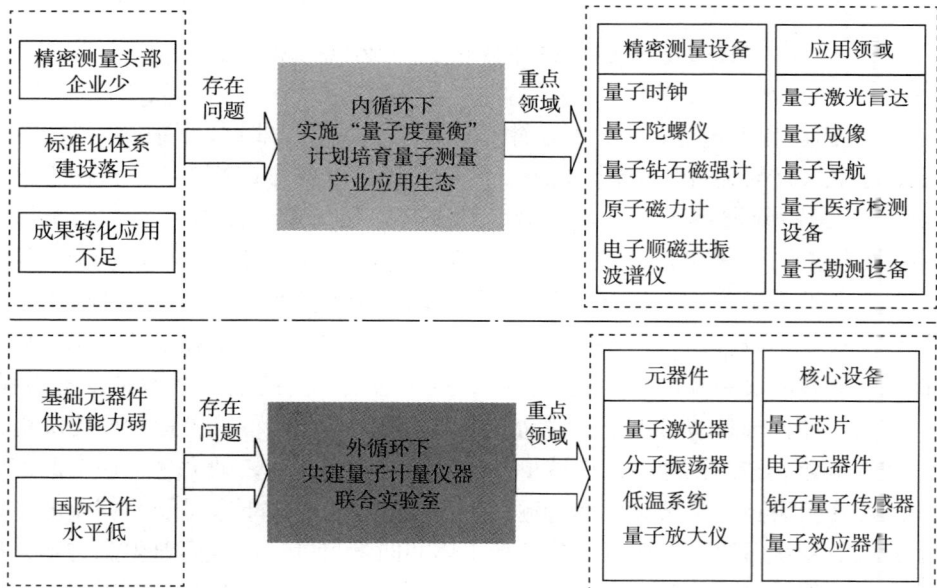

图5-15　双循环视角下量子测量产业结构优化的路径

1）在内循环视角下，推进"量子度量衡"计划培育量子测量产业应用生态至关重要。首先，重点在精密测量设备领域展开工作，如发展量子时钟、量子陀螺仪、量子钻石磁强计、原子磁力计、电子顺磁共振波谱仪等关键设备，以提高测量精度和稳定性。这些技术的创新将有助于突破量子传感和芯片级计量标准，从而形成核心器件的研制实力。同时，建立量子计量基准和保持国际等效性也是关键。其次，应重视应用领域的推动，如量子激光雷达量子成像、量子导航、量子医疗检测设备以及量子勘测设备等领域。通过促进科研成果向市场应用的转化，并建立科研机构、高校和行业公司之间的合作平台，可以加速量子技术在航空航天、军事军工、电信网络、能源勘探、医学检测等多个领域的应用落地。这样的努力将不断拓宽量子产业在各个领域的应用场景，从而培育完善的量子测量产业应用生态链。通过整合创新、应用和合作，可以推动量子技术在实际应用中发挥更大的作用，加强产业链的发展与完善。

2）在外循环视角下，加强与量子测量产业链上游各国元器件供应商的技术合作至关重要。特别是在微波原子钟、磁力计原子力显微镜等较为成熟的量子测量产业链领域，通过共建量子计量仪器联合实验室等举措，加速填补我国在量子测量产业链上游技术方面的短板。这种合作可以着重关注重点领域，包括量子激光器、分子振荡器、低温系统、量子放大仪等元器件，以及量子芯片、电子元器件、钻石量子传感器、量子效应器件等核心设备。通过建立联合实验室和研究联盟，可以促进技术交流、共同研发，并加速我国在这些关键领域的技术进步和产业发展。共建量子计量仪器联合实验室是一个有效的平台，能够为各国合作伙伴提供共同研发、技术交流和资源整合的机会，进一步推动全球量子技术领域的发展。通过与国际合作伙伴共同努力，可以更快地提升我国在量子测量产业链上游的技术水平，加速推动量子技术在各领域的应用和发展。

5.1.3 构建产业链"链主"的路径设计

构建产业链"链主"既是应对全球经济增长乏力、发展分化、逆全球化思潮泛起的必然结果，也是破解内生动力不足困境、适应世界产业变革趋势、引领双循环新发展格局的重要举措，对推动制造业高质量发展具有重大意义。专精特新"小巨人"企业和隐形冠军企业作为产业链某一细分领域上的领军企业，具有专业化、精细化、特色化、创新型的典型特征，是构建产业链"链主"的关键载体。以专精特新"小巨人"企业和隐形冠军企业为核心培育由本土企业主导的产业链"链主"，是提升产业链整体运营效率和国际竞争力的关键路径（刘志彪和凌永辉，2021）。具体而言，立足国内国际视角，以专精特新"小巨人"企业和隐形冠军企业为载体，基于双循环新发展格局背景，提出构建产业链"链主"的六类路径，路径设计如图5-16所示。

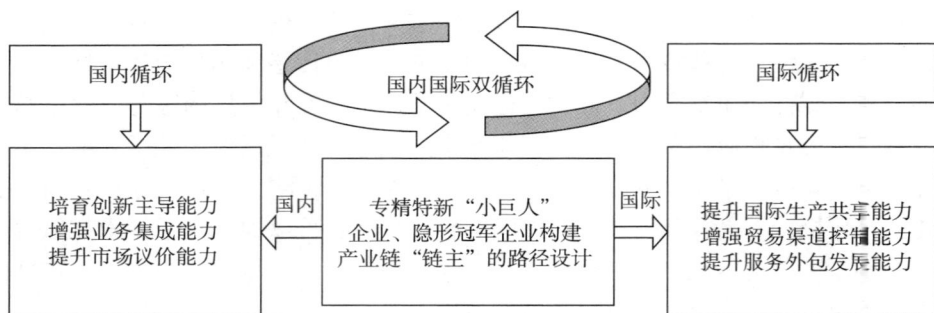

图 5-16 产业链"链主"的路径设计

在国内循环视角下，产业链"链主"可通过三个方面进行路径设计：一是需要在上游研发端拥有较强的创新主导能力，引领产业链创新发展；二是需要在下游市场端具备较强的议价能力，保障产业链稳定发展；三是需要在中间业务流通环节，增强与上下游主体间的业务集成能力，推动产业链协同发展。因此，从培育产业链"链主"的创新主导能力、巩固产业链"链主"的市场议价能力、增强产业链"链主"的业务集成能力三个方面提出国内循环视角的路径设计。在国际循环视角下，产业链"链主"可从三个角度出发进行路径设计：一是需要更高效的生产和更广泛的市场覆盖，实现技术和生产资源的共享；二是需要增加企业对全球市场的渗透能力，增强对贸易网络的控制；三是需要提高企业专注核心业务、承接高附加值服务和全球交付的能力，推动其积极参与全球产业链分工。因此，从增强产业链"链主"的国际生产共享能力、强化产业链"链主"的贸易网络控制能力、提升产业链"链主"的服务外包发展能力三个方面出发设计国际循环视角下的具体发展路径。

5.1.3.1 基于培育创新主导能力的产业链"链主"路径设计

产业链"链主"的创新主导能力主要体现为在关键技术研发领域，具备较强的专利创造能力；在技术流通领域，具有较高的标准引领能力；在创新成果市场化领域，具有较好的创新成果转化能力。因此，主要从专利创造能力、标准引领能力、成果转化能力三个方面设计具体的实现路径。

（1）以"优化专利布局—形成专利网络—构建专利丛林"为基础，形成商业和生态闭环，提升产业链"链主"的创新主导能力

专精特新"小巨人"企业和隐形冠军企业可从点、线、面的思路增强其创新主导能力。首先，优化专利布局。企业可通过加强对不同技术节点的专利布局，增强技术创新能力。其一，对于前沿引领技术群簇专利，可通过绘制专利技术发

展路线图和技术功效矩阵等方式,按照"关键技术布局—核心零部件布局—产品布局"的技术路线,实现对专利类型、保护期限、保护范围等领域的规划部署,逐步优化上述领域的专利布局。其二,对于关键核心技术群簇专利,可聚焦该领域按照硬件、软件、应用等不同层级精准布局专利点位,以 Nest(无锡耐思生命科技股份有限公司)(2021 年度无锡市专精特新"小巨人"企业)的专利布局为例,该企业最上层的人机交互类专利具体包括有探测器的外形设计、图形界面设计和智能温控器。其三,位于中间层的数据处理类的专利具体有无线操作、分布式计算、云端管理等。其四,位于最底层的为后台智能算法类专利,如系统会对住所的环境进行热力学模拟,主动学习并适应用户的环境需求。因此,该领域专精特新"小巨人"企业和隐形冠军企业的技术产品专利布局可采用自上而下或者自下而上的方式,并针对硬件驱动方式改进、硬件结构改进、控制逻辑改进、程序算法改进、通信方式改进等多个层级立体设置专利布局点,同时还可考虑融入软件著作权、商标等多种知识产权保护形式,从而实现对关键核心技术领域专利进行全面、立体的布防,以此催生技术"卡脖子"领域的高价值专利。

其次,形成专利网络。专精特新"小巨人"企业和隐形冠军企业应通过线性的关联专利来布局,对于产业关联类专利,应明晰专利布局的技术、产品、地域和时间结构,并且围绕"卡脖子"领域布局高质量的核心专利与基础专利,以此布局足够的外围专利与扩展专利。通过将专利布局为"核心专利+核心专利外围的小专利"模式,形成由核心专利与外围专利构建而成的专利网。对于技术关联类专利,专精特新"小巨人"企业、隐形冠军企业需依产品生态的路线构建相应的专利网络,综合运用外观设计、发明、实用新型专利实现立体布局,同时以基础性专利为核心,组合不同类型的专利与基础性专利,为相应技术或者产品提供综合的专利保护网络。还应通过技术链条延伸进行专利布局,企业可学习蔚来汽车布局海外专利的做法,采用链条延伸的思想形成一组专利布局,对各环节的技术链条形成系统性专利保护。

最后,构筑专利丛林。企业可通过对生态专利进行布局,具体可学习小米生态系统建设,设计出符合不同应用场景的产品专利,在硬件产品方面楔入关键的"钉子"专利,同时可通过部署相关的"卫星"专利,争取在关键领域达成交叉许可。如汽车企业应力争在网联车的传感器、车载计算设备、超宽带等领域以及航空制造行业应在航空发动机制造的整机领域、零部件领域以及原材料领域等楔入关键"钉子"专利,并部署相关"卫星"专利。企业还可与其他中小企业进行按需交叉许可,使其他中小企业可以利用先进技术参与产业循环,构筑拥有完善自主知识产权布局体系、创新主体覆盖全面、产品有序迭代的产业专利丛林。同时,在"卡脖子"领域的重要技术方向上,应持续加大专利态势跟踪和监测,研判专利未来布局的方向与技术要点，筑牢"卡脖子"领域参与全球竞争的专利丛林，在关键"卡脖子"技术领域形成非对称优势，形成专利壁垒和竞争壁垒。

（2）以"主导行业技术标准—参与国家技术标准—对标国际先进技术标准"为重点，引领产业链"链主"的创新主导能力

首先，主导行业技术标准。专精特新"小巨人"企业、隐形冠军企业应加强关键技术领域的标准建设。其一，加大基础通用标准研制应用力度，通过加大对先进基础工艺、核心基础零部件（元器件）、关键基础材料、关键共性技术等基础领域的建设力度，增强技术标准建设。其二，通过实施技术标准化强基工程，加大对服务型制造、智能制造、绿色制造等新型制造的标准化建设，形成产业优化升级的技术标准群。其三，通过实施新产业标准化领航工程，制定一批应用带动的技术新标准。其四，专精特新"小巨人"企业、隐形冠军企业应加快制定一批先进企业标准，以先进标准推动企业提升自身的研发测试能力与管理水平。在此基础上，充分利用现有资源，简化生产技术，在各种产品之间互换组合，推动科研成果转化为生产力和走向市场，并通过标准制定有效整合行业中各企业的资源与研发力量，推进企业突破性创新技术研发与标准制定的融合，从而促使企业在行业标准制定工作中占据主导地位。

其次，参与制定国家技术标准。其一，相关部门应构建以国家级综合标准化研究机构为龙头，以行业、区域和地方标准化研究机构为骨干的标准化科技体系，专精特新"小巨人"企业、隐形冠军企业以该体系为基础，加强标准化理论和应用研究，推动其有效利用标准化科技体系。其二，相关部门通过建设若干国家产品质量检验检测中心、国家级质量标准实验室和国家标准验证点，并通过开放共享资源促使企业有效利用知识产权、标准技术、检测认证、标准样品等资源，促进专精特新"小巨人"企业、隐形冠军企业参与制定国家技术标准。其三，专精特新"小巨人"企业、隐形冠军企业可通过促进大中小企业融通推动国家技术标准制定，通过与大型企业共同参与国家技术标准制定，建立联合培训、标准共享的协同管理体系，协同产业链上下游企业共同参与技术标准制定。

最后，对标国际先进技术标准。专精特新"小巨人"企业、隐形冠军企业应积极参与国际上有关标准化的活动，扩大国际市场占有率，促进在重要的竞争领域，影响或主导国际标准制定，推动与主要贸易国之间的标准互认，推广"中国制造"标准的海外应用。同时，应开展重点领域技术标准比对分析，通过推进中外标准互认，提高我国标准与国际标准的一致性程度。企业应通过与政府和产学研联动建立国际标准化的工作机制，实施标准国际化跃升工程，推进中国技术标准与国际技术标准体系兼容。在此过程中，企业还应积极参与各类国际性专业技术标准组织，加强与国际标准化人员的往来和技术合作。

例如，北方华创（2022年第四批国家级专精特新"小巨人"企业）作为高端集成电路设备企业，其不断参与行业内、国家相关标准的制定，目前该企业已经主导发布行业标准和国家标准8项。一方面，参与制定行业标准，主导修订了《扩散炉能源消耗规范》，该标准对用能设备起到了引导与约束作用；另一方面，参与制定国家标准，主导编制的《晶圆承载器传输并行接口规范》是一项达到先进水平的国家标准，适用于实现当前先进半导体设备无人操作/全自动化传输的生产方式。目前，北方华创正在继续进行技术创新，努力对标国际先进标准。

（3）以"推进成果中试—促进成果转化—搭建成果交易平台"为保障，巩固产业链"链主"的创新主导能力

首先，推进成果中试。相关部门应围绕专精特新"小巨人"企业、隐形冠军企业技术创新需求，建设通用性或行业性技术创新的一站式"中试测试实验室"，相关部门可通过建立"技术研究+二次技术研发+成果产业化+科技金融+人才支撑"的全生命周期创新生态链实现企业技术中试成果的先行先试。同时，专精特新"小巨人"企业、隐形冠军企业可通过协同重点实验室、高校院所、金融机构等，建立协同合作机制，制定并运用技术成熟度、制造成熟度等评价标准，加强成果中试熟化能力建设，推动企业加速"技术—中试—产品"的转化，强化创新成果中试熟化。在此过程中，国家技术标准创新基地、国家质检中心、产业技术基础公共服务平台等可发挥技术支撑作用，联合产业链上下游共建试验检测环境，为企业提供前期成果试验验证、中期中试熟化、后期批量化生产检测认证等全流程服务，不断提升科技成果转化水平与成效。

其次，促进成果转化。专精特新"小巨人"企业、隐形冠军企业可通过产学研协同的方式，促进创新成果的转化。一方面，企业可通过与高等院校、科研院所共建科技成果转化平台，并且面向市场需求一起开展技术定制、测试检验、中试熟化、产业化开发等活动，从源头上推动科技创新成果从实验室走向市场。同时，可围绕"互联网+"战略，探索企业技术难题竞标等"研发众包"模式，完善技术成果向企业转移扩散的机制。以企业为主体，以高等院校、科研院所为依托，构建相应的技术服务站点网络，推动科技成果与产业、企业需求有效对接，并通过技术转让、研发合作、作价投资、技术许可等多种形式，推进创新成果转化。另一方面，企业也可借助成果转化平台，促进成果转化。以西安泰金工业电化学技术有限公司（2022年第四批国家级专精特新"小巨人"企业）为例，该企业依托经开区秦创原先进制造业示范带建设，联合国内10家在铜箔制造相关基础理论研究、产品研发及应用评价等方面优势突出的高校、研究院所、生产企业及应用单位，开展产、学、研、用一体化协同攻关。该企业针对行业内的"卡脖子"技术问题，研发出超大尺寸阴极辊整体成形、表面处理机超微超精张力协同控制技

术，研制表面处理机和生箔机等成套装备，在秦创原实现了孵化、加速、促进三大目标，有力地提升了该企业在国际市场、国内市场的竞争位势，推动了相关成果的转化运用。

最后，运用成果交易平台。企业应推动科技成果与产品、市场紧密联合，加快科技成果转化。企业可基于"互联网+技术交易"，通过依托线上与线下相结合的技术交易市场，利用大数据技术的信息优势，整合政府、高校、科研院所等跨地区、跨行业的信息资源，为促进技术转移转化活动创造良好的平台和支撑。同时，企业可加大对源头专利技术和开放公共颠覆技术的市场化应用，进行跨学科、跨领域交叉创新，并通过与各类科技中介服务机构合作，规范技术交易市场，推动技术交易互联互通。例如，科大国盾量子技术股份有限公司（2020年第二批国家级专精特新"小巨人"企业）聚焦量子通信领域，持续推进"数字支术+"成果转化模式，运用基于数字化平台的"技术咨询、技术开发、技术服务、技术转让"成果交易模式，实现了从量子芯片到量子计算整机软硬件的全栈式开发，有效促进了科技成果转化。

5.1.3.2 基于增强业务集成能力的产业链"链主"路径设计

专精特新"小巨人"企业、隐形冠军企业的业务集成能力既表现为企业通过主动整合产业链供应链上下游的固有资源，实现数据流、产品流的高效集成；还表现为通过革新商业模式，以新技术新模式驱动自身业务集成能力的持续改善。基于上述考虑，具体从产品设计业务的集成、制造业务的集成两个方面设计增强产业链"链主"业务集成能力的发展路径。

（1）提升产品设计业务的集成能力

产品设计业务的集成方面，主要包括产品原型设计业务、产品结构设计业务、产品流程设计业务、用户界面设计业务以及交互设计业务的集成。专精特新"小巨人"企业、隐形冠军企业可通过企业之间的横向集成打造协同设计平台，实现产品各项设计业务与客户、研发、供应链、市场营销、服务运营等多个业务领域的贯通。协同设计平台应支持企业及客户企业、供应商等在平台上共享相关设计数据和资料，如共享核心零部件的技术参数、物料清单和质量数据等信息，并允许与客户企业共同使用协同设计平台进行虚拟制造仿真，模拟产品的性能、材料应力、装配过程等，使产品设计及讨论同时交叉进行，以减少产品设计过程的多次反复，从而在产品设计阶段发现和解决潜在问题，提高产品设计的集成性和可行性。也可通过面向客户企业整体性或结果性的需求，围绕核心产品业务积极展开咨询设计、系统集成、运维管理等一系列其他产品或服务业务的集成。例如，汽车制造企业通过协同设计平台可以与客户企业共同选择适配的零部件，并将其集成在整车设计中，以提高零部件的适配性和设计的可行性。

（2）增强制造业务的集成能力

制造业务的集成方面，企业可通过纵向集成，对企业内部从生产制造设备、生产制造执行、生产制造计划以及企业运营管理等整个制造业务流程进行改造，还可以对企业生产制造、成品检验、销售和售后服务全过程进行整合。依次对企业资源计划（ERP）、制造执行系统（MES）、数据采集与监视控制系统（SCADA）、导航、产品生命周期管理（PLM）等各类现代化工具软件工具进行集成，构建一个完整的自动化制造生产流水线，打通纵向的制造业务集成，有效提升企业制造过程的透明度和生产运营效率。具体来讲，企业可利用工业互联网平台的异构设备和系统连接能力，打通纵向与横向集成，推进在生产制造环节车间与车间、人与设备、产线与产线、设备与设备、工厂与工厂之间的连接，形成企业内部价值链的纵向集成，并利用业务建模技术实现纵向生产过程中的数据流与横向产品全周期、全价值链业务流的深度融合，为制造业务的集成提供技术支持。例如，儒竞艾默生（2021年第二批国家级专精特新"小巨人"企业）是一家在变频控制器领域拥有国际先进技术的成套设备制造企业，该企业从2016年就提出了"集成+互联"的纵向集成模式。企业先从车间设备入手，实现设备的自动化、数智化，并逐渐和车间层、企业层自上而下进行互联互通，打造形成了"集成+互联"的软硬一体化视频控制器智能工厂。在此过程中，该企业还引入了供应链管理系统（SCM），通过打通企业制造过程中的各业务流程断点，实现全流程互联互通，确保企业制造业务集成目标的高效达成。

5.1.3.3 基于提升市场议价能力的产业链"链主"路径设计

市场议价能力在产业链上游主要体现在对原材料、零部件、关键技术等资源的控制上，在产业链下游主要体现为产品的品质、服务的质量及模式。因此，从产业链上下游角度出发，设计提升企业市场议价能力的具体实现路径。

（1）通过"早期介入供应商产品研发—完善产业链上游原料布局—构建战略合作联盟"提升产业链上游的市场议价能力

首先，早期介入供应商产品研发。企业可在产品研发与设计的初级阶段，通过较高层次的介入，对多项生产数据进行综合考量。与供应商建立起信息共享的伙伴关系，包括对企业的零部件开发、设计或组件整体开发、系统开发，通过与供应商更高层次的价值协同，提升其在产业链上游的议价能力。如对于汽车制造行业和电子制造服务（EMS）行业而言，企业可要求供应商深入参与相关零部件的开发设计。而对于一些医用制造的开发工作，企业可在其研发部门的协调下，促使供应商承担关键零部件、组件的开发设计的全部责任。同时，对于一些汽车、飞机、大型设备和其他复杂产品的制造行业，企业可根据其对于新产品的整体需求，要求供应商承担整个子系统的研发工作。例如，我国化工、汽车、钢铁等行业的协同供应链管理水平正在不断提高，宝钢（2019 年第四批制造业单项冠军企业）、中石化（2017 年第一批制造业隐形冠军企业）等重点企业都与供应商之间建立早期介入的配送体系，其产品交货时间与供应链管理水平等已居全球领先地位，大幅提升了其在市场的价格话语权。

其次，完善产业链上游原料布局。专精特新"小巨人"企业、隐形冠军企业可通过扩大高端原材料的业务支撑，打破发展壁垒，布局上游核心原材料，形成"原料—产品—回收循环"的闭环式产业版图，获得对上游供应链的影响力和控制权，实现整体优化和降低成本。同时，企业可向上游原材料生产企业提供资金支持，帮助其加强技术创新和生产能力提升，从而提高整个产业链的质量和效率。在此过程中，企业也可通过垂直整合布局的方式，将原材料生产纳入自己的生产流程，掌握原材料的生产和供应权。例如，宁德时代（2018 年第三批制造业单项冠军企业）在核心原材料方面已形成闭环产业版图。其通过控股、并购、深度绑定等方式加强对锂电池上游原材料的掌控，实现了对材料供给、价格稳定的控制。据高工锂电的不完全统计，宁德时代已规划 8 大自建生产基地，合计电池产能（含 PACK）约 500 GW·h，加上与车企合资公司的产能，总共可达到 600～650 GW·h，具有较高的市场议价能力。

最后，构建战略合作联盟。企业可通过与上游材料端企业合作，依托双方在各自领域的产业基础及行业资源优势建立产业链战略联盟，提高双方的盈利水平与市场地位。一方面，企业可与上游原材料厂商深度合作绑定，可借助设立原材料研发中心、建设全自动生产线，以此兼顾技术的研发与商业化。同时，发挥核心原材料优势，向（潜在）供应商提供兼具可靠性及性价比的原材料。另一方面，企业可通过合资建厂、收购、战略入股等形式在材料端布局，引入战略投资者项目，凭借与（潜在）供应商的战略合作联盟，优化对原料领域的布局。同时，可重点加大对新产品开发、产业化建设、能源生态及产能扩建等核心技术的研发与产业化布局。例如，天津中能锂业有限公司（2020 年第二批国家级专精特新"小巨人"企业）通过与国安盟固利新材料、捷威动力、中电科等天津锂离子电池产业链上游企业合作联盟，形成从上游电池材料生产、中游电池产品供应及检测、下游电池应用及回收的全产业链，并在建立长期战略合作关系的过程中实现了对上游原材料更好的把控，提升了企业自身的市场议价能力。

（2）通过提高差异化服务质量、打造"服务+产品包"模式提升产业链下游的市场议价能力

一方面，提升差异化服务质量。企业可通过对用户分类，有针对性地提供如个性化定制服务、快速响应服务、质量保证服务、专业技术以及相应的增值服

务，稳定企业差异化服务质量，提高企业差异化服务和协作配套的能力，以提升企业议价权与品牌附加值。企业可通过与终端用户保持紧密联系甚至结成战略联盟，从顾客的角度出发为其设计系统性物流流程，为顾客提供一体化的物流服务，以实现针对顾客的个性化定制服务；可针对厂商提供快速响应服务，协助厂商快速处理常见的故障，及时响应厂商的需求和问题，提供快速有效的解决方案，从而提升服务水平和效率；也可在装备制造上打造高品质的产品和服务，通过定期进行质量分析，强化质量检测与质量验收，不断完善质量保证体系，提供优质完善的质量保证服务；同时，在研发设计上，企业可提供专业的技术支持和咨询服务，帮助解决技术难题和问题。企业可向华为学习，华为对不同的用户设计了差异化的专属服务，并以高质量的差异化服务带给用户高价值体验，极大巩固了其市场地位。另一方面，打造"服务+产品包"模式。专精特新"小巨人"企业、隐形冠军企业可从过去单一的产品/服务模式向提供集成式、具有开放扩展功能的"服务+产品包"的运营模式延伸。第一，企业可依托云计算、移动互联网等先进技术，不断为客户提供完整的服务方案。具体可利用大数据分析为客户提供多样化远程检测服务，并通过在产品上添加智能模块，实现运行数据采集与产品联网，提升客户增值体验，以增强企业的价格谈判筹码。例如，臻迪科技（2019年第一批国家级专精特新"小巨人"企业）以"科技+艺术"作为产品理念，与合作伙伴共同构建了全球化服务网络，该企业致力于为用户提供世界前沿的产品与解决方案，同时根据企业自身以技术为先导的特点，持续为多个行业提供系统级解决方案和服务。同时，为客户提供包括大数据分析及可视化系统集成、智能无人系统开发等一体化的产品、解决方案或相关服务，极大地提升了企业的价格话语权。第二，企业可通过借鉴海尔集团的发展模式，打造"用户体验迭代的价值循环—生态方价值分享的价值循环"模式，从而提升企业的市场地位。企业以消费者需求为驱动，在供应链各关键节点形成互利共生的共同体，通过用户画像，与用户随时随地交互，精准提供全场景的定制服务，打造"用户体验迭代的价值循环"，实现全流程、超体验、交互式服务。同时，也可从聚焦单个企业本身，扩展到供应链上各企业间，再到供应链网络中的企业群/网，引入更多的基于集成产品的企业成员，共同打造生态品牌，并充分利用生态合作方的优势，实现生态品牌"生态方增值分享的价值循环"，促进与用户、合作伙伴的联合共创。

5.1.3.4 基于提升国际生产共享能力的产业链"链主"路径设计

国际生产共享能力既是驱动企业畅通国际循环的关键引擎，也是支持企业参与国际市场竞争与合作的重要保障，对促进链主企业的国际化发展意义重大。具体来说，有三类路径可以提升"链主"企业的国际生产共享能力。

（1）通过国际技术转移和研发合作的方式增强其国际生产共享能力

国际生产共享能力是指企业在国际市场上与其他企业或组织进行合作、协同和资源共享的能力，其主要涵盖了企业与其他国家或地区的合作伙伴进行技术、知识、资金等方面的共享，进而提升自身的生产能力和技术水平。具体而言，企业可通过技术转让、授权许可及合作研发等方式实现技术和知识在全球范围内的转移和共享，进而更好地实现国际生产共享。

1）技术转让和许可。专精特新"小巨人"企业、隐形冠军企业可通过与技术先进的国家或跨国企业建立技术转让和许可协议，如法国、德国、日本等国家的企业大多占据区域产业链价值链高端位置，且德国的"隐形冠军"，韩国的"强小企业""中坚企业"，日本的"高利基企业"等与我国的专精特新"小巨人"企业、隐形冠军企业具有高度相似的特点，企业可通过与这些国家的企业合作，将专有技术、专利或商标引入国内市场，借鉴其先进技术和经验，快速引进新技术新工艺及新型生产模式，迅速获取国外先进制造技术，进而提高国际生产共享能力。企业也可将所拥有的技术通过合作共享方式支持自身技术欠缺国家的企业，即以指导生产、合作生产、专利许可等方式逐步进行技术转让和许可，推动与当地企业的生产共享。例如，在生物制药行业，国内众多药品制造公司通过与国际知名制药企业签订技术许可协议，获得先进药物的研发和生产技术许可。通过技术许可，药品制造公司可以引进先进的生产设备和工艺，提高药品的研发和生产效率，并使产品符合国际质量标准。因此，药品制造公司通过技术转让和许可协议加快新药的研发和上市，显著拓展其国际生产共享能力。

2）合作研发。企业可以通过合作研发的方式，与国际合作伙伴共同进行项目研发，合作开发新产品或技术，共同投入资金、人力和设备，共同解决技术难题，加快研发进程，实现国际生产共享。在国际合作研发的过程中，企业可通过在东道国设立研发机构，充分利用当地本土化优势进行人才与资源的整合，并不断吸收和引进先进技术经验。在进入国际市场后，企业可与东道国大型运营商、各大高校以及政府机构合作，共同研制新产品和新技术并通过对新技术和新产品实现规模生产，以推广到市场实现商用。与此同时，企业可将具备核心设备成套能力的专精特新"小巨人"企业、隐形冠军企业作为主体，以重大工程项目为切入点，同时参与构建全球产业链企业研发合作网络、参与重大设备成套或工程总包。也可以把国内市场的进口替代产品作为切入点，搭建企业研发合作网络。同时，可由专精特新"小巨人"企业、隐形冠军企业带头，以共性技术为切入点，依托企业技术中心，构建全球合作研发网络，促进全球企业间的合作研发。首先，对于技术应用型的合作研发，企业可以建立海外销售子公司、推动生产标准国际化、参与相关技术贸易的方式增强研发技术的市场适用性，加强其国际生产共享。其次，对于技术开发型的合作研发，企业可通过与国外的创新主体签订技术合作协议、加强企业间技术人才流转、参与国际相关会议以及并购海外技术公司的方式，积极参与国际生产共享。同时，专精特新"小巨人"企业、隐形冠军企业也可基于境外企业不同的发展阶段与研发需求，采取有针对性的技术合作。例如，针对前沿技术可采用技术开发型合作，在国外企业已有的成熟技术上应采用技术应用型合作。在此过程中，企业可借助和运用全球智力资源多点分布的间接研发合作方式，突出前沿技术导向与基础性创新的研发合作，促进企业国际生产共享质量的实质提升。

（2）通过合理布局全球生产网络的方式提升其国际生产共享能力

1）通过构建产业链协作网络，充分利用全球产业链资源和市场，提升国际生产共享能力。专精特新"小巨人"企业、隐形冠军企业可通过建立和加强全球产业链协作，推动产业链关联产业企业间的融合发展，强化关联产业在技术、产品和市场上的协作联动，并通过引进优质资本和先进技术，加强与其他国家企业的生产合作，同时推动国内优势产业链进行外延拓展，从而构建弹性化的国际产业链生产协作网络。企业还需重视在全球市场中更好地协调资源，促进全球化协同生产网络的建设。企业可从全球视角合理安排生产计划和生产调度，使不同地区的生产基地可以相互配合，实现资源的共享和生产的协作。也可通过"自建+并购"方式，以具备低人力成本与靠近原材料产地的地区为核心，逐步建立起全球化产业链协作生产网络基地。例如，北方华创（2022 年第四批国家级专精特新"小巨人"企业）统筹安排生产计划，最大化利用生产资源，形成制造过程的产业链联动协同网络。该企业通过构建的全球化产业链协作网络并根据自身业务和产业基因有序推进创新融合。北方华创一直致力于中国高端电子工业装备的生产，不仅在中国十多个城市设立了分公司，还在韩国、美国等国家和地区设立了全资子公司，并将公司的业务拓展至海外。其协同网络极大地促进了企业的生产和经营。北方华创全球协同网络通过与云盘、RPA 流程自动化机器、企业 App 等互联，并从供应链领域到营销、产品研发、生产以及智能分析均实现全球协同作业，使各环节无缝衔接，为企业的数据收集、经营与协同决策提供了保障。

2）通过打造供应链合作网络，提高自身的国际生产共享能力。企业可通过社会化集成生产合作计划与网络协同，将全球供应链上下游企业间的商流、物流、信息流以及资金流形成一体化的生产运作体系，确保原料和零部件的品质与供应。同时，也可利用相关数字化技术，如区块链、大数据、云计算、人工智能等，快速诊断并解决供应链合作中存在的问题，将供应链中的各个环节进行有机协调和整合，提升端到端的韧性。在此过程中，企业可在全球网络供应链的基础上，构建供应链集成生产计划网络，促使产业链核心企业实现全球供应链生产资源合作共享。例如，海尔构建了全球供应链合作网络体系。首先，通过优化供应商网络，将供应商由原有的 2336 家精减到 978 家，提升了供应商合作网络的质量水平；其次，通过不断扩大自身国际供应商的比重，世界 500 强企业中有 44 家已经成为海尔的供应商；最后，与准备进入和已经进入青岛海尔开发区工业园的国际供应商相继建立了供应链网络合作关系，同时该企业还邀请大型国际供应商以其新技术和高技术参与设计海尔产品的前端部分，最终实现了生产资源的国际共享。

（3）通过推进国际产能项目合作增强其国际生产共享能力

企业可通过直接投资、委托加工的模式参与国际产能合作。

1）直接投资模式。企业可通过直接投资的方式走出去，在目标国家或地区建立生产基地或参与基础设施建设，通过直接控制和管理生产过程实现跨国资源整合和国际产能合作。直接投资模式常见于钢铁、有色金属、建材、铁路、汽车等领域。例如，东方雨虹（2018 年第一批制造业单项冠军培育企业）是中国领先的建筑防水材料和系统解决方案供应商。该企业积极响应"一带一路"倡议，在"一带一路"共建国家和地区通过直接投资方式开展合作项目，不断提高自身的国际生产共享能力。如与乌兹别克斯坦政府签署合作协议，在乌兹别克斯坦设立合资企业，共同推进该国建筑防水市场的发展；与印度尼西亚政府合作，在雅加达设立生产基地，提供高品质的建筑防水产品和解决方案，助力印度尼西亚的基础设施建设和城市发展等。

2）委托加工模式。专精特新"小巨人"企业、隐形冠军企业可通过委托加工目标国家或地区企业的部分生产任务，对委托方提供原材料、技术和设计等服务，负责委托方实际的加工和生产工作。该模式主要适用于产品分工明确、成本较低的行业。例如，企业可通过学习隐形冠军企业迈瑞医疗的具体做法，该企业专注于医疗设备和解决方案，通过委托加工模式使其能够专注于核心技术的研发和产品的市场推广，同时借助加工方的制造能力和资源，实现产品的高质量生产和交付，进而实现深度参与国际产能合作。依据迈瑞医疗与加工方签署的委托加工协议，迈瑞医疗提供产品设计、技术支持和品牌营销，而加工方负责在其生产基地进行产品制造和组装。通过委托加工协议，迈瑞医疗能够将产品制造外包给相关代工企业，进一步扩大了产品的国际化供应能力。

5.1.3.5 基于增强贸易渠道控制能力的产业链"链主"路径设计

专精特新"小巨人"企业、隐形冠军企业通过强化贸易渠道控制能力，可在国际循环中发挥更为积极的作用。具体可从产业深度捆绑、加强对外贸易合作两个方面设计增强贸易渠道控制能力的发展路径。

（1）通过产业深度捆绑强化产业关联，进而增强贸易渠道控制能力

产业深度捆绑具体包括战略捆绑、技术捆绑等方式。第一，战略捆绑模式。专精特新"小巨人"企业、隐形冠军企业需重视与产业链供应链上下游的海外头部企业展开深度业务合作，可通过签订长期战略合作协议、开展战略性投资等实现产业合作的深度捆绑，将过去不稳定的供需关系上升为长期合作的战略联盟关系，以此增强企业贸易渠道的控制能力。例如，作为国内长期深耕于新能源汽车动力电池领域的隐形冠军企业，宁德时代为打造全球领先的电池供应贸易网络，近年来先后与特斯拉、宝马、丰田等众多海外知名汽车制造企业达成战略合作协议，实现自身与汽车制造企业的深度捆绑。宁德时代通过战略投资、合资建厂等方式绑定下游知名汽车制造企业的电池供应，与汽车制造企业形成利润共享、风险共担的战略捆绑关系。第二，技术捆绑模式。企业需要深入全球产业链上下游的融合发展，通过借助订单层面的绑定实现技术捆绑。企业可通过技术授权、投资等方式拓展自身在产业链上下游的关联度，通过与产业链上下游企业的深度捆绑，远程获取产线的实时信息，并对企业的生产进行控制。还可对捆绑的企业打分，以此确定分配的订单，并保证产量的稳定和充足，进而推动捆绑企业技术的进步。企业也可通过深度捆绑设备厂商，避免核心技术扩散，并通过对设备企业的生产设备进行长期的问题反馈与细节精进，形成对口下游厂商技术路径下的设备解决方案，以推动设备企业具有制造和研发要求更高设备的能力，进而形成客户壁垒。例如，立讯精密（2021年第三批国家级专精特新"小巨人"企业）是一家专注于智能手机零部件制造的企业，也是苹果公司的核心供应商之一，其产品主要包括电源模块、声学组件、天线、无线充电、人工智能等。经过多年的供应链业务合作，立讯精密与苹果公司从订单捆绑逐步升级到技术捆绑，从刚开始的连接线生产到无线蓝牙耳机制造再到 VR、AR 等智能化设备的技术研发，实现技术层面的深度捆绑。立讯精密通过不断升级与苹果公司的产业关联水平实现了技术层面的快速跨越，从而驱动自身贸易渠道控制能力的显著提升。

（2）通过加强对外贸易合作进而增强贸易渠道控制能力

企业应从制度层面出发，依托区域贸易协定红利，促进其全球贸易自由化便利化发展。专精特新"小巨人"企业、隐形冠军企业应以区域全面经济伙伴关系协定（RCEP）、中欧双边投资协定（BIT）、非洲大陆自由贸易区（AfCFTA）实施为契机，着重把握各项贸易协定带来的市场机遇，深入分析并主动对接重点国家（地区）的贸易合作项目，加快提升双边及多边区域贸易合作水平。以 RCEP 为例，企业可依据东盟10国及中国、日本、韩国、澳大利亚等国家的经济发展水平、资源禀赋、市场需求以及科技实力差异，充分发挥产业比较优势、低贸易壁垒优势及关税优惠政策推动区域贸易自由化便利化发展。借助 RCEP 合作框架，

专精特新"小巨人"企业、隐形冠军企业还可以方便地参与 RCEP 的各项合作机制，推动成员国间贸易往来、技术创新及知识共享等领域的深度合作，实现区域内贸易的可持续发展。如日本、韩国、澳大利亚、新加坡等国家的企业，由于大多占据区域产业链高端位置，专精特新"小巨人"企业、隐形冠军企业应加强与这些企业开展国际技术贸易。

5.1.3.6 基于提升服务外包发展能力的产业链"链主"路径设计

专精特新"小巨人"企业、隐形冠军企业通过提升服务外包发展能力能够更加专注核心业务、增强核心竞争力，并获取专业化服务和技术支持。具体从专长外包、经济外包两个方面设计路径方案。

（1）借助专长外包提升服务外包发展能力

专精特新"小巨人"企业、隐形冠军企业可根据自身在专业领域具有的"专、精、深"的技术水平优势，吸引更多国际高科技行业的大企业向自己发包，进而增强自身对服务外包项目的承接能力。这些企业可借助国家占领国际市场和国际资源的"走出去"战略，在一些大型、特大型资源开发项目上培育与自身相关的外包公司，进而实践全球高端市场的运作与管理，以此为契机与国际企业展开竞争或合作，推进企业服务外包的发展。具备条件的专精特新"小巨人"企业、隐形冠军企业可通过海外并购等方式在发包国家建立分支机构，同时深入了解发包方的业务流程、实际背景，为客户企业提供专业、完善、全方位的整体解决方案，从而实现争取更多国际外包业务，获取更多的高端客户企业资源。同时，企业应以核心技术、核心专长为中心，对外包企业提供包括项目咨询、项目运营、采购等一揽子总承包服务，通过对国际外包项目中不同专业的整合，增强企业以核心技术、核心专长为中心的专业整合能力，并不断开拓新市场，配置新的资源，从而提升企业自身的服务外包发展能力。例如，苏州迈为科技股份有限公司（2018 年度江苏省隐形冠军企业）立足光伏高端装备制造业，在提供给客户企业核心技术装备的同时，整合上下游生产装备，形成整体服务外包解决方案。在服务外包过程中，该企业已顺利承建通威合肥、阿特斯、安徽华晟、金刚光伏等光伏行业巨头异质结高效电池整线项目，其提供的系统化解决方案中技术指标与系统运行成效均得到客户企业认可，该企业通过不断增强以核心专长为中心的专业能力，并以此为契机进入核心专长相关领域，为企业不断拓展新业务，整合新资源。

（2）采用经济外包提升服务外包发展能力

专精特新"小巨人"企业、隐形冠军企业可通过实现自动化提高其承接大规模批量生产的能力，同时为承接高技术层级的国际外包项目提供自身发展所必需的硬件支撑。企业可通过自动化生产线大幅度减少人力投入，并通过实时监测和调整，保证生产效率和产品质量的稳定性。同时，根据不同的需求进行灵活调整和组合,实现快速生产周期和大规模生产能力。企业也可以信息化为手段,推进关键设备的集中管控。企业可通过规划自身的生产网络,并不断收集各生产线上的关键运行数据,同时远程实时监测各工艺连锁系统数据,为企业承接大型外包业务提供数据以及硬件设备支撑,从而提升经济外包的能力。例如,隐形冠军企业上海振华重工通过不断布局自动化领域提升企业自身承包国际大型项目的能力。其在 2017 年与印度 Adani 集团签订了第一个自动化码头系统总承包项目。上海振华重工通过为 Adani 集团的 Vizhinjam 港提供轨道吊相关的自动化设备与系统总承包服务,使该自动化码头建成后每年总吞吐总量增长至 600 万箱。同时,该企业还对码头运营备件承包等服务市场进行了覆盖。目前,上海振华重工通过自动化改造已进入 105 个国家和地区,承担全球约 70%的自动化码头项目建设,创造了多项世界纪录。

5.2 创新链双循环下制造业高质量发展路径研究

在全球产业链重构与新一轮科技革命相互叠加的发展大势下,我国产业链供应链既面临安全和稳定的压力,也面临产业与创新加速融合的历史性机遇。围绕产业链部署创新链、围绕创新链布局产业链是推动制造业高质量发展的关键路径。产业链与创新链之间相互交织、相互支撑。为此,要以科技创新催生新发展动能,建设具有全球竞争优势的科技创新高地,使创新链高效服务于产业链,通过加速产业组织变革、巩固产业可持续发展、培育创新链链主发挥科技支撑作用,如图 5-17 所示。

具体来说,将产业组织变革作为"双链"融合创新落脚点,以企业为创新中心,提升企业创新能力;以产业可持续发展增强"双链"融合创新的内生动力,从数智化、绿色化、服务化等维度着手,推动全链条整体升级、向外延伸以及跨产业辐射;将构建创新链"链主"企业作为"双链"融合创新的核心动力,发挥"链主"企业对上下游企业与外围企业的带动作用。

5.2.1 促进产业组织变革的路径设计

全球政经格局变迁与新一轮科技和产业革命的"双重"叠加,导致全球制造业的重新分工、供给链重构与产业转移,也促使传统的产业组织方式变革。制造业核心优势构建既来源于要素市场上技术创新与相应设备更迭,也归因于与技术创新匹配的组织变革。产业组织变革不仅可以通过优化价值链、建设区域价值链

| 目标定位 | 主路径 | 子路径 |

产业组织变革目标定位：嵌入国际产业链分工协作网络、引领国际产业链分工协作
→ 嵌入国际产业链分工协作网络的路径设计 → 基于价值链优化的高质量发展路径 / 基于包容性区域价值链培育的高质量发展路径
→ 引领国际产业链分工协作的路径设计 → 基于世界一流企业培育的高质量发展路径 / 基于国际高端合作枢纽打造的高质量发展路径

产业可持续发展目标定位：数智化、绿色化、服务化
→ 数智化驱动可持续发展的路径设计 → 基于智能工厂打造的高质量发展路径 / 基于智慧产业园区打造的高质量发展路径 / 基于全球数字化供应链协同的高质量发展路径
→ 绿色化驱动可持续发展的路径设计 → 基于绿色技术创新的高质量发展路径 / 基于绿色供应链打造的高质量发展路径
→ 服务化驱动可持续发展的路径设计 → 基于服务型制造的高质量发展路径 / 基于生产性服务的高质量发展路径

全球化目标定位：构建创新链"链主"
→ 构建创新链"链主"的路径设计 → 基于政产学研用协同创新的高质量发展路径 / 基于大中小企业融通创新的高质量发展路径 / 基于金介用支撑创新的高质量发展路径 / 基于跨国技术联盟合作的高质量发展路径 / 基于海外技术投资并购的高质量发展路径

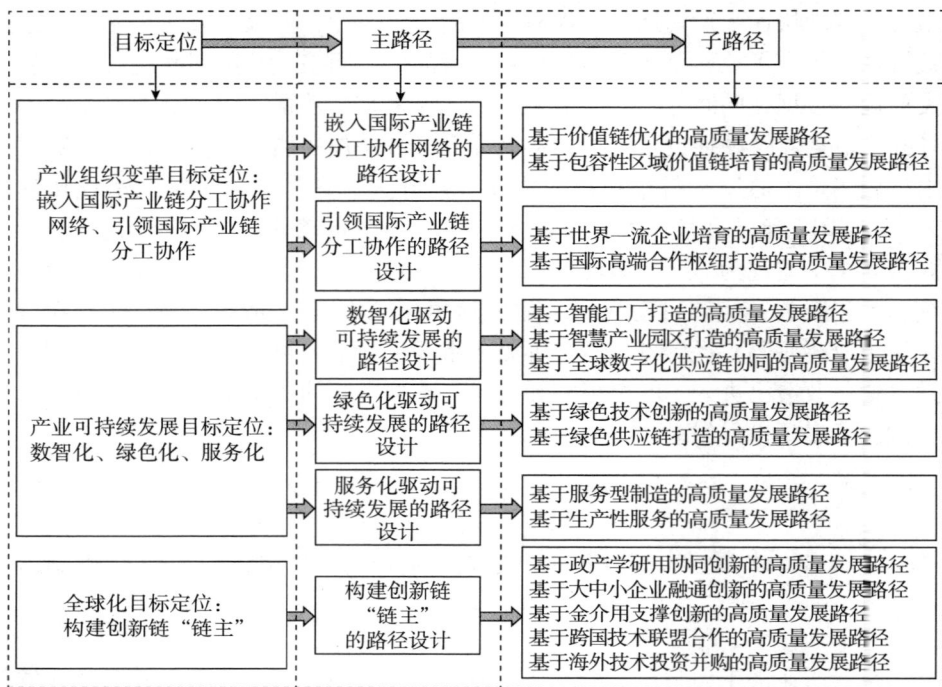

图 5-17 创新链双循环下制造业高质量发展路径设计

等途径重构价值链治理结构，改变全球产业链分工格局，也可以通过培育世界一流企业，增强产业链关键节点与国际重要枢纽企业之间的良好互动等手段主导国际产业链战略环节，从而扩大我国制造业在全球价值链中的主导权和话语权，带动整个产业迈向全球价值链中高端。因此，依据产业组织理论，将"走出去"和"引进来"相结合，提出产业组织变革赋能制造业高质量发展的两条路径：一是基于嵌入国际产业链分工协作网络的高质量发展路径，具体包括优化价值链和培育包容性区域价值链；二是基于引领国际产业链分工协作的高质量发展路径，具体包括培育世界一流企业和打造国际高端合作枢纽。

5.2.1.1 基于嵌入国际产业链分工协作网络的路径设计

积极融入全球分工，推动产业转型升级，是中国制造业高质量发展的必由之路。本节主要从价值链提升角度，围绕产业转移、产业集群、区域价值链培育等提出我国制造业嵌入国际产业链分工协作网络的主要路径，最终实现我国制造业向全球价值链中高端环节攀升的目标。本部分核心内容详见 5.3.1 和 5.3.2。

5.2.1.2 基于引领国际产业链分工协作的路径设计

世界一流企业和国际高端合作枢纽不仅是建设现代化产业链和提升产业链国

际竞争力的重要载体，而且是引领我国产业链实现循环畅通的"架构者"。一方面，加快培育衔接国内国际产业链、供应链的世界一流企业可以发挥我国制造业企业在全球价值链构建中的主体作用；另一方面，国际高端合作枢纽建设可以使我国制造业在全球价值链中提升主导权和话语权，从而掌握产业链关键环节的控制权，最终主导国际产业链分工协作。因此，依据产业组织理论，将"走出去"和"引进来"相结合，提出引领国际产业链分工协作网络的两条路径。

（1）基于培育世界一流企业的路径设计

世界一流企业是在国际资源配置中占主导地位、引领全球行业技术发展以及在全球产业发展中具有话语权和影响力的领军企业。高水平培育上市制造业企业为世界一流企业，主要通过"资源集聚—创新引领—战略转型"的循环运行机制实现，具体路径设计包括以下内容。

1）建立世界一流企业动态培育库。世界一流企业动态培育库通过形成一套"入库、培育、评价、出库、再入库"的循环机制，有效承载了上市企业或上市后备企业的多元化成长需求、服务商差异化能力，聚集更多的科技、金融等各类资源，为世界一流后备企业走向全球市场，实现自主创新、自主融资提供服务，助推企业高速成长。围绕装备制造、新材料、微电子等重点行业、重点产业链，建立覆盖各层次、各培育阶段的世界一流企业动态培育库。首先，设定入库条件。从上市企业或上市后备企业中优选一批在国际资源配置中能够逐步占据主导地位，在全球制造业行业发展中起到引领作用，在全球产业发展中有话语权和影响力的领军企业，将其纳入世界一流企业动态培育库，并设置相应的入库标准和入库程序。其次，对入库企业进行重点培育。一方面，聚集信用好、品类全的各类服务商，以及来自政府的相关服务与配套，为企业提供战略指引、政策引导、市场开拓、公共技术服务平台建设以及信息化等完整且针对性强的咨询与综合增值服务。另一方面，对入库企业提供多层次、差异化的资源对接活动，包括政府扶持、金融特派员辅导、金融机构对接、金融顾问巡诊、供应链产品链拓展、产学研合作平台建设、销售网络搭建等，如集政府补贴、奖励、贴息等服务于一体的扶持政策，对入库企业给予重点推荐；联合商业银行、担保基金中心等推出世界一流企业服务方案，设立"专项担保资金"，叠加金融财政政策，实施优惠利率；联合世界一流企业服务联盟，开展投融资对接会，通过搭建面对面交流的舞台，助推资本精准对接等。再次，对入库企业进行定期评价。通过借助大数据、云计算等新一代信息技术动态跟踪入库企业生产运营情况，联合相关政府部门，集聚技术专家，每两年对入库企业发展情况进行定期核查、评价，并与定量指标进行比对分析并给出相应评级，评价结果可作为入库企业动态调整的重要参考依据。最后，对入库企业实行动态管理。采取动态调整或淘汰机制，要求在库企业应持续满足相关入库条件，每两年进行更新替换。经评价后符合相关标准的给予奖励，反之，有下列情形的可进行动态调出：①企业主动申请退出的；②企业资产质量和经营状况发生重大变化，不符合世界一流企业营收及利润指标条件或企业业绩不稳定的；③企业有重大违法违规行为的，即企业在近两年内存在因违反国家法律、行政法规、规章行为，受到刑事处罚或适用重大违法违规情形的行政处罚等。

2）构筑链主企业主导下的创新生态系统。技术创新能力的培育和提升是世界一流企业获得竞争力的重要体现，也是制造业转型升级的不竭动力，是高质量发展的灵魂。产业创新生态系统既包括制造业链主企业，还包括高校、科研机构、供应商和技术中介等组织。链主企业主导下的创新生态系统强调创新主体、创新文化、创新产业和创新环境的协同，形成动态平衡的生态循环系统，通过开放与共享、竞合与共生、催化与涌现、学习与反哺、扩散与捕获的循环运行机制助力制造业企业高质量发展。即制造业链主企业作为创新主体，可定位于产品技术开发与制造，高校定位于基础、前沿技术与人才培养，科研机构主要定位于关键、核心技术研发与中试。链主企业可通过借智、借力、借台增强企业创新能力，与国内外知名高校、科研机构、优势企业以合作攻关、共建平台等方式开展合作交流和资源对接。一方面，链主企业可真正担当起创新主体的地位，依托自身创新平台获取创新生态资源，打造原创技术策源地。同时，链主企业可依托平台升级服务链，引领带动产业链中小企业积极投入创新活动，打造"链主企业+中小微企业"创新生态网络，推动产业链上下游、大中小企业协同创新。另一方面，依托链主企业组建高质量创新联合体或技术创新战略联盟，使其真正成为破解"卡脖子"问题、加快关键核心技术突破和重大科技成果产业化应用的核心载体。围绕相关重大专项任务，基于项目的委托开发或合作开发，与世界一流企业对标，链主企业可与国内外高水平研究型大学、国家科研机构等共建创新实验室、颠覆性技术研究院等高层次科技创新平台，通过链接全球高端创新要素，形成跨区域、跨领域、多主体协同的创新合作伙伴关系，从而开展产业链关键共性技术协同研发，带动优势产业链整体升级。例如，海尔主导下的创新生态系统。

3）推动链主企业实施国际化战略。战略转型是培育世界一流企业的基础，只有面向全球市场的企业才可能成为世界一流企业。打造世界一流企业，要具备国际化发展思维、国际业务布局以及采取国际化经营模式等。面向全球布局，实施国际化战略是中国企业发展的必由之路。鼓励中国制造业链主企业构建多层次、宽领域、高质量的国际合作链条，通过"引进吸收国际资源—自身品牌海外推广—实施跨国投资—研发创新国际化"的循环机制提高全球范围内产业链资源配置能力。首先，通过海外参观、海外培训以及与海外企业合作等方式吸收国外先进的经验和各种资源要素提升发展，提高海外业务在当前业务中的比重，从而逐步与国际市场接轨。其次，进行自身品牌海外推广。注重自身品牌建设，树立国际化品牌和形象，利用品牌带来溢价和实现增值。再次，实施跨国投资。选准拥有战略性资源的国家或发展速度较快、有较大发展潜力的国家，通过与海外链主企业成立合资公司、并购等加大境外投资，将扩展国际市场纳入企业战略规划体系，将工业制造优势延伸到海外。最后，推动研发创新国际化。通过研发国际化获取异质性技术知识资源是弥补知识空缺、突破资源束缚和创新瓶颈的必然选择。鼓励链主企业通过设立海外研发中心和开放实验室，与全球其他创新主体组建研发联盟、建立海外人才库等，搜索并追踪不同国家的技术知识资源，进一步优化研发体系，完善海外业务发展支持保障体系，加快建设全球产业链。

（2）基于打造国际高端合作枢纽的路径设计

目前，世界新一轮科技革命和产业变革加速演进，利用产业链重构的机遇，推动制度型开放，充分发挥中国超大规模市场、商品、要素虹吸能力，吸引国外高科技制造业企业来中国投资，设立创新载体，通过"虹吸全球高端创新资源—推进国际创新合作载体建设"的有效运行机制嵌入国际产业链分工协作网络，助力自身高质量发展，最终加速国际循环。

1）虹吸全球"链主"企业资源。依托超大规模市场优势，通过开展"平台招商—资本招商—以商招商"循环机制打造国际合作新载体，以国内大循环吸引全球资源要素，强化国内国际资源联动效应。鼓励和引导"链主"企业进一步强化全产业链特征，加大全产业链投资，围绕"链主"企业投资项目，优化全球布局，通过靶向招商引资，积极吸引和对接集成电路、新型显示、新能源汽车等重点领域全球创新资源，提升跨国合作创新水平。首先，发挥平台招商作用。依托产业园区平台开展招商，凭借产业园区专业化服务、智能化运营、绿色化发展等优势，开展园区系列招商活动，吸引全球"链主"企业落地，探索"链主"企业与配套企业开展研发提前介入、协同研发、共享制造等新模式，让园区内各企业实现"同频共振"，享受协同发展的红利；也可借助中国国际投资贸易洽谈会、中国国际进口博览会、世界智能大会、数字中国建设峰会等平台，多渠道对接国际"链主"企业，吸引500强企业、先进技术、优质资本持续流入。其次，强化资本招商。建立产业基金与产业链重大项目协同联动机制，设立高质量发展政府投资基金，同时与各产业链知名基金公司及券商、投行加强对接，发挥资本的催化和杠杆作用、项目启动资本金作用，重点吸引资本密集型高新技术企业落户，强化资本招商。最后，实施以企引企、以商招商策略。充分调动国内制造业"链主"企业积极性，借力"链主"企业参与招商活动，推动本地"链主"企业与国际制造业"链主"企业通过联合研发、共建生产制造基地等形式开展对接交流，扩大对外合作，从而吸引全球制造业"链主"企业优势资源及先进的生产要素。同时聚集零部件、高端装备研发制造、智能物流、资源循环利用等上下游企业。与国际链主企业在新能源变压器、工业机器人总体解决方案、智慧能源、装备制造、新材料等产业领域开展对接。

2）吸引外资企业设立全球研发中心。外资研发中心是由外国投资者设立，从事基础研究、应用研究、产品设计与开发等科学研究及实验发展的机构。外资研发中心是中国融入全球创新网络的一支重要队伍。外资研发中心在与本土产学研机构联合研发的过程中，可以发挥知识技术外溢效应，加速学术交流与学科融合，促进科技成果转移转化，提升中国制造业企业创新和开放水平，释放产业升级驱动力，推动"中国制造"向"中国创造"转变。聚焦高端装备、生物医药、电子信息等产业领域的创新发展，通过强化平台吸引力、加大政策扶持力度等助力外资研发型企业来中国建设高水平研发中心。一方面，通过系统整合相关平台吸引外资研发中心设立。其一，推动要素流动型开放向制度型开放转变，发挥自由贸易港、自贸试验区、国家级经开区等高能级开放平台作用，引导外资更多投向先进制造领域，助力打通国内制造业产业链的堵点和断点。其二，鼓励外资研发中心积极参与战略性新兴产业领域的重大研发项目，从而推动外资企业创新体系与本土创新体系的深度融合。其三，鼓励本土企业、科研院所、高校的大型科研仪器设备向外资研发机构开放，通过科技资源共享促进产业链核心技术联合攻关，扩大产业聚集效应。另一方面，加大对外资研发中心的政策扶持力度。其一，通过给予外资研发机构一次性研发费补助、税收优惠、企业研究开发费用税前加计扣除、技术转让等措施推动外资企业研发积极性。其二，外资研发中心自身通过参与政府组织实施的项目以及专家库等方式积极争取科创项目。其三，通过产业转型升级投资基金，引导社会各类资本支持外资研发中心研发成果在本地进行产业化，从而促进外资研发机构集聚发展。

3）与海外"链主"企业联合组建合资企业。制造业企业通过与海外制造业"链主"企业合作，加强技术、知识和品牌等关键战略资产获取，实现产业关键技术突破和中国制造品牌国际推广。与海外"链主"企业联合组建合资企业，一方面，鼓励国内"链主"企业瞄准产业链关键环节和核心技术实施联合研发、技术共享，缩短本土企业与海外"链主"企业之间的距离，使本土企业拥有更多的机会与海外"链主"企业产生频繁的互动和深入的接触。海外"链主"企业也可通过产业关联、技术知识溢出等方式为本土企业成长带来更强的外部性动力。另一方面，鼓励"链主"企业开展品牌、业务和渠道等重点要素的合作与交流，加速完善中国品牌组合，促使中国品牌快速走向国际市场，增强国际市场竞争力，并进一步构建面向全球的资源、市场、人才配置和生产服务系统。海外"链主"企业的加入不仅促进供应商与专业买家之间的互动和匹配，还吸引相关专业服务提供商的空间集中和形成更小的产业配套半径，本土企业能够分享到以海外"链主"企业为中心的产业生态圈外溢效应，不断扩大自身国际市场份额，提升中国企业品牌国际影响力和竞争力，进而增强自身的成长性。

5.2.2 巩固产业可持续发展的路径设计

制造业可持续发展是我国建设制造强国的主攻方向，是促进我国产业迈向全球价值链中高端的关键举措。自"十三五"时期以来，我国制造业在优化产业结构、开放合作新模式、培育发展新动能等方面成效显著，但仍面临自主创新性不强、技术受制于人、供给适配性不高、信息技术应用不足、高端要素分散、资源严重消耗、产业链"断链"隐忧与韧性不足等问题。本章针对上述问题，依据产业发展理论、"微笑曲线"理论等，结合我国制造业数智化、绿色化、服务化战略定位及目标，为制造业高质量发展设计了三条路径。

5.2.2.1 数智化驱动制造业可持续发展的路径设计

当前，新一代信息技术不断创新，快速迭代。全球各国纷纷出台数字化战略，例如：美国发布了《关键技术与新兴技术国家战略》；德国积极践行"工业4.0"战略，提出了《"创新德国"未来一揽子研究计划》；英国发布了《国家数字战略》；法国提出了《使法国成为突破性技术主导的经济体》；日本提出了《科学与技术基本计划第六版》；韩国提出了《基于数字的产业创新发展战略》等，各国都将数智化作为本国构建制造业竞争优势的关键举措。依据智能制造系统化理念，结合《"十四五"智能制造发展规划》与《制造业数字化转型路线图（2021）》，按"强化数字技术应用—夯实智慧平台支撑—数字技术应用拉动产业发展"的循环逻辑，提出数智化驱动制造业可持续发展的路径：一是以数字化协同创新平台建设为基础，打造智能工厂驱动制造业可持续发展，具体包括装备智能化、流程智能化以及产品智能化（畅通国内大循环）；二是以共享制造平台建设为基础，打造智慧产业园区来驱动制造业可持续发展，具体包括园区信息基础设施建设、园区协同创新中心建设以及行业解决方案提供（畅通国内大循环）；三是以全链路跨境电商平台建设为基础，以全球数字化供应链协同驱动制造业可持续发展，具体包括上下游企业协同、产供销协同以及大中小企业融通（加速国内国际双循环），如图5-18所示。

（1）基于智能工厂打造驱动制造业可持续发展的路径设计

对标世界智能制造领先水平，推行智能制造，创建智能工厂，是增强融合发展新动能的关键。智能工厂可以助力企业加速实现数字化转型，是当前实施智能制造发展的重点任务之一，也是构建整个智能制造体系的重要环节。智能工厂是

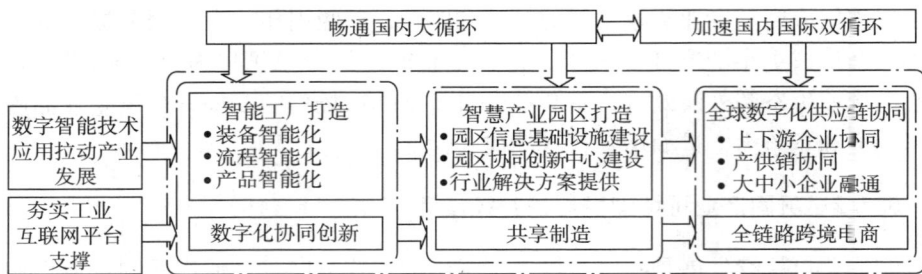

图 5-18 数智化驱动制造业可持续发展路径设计

基于数字化车间，综合采用网络技术、信息技术、智能装备等先进技术手段，实现研发、设计、工艺、生产、物流、销售、服务等环节的智能管理决策和集成优化，具备"设备互联、数据互享、系统互通、业态互融"特征的新型工厂。通过打造智能工厂驱动制造业可持续发展的具体路径包括：①装备智能化；②流程智能化；③产品智能化；④数字化协同创新平台建设。其中，装备智能化是生产硬件基础，流程智能化是关键手段，产品智能化是智能制造的核心和最终目标，数字协同创新平台提供支撑。装备、流程智能化以及数字协同创新平台均为实现产品智能化提供更好、更强、更稳的体系支撑，而四位一体最终实现智能化转型升级。

1）基于装备智能化的路径设计。智能硬件和设备可以实现生产过程的自动化、智能化、高效化（万志远等，2018），是实现智能制造的必要基础和重要支点。智能装备包括高级数控机床、配备新型传感器的智能机器人、智能化成套生产线等。企业为提高生产效率，具有将传统生产设备向智能装备改造升级的现实需求，通过使用工业机器人、高端数控机床、智能传感器、伺服系统、数控系统等智能设备与智能软件，逐步提升自身智能制造水平。为实现装备智能化，企业可根据自身发展战略需求以及技术积累与自主研发能力情况，在以下三种方式中进行选择。

第一，直接引进智能制造装备。企业在装备智能化方面，缺乏相关技术积累，研发能力较薄弱，甚至企业技术能力领域与装备智能化方向不存在交叉，或者企业未来发展战略完全不考虑智能装备产业。但是企业存在大幅提高生产效率的需求，并且制定追随市场变动与行业趋势战略。企业如果转向陌生技术领域研发，存在研发风险大与研发成本高的问题，对企业长期稳定发展存在一定威胁。因此，企业选择直接引进更加适宜，通过国内外采购，更新或者补充生产设备及软件，从而实现装备智能化。这种方式，可短期直接见效，能够迅速提高生产效率与能力。例如，珠海格力集团有限公司向三菱电机自动化有限公司采购半导体集成电路装备，广东风华高新科技股份有限公司分别向两家韩国厂商采购生产片式多层瓷介电容器关键设备，中石油广东石化公司向霍尼韦尔有限公司采购一般石油产品（UOP）先进技术装备。

第二，联合开发驱动智能装备升级。企业在装备智能化需求方面，存在一定的技术积累与研发能力，掌握主要技术，但仍然缺失部分核心技术。企业在未来生产过程中对相应智能装备质量要求较高，并且企业对装备功能存在柔性变化的需求，一般通用型装备不完全匹配。此时企业应当选择联合开发，选择拥有所需技术的合作伙伴，协作互补，联合开发，通过互促共进，优化整合企业间生产资源，实现多方共赢，提升制造装备智能化水平。如雷沃重工股份有限公司发起的，联合江苏大学、北京农业智能装备技术研究中心等9家国内一流院校及科研机构，共同研制稻麦收获机、履带式水稻收获机并研究智能控制策略等。

第三，自主研发驱动智能装备升级。企业在装备智能化方面，拥有丰富的技术积累与雄厚的研发能力，掌握核心技术，并且在未来生产过程中，将大批量、长时段、高频率借助相应智能装备，甚至计划引领行业发展与动向，进驻智能装备行业。在这种情况下，应当采取自主创新，结合企业装备实际需求与应用环境，研发环境适应性好、生产融合性强的设备与软件，实现装备智能化。这种方式短期无法见效，无法直接提升企业生产效率，但有利于企业制造能力的长线增强。具体地，针对决策、控制等环节短板，推动先进工艺、信息技术与制造装备深度融合，鼓励企业集成应用人工智能、数字孪生等数字化技术对主要生产线进行智能化改造，研发推广智能工控系统、协作机器人等新型智能制造装备。例如，国机集团经纬纺织机械股份有限公司针对纺织行业"万锭用工多、单位能耗大、产品一致性差、运营成本高"等发展痛点，自主研发全流程智能化棉纺成套装备及系统，通过智能化单机设备的应用，建设从清梳、并条、精梳、粗纱、细纱、络筒、仓储的纺纱全流程智能物流输送、智能化收付、智能质量追溯，实施工厂智能管理系统和管理软件的融合，创造了纺纱生产线夜间无人化值守的基础条件。

2）基于流程智能化的路径设计。智能制造的目标是实现智能生产，而制造流程智能化是智能生产的核心。流程智能化是企业从传统制造流程改造升级为智能流程的过程。流程智能化主要包括生产管控智能化以及仓储物流智能化。

第一，生产管控智能化。首先，采用生产过程数据采集和监控系统（SCADA），通过无线射频识别（RFID）、二维码、条形码等识别技术，实时监控设备状态、生产进度并获取生产现场数据进行诊断分析，最终推动数据采集智能化。其次，通过建立制造执行系统（MES）或制造运营管理系统（MOM）实现车间作业、设备维修维护等计划的自动生成及实时调整；建立企业资源计划系统（ERP），实现对订单、物料（产品）、财务等业务流程的闭环管理，最终推动生产过程智能化。再次，借助高级计划与排程系统（APS），实现柔性生产，促进生产调度数字化。最后，采用在线分析、智能传感器（变送器）、软测量等设备与技术，实现原料、关键工艺质量参数和成品检测数据的采集和集成利用以及质量风险预警。在原辅料供应、生产制造等环节采用智能化设备实时记录产品质量信息，每个批次产品均可通过产品档案进行生产过程和使用物料的追溯，最终实现产品质量生命周期全过程追溯及质量控制智能化。

第二，仓储物流智能化。首先，通过建立仓储配送、运输管理系统，采用条形码、二维码、RFID等识别技术实现入库、出库、在库、盘点管理和生产制造现场物流与物料的精准管控。其次，通过仓储管理模型和自动引导运输车（AGV）等自动化物流系统实现动态货位分配和移库管理，最终实现物料配送智能化。最后，通过模型优化引擎，实现配送运输线路优化管理。

3）基于产品智能化的路径设计。产品智能化是企业由生产传统产品转变为生产智能产品的过程。智能制造的第一支点和最终目标是智能产品，而不是智能制造本身，应当利用智能制造实现产品价值提升，延伸产品功能，增强产品人机交互能力，促进产品关键技术、核心零部件和软件系统自主化率提升。产品智能化主要包括挖掘产品智能化需求、嵌入不同智能模块以及构建智能化应用系统。

第一，挖掘产品智能化需求。基于企业自身大数据基础和客户积累，挖掘目标客户针对智能化设备的产品需求点。一方面，可通过调查问卷及深度访谈等方式了解客户对智能化产品的需求点。选取企业的目标客户，围绕产品应用运行情况，定期对客户进行现场访谈或实地调研等，收集客户对现有产品性能质量的反馈，准确掌握客户最新需求痛点。同时，让客户了解企业新技术、新服务、新产品，请客户结合自身产品使用情况，对技术与服务改进和升级提出客户端设想，逆向辅助产品智能化设计。另一方面，可借助客户关系管理系统等实时追踪目标客户需求情况。借助大数据、云计算，通过客户关系管理系统中存储的海量数据捕捉行业市场行为变化，分析客户群体实时关注点与深层次需求，依托平台利用用户海量数据适时调整产品功能或形态，从而实施前瞻性、预测性产品研发设计，落实产品智能化需求导向。

第二，嵌入不同智能模块。基于互联网和模块化设计思想，实现产品的个性化定制。针对挖掘出的产品智能化需求，制定智能化方案，以嵌入智能微芯片、智能传感器、远程控制器件、智能交互界面、智能分析软件、人工智能自处理系统等智能模块为手段，实现产品内外部升级，软硬件实力提升，从而进一步实现企业单品智能化，以解决客户部分痛点。

第三，构建智能化应用系统。通过面向用户的 App 构建产品智能化体系，实现产品迭代升级。"互联网+"时代，数据互联、人机交互必须实现。借助面向用户的 App：一方面，通过各个产品数据端口，达到数据互联、信息互通，完成产品联动网络建设，实现产品之间的响应、配合、融合的渐进式服务功能升级，最终促进产品智能化；另一方面，通过移动端与 PC 端，展现应用系统，实现网络端产品应用远程控制与产品体系自反馈，提升客户购买智能硬件产品本身附加的内容服务，实现产品功能的升级，或者促进新产品的销售以及产品本身的改进（曹鑫等，2022）。

4）基于制造业数字化协同创新平台建设的路径设计。制造业数字协同创新平台是带动制造业企业提质增效，引领制造业转型升级的重要载体。通过线上运营和线下服务协同模式为企业智能制造提供技术服务；通过聚合协同创新能力，赋能行业应用落地和企业商业模式创新，进而推动制造业数字化转型。制造业数字协同创新平台建设具体包括要素汇聚平台建设以及研发设计开放平台建设。

第一，要素汇聚平台建设。首先，采用大数据、人工智能等新一代信息技术，推进各类资源集成共享。推动制造业企业加快人力资源、客户资源、营销体系、融资渠道等资源要素的数字化、平台化、社区化及计量检测、仓储物流等制造资源的网络化、智能化改造，提升企业各类经营资源和制造资源的网络化配置、优化和共享能力。例如，山东省智慧化工创新联盟利用卡奥斯 COSMOPlat 旗下化工行业工业互联网子平台"海智化云"，聚集产业界各方资源，助力智慧化工园区应用需求分析、标准规范制定、测试验证及技术产品创新应用等活动的有序开展。其次，通过联合科研院所和制造业创新中心等整合实验仪器、检测设备、技术专家等线下研发资源，同时借助设计、仿真、工艺、技术知识库等研发软件和工具的云端迁移和部署，加快各类研发资源在线汇聚和共享。

第二，研发设计开放平台建设。首先，制造业企业通过构建多主体参与、跨部门联动的网络化协同研发平台，实施工业技术软件化工程，推进工业知识、技术、方法、模型的软件化和平台化以及研发流程从串行向并行的转变，合力促进关键共性技术及数字前沿技术研发；其次，通过搭建开放创新交互平台，推行众包、众创研发模式，协同中小微企业和创客基于平台开发工业 App 及新技术、新产品，加快形成社会化联动研发生态。

（2）基于智慧产业园区打造的路径设计

与工业发达国家相比，我国制造产业园区建设在规划布局、产业集聚、产品链协同方面存在明显差距，管理和信息化水平差距尤其显著。由于缺乏顶层设计，我国产业园区制造业企业入驻园区后需自行完成信息化、智能化建设，导致园区管理平台与入驻企业平台无法形成有效连接，缺乏远程、集中控制，信息资源共享难以实现,"孤岛"现象频发。智能制造产业园区的优势在于其可构建集科技研发、产业苗圃、孵化器、加速器、推广应用于一体的服务体系。基于智慧产业园区打造的路径设计如下。

1)智慧园区信息基础设施建设。一方面,加快推进产业园区硬性设施的数字化改造。鼓励基础电信运营企业、平台企业、制造业数字化转型服务商等组建联合体,面向产业园区企业,实施内外网升级和数字化改造;通过部署物联网、千兆光网、工业互联网、5G 等新型网络基础设施,建设智能计算中心、工业数据中心、工业互联网平台以及数据、网络、功能等各类安全系统,持续提升各环节数据的采集、处理、共享、分析、应用能力,优化园区内企业业务运行与创新。另一方面,强化产业园区软性服务的数字化改造。充分利用云计算、大数据等数字技术,变革粗放的运营模式,建设园区"数据大脑",利用数字技术提升园区运行管理和产业服务水平,打通数据链、创新链、产业链,实现对园区内入驻企业的赋能;搭建数字化管理服务平台,推动工业数据治理与流通、工业知识软件化,为园区内制造业企业提供高效、协调、智能的数字化服务。

2)推动园区协同创新中心建设。基于产业园区内企业灵活多样且低成本的创新需求,实施国家级创新平台攻坚计划,创建制造业创新中心,构建多层次自主创新服务体系。首先,建立网上技术需求及技术创新供给市场服务平台,推动重点实验室、工程实验室、工程技术研究中心、高校及大型企业创新资源开放共享;其次,通过与中国科学院、中国信通院等大院大所、名校名企合作,共建数字经济领域高水平研发机构,如建设核动力技术创新平台、高端航空装备技术创新中心、精准医学产业创新中心等。最后,聚焦芯片、大数据、物联网等数字经济优势领域细分方向,建设一批公共技术平台、公共检测服务平台、成果转化平台等配套服务平台,助力园区内企业推动数字化转型。

3)打造行业解决方案。面向新一代信息技术、生物医药、家用电器、电力能源、高端装备等行业差异化需求,加速装备、软件、工艺等深度融合,通过与用户实施供需互动、联合创新打造面向产业园区典型场景的行业解决方案;加快面向入驻园区特定行业的系统解决方案的供应商的培育,通过发展数字化管理、平台化设计、个性化定制、网络化协同、服务化延伸等新模式新业态,推动规范发展,引导提供专业化、高水平、一站式的集成服务,赋能行业提质、降本、增效。

4)共享制造平台建设。基于云计算、大数据、区块链等信息技术,在制造业产业园区搭建具有强大的数据传输、存储和处理能力,汇聚各类制造资源的共享平台,建设共享工厂,提供多工厂协同的共享制造服务和以租代售、按需使用的设备共享服务,提升生产效率和产品品质。共享制造平台主要包括生产制造能力开放平台、创新能力共享平台、公共服务平台以及智慧管理平台等，最终实现智慧园区制造资源共享、创新能力共享、服务能力共享和管理能力共享。

第一，打造生产制造能力开放平台。通过大数据、边缘计算、区块链、人工智能、虚拟现实、数字孪生、增强现实等新兴前沿技术与工业互联网平台的融合应用，面向全行业提供计量检测、生产加工、测试认证、物流配送等制造能力交易服务，创造制造能力可交易、可协同、可计量的新模式，推动制造能力的集成整合、优化配置和在线共享。例如，埃夫特采用工业4.0时代的智能制造技术，使用统一的喷涂和打磨中心，依托"共享工厂"创新模式，在产业集聚园区，通过打造包括数据采集和监控系统（SCADA）、制造执行系统（MES）、高级计划与排程系统（APS）、仓库管理系统（WMS）、企业资源计划系统（ERP）、供应商关系管理系统（SRM）、客户关系管理系统（CRM）和商业智能系统（BI）等在内的家居共享工厂平台分摊设备成本，减轻对环境的压力，帮助家具制造业实现产能共享，按需生产。

第二，搭建创新能力共享平台。首先，通过建设联合创新实验室，发展汇聚社会多元化智力资源的产品设计与开发能力共享平台，促进科研仪器设备共享。其次，可通过开展重点企业创新平台示范工程，面向资源高效整合、个性化定制、产业链协同发展、服务型制造等方向，打造基于云平台的大中小企业协同发展创新生态。如借助3D打印等创新服务平台，提供"互联网+"新型手工作坊等个性化定制模式，实现在线产品定制、模具开发等创新服务。企业通过依托创新平台，发展基于大数据的产品监测追溯、远程维护、产品全生命周期管理等。

第三，搭建公共服务平台。基于产品检测、设备维护等园区内企业普遍存在的共性生产性服务需求，整合社会服务资源，打造一批集技术标准、中试生产、科技成果转化、检验检测、计量测试等功能于一体的产业技术公共服务平台，探索发展集约化、智能化、个性化的服务能力共享。凭借各地的大型仪器设备共享服务平台，为企业自主创新提供服务；通过建立产品检验检测技术服务平台，吸引权威检验检测机构加入，促进重点产业和产业基地建设。例如，昆山医疗器械高科技产业园通过汇聚医疗产业链上中下游企业、产学研服务机构等关键要素资源，打造医疗器械检测平台、国际GLP标准动物实验平台、工程工艺转化实验平台、环氧乙烷灭菌服务平台等公共服务平台。

第四，搭建智慧管理平台。智慧园区管理平台可以促进园区数字化管理水平提升，进而实现招商引资、企业服务、运行管理、风险预警、经济监测等功能。借助新一代信息技术，以工业互联网平台为依托，全面整合园区内企业相关数据和资源，基于信息的全面感知和互联，打造数字综合管理平台，构建集安全监管信息分析处理、环境在线监测分析、预测预警、应急救援模拟及指挥调度等于一体的综合信息指挥系统，实现园区的智慧化管理。智慧管理平台搭建具体包括应用集成子平台、基础管理子平台、人工智能子平台以及综合服务子平台。其中，应用集成子平台主要通过搭建统一的应用服务框架，为系统应用提供技术支持；基础管理子平台通过对信息进行一站式管理和服务，实现"一企一档"；人工智能子平台通过借助智能分析模型实现产业链优化；综合服务子平台主要提供微服务，通过应用汇聚的大数据、小数据、流数据形成相应数据库。在实际运行过程中，一方面借助新一代信息技术建立高度互联的智能系统，通过将园区内各种设备、传感器和终端设备连接到物联网平台，实现设备之间的数据交换和通信，从而使园区工作者实时了解园区设备设施运行状况；另一方面通过软件平台对园区内消防设备管理、能耗管理、品质管理、物料管理等进行跟踪与监测，实时掌控园区的日常工作管理和设备设施情况。

（3）基于全球数字化供应链协同的路径设计

数字化赋能使制造业个性化、定制化、柔性化、敏捷化与韧性化成为现实，网络化协同促进数字供应链打造。全球市场的碎片化现状也对供应链数字化水平提出了更高的要求，只有通过数字化转型才能应对不确定性，才能使大规模定制化生产成为可能。目前，我国制造业多数产品尚未形成不易替代的竞争优势，在全球供应链的稳定性、根植性不强，同时，我国制造业全球供应链极易形成"高不成、低不就"链外恶性循环。数字化供应链为我国制造业全球供应链重构和数字化转型创造了新的空间和条件（王静，2022）。数字化供应链是基于价值创造目标，采用新一代信息技术，以数据为驱动，以数字化平台为支撑，以供应链上的物、人、信息的全连接为手段，对供应链活动进行整体规划设计与运作的新型供应链。围绕现代高端装备、生物医药及新能源汽车等重点产业，打造全球化数字供应链，通过"链主"企业发挥龙头带动作用，赋能大中小、上下游以及产供销企业协同发展。基于全球数字化供应链协同的路径设计包括以下四种。

1）基于上下游企业协同发展的可持续发展路径设计。通过数据的闭环流通，连接全球制造业产业链上下游、协作主体之间的"信息孤岛"，建立高效的信息交互管道，实现业务、管理、运营流程的全面集成和高度柔性化。

构建全球供应链信息系统，带动上下游企业数字化协作和精准对接。供应链上下游企业可利用信息集成和信息交换技术，打造网络化多级协同供应链管理体系，形成"本地蜂鸣—全球管道"模式的供应链网络，实现内外创新资源、生产能力和服务能力的高度集成，增强资源和服务的动态分析与柔性配置能力，带动供应链上下游企业数字化协作和精准对接（占晶晶和崔岩，2022）。具体而言，企业可通过建立全球供应链管理（SCM）系统，实现对需求、采购、生产、分销发货等全过程的信息化管理，并与企业资源计划系统（ERP）、制造执行系统（MES）等实现数据互联互通,实现原材料自动匹配;同时采用企业资源计划系统(ERP)或供应商关系管理系统(SRM),实现对全球供应商的全生命周期管理,以及与资产管理、人力资源数字化管理(eHR)、业务流程管理(BPM)等软件系统进行数据互联互通及集成应用,充分依托国内的超大规模市场优势,整合国内国际供应商资源,利用国内市场的增量降低全球供应链调整带来的风险,形成国内供应商本地"蜂鸣"、国际供应商蓬勃发展的态势。

打造产业链供应链协同平台,促进产业链上下游企业深度融入全球产业生态圈。基于行业内中小微企业共性需求,推动产业主导型企业资源、能力共享,搭建全球产业链供应链资源对接、网络化协作平台,为企业提供原材料匹配、自动化生产线配置、销售和物流资源对接等服务,推动企业间订单、产能、渠道等信息共享,探索线上采购、分销流通等模式,促进产业链上下游企业深度融入全球产业生态圈。例如,建立综合设计平台,承载设计、试制和实验全流程场景,由供应链上下游企业组成跨地域、跨国度协同网络,实现方案论证、设计、仿真、制造的数据共享和协同;建立联合销售平台,实施精准营销。基于人工智能技术和大数据,面向不同国家用户构建销售预测、品类规划、动态定价、库存分布等模型,通过算法计算引入/替换商品的时间点、确定引流商品和时间节点,预测商品销量和销售爬坡速度来指导生产商备货,从而为顾客带来更优质的购物体验,促进供应链成员的降本增效等。

2)基于产供销协同的可持续发展路径设计。产供销协同就是将产品开发(设计、研发)、供应链(采购/生产/物流/交付)和销售融为一体,将原本一个单独的供应环节打造成集产品、供应、销售于一体的供应体系。借助新一代信息技术汇聚企业资源,改变传统供应链逐层订单下达的链条模式,创造"订单工序撮合、非标服务通用化、云工厂整合"等新型模式,最终形成产品设计、采购、营销、服务等多环节动态智能、高效协同的生态体系。产供销协同主要通过开发、搭建和集成应用信息系统实现(孙炳能等,2021)。

通过搭建企业资源计划系统,使客户需求订单与产供销计划动态协同。企业通过搭建包括采购、销售、财务等一体化的企业资源计划系统促进企业业务的信息化管理。基于客户订单和准时制生产(JIT)拉动的生产,及时调整销售计划(对销售进行动态管理和预测)、采购计划(对于关键物料多级备货)、生产计划、发货计划,驱动业务运营,以集成计划为运作中枢,使产品研发、供应链和销售等部门上下对齐、左右拉通,实现客户需求与产供销计划动态协同。

通过打造制造执行系统,实现制造执行与供应链协同。采用新一代信息技术,打造涵盖物料采购、生产过程模拟、班组派工以及工序作业看板等流程的制造执行系统,从而有效调拨库存材料,促进工厂产能最大化,最终实现制造执行与供应链有效协同。同时通过将物联网布局在车间内的不同制造执行设备之间以便实时采集生产数据，形成及时反馈和动态响应。

构建可视化管理系统，实现产供销一体化全流程可视化。借助新一代信息技术，打造可视化管理系统以便实时监控产供销一体化全流程，控制包括人员、设备、物料等所有工厂资源，监督生产现场，从而提高执行力，实现对计划、执行、库存、物料信息等的可视追踪、跨部门协同和动态调整，提升智能决策水平和经营效率。

3）基于大中小企业融通发展的路径设计。大中小企业融通发展是驱动制造业高质量发展的关键途径。参考 2018 年工业和信息化部等部门印发的《促进大中小企业融通发展三年行动计划》，提出了促进大中小企业融通发展的实施路径。

第一，通过引导大企业打造开放式赋能平台，支持中小企业进入龙头企业供应链，实现大中小企业协同发展。发挥行业龙头企业优势，借助龙头企业各类开放资源，使中小企业在设计研发、生产制造、后市场服务等领域深度融合发展。采用"互联网+"等手段，构建新型产业创新生态，强化生产制造领域新模式新业态应用，促进大中小企业产能共享、创新协同。首先，打造分享制造平台。借助新一代信息技术打造大中小企业资源对接平台，使中小企业闲置产能有效对接大企业闲置资源，同时使大企业为中小企业提供信息支持，提高全链条生产效率，推动制造能力的集成整合和在线共享。其次，培育大中小企业协同创新平台以及制造业双创平台。大企业可联合科研机构建设协同创新公共服务平台，向中小企业开放大型科研仪器和基础设施以及品牌、设计研发技术等。同时，带动中小企业共同组建创新联合体，在技术攻关、专利布局等方面促进大中小企业合作创新，改进中小企业工艺流程、提升产品可靠性水平等。再次，打造符合中小企业特点的数字化服务平台。鼓励大企业建设垂直行业工业互联网平台，通过开发产业链供应链协同解决方案和多元化应用场景，促进产业链制造能力的集成整合和在线共享，拓展深化服务，推动大中小企业融通发展。最后，推动大企业创新金融服务模式及打造专业化开放共享培训平台。为帮助上下游中小供应商降低融资成本，大企业可采用股权质押融资等方式向中小企业提供供应链金融等专业金融服务；同时，通过开设中小企业经营管理领军人才培训班、定期派驻大企业专家人才到中小企业指导、合作开发项目等方式加强产业链中小企业人才培养，提升经营管理人员融通对接能力，最终促进大中小企业协同发展。

第二，通过提升中小企业专业化能力，嵌入大企业供应链实现大中小企业融通发展。首先，推动中小企业专精特新发展，培育细分领域专业化"小巨人"和制造业单项冠军企业。以智能制造、工业强基、绿色制造等为重点，推动中小企业专注细分领域，成为专精特新企业。在此基础上，中小企业利用订单生产、服务外包、专业化分工等与大企业合作，嵌入大企业供应链。其次，开展"互联网+小微企业"行动，提高中小企业信息化应用水平。中小企业可依托云计算、物联网、人工智能、网络安全等新一代信息技术促进自身业务系统向云端迁移，打造基于云平台的多层次中小企业服务系统，强化中小企业在生产组织、产品研发、安全保障等环节的智能化改造。同时，推动大型信息化服务商采用互联网手段，基于中小企业信息化发展需求，推广适合的产品和服务，提高中小企业信息化应用水平，从而畅通要素流转通道，使中小企业与大企业在供需对接、信息沟通、成果转化等方面实现有效合作。

4）基于全链路跨境电商平台搭建的路径设计。全链路跨境电商平台作为新型贸易中介和打通全球管道的重要桥梁，比传统贸易中介更具有显著优越性。平台通过应用物联网、数字孪生、大数据等新技术链接电子商务与国际贸易，打破了传统国际贸易格局和贸易模式，实现全球买卖双方的外贸交易及资源对接，在整个产业链系统中发挥核心作用。跨境电商企业以平台强大的供应资源优势嵌入全球供应链体系，从而迎合全球不同客户的异质性需求，增强企业竞争力。此外，在发展国内供应链的同时，夯实"体外循环"的基础。通过应用物联网、数字孪生、大数据等新技术建立全链路跨境贸易平台，实现全球买卖双方的外贸交易及资源对接。总之，全链路跨境电商平台集交易与服务于一体，不仅提供客服咨询、在线交易、商品展示、售后服务，还提供报关、物流、支付等服务，从而激发各参与主体的经营活力。

第一，建立数字化营销平台。跨境电商平台的成功虽然需要重视产品质量，但产品的营销推广模式也是主要决定因素。新形势下，消费者需求呈现多样化，传统的营销方式显然已经过时，而新一代信息技术的应用使数据在跨境电商中发挥了更大的作用。跨境电商平台通过借助大数据、云计算等技术，可以有效挖掘客户需求，识别目标群体。通过存储和分析用户在跨境电商平台留下的海量数据，及时追踪用户的消费习惯，并有针对性地向潜在客户推荐企业产品。同时，为提升客户满意度，跨境电商平台可以采用个性化营销、打造多元化营销场景等满足特定目标用户的个性化需求。一方面，跨境电商平台通过举办多样化、高频率的会展，实现供需双方的精准匹配和精准营销；另一方面，通过定期举办采购节等活动，跨境电商平台为卖方提供更多的产品展示机会，也为不同地域、不同需求的买方提供差异化、个性化的营销方案。

第二，建设数字化支付平台。一方面，创造数字货币。跨境电商平台可借助区块链技术创造能被不同国家接受的数字货币，同时强化数字货币在跨境电商支付领域的试点应用，促进建立多方位的跨境支付体系。另一方面，加强平台支付软件建设，完善跨境支付体系。跨境电商平台在为供需双方提供跨境结算服务时，可采取实名认证方式保证客户身份的真实性，并及时记录交易的全过程，确保资金安全性。同时，为保障消费者的合法权益与支付安全性，平台可与政府、银行、公安等部门加强合作，借助新一代信息技术实现对支付系统的数字化监控，以防止非法入侵。

第三，建设智慧物流平台。一方面，建立国际物流信息对接平台。借助人工智能、区块链等新一代信息技术，建立国际物流信息对接平台，通过整合物流企业提供的数据，实现物流供需双方信息的有效对接，在此基础上，构建满足国外需求的智慧物流配送体系，优化物流配送方案，应用无人机运输、海外仓设置等促进跨境物流运输的集约化。另一方面，打造数字化物流作业系统。采用数字孪生、人工智能等技术搭建物流信息系统，及时加强线上线下物流信息追踪、记录、更新，从而实现不同区域和国家间的国际物流合作。

第四，建设数字化通关平台。跨境电商整体的通关效率受海关监管效率的直接影响。商品质量追溯体系的不健全、海关通关效率低下等一直是中国海关监管面临的问题。跨境电商平台可以采用区块链、数字孪生等技术建设"全链路溯源系统"，通过为商品发放电子"签证"，实现对产品采购、销售、物流等信息的全程跟踪和质量监控，促进跨境电商交易货物的全方位监管。

5.2.2.2　绿色化驱动制造业可持续发展的路径设计

制造业资源的大量消耗和过度使用不仅对我国生态环境构成威胁，也不利于我国制造业的高质量发展。创新制造业发展模式，促进制造业绿色转型升级迫在眉睫（李胜会和戎芳毅，2021）。《"十四五"工业绿色发展规划》指出，落实制造强国战略，以推动高质量发展为主题，以供给侧结构性改革为主线，以"双碳"目标为引领，以减污降碳协同增效为总抓手，统筹发展与绿色低碳转型，深入实施绿色制造，加快产业结构优化升级。因此，结合制造业绿色发展现状，依托制造领域龙头企业，以绿色供应链标准为支撑，以不影响产品质量为前提，带动上游供应商和下游回收处理企业积极践行环境保护责任。通过绿色技术创新以及绿色供应链打造，推动上下游企业共同促进资源利用高效化、环境影响最小化，最终实现链上企业绿色化的目标。两条绿色化驱动制造业可持续发展的路径具体设计如下。

（1）基于绿色技术创新驱动制造业高质量发展的路径设计

党的十九大报告明确要求"构建市场导向的绿色技术创新体系"。作为制造大国，在发展方式上我国制造业依然存在高投入、高消耗、高排放的特点。我国环保、工业、科技等部门、学术界和中国工程院重大咨询项目"绿色制造发展战略研究"等综合研究结果显示，我国工业排放的二氧化硫、氮氧化物和粉尘分别占排放总量的90%、70%和85%，与国际先进水平相比，污染排放和资源能源消耗等仍存在较大差距。在结构上仍然面临能源结构偏煤、产业结构偏重等问题，再加上资源环境约束加剧，"碳达峰""碳中和"时间窗口偏紧，推动制造业绿色技术创新迫在眉睫。绿色技术创新包括绿色产品创新和绿色工艺创新（解学梅和韩宇航，2022）。通过不断迭代升级"绿色辅助技术—清洁生产技术—末端治理技术"，最终畅通国内大循环。因此，绿色技术创新驱动制造业高质量发展的路径包括以下几个方面。

1）基于绿色产品创新的路径设计。绿色产品创新是最为高级的绿色技术创新，指在满足产品功能需求的前提下，将环保理念融入原材料选择、产品设计、产品包装等环节，减轻整个产品生命周期的负面环境影响的创新行为。具体指企业在产品开发过程中，采用生态友好设计、节省生产材料、引入绿色辅助技术、环保材料代入、绿色产品认证等，从而减少污染和废物，促进环境可持续发展。根据创新程度，可将绿色产品创新分为以下两个方面。

第一，渐进式绿色创新。主要通过不断优化现有产品或过程，持续创新某个单一产品从而改善对环境的负面影响。通过关注客户在使用现有产品中的不便之处并不断追踪客户的需求变化，准确预测市场未来走向，获取创新灵感，进一步开展研发创新，整合企业内外部研发力量，不断更新产品功能和外观美感，最终促进产品迭代升级（毛蕴诗和王婧，2019）。

第二，突变式绿色创新。主要通过将现有产品的元素替换为创新的元素，降低环境影响。具体来讲，主要通过提供绿色解决方案和打造绿色产品生态系统实现突变式绿色创新。一方面，通过扩大市场消费者的关注范围，了解现有客户需求，以及潜在客户需求，同时密切关注政府环保政策导向，整合科研院所、客户和供应商力量，共同开发绿色解决方案；另一方面，通过持续关注客户及潜在客户的绿色产品需求、关注政府和社会公众环保需求、关注媒体环保监督等，借助互联网，利用开放的创新工场，与客户（绿色创意检测与支持）、高校（技术联合攻关和人才培养）、科研机构（技术支持）、供应商（绿色原材料把关）、员工（产品绿色创意提供）、社会各界创新人才（绿色产品社会设计）等相关方携手，共同促进绿色产品生态系统构建。

2）基于绿色工艺创新的路径设计。绿色工艺创新指通过改善现有的或新的生产工艺减少对环境的负面影响的创新行为。主要通过清洁生产技术创新和末端治理技术创新实现。

第一，清洁生产技术创新。清洁生产更侧重污染预防，通过在产品生产过程中不断促进技术进步和改善管理，加强资源利用率提升，降低污染物排放，它是实现可持续发展的生产方式和重要途径，也是促进经济增长方式转变的关键手段，能够有效促进经济效益和环境效益的有机结合。实施清洁生产是相较于传统的粗放型生产的一种创新生产模式，其关键点在于在生产过程中节约传统能源、利用可再生资源、回收/再利用和再制造材料等。一方面需要在源头上节约原材料和资源能源消耗，应用电热冷联、电热联供等先进清洁生产技术减少生产过程工艺浪费及不必要的生产成本，提高制造业企业能源利用率；另一方面通过在废弃物和污染物排放前减少其数量及有害性，促进可利用资源循环使用，如通过建立余热回收系统，对工艺过程及设备产生的余（废）热加以有效利用，从而推动企业各类资源的循环化和无害化利用。

第二，末端治理技术创新。末端治理是指在生产制造末端，通过增加人力财力投入，增设相应污染处理设备，使排放物达到标准要求的治污方式。末端治理侧重污染物产生后如何达标处理。由于工业生产无法完全规避污染的产生，即使最先进的生产工艺或清洁生产水平也不能完全做到零污染。例如，大部分企业进行生产制造时都需要利用水资源，且绝大多数企业依然存在废水排放情况；有些用过的产品也需要进行最终处理，如家电、手机、汽车等因使用年限较长或破损遭到废弃。因此，末端治理技术需要及时更新，尽量做到在处理的过程中无污染。末端治理主要通过淘汰高能耗、高排放设备，进行传统设备升级、应用绿色工艺技术等促进"三废"处理减排、回收过程废弃物。

（2）基于绿色供应链打造驱动制造业可持续发展的路径设计

绿色供应链是以环境保护和资源节约为导向，以核心企业为支点，覆盖原材料采购、生产、流通、消费，以及回收等各环节，综合考虑资源效率和环境影响的现代管理模式。鼓励制造业企业实施绿色采购、创新绿色制造工艺、生产绿色产品、开展绿色运输、回收处置废弃产品，打造绿色供应链。

通过建立"采购—运输—销售—回收再利用"的运行机制，打造连接全球供应端、物流端、消费端和回收端的闭环循环链，形成需求牵引供给、供给创造需求的绿色循环体系，最终助力国内国际双循环。

1）基于绿色采购的路径设计。绿色采购是绿色供应链的重要组成部分，不仅包括采购环境友好、低资源消耗的原料或产品，更强调采购中的管理性行为。一个企业实施绿色采购就是要在充分考虑对环境影响的前提下，建立涉及供应商评估、选择、合作等事项的采购原则、方法和程序（张松波等，2017）。

第一，联合发布绿色评价标准。一方面，制定绿色供应商和绿色产品评价标准与国际认证体系。在选择供应商时，可以将国际绿色认证、社会责任履行、健康管理等要素纳入审查标准，关注供应商的环境绩效，同时对供应商实行分级管理，将节能环保的绿色要求纳入技术文件，对具有节能产品认证、环境保护产品认证、绿色包装及其他能体现绿色环保因素的供应商给予适度倾斜，从而使经济、社会和生态效益达到最佳。另一方面，引导供应商建立绿色协同机制，带动供应链上下游企业共同践行可持续发展社会责任，促进低碳转型。

第二，建立行业绿色物资采购目录。鼓励企业在保证产品质量的情况下，建立绿色低碳物资采购范围。原材料应优先选用符合环境标准和节能要求，具有低污染、低能耗、无毒害、可回收再利用、资源利用率高等各种良好性能的材料，如选用废钢铁、废塑料、废弃电器电子产品、废纸、废玻璃、废旧轮胎、废纺织品等可再生资源。

第三，建立供应链协同采购机制。基于产品、供应商量化评价结果，推进采购标准和制度建设，促进绿色评价结果在物资采购环节的共享共用。鼓励企业开展绿色成本分析，推广使用节能环保产品与技术，控制供应链各环节各种成本要素，以确保绿色采购总成本最优化。

第四，建立绿色采购联盟。首先，联合行业重点企业，推进绿色供应资源共享、绿色评价标准互认，引导产业链相关企业打造可追溯的绿色供应链，建设共建共享的绿色生态圈。完善绿色采购标准制度，构建绿色供应商认证体系，对供应商定期审核，健全供应商绩效评估制度，定期对供应商进行培训等。其次，强化企业与全球绿色供应商的协作。引导企业决策者转变传统观念，形成绿色发展理念，与全球绿色供应商在技术共享、人才培养、成本分担等方面以双方共赢为目标建立协作关系。最后，发挥政府作用，构建和完善绿色采购流程和监督机制。从供应链上游和生产源头打通绿色经济内循环的供应端堵点，从而确保国内绿色供应链的稳定与优化。

2）基于绿色生产的路径设计。绿色生产是在保证产品功能、质量、使用寿命及可靠性的前提下，实施生产全过程污染控制，尽可能地降低生产过程对环境产生的有害影响，最终实现节能、降耗、减污等目标的一种综合措施。

第一，通过提高能源利用效率促进绿色生产。采用干切削、干磨削等加工技术改进工艺，通过研究废油、废液回收再利用的工艺方法，促进辅料利用效率提升；升级改造生产设备，淘汰效率低、耗能大的落后设备，使用先进加工设备；采用先进制造技术及绿色能源等提高能源的利用效率；在生产车间安装通风过滤装置，减少排放物造成的空气污染，采取隔音减振措施，降低噪声污染，改善工厂环境（刘正山，2016）。

第二，通过优化生产方式促进绿色生产。利用移动互联网、云计算、大数据、物联网及分享经济模式促进生产方式绿色转型，推动研发设计、原材料供应、加工制造和产品销售等全过程精准协同，强化生产资料、技术装备、人力资源等全球生产要素共享利用，实现生产资源优化整合和高效配置。

第三，通过加强绿色数据中心建设促进绿色生产。加快构建企业智能环境数据感知体系，落实生态环境保护信息化工程。建设绿色数据中心，发展大规模个性化定制、网络协同制造、远程运维服务，降低生产和流通环节资源浪费。推动跨境电子商务企业直销或与实体企业合作经营绿色产品和服务，鼓励利用网络销售绿色产品，满足全球不同主体多样化的绿色消费需求。利用线上线下融合等模式推动绿色消费习惯形成，增进民众绿色消费获得感。

3）基于绿色物流的路径设计。绿色物流指采用先进物流技术对运输、仓储、包装和流通加工等活动进行综合规划和实施，最终达到资源消耗减少，环境污染降低的目标。

第一，开展国际多式联运。通过在全球主要物流节点布局多式联运基础设施，衔接和协调国际服务规则，开发多种运输方式。如发展集装箱、厢式半挂车、水陆滚装、铁路驼背运输、空陆联运等，促进国际运输方式的合理搭配和运输线路的优化选择，以此降低环境污染和能源浪费，实现运输过程的效率化和最优化，克服单个运输方式固有的缺陷，最终推进产销之间紧密结合以及企业生产经营的有效运转。

第二，发展共同配送。共同配送指多个国际企业分工协作，联合实施配送服务，最终促进全球物流资源合理利用和物流效率提高的协同活动。通过研发新型物流技术装备、建设国际物流供需对接平台、健全市场竞争机制和管理机制等措施有效去除多余的交错运输，避免出现车辆不满载、利用率不高等问题，降低货车的空驶率，最大限度地提高人员、资金、货物等资源的利用效率，从而有效节约资源，降低物流成本，取得最大化的社会效益和经济效益。

第三，建立全球物流管控系统。首先，打造国际企业间的信息共享平台。综合利用新一代信息技术，通过全球网络系统将分属不同所有者的物流资源集成共享，使物流资源得到充分利用，促进物流服务优化和货物集散空间扩大。其次，建设国际物流动态监测系统。通过打造全球导航系统、用户信息系统、配送分销系统、货物跟踪系统等实时监测物流动态，从而促进物流系统运行效率的提升。最后，通过在"一带一路"共建国家合理布局货运网点、配送中心等措施缩短路线，降低空载率；同时采用国际清洁燃料和改进内燃机技术等提高能效比，最终实现节能减排的目的。

4）基于绿色回收的路径设计。绿色回收是指以前生命周期产品报废后，通过有效的回收处理在新的生命周期中循环使用。为保证产品的绿色处理，一方面要考虑使用面向拆卸、模块化等先进的结构设计方法，另一方面要推动绿色再制造技术在再制造加工、过时产品性能升级等方面的使用。绿色回收主要通过推行包装物绿色使用、推进废旧物资绿色处置、推行回收目标责任制行动等实现。

第一，推行包装物绿色使用。通过"小改大、重改轻、循环利用"等措施，扎实推进包装物减量化工作。按照产品的自身属性、运输装卸等要求，以原辅料为试点，要求供应商优先选用可再生利用或能够自然降解、对环境无污染、对人体无毒害的绿色包装材料，并将完整无损或虽有破损、但经过修整能够重新使用的包装由供应商回收循环使用。

第二，推进废旧物资绿色处置。对有回收价值的废旧物资，按不同材质进行分类，通过企业废旧物资处置模块进行公开竞价，以确定回收商及价格，并根据实际需要，不定期组织对外处置。对废催化剂、废铅酸电池等危废物资，提前和使用单位对接，及时提报处置计划，办理三方处置协议并向地方环保部门申请危废转移，从而保证危险废物得到及时处置。在废旧物资销售合同中，对废旧物资回收及后续处置提出 HSE 明确要求，强化合同违约责任，避免法律纠纷。

第三，推行回收目标责任制行动。发展"互联网+"回收利用新模式，支持利用物联网、大数据开展信息采集、数据分析、废弃电器电子产品流向监测等。一方面，鼓励企业积极参与回收网络构建，通过打造产业废弃物和再生资源在线交易系统等完善现有骨干再生资源交易市场，使传统线下交易方式逐步向线上线下结合型转变；另一方面，可以通过打造数字化绿色回收平台促进以旧换新，加快产品消费升级，实现产品全生命周期管理与运营，有利于推动居民及时淘汰耗能高、安全性差的产品，拉升产品销售，带动产品结构升级。此外，鼓励再生资源利用企业与互联网回收企业建立战略联盟，实现回收物品的拆解，降低有害物质使用，优化可再生资源的循环利用。

5.2.2.3 服务化驱动制造业可持续发展的路径设计

制造业服务化是指制造业企业采用某种方式在企业的核心产品中融入服务，并逐步提高其在企业产出中的比重，最终促进从以制造为中心到以服务为中心的转变的过程。制造业服务化是提升我国制造业整体协作配套水平、构建现代产业体系、驱动高质量发展的必由之路。郭朝先（2019）认为，要最终实现制造业服务化，可围绕服务型制造展开，同时可通过加大生产性服务要素投入达成此目标。对此，基于国内国际双循环背景，结合中国制造业发展实际，设计服务化驱动制造业可持续发展的两条路径：服务型制造（畅通国内大循环）和生产性服务（加速国际循环）。服务型制造侧重国内大循环。工业和信息化部联合国家发展改革委和中国工程院 2016 年共同发布的《服务型制造发展专项行动指南》、工业和信息化部等十五部门 2022 年发布的《关于进一步促进服务型制造发展的指导意见》主要围绕个性化定制、供应链协同制造、远程运维以及总集成总承包等服务设计路径。而生产性服务更侧重国际循环，重点从服务贸易角度展开分析，参考刘斌等（2016）的研究，主要围绕分销服务化、运输服务化、金融服务化以及电信服务化等方面设计路径。

（1）基于服务型制造驱动制造业可持续发展路径

服务型制造是一种新型制造模式和产业形态，可以使先进制造业和现代服务业融合发展。制造业企业可围绕个性化定制、供应链协同、远程运维服务、总集成总承包等服务模式，通过向产业链上下游提供定制性、集成性或系统性的解决方案，拓展延伸服务环节，最终实现服务型制造。结合中国制造业发展实际，具体设计基于个性化定制服务、供应链协同制造服务、远程运维服务、总集成总承包服务驱动制造业可持续发展的路径，以期通过"高端定制—协同制造—集成服务"的运行模式畅通国内大循环。

1）基于个性化定制服务驱动制造业可持续发展。个性化定制服务是面向消费者的不同需求，为其提供特别的产品。新时代消费者对产品差异化、个性化的追求越来越高，现有规模化、标准化生产方式已不再适应社会需求变革，制造业企业面临由传统生产销售模式向个性化定制模式转型。为实现个性化定制服务，一方面，企业可借助信息化平台，实现数据建模和标准化信息采集。通过使用AR/VR技术、数字孪生、数据化管理系统、数字化设计与虚拟仿真系统对多渠道的用户需求大数据进行整合和建模，建立大容量样本数据库，逐渐形成信息自收集自反馈自处理系统；采用三维实体模型、可视化模型等虚拟模拟技术，挖掘用户特征、洞察用户偏好，实现消费者个性化需求信息标准化采集。另一方面，采用模块化的设计方式、智能化的生产线快速向客户提供定制产品及配套服务。制造业企业通过分解与整合用户需求，将复杂的产品生产划分为若干模块，将各模块分配至专业化生产车间，车间内的智能生产线将按照用户需求信息，进行自动检索、柔性选配、扩展加工、换模响应、自动换模等工序，在保证生产线平衡的基础上，精准对接用户的多样化需求，实现通用型产品结构和性能的灵活转换，从而规模化、敏捷化地制造出符合用户消费行为与消费特征的产品，促进产品服务系统的精准营销。

2）基于供应链协同制造服务驱动制造业可持续发展。市场需求的不稳定性容易使供应链产生"牛鞭效应"，任何需求的细微变动都将影响整个供应链上下游，且波动逐级放大。而供应链协同是解决"牛鞭效应"的有效方式。供应链协同是指供应链内各节点企业通过电子信息平台，相互协作，实现共同目标的活动。制造业企业通过搭建供应链协同信息平台、成立信息化项目实施小组，参与采购、销售、物流等环节企业间的合作，重组供应链业务流程，集成制造工厂、零部件配套供应商以及门店、物流、工程队等服务商，畅通供应链内部信息渠道，加速信息传递与改进制造模式，通过跨企业的制造与服务协同，保证整体解决方案得以协同化实施，持续提升供应链协同绩效。首先，建立多主体参与的供应链协作平台。利用云计算、大数据、物联网等新一代信息技术，鼓励制造业企业与上下游企业、研究机构、行业协会、第三方服务企业等联合打造跨行业、跨区域、跨领域的供应链协作平台，打破"信息孤岛"，促进多渠道、多场景的信息整合，共享和风险共担，推进供应链网络智慧决策与协同运作，最终促进供应链效率提升。其次，通过全生命周期管理提供跨链信息集成和数据共享应用。围绕顾客需求进行产品服务的全生命周期管理，鼓励企业通过网络信息技术开展产品全生命周期管理，创新服务模式，共享产品制造和使用等环节的数据信息，在此基础上提供资源管理、协同管理等，最终促进产品价值增值空间延伸。最后，借助智能制造实现协同生产。供应链企业通过采用虚拟仿真系统获得产品的虚拟运作过程，获得产品的制造时间、地点和形式等生产任务；借助柔性制造系统（FMS）、计算机集成制造系统（CIMS）以及智能工业机器人等协同制造平台和技术，企业与其他制造商协同合作，对装备的制造任务进行模块化分解，通过任务动态分配实现不同环节的同时异地完成，各制造服务商依据一定的流程顺序或者管理顺序布局在服务链中，依托这种并行的模式最大限度地缩短产品生产周期，快速响应客户需求，实现柔性设计和生产，最终促进产品制造、装配、包装等环节的协同生产。

3）基于远程运维服务驱动制造业可持续发展。远程运维服务模式由被动故障维修变为主动预防，由间断式运维向全生命周期运维转变。远程运维服务主体更加大众化，包括上下游产业链和第三方服务机构，内容也更加多样化。采用智能传感、大数据和5G等技术，制造业企业可通过开展线上远程运维服务，实现基于运行数据的设备能耗监测、智能巡检、远程运维、故障预警、产品质量追溯等智慧服务。远程运维服务过程具体如下。首先，建立远程检测系统。通过远程检测系统，收集并分析产品回传数据信息，监测产品运行状况。制造业企业可以智能互联设备、智能产品和智能化信息管理系统为基础，通过 VR、AR、数字孪生等技术，实现生产现场的实时监测以及设备与人的智能交互，使企业能及时对产品的功能实施远程监测，并通过产品运行的数据分析，提供预防性维护等增值服务。其次，构建远程运维数据库。基于设备状态数据、业务数据以及知识型数据等远程数据采集与积累，为每个客户建造特定数据链，覆盖产品生命周期各个部分，在企业为客户提供远程运维服务时，作为分析判断决策基础，辅助运维过程。最后，实施远程传输与远程升级。集成远程检测系统、全生命周期管理系统、制造执行系统、客户关系管理系统等，采用标准化数据接口实现各系统的数据传输、交互和资源共享，通过远程监测收集设备环境变化信息，随着设备环境与应用条件变化，制定应对改善方案；通过搭建专家库、故障诊断修复系统和服务监控系统等支持系统，运用大数据分析、智慧大脑等技术，为远程升级提供决策支撑；通过技术人员在线指导与搭建远程"一对一"数据服务加密通道，对产品进行软硬件适应性升级，进而改善产品运作性能，延长产品使用周期。

4）基于总集成总承包服务驱动制造业可持续发展。总集成总承包是指提供全面解决方案的服务，在促进产业融合、产业升级以及延伸制造业企业的价值链等方面发挥了重要作用。鼓励企业在工程设计、装备设计、项目总包、装置检维修、系统验证、批量应用、标准制定等环节加快新技术新模式协同创新应用，由产品供应商向产品和专业服务解决方案提供商转型。首先，依托核心产品的可嵌入性，组织外部资源（包括基础、厂房、外围设施建设）并加以集成，去面向结果需求的用户提供"交钥匙工程"。基于客户需求和模块化技术，承包商进行项目规划、设备制造、生产线调试以及后续服务，并依据交钥匙合同，整合优质资源，在主营核心产品中创造强大的嵌入性，实现基于核心产品的"交钥匙"服务。其次，集成相关制造业务，向客户提供成套性服务。采用新一代信息技术打造"硬件+软件+平台+服务"集成系统，整合并集成企业资源，实现与主营制造业务的联动，为客户提供端到端的系统集成服务（包括产品设计、系统设备提供、系统安装调试）以及面向其问题解决的集成方案。最后，提高资源整合能力，提供集成式服务。以项目工程目标为导向，引导相关参与主体围绕项目工程所需资源离散、过程标准不一、结果需要集成等需求，整合相关资源，构建集设计、制造与组装于一体的实施框架体系，实现从"封闭式参与"向"开放式参与"的转变，提高服务效率与质量。

（2）生产性服务驱动制造业可持续发展路径

生产性服务可促进资源有效整合，重塑价值链重心，提升产业分工协作水平，增强国际市场掌控力和话语权。与发达国家相比，我国的生产性服务业发展水平依然落后。对此，我国应当继续扩大信息、金融、科技等生产性服务业的开放程度，打破服务贸易壁垒，增进与发达国家高质量生产性服务业的来往，充分吸收技术溢出、专业化分工等带来的积极影响，拓宽生产性服务贸易渠道，从而提升我国本土生产性服务质量，更好地助力我国制造业高质量发展。生产性服务主要围绕分销服务化、运输服务化、金融服务化以及电信服务化展开，通过"分销手段改进—运输能力提升—现代金融工具支持—电信技术支撑"等加速国际循环。

1）通过分销服务化驱动制造业高质量发展。制造业分销服务化是促进全球价值链升级和延伸的重要手段，不仅可以降低顾客"搜寻—匹配"成本和厂商库存成本，缩短厂商与顾客之间的"距离"，增强其在产业链下游环节的参与程度，有效避免生产商和东道国市场因信息不对称而造成的生产盲目性；而且改变了以往以产品为中心的生产模式，充分满足目标顾客的个性化需求，让消费者足不出户就能和企业对话以及沉浸式接触产品，大大提高用户体验。通过为顾客提供

"产品—服务"的完整解决方案，最终实现全球目标顾客的锁定和产品销售。一方面，提供个性化营销服务。制造业企业通过集成大数据、知识图谱和自然语言处理等技术进行全球客户数据挖掘，建立面向全球客户的数据库和制造业企业数字化门店系统，通过采用内容营销、交互营销等功能，实时识别、收集与持续追踪全球顾客需求，提供沉浸式广告营销服务，让销售精准把握客户需求，满足顾客多样化产品与服务需求，不断提升使用体验，增强客户黏性。另一方面，创建沉浸式交互体验中心。制造业采用虚拟现实、数字孪生等信息化技术，呈现贴近实际场景的多维感知效果和虚拟体验，打造企业和顾客互动的沉浸式营销体验中心，通过 3D 环物、视频、图文、语音、数字人解说及 VR 同屏带看等，全景数字孪生门店或展厅可以将企业真实环境、门店环境、产品信息等复刻至线上 24 小时全方位展示，吸引来自全球的企业及个人广泛参与产品体验，即时反馈消费需求，从而打破门店地理限制，极大拓宽客群覆盖范围，提高企业的全球运营推广效果。

2）通过运输服务化实现制造业高质量发展。制造业运输服务化可以加深企业间的生产联系和工艺流程的分工合作，增加企业出口附加值，优化供应链的空间布局和全球优势资源的有效整合，延伸产业链条和企业"生产步长"，从而进一步促进制造业提高国际竞争力。制造业运输服务化即在制造业服务化转型发展过程中，通过将物流服务嵌入制造商生产经营全流程，最终实现制造业与物流业深度融合以及协同创新。制造业企业通过打造线上全球网络货运平台和线下全球物流节点互相协同的方式，提供多式联运，进而助力企业实现高质量发展。一方面，建立线上全球网络货运平台，形成立体式线上物流服务网。制造业企业借助物联网、全球定位系统等新一代信息技术，面向全球用户构建网络货运平台，依托平台将企业分散的人、车、货、场等运力资源聚集在一起，为企业提供自动派单、运力调度、全程跟踪等全链条物流服务，实现企业资源和用户需求的集聚、整合、高效匹配，从而将物流服务合理嵌入产品服务全生命周期。另一方面，线下布局全球物流节点，形成全方位地面物流服务网。通过在相关国家和地区布局本土化的物流枢纽、仓储网络和配送中心以及在国内打造国际物流中心等促进国际物流大通道的建设，实现与国际市场的无缝对接。同时，运用跨境、过境陆海联运、陆空联运等，实现公路、铁路、水路、空运互联互通，通过物流协同实现全球范围内的物流效率最大化。此外，企业可结合自身优势和行业特点，与具有全球采购、全球配送能力的国际供应链服务商长期合作，为全球客户进行个性化物流方案设计以及提供供应链管理库存、线上物流、供应链一体化服务等专业化、个性化国际物流解决方案，提升服务质量。

3）通过金融服务化驱动制造业高质量发展。金融服务化可以有效分散贸易风险，缓解企业出口的流动性约束，提高企业出口产品的数量和质量，促使企业进入更远的出口市场。针对我国半导体、精密器件等高端智能制造产线资金需求大、项目周期长、产品滞销等产业痛点，制造业核心企业可联合全球金融机构，通过创新融资服务模式，助力自身高质量发展。

第一，采用融资租赁模式。其一，与融资租赁公司合作开展融资租赁业务。智能装备、电气机械、工程机械、医疗设备、高技术船舶与海工装备等制造业企业可与金融租赁公司、融资租赁公司加强合作，在国际重大工程或重点项目建设中通过"以租代购"、分期偿还等方式，实施设备更新改造和智能升级；借助"直接租赁"或"售后回租"等方式促进产品销售和出口。例如，飞机制造业企业中国商飞借助跨境融资租赁模式积极拓展其在"一带一路"共建国家的市场，通过与工银租赁以及泰国都市航空签署飞机采购租赁合作谅解备忘录，有力促进了企业产品海外销售。其二，企业自身成立或参股融资租赁公司，赋能企业发展。制造业企业集团可依托自身优势，发起设立或参股金融租赁公司、融资租赁公司、租赁产业基金等，通过搭建跨境融资租赁互联网平台，引入国际第三方评估机构、征信体系和全球客户信息管理系统，采用以租代买、按时计费、增值服务、会员制等方式促进国内高端装备、智能化制造设备以融资租赁方式出口，逐步扩大其在大型设备、厂房、生产线等领域的设备租赁服务以及信息数据共享、生产远程管控等技术服务的国际影响力，从而有效带动制造业企业产品在海外市场的销售。

第二，开展供应链金融业务。首先，制造业核心企业凭借其在产业链中的优势地位，控制上下游的价格、订单、货物等关键信息，并结合自身的资本优势开展供应链金融业务。采用区块链、物联网等技术，制造业产业链核心企业可以自身为中心，向外辐射至整个供应链上下游企业，运用应收账款、存货与仓单质押融资等方式创新服务模式。具体地，上游的原料供货商可采用应收账款质押融资、保理等方式，下游的经销商可着重采用动产和仓单质押等措施。其次，制造业企业可联合政府、金融机构等共同建设国际产融信息对接服务平台，实现全球信息高效精准对接。通过线上正反向保理、数据场景贷等手段，打造"产业+互联网+信用+金融"的创新服务模式，优化融资结构，从而使产业链客户获得多元化融资产品选择。最后，制造业企业集团可联合商业银行、保险机构等金融服务机构设立优势产业供应链管理发展基金，加大企业资本性货物出口和海外投资项目成套设备出口的金融支持。借助跨境电商平台、跨境供应链平台、海外仓、外贸综合服务平台等逐步开展在途融资、进口信用担保、国际保兑仓等全链条融资服务。

4）通过电信服务化驱动制造业高质量发展。制造业电信服务化即通过建设低时延、高可靠、广覆盖的工业互联网基础设施体系，加快5G、卫星互联网、人工智能、智能网联、新能源、区块链等新一代信息技术与现有工业信息化体系的融合，从而准确把握全球市场动态，有效控制产、供、销各个环节的经营运作，提升产出效率；同时通过与国外先进的软件开发和计算机技术等信息服务对接，实现企业间信息共享和协同运作，打破企业"信息孤岛"，促进供应链运作效率和管理效率提升。制造业龙头企业可与国内外互联网企业、信息技术服务企业跨界联合，通过运用大数据分析、5G、GPS、物联网等前沿技术，依托工业物联网平台"云端+终端"，构建覆盖全球的智能服务平台和网络，打造涵盖数据驱动的智能研发、智能制造、智能服务等多个场景，最终实现从研发到后市场服务的全价值链升级。在研发环节，制造业龙头企业可以采用数字孪生、数字化设计与虚拟仿真系统等连接上下游企业和第三方服务商，制定面向全球客户的需求诊断、开发设计等服务，通过搭建全球客户管理平台（收集需求）、研发数据共享平台（共享数据）、研发设计与测试协同平台（设计验证）、反馈信息管理平台（实时反馈）等及时感知用户需求和搜集产品使用信息，吸引全球用户和多领域研发人员进行交互式设计，共同参与产品创新。通过"收集需求—数据共享—设计验证—实时反馈"的多次循环，推动制造资源、服务能力和市场需求的智能匹配和高效协同，最终创造对消费需求具有动态感知能力的设计、服务新模式，提升企业研发设计服务质量。在生产环节，通过导入内嵌视觉系统、人机交互系统、嵌入式软件等不断更新智能生产线，实现生产过程（包括人、机、料等要素）的全面网络化、数智化运作和管理，在保证生产线平衡的基础上，精准对接全球用户的多样化需求，提升产品服务质量。在后市场服务环节，可集成企业资源规划系统、客户关系管理系统、供应链管理系统等，同时配合嵌入式智能终端、车载终端等硬件设施，将分散的客户设备全部连接，获得实时在线相关数据，从而打造机器视觉质检、操作模式评估优化、远程设备操控等场景，为设备实时监测与跟踪、故障诊断、质量监测、远程维修、趋势预测等提供在线支持服务。

5.2.3 构建创新链"链主"的路径设计

创新是引领发展的第一动力，打造创新链"链主"是实现高水平科技自立自强、保障产业链自主可控、促进经济高质量发展的需要，是增强创新动能和推动创新驱动发展的必由之路。"雏鹰""瞪羚""独角兽"高成长性科技企业发展梯队是强化企业创新主体地位，提高企业技术创新能力的重要方式。将"雏鹰""瞪羚""独角兽"等科技型企业培育成创新链"链主"，可增加其对创新链的引领能力，带动产业上下游企业共同突破关键核心技术，带动更多中小企业融入供应链、创新链，促进产业创新发展。立足双循环新发展格局背景，以"雏鹰""瞪羚""独角兽"等科技型企业为关键载体，在内循环视角下，提出政产学研用协同创新、大中小企业融通创新、金介用支撑创新三条打造创新链"链主"的路径；在外循环视角下，提出跨国技术联盟合作和海外技术投资并购两条打造创新链"链主"的路径。

5.2.3.1 基于政产学研用协同创新的创新链"链主"路径设计

政产学研协同创新是提高企业创新效率、加速科技成果转化和产业化进程提升科技成果实用性的关键途径，从参与主体的角度来看，分别构建"雏鹰""瞪羚""独角兽"，高校和科研院所引领政产学研协同创新，打造创新链链主的路径。

（1）政府可通过"绘制产业链图谱—形成创新链图谱—搭建科技创新平台"发挥引导和服务职能，保障政产学研深度融合

1）相关产业部门牵头绘制产业链图谱。相关产业部门应该在本区域现有企业行业分布、相关技术基础上，选择发展潜力大、附加值高的主导产业绘制产业图谱。按照上中下游环节或模块化过程（设计到组装）梳理产业结构，明确"雏鹰""瞪羚""独角兽"等科技型企业在产业链中所处位置和行业地位等，明确链主企业、核心节点企业、合作对接企业，摸清本区域产业空间布局、替代产业发展现状、具体细分领域的市场规模现状等。以产业空间分布的规律和影响机制作为产业图谱构建的基本原则，按照产业关联关系，从龙头企业入手，梳理供应链信息，从而形成产业链图谱。例如，陕西省将汽车产业作为支柱产业，拥有汽车优势企业、园区、服务单位近百家，其中商用车（重卡）整车整机企业 11 家、乘用车（新能源）整车整机企业 5 家、供应链企业 54 家、产业链园区 6 家。在陕西省工业和信息化厅的指导下，陕西省汽车供应链联盟围绕汽车产业链，绘制了陕西省汽车产业链布局图，涵盖了西安市、宝鸡市、咸阳市、安康市、渭南市、铜川市及商洛市等市的汽车产业链优势企业、汽车整车及零部件企业的重要产品，重点汽车产业园区等内容。陕西省汽车产业链布局图是陕西省汽车产业链强链、延链、补链的重要参考依据，促进了陕西汽车产业链的合作配套、协同创新和集聚发展。

2）行业主管部门牵头研究，形成创新链图谱。相关行业主管部门应主动研究当地产业创新链，通过梳理研发平台（国家重点实验室、国家工程技术研究中心、国家工程实验室等）、公共技术服务平台（国家中试类平台、检验检测平台等）、相关产业重点高校院所和顶尖科技创新人才（重点产业科技人才数据库及两院院士）等创新资源，形成创新链图谱。"雏鹰""瞪羚""独角兽"等科技型企业可以依据创新链图谱对接科研单位、国家重点实验室等，借助中试类公共平台转化应用科技成果，形成产业化优势，抢占市场前端。例如，成都市为帮助新能源汽车产

业精准导入创新资源，举办了新能源汽车产业链技术创新资源图谱发布交流会，发布了技术创新图谱和研发平台、公共技术服务平台、顶尖科技创新人才三张创新资源清单。同时，政府通过搭建科技创新平台为当地企业、高校和科研院所提供服务。一方面，政府应更好发挥当地重点实验室、产业技术研究院、国家创新中心等创新载体作用，积极引进国家大科学装置，以"核心+网络"模式，高效汇聚各方面创新要素和优势资源，为"雏鹰""瞪羚""独角兽"等科技型企业开放各类实验室设备和平台，提高科研资源的使用效率，实现大体量、优势互补的协同攻关。另一方面，政府应建立公共技术服务平台，为"雏鹰""瞪羚""独角兽"等科技型企业提供技术开发、检验测试、技术培训、技术咨询等服务，政府、企业、高校和科研院所各方创新载体平台在人才、技术、研发等方面进行深度合作。例如，陕西省委、省政府建设的秦创原创新驱动平台，集聚政府、企业、高校科研院所等各方力量，聚焦立体联动"孵化器"、成果转化"加速器"和两链融合"促进器"三大目标，是致力于高质量发展的共享式、开放型、市场化、综合性的科技创新大平台。

（2）"雏鹰""瞪羚""独角兽企业"可通过"加入动态联盟—成立企业技术研究中心—实现科技成果转移转化"发挥创新链主导作用，进而引领政产学研用深度融合

1）"雏鹰""瞪羚""独角兽"等科技型企业应主动加入龙头企业牵头成立的动态联盟。行业龙头企业以自身核心能力为重点，通过创造或响应新的市场机遇，以项目资源为依据，并联合上下游企业形成动态联盟。"雏鹰""瞪羚""独角兽"等科技型企业应积极加入行业相关的动态联盟，通过与动态联盟中企业共同研发新产品或开发新技术，加速产品开发和市场推广进程，提升自身创新能力。例如，商汤科技（2017 年科技部遴选的中国"独角兽"企业）与之江实验室、江苏思必驰、安徽科大讯飞、合肥联宝等合作共建长三角人工智能知识产权联盟，联盟围绕产业赋能、培育创新生态等方面，推动人工智能与知识产权深度融合，打造示范创新应用示例，开放人工智能核心技术平台，培育人工智能产业链。

2）通过成立企业技术研究中心，为技术创新工作提供支撑。"雏鹰""瞪羚""独角兽"等科技型企业应根据自身行业特点和未来发展方向确定研究领域和方向，组建高水平研究团队并配备实验室，在此基础上应成立技术研究中心，通过技术创新与实践研究或提供技术支持、解决方案等，解决企业在生产过程中出现的技术问题，提高企业科技创新能力和核心竞争力。例如，辽宁春光制药装备股份有限公司（2022 年辽宁省科技厅认定的"雏鹰"企业）成立了春光机械有限公司工程技术研究中心，先后又自主研发并积累了灌装机高速取盒技术、灌装机封合技术、灌装机图案对标技术等多项核心技术，为其持续开展技术创新工作提供技

术支持和平台支撑。

3）拓展科技成果转化渠道，促进自身科技成果转移转化。首先，"雏鹰""瞪羚""独角兽"等科技型企业应主动与科技型中介组织建立合作关系，借助科技型中介组织把握国家科技创新政策导向；不仅可以利用中介组织的科技成果项目库挑选科技成果进行转化；还可以通过中介组织优化自身技术，与潜在合作伙伴建立联系。其次，"雏鹰""瞪羚""独角兽"等科技型企业应积极利用科技转化平台，依靠平台获取科技成果、企业需求、科技专家等数据资源，解决科技成果转化在链条中存在的信息不对称、技术供需两端的沟通效率低、技术确权确价过程不够规范透明等问题；依靠平台获取技术转化服务，将科技成果转化为具有商业价值的产品和服务。最后，"雏鹰""瞪羚""独角兽"等科技型企业应积极参与当地的技术需求与成果对接会，借助对接能够展示自身科研成果及服务能力，吸引潜在合作客户，提高企业知名度；还可以发布自身技术需求，与相关领域内的企业、科研院所等建立合作关系，进行联合攻关，实现技术创新共赢。

（3）高校、科研机构通过"加快创新资源共享—建立合作关系—培养应用型人才"发挥创新链源头作用，支撑政产学研深度融合

第一，高校、科研院所通过促进创新资源共享，提高资源利用效率。高等院校和科研院所可向"雏鹰""瞪羚""独角兽"等科技型企业开放科研实验室、重大科研基础设施、中试小试基地等创新资源，充分发挥自身的"技术溢出"效应，提高资源利用效率。企业应合理利用高校和科研院所的设备、场地、人才资源、专业知识、经验、研究成果等资源提升自身创新能力和技术创新水平。

第二，高校、科研院所与企业建立合作关系。高校、科研院所应主动改变等待企业发布技术需求、前来对接的被动状态，应发挥主观能动性，主动与"雏鹰""瞪羚""独角兽"等科技型企业建立以市场需求为导向、促进产业发展为目标的长效合作机制。高校、科研院所可以主动邀请科技型企业参与科研工作，挖掘双方的创新合作需求，精准承担技术研发项目；也可通过与科技型企业建立协同创新的合作实验室、研究中心等共同体，开展技术攻坚攻关。

第三，高校、科研院所还可以为"雏鹰""瞪羚""独角兽"等科技型企业提供从早期研发到企业应用甚至知识产权管理、产品检测、企业内部管理、原材料提供等的一系列解决方案和一站式服务，致力于将顶尖知识转化为实体产品，以满足行业和社会需求。

第四，高校、科研院所为企业培养应用型人才。高校、科研院所应充分发挥教育优势，加强与企业在人才培养方面的合作。通过"双导师"制和"内部重点培育+外部随需随聘"的导师挖掘模式，打造技术创新水平高的导师培训队伍，提高学生的科研能力和实践能力。高校、科研院所依据自身优势专业，可以为"雏

鹰""瞪羚""独角兽"等科技型企业制订人才培养计划，提升企业研究开发人员的科研水平。同时，高校、科研院所中的高层次创新人才也可以主动加入科技特派员工作站，通过外派或担任首席科研专家等形式，为科技型企业等提供技术难题诊断和科技咨询服务。

5.2.3.2 基于大中小企业融通创新的创新链"链主"路径设计

大中小企业融通创新是指大企业通过释放创新资源和能力，激发中小企业创新灵活性和活力，加速创新资源的高效共享及创新优势的互补。大中小企业融通创新是促进创新链形成和发展的重要方式，即"雏鹰""瞪羚""独角兽"等创新型企业可通过主动嵌入大企业主导的创新应用平台、参与大企业订单式研发促进大中小企业融通创新，打造创新链"链主"。

（1）"雏鹰""瞪羚""独角兽"企业通过主动嵌入大企业主导的创新应用平台实现大中小企业融通创新

考虑到大企业通常会设立科技孵化器或加速器、创新实验室等开放式创新应用平台，"雏鹰""瞪羚""独角兽"等科技型企业可主动申请加入大企业主导的创新应用平台，获取技术、设备、市场渠道、应用场景等资源，吸收借鉴大企业的创新经验和创新范式；"雏鹰""瞪羚""独角兽"等科技型企业也可为大企业提供创新零部件、材料或解决方案等，与大企业共同进行产品开发和技术升级，促进大中小企业的融通创新。例如，华引芯科技（2018~2021年连续四年被武汉市认定为"瞪羚"企业）是专注于高端光源芯片与光器件研发制造的企业，公司自主研发Mini-LED技术达到国际领先水平，但因缺少足够的产业场景应用，产品始终未能融入大企业的产业链。华引芯科技通过申请加入海尔集团面向全球创业者打造的创新创业平台——"海创汇"加速器平台，借助"海创汇"平台获得海尔生物医疗、果蔬清洗、冰箱制冷、净水机等诸多领域的应用场景支持，成为国内唯一一家准IDM的光源厂商，顺利完成了高端光源芯片的设计、封测以及模组的国产化，并实现了创新成果的市场转化和产业应用。截至2022年底，海尔的海创汇创新平台已入驻4000多家中小企业，海创汇也成功孵化出6家上市公司、7家"独角兽"企业、102家"瞪羚"企业、80家专精特新"小巨人"企业，形成了大中小企业融通发展的良好生态。

（2）"雏鹰""瞪羚""独角兽"企业可以通过参与大企业订单式研发的方式加速大中小企业融通创新

为解决大企业的产品或技术创新需求，"雏鹰""瞪羚""独角兽"等科技型企业可以与大企业签订研发合同或订单，承担具体的某一部分或某一环节的研发任务，并按照约定的要求和时间节点完成订单任务，进而实现与大企业的融通创新。具体言之，"雏鹰""瞪羚""独角兽"等科技型企业，一方面可以通过地方政府举办的大企业"发榜"中小企业"揭榜"等系列活动，按照大企业技术创新需求目录申请"揭榜"攻关其发布的产业技术创新和配套需求，围绕大企业创新薄弱环节开展订单式研发，加速大中小企业融通创新。另一方面可以通过参与行业协会组织的对标提升、路演推介、座谈沙龙等形式多样的专场产品供需对接活动，畅通与大企业信息交流和沟通协作的渠道，提高参与大企业订单式研发的可能性。在行业展会、商务洽谈会、技术研讨会等媒介的支持下，"雏鹰""瞪羚""独角兽"等科技型企业可与大企业实现面对面交流，了解行业龙头企业的创新需求，结合自身技术优势尝试与大企业建立订单式研发的合作关系。

5.2.3.3 基于金介用支撑创新的创新链"链主"路径设计

金介用支撑创新强调发挥科技金融、科技型中介组织及市场导向对科技型企业创新活动的支撑作用。其中，科技金融重点赋能企业纾解融资约束难题，科技型中介旨在提高创新成果的转化效率，市场导向则强调提高企业创新成具的产业化效益。因此，从科技金融、科技型中介组织和市场需求导向三个方面设计基于金介用支撑创新的创新链"链主"实现路径。

（1）强化科技金融的赋能效应，摆脱企业融资约束困境

"雏鹰""瞪羚""独角兽"等科技型企业在科技创新过程中普遍存在资金使用周期长、资金需求量大、资金投入收益不确定、资金抵押少等典型问题。为纾解"雏鹰""瞪羚""独角兽"等科技型企业的融资约束难题，从科技金融赋能视角具体提出以下两类实现路径：其一，企业可通过科技金融提高创新资金融资效率。"雏鹰""瞪羚""独角兽"等科技型企业可主动与科技金融公司建立合作关系，重视科技金融作用，通过科技金融获取融资信息、线上融资服务、科技金融解决方案、定制的科技金融服务等。企业可利用科技金融机构高速处理数据信息的特点，借助大数据分析技术、区块链分析技术、智能合约技术等数字技术，对企业经营过程中的交易记录、供应链关系、用户评价、社交媒体信息等数据信息进行分析，建立全面、准确的信用评估模型和信用等级画像，进而为外部投资者提供客观、全面的风险评估信息，提高创新资金融资成功率和融资效率。其二，企业可通过获取科技金融衍生的新型金融产品和服务，拓宽技术创新资金来源。传统的金融机构通过运用互联网、大数据等技术手段，打破传统行业的壁垒，为企业提供了更加灵活、个性化的金融产品和服务，如 P2P 网贷平台、互联网保险、互联网银行、数字化投资顾问等新型金融服务。"雏鹰""瞪羚""独角兽"等科技型企业可利用科技金融衍生的科技贷款、众筹、商业保理、数字货币、互联网银行等新型融资方式便捷获取技术创新的资金，从而降低企业融资要求和成本，为企业技术创新提供资金保障。

（2）发挥科技型中介组织的纽带作用，加速企业科技成果的转化和商业化

"雏鹰""瞪羚""独角兽"等科技型企业在科技成果转化过程中，普遍存在技术与市场不匹配、成果转化效率低等方面的问题。因此，从科技中介组织和技术经理人两个方面提出了具体的实践路径。

1）利用科技中介组织促进技术与市场的匹配。企业应积极与当地的技术产权交易机构、第三方科技成果转化转移机构等科技型中介组织建立合作关系，发挥科技中介组织的沟通、联系、组织、协调作用。一方面，企业可利用科技型中介组织的平台优势，从中介组织建立的创新成果数据平台或数据库中，寻找所需的技术专利、技术支持等，从而提高企业自身技术水平、产品可靠性和稳定性；另一方面，企业可借助科技型中介组织获取一站式的综合服务，推动科技成果的转化和应用，提高科技型企业的创新成果转化效率。也就是说，企业可利用科技型中介组织获取技术评估与验证、商业化支持与策划、合作伙伴匹配与创新资源整合、知识产权保护与转让、技术转让和许可工作、资金支持与投资对接等一站式服务，有助于企业保护科技成果，推动科技成果的转让，将科技成果商业化。借助科技型组织的信息平台优势，"雏鹰""瞪羚""独角兽"等科技型企业可以便捷获取市场端对于创新成果的各类需求信息，下游的需求方也能够高效获取创新成果的技术特征和功能属性，进而实现技术功能与市场需求的高效匹配。例如，浙江省在2010年10月建成"浙江省科技型中小企业一站式技术转移服务平台"，该平台为科技型中小企业提供了包含技术转移、技术合作、科技成果转化等的一站式服务，显著促进了浙江省科技型企业与高校、科研院所等其他创新主体之间的交流与合作，为支持科技型中小企业提升创新成果转化效率发挥了重要作用。

2）发挥技术经理人的纽带作用。企业可参与各地组织的技术经理人入企对接活动，与技术经理人建立长期合作关系，企业可将自身技术需求委托给技术经理人，技术经理人利用自身的科研网络，寻找具有相关技术解决方案的高校或科研院所。一方面，节省了企业的时间和精力，得到了更多可供选择的技术方案；另一方面，科研院所也减少了调研企业技术需求的时间。企业也可通过利用技术经理人所掌握的相关信息把握市场需求，利用技术经理人打通技术与市场，在摸清楚市场需求的基础上推动科技成果有效产业化、市场化。

（3）以市场需求为导向，促进企业科技成果的产业化推广

"雏鹰""瞪羚""独角兽"等科技型企业可通过以下两类路径促进科技成果的产业化推广：其一，畅通科技成果产业化渠道。为加快推动"雏鹰""瞪羚""独角兽"等科技型企业创新成果的市场应用和转化，"雏鹰""瞪羚""独角兽"等科技型企业可为自身符合条件的创新产品、创新服务申请首购政策支持，为企业的首台（套）重大技术装备、首版次软件、首批次新材料以及创新产品等申请政府财政资金支持。在此过程中，企业也可借助政府"首台套专区"平台，扩大首台

（套）产品线上及线下的影响力和传播效果。其二，拓展科技成果转移转化渠道。首先，企业可利用各地科技大市场、技术转移转化中心、技术交易市场、专业化技术转移机构、科技成果转化服务机构等获取信息发布、市场化评估、咨询辅导等专业化服务，促进科技成果的交易转移；其次，企业也可通过培养科技成果转化人才、技术转移与转化团队等，负责公司与高校、科研机构间的合作，寻找具有商业价值的科技成果，并将其转化为实际产品或服务，从而推动科技成果交易；最后，企业可通过参加科技创新成果转化交易会、科技成果对接会、中关村国际技术交易大会、国际高新技术交易会、先进技术成果转化会等活动，寻找与自身业务需求相匹配的科技成果或技术项目，促进科技成果的转移转化，推动科技创新成果的产业化应用。

5.2.3.4　基于跨国技术联盟合作的创新链"链主"路径设计

开展跨国技术联盟合作既有助于"雏鹰""瞪羚""独角兽"等科技型企业缩短产品开发周期、降低技术创新风险，加速研发和创新进程，还有利于企业提高资源利用效率、增强国际竞争力，是科技型企业升级为创新链"链主"企业的重要方式。"雏鹰""瞪羚""独角兽"等科技型企业可通过入驻国际创新孵化器或加速器、主动嵌入国际科技合作平台或参与国际科研项目、参与国际技术标准制定三种方式与全球科技领先企业建立跨国技术联盟合作关系。

（1）通过入驻国际创新孵化器或加速器，实现与全球科技领先企业的跨国技术联盟合作

"雏鹰""瞪羚""独角兽"等科技型企业可申请入驻大型国际孵化器，借助国际孵化器的创新合作关系网络，与科技领先企业建立联系，推动建立跨国技术联盟。一方面企业可申请入驻国内组织牵头成立的知名孵化器，如中关村国际孵化器、上海国际企业孵化器、中欧国际离岸孵化器、功夫国际孵化器、海云国际孵化器；另一方面可申请入驻国际组织牵头成立的创新孵化器或加速器，如 Y Combinator、500 Startups、Tech Stars、Seed camp、Station F、Rocket Space、Plug and Play、Waterloo Accelerator Centre。企业通过参加知名孵化器组织举办的考察交流、专家讲学培训、国际论坛等活动与国际企业建立联系，寻找具有相互补充技术能力或市场资源的国际合作伙伴，促进技术合作或研发合作的跨国技术联盟的建立。

（2）通过主动嵌入国际科技合作平台或参与国际科研项目的方式，实现与全球科技领先企业的跨国技术联盟合作

第一，嵌入国际科技合作平台。"雏鹰""瞪羚""独角兽"等科技型企业可主动申请加入国际科技合作平台、行业国际技术交易联盟等国际化科技合作平台，利用科技合作平台的国际创新网络（包括研发机构、科研院所、创新联盟、创新

平台型组织、技术领先企业等），获取国际化的创新信息和合作机会等，通过项目合作、资源对接等方式与全球科技领先企业建立联盟合作关系。例如，企业可通过参与欧洲框架计划（European Framework Programmes）、欧洲开放科学云平台（European Open Science Cloud）、国际开放式创新合作平台（Inno Centive）等实现与科技领先企业的技术合作。

第二，深度参与国际科研合作项目。"雏鹰""瞪羚""独角兽"等科技型企业还可以深度参与由国际科技组织、各国政府以及高校、科研院所等技术部门设立的国际科研合作项目，如欧洲地平线项目、国际能源署（IEA）合作项目、日本学术振兴会（JSPS）合作项目、中俄科技合作计划、中国长三角—芬兰产业创新合作计划等，各方通过共同研究新技术、共享研究成果构筑跨国技术联盟关系，实现基础研究、应用研究和技术开发的有效集成。

（3）通过参与国际技术标准制定与全球科技领先企业达成跨国技术联盟合作

"雏鹰""瞪羚""独角兽"等科技型企业可融入国际标准化组织（ISO）、国际电工委员会（IEC）、国际电信联盟（ITU）、亚洲标准和质量咨询委员会（ACCSQ）、太平洋地区标准会议（PASC）等相关的国际标准化组织，通过参加相关国际会议、直接承担相关国际技术标准制定工作、提交国际标准化创新工作项目提案或与同行业企业组织联合提案等方式参与国际标准制定，在此过程中，寻找机会将自身创新成果纳入国际标准体系，引导相关国际技术标准的发展，促进企业科技成果的产业化和国际化，提高企业的声誉和国际竞争力。在参与标准制定过程中，企业可主动与世界各地的知名企业代表和行业技术专家等进行新技术研发、推广的交流探讨，与其他企业分享最新研究成果，展示企业的专业知识和技术能力，增强与全球科技领先企业的互动和交流，促进跨国技术联盟合作。例如，无线通信领域的科技型企业中国信科为实现与全球科技领先企业的交流与合作，积极加入本领域的国际行业协会组织——国际电信联盟（ITU）。

5.2.3.5　基于海外技术投资并购的创新链"链主"路径设计

"雏鹰""瞪羚""独角兽"等科技型企业可通过技术投资并购海外技术领先企业，追踪全球产业前沿技术，利用当地技术创新资源和研发合作网络，提高自身的技术创新能力。因此，从同行业关键核心技术和上下游企业的关联技术并购两个方面设计海外技术投资并购路径。

（1）针对关键核心技术的同行业并购

"雏鹰""瞪羚""独角兽"等科技型企业可选择海外目标市场的同行业竞争对手进行投资并购，通过并购迅速获取竞争对手的关键核心技术，从而扩大规模，增强企业国际竞争力，实现资源的整合和协同效应，提高企业的市场份额和综合实力，形成企业间的强强联手。企业通过获取标的企业先进的研发设施、知识产权、优秀技术人员等资产，得到标的企业的控制权，由于双方企业资源存在较高的相似性，在技术整合过程中摩擦成本降低，企业可选择较深程度的技术整合，将双方基础技术知识合并，利用这些先进技术和知识帮助企业改进现有产品或服务，加速研发进程，提高创新能力和竞争力。例如：中国领先的汽车制造商吉利集团，在动力系统技术、安全技术等方面具备优势，沃尔沃是北欧最大的汽车企业，拥有强大的自主发动机技术、智能驾驶系统等。2010年，吉利集团获得了沃尔沃汽车100%的股权及资产（包括知识产权），成为中国历史上的第一家跨国汽车公司。通过并购，吉利集团主要获取了沃尔沃发动机核心技术以及碰撞安全系统、主动安全系统等，双方还在瑞典哥德堡设立欧洲研发中心，合作开发未来技术。

（2）针对上下游企业的关联技术并购

"雏鹰""瞪羚""独角兽"等科技型企业在进军国际市场过程中，为快速适应东道国环境，提高企业竞争能力，可选择同一产业链上下游中拥有相关技术或市场的企业进行收购或合并，对其自身的能力、技术、资源、产品组合及市场占有率进行发展、拓展；也可选择东道国具有产品试验应用场景的企业进行并购或投资，对自身产品进行试验、改进，以增强企业产品的技术适用性。企业通过选择自身产业链上下游中不同环节的企业进行并购或合并，力争发展成为自成一体的产业链模式，从而实现企业协同效应，降低企业成本，不仅可促进行业内的信息共享，也可实现对产业链关键环节的控制，通过分工制度安排获得最大收益。例如：蓝星集团是我国化工新材料、工业清洗和膜与水处理领域的领先企业，在石油化工领域具有较强实力；安迪苏集团是一家法国企业，主要从事蛋氨酸、维生素及生物酶制品等动物营养饲料添加剂生产等业务，在精细化工领域总共拥有792项专利技术；罗地亚是法国著名的特殊化学品公司，其中一个重要业务就是有机硅生产业务，拥有国际领先的有机硅上下游一体化技术，以及相关领域内3000多个产品和500项专利，在有机硅领域具有强大的研发能力。2006年，蓝星集团完成了对上游企业安迪苏集团的股权收购，获得了安迪苏在蛋氨酸生产方面的先进技术，弥补了自身在相关行业技术领域内的缺失，成为世界第二大蛋氨酸生产企业，同年，蓝星集团又以40亿元的价格完成了对罗地亚公司的收购，获得了法国罗地亚公司有机硅业务的专利技术、生产装置、销售渠道等，弥补了蓝星集团在有机硅上下游技术领域的缺失，完善了其全球硅产业链。

5.3 价值链双循环下制造业高质量发展路径研究

在价值链双循环下，制造业发展实态与问题分析部分研究结果表明：我国制造业总体的价值链参与程度和分工地位与发达国家相比差距明显。不仅如此，我国制造业的价值增值能力近年来也呈现下滑趋势，与美国的差距逐渐增大，并逐渐被日本追赶上。可见，我国制造业实现高质量发展必须以国内大循环为主体，进一步优化国内价值链，通过培育区域价值链并融入全球价值链，畅通国内国际双循环，提升我国制造业在全球价值链上的主导权和话语权。据此，本章结合价值链实态与问题分析、产业组织变革之嵌入国际产业链分工协作网络目标定位以及全球化之价值链链主目标定位，进一步设计价值链在双循环下我国制造业高质量发展的实现路径。

5.3.1 优化价值链的路径设计

优化国内价值链是推动我国制造业迈向全球价值链中高端，进而实现高质量发展的重要途径。尽管国内价值链已经基本构建完成，但依然存在资源配置扭曲、大部分地区嵌入国内价值链程度较低等问题。在由东部地区主导、引领中西部地区发展的国内价值链分工格局下，东部地区高级要素集聚优势还没有进行充分发挥，尚未实现由加工、制造等中低端环节向研发设计、营销渠道等高端环节转型，而中西部地区要素成本优势有限、规模经济劣势明显，区域间产业发展不平衡等问题十分突出。据此，本节从推进产业转移、改善资源错配两个方面设计优化国内价值链的两条路径。

5.3.1.1 基于推进产业转移的国内价值链路径设计

推进产业转移是优化生产要素空间布局、促进区域协调发展、维护产业链供应链安全稳定、加快构建新发展格局的现实之需。为优化国内价值链、实现制造业高质量发展，应根据各类制造业细分产业发展特点，精准施策、分类指导，基于各地区的产业基础和资源禀赋，有序推动国内制造业梯度转移与差异化承接，促使生产要素向优势地区集中，进而形成各区域制造业相互促进、协同发展的格局。据此，借鉴张其仔和李蕾（2017）的研究（见表5-1），按照国民经济行业分类标准（GB/T 4754—2017），同时剔除废弃资源综合利用业（C43）、金属制品、机械和设备修理业（C42）和其他制造业（C41），将制造业细分行业C13~C40划分为劳动密集型、资本密集型和技术密集型三类（见

表5-2 注），提出如下三条产业转移路径。

表5-2　中国八大综合经济区优劣势产业汇总（依据区位熵测算结果划分）

区域	比较优势产业	比较均衡产业	比较劣势产业
东北综合经济区	C13、C16、C21、C25、C26、C27、C31、C34、C36、C37	C14、C15、C32	C17、C18、C19、C20、C22、C23、C24、C28、C29、C30、C33、C35、C38、C39、C40
北部沿海综合经济区	C13、C20、C25、C26、C27、C31、C36、C37	C14、C17、C19、C22、C29、C30、C33、C34、C35	C15、C16、C18、C21、C23、C24、C28、C32、C38、C39、C40
东部沿海综合经济区	C17、C28、C34、C35、C38、C40	C18、C21、C24、C29、C33、C36、C37、C39	C13、C14、C15、C16、C19、C20、C22、C23、C25、C26、C27、C30、C31、C32
黄河中游综合经济区	C13、C14、C15、C16、C25、C26、C30、C31、C32、C37	C20、C27、C35	C17、C18、C19、C21、C22、C23、C24、C28、C29、C33、C34、C36、C38、C39、C40
长江中游综合经济区	C13、C16、C20、C23、C26、C30	C14、C15、C17、C18、C19、C27、C32、C35、C36	C21、C22、C24、C25、C28、C29、C31、C33、C34、C37、C38、C39、C40
南部沿海综合经济区	C18、C19、C21、C22、C24、C29、C38、C39	C23、C33、C40	C13、C14、C15、C16、C17、C20、C25、C26、C27、C28、C30、C31、C32、C34、C35、C36、C37
大西南综合经济区	C13、C14、C15、C16、C20、C22、C27、C30、C32、C36、C37	C21、C23、C26、C31、C39	C17、C18、C19、C24、C25、C28、C29、C33、C34、C35、C38、C40
大西北综合经济区	C13、C14、C15、C16、C17、C25、C26、C28、C30、C31、C32	C27	C18、C19、C20、C21、C22、C23、C24、C29、C33、C34、C35、C36、C37、C38、C39、C40

注：劳动密集型产业包括 C13、C14、C15、C17、C18、C19、C20、C21、C22、C23、C24、C29、C30、C33，资本密集型产业包括 C16、C25、C26、C28、C31、C32，技术密集型产业包括 C27、C34、C35、C36、C37、C38、C39、C40。

借鉴李春梅和马金金（2021）的研究，采用区位熵这一指标，测量制造业细分行业在各个地区的聚集程度以及专业化程度，以此作为产业转移的参考依据。区位熵计算如式（5-1）所示：

$$LQ_{ij} = \frac{q_{ij}/q_j}{q_i/q} \qquad (5-1)$$

其中，LQ_{ij} 为 j 地区 i 产业在全国的区位熵，q_{ij} 为 j 地区 i 产业的相关指标（如产值、就业人数等）；q_j 为 j 地区所有产业的相关指标；q_i 为在全国范围内 i 产业的相关指标；q 为全国所有产业的相关指标。考虑到数据的可获得性和时效性，本节选择就业人数作为产业相关指标，原始数据来自 2021 年《中国工业统计年鉴》。

区位熵大于 1 表示该地区该产业相较于全国同类产业具有比较优势，区位熵等于 1 表示该地区该产业相较于全国同类产业是比较均衡产业，区位熵小于 1 则表示该地区该产业是比较劣势产业。同时，将中国 31 个省份（不含港澳台地区）分为八大综合经济区，分别为：东北综合经济区（辽宁省、吉林省、黑龙江省）、北部沿海综合经济区（北京市、天津市、河北省、山东省）、东部沿海综合经济区（上海市、江苏省、浙江省）、黄河中游综合经济区（山西省、内蒙古自治区、河南省、陕西省）、长江中游综合经济区（安徽省、江西省、湖北省、湖南省）、南部沿海综合经济区（福建省、广东省、海南省）、大西南综合经济区（广西壮族自治区、重庆市、四川省、贵州省、云南省）、大西北综合经济区（甘肃省、青海省、宁夏回族自治区、西藏自治区、新疆维吾尔自治区）。根据制造业区位熵测算结果，各综合经济区的比较优势产业、比较均衡产业和比较劣势产业如表 5-1 所示。

（1）劳动密集型产业由东部向中西部地区转移

改革开放以来，东部地区经济高速发展，资源需求量与日俱增，然而自然资源的匮乏和劳动力成本的上涨，逐渐削弱了东部地区劳动密集型产业的竞争优势。由表 5-1 可知，我国中西部地区具有比较优势的制造业细分行业多集中于劳动密集型产业，这得益于中西部地区具有丰富的自然资源和大量的、较为廉价的劳动力资源，且中部地区作为连接我国东部与西部的枢纽，基础设施条件的改善也在很大程度上促进了其产业发展。可见，中西部地区已基本具备承接劳动密集型产业转移的必要条件，发展劳动密集型产业是该区域实现经济发展的重要途径。同时，引导和促进东部沿海发达地区劳动密集型产业向中西部转移对促进我国形成合理的产业发展格局也具有重要意义。

劳动密集型产业区位熵如图 5-19 所示，其值介于 0.05~3.26，且各地区产业优势均有所差异。以食品制造业（C14）为例，图 5-19 的区位熵测算结果表明东北、北部沿海、黄河中游、长江中游、大西南、大西北等地区具有比较优势，适合作为食品制造业转移的承接地，东部沿海和南部沿海地区该行业则具有明显劣势。同时，中西部地区拥有丰富的自然资源，劳动力、能源等基本生产要素供应充足，且中西部地区的交通、通信和城市基础设施建设等改善明显。因此，可推动食品制造业由东部地区向中西部地区以及东北地区转移。

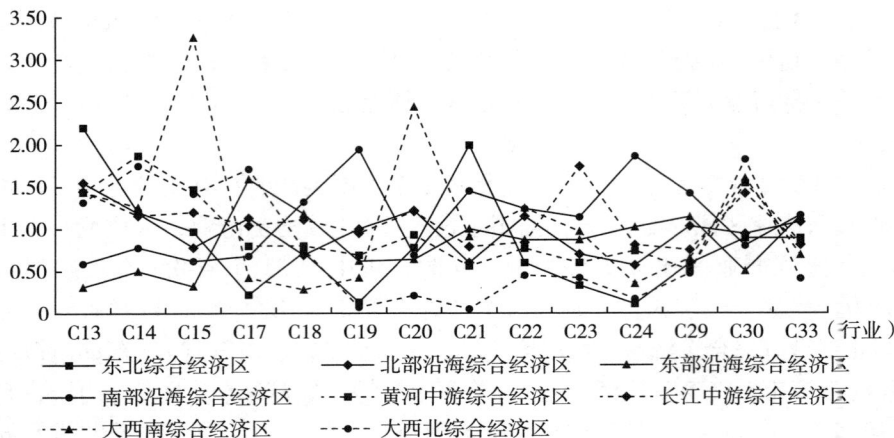

图5-19　2020年劳动密集型产业各行业区位熵

注：笔者根据《中国工业统计年鉴》相关数据计算绘制。

　　根据图5-19显示的国内八大经济区劳动密集型产业区位熵数值，相较于东部地区，我国中西部地区在多数劳动密集型产业细分行业方面具有比较优势，则可承接劳动密集型产业来促进区域经济发展。同时，笔者测算了各经济区所含省份的劳动密集型产业区位熵，结果表明：东北经济区的黑龙江省，北部沿海综合经济区的山东省，南部沿海经济区的福建省和海南省，黄河中游经济区的河南省，长江中游综合经济区的安徽、江西、湖北和湖南四省，大西南综合经济区的广西壮族自治区和四川、贵州、云南三省，大西北综合经济区的西藏自治区的劳动密集型产业区位熵数值均超过1，具有比较优势，适合作为东部地区该产业转移的承接地。此外，劳动密集型产业涵盖14个细分行业，而不同省份在不同行业方面的优势与劣势差异较大，且在实施产业转移的过程中需充分考虑各地区在各细分行业方面的区别。本节基于区位熵测算结果进行产业转移路径设计，此处以农副食品加工业（C13）为例对该行业转移路径进行阐述，具体而言，北京市、天津市、河北省、上海市、江苏省、浙江省、广东省等农副食品加工业劣势地区，可向该行业优势地区如黑龙江省、山东省、海南省等地区进行转移。与此相同，表5-3列示了劳动密集型产业中部分细分行业的转移路径。

表5-3 三种产业类型下部分制造业细分行业转移路径

产业类型	细分行业	转出地	转入地
劳动密集型	农副食品加工业（C13）	北京、天津、河北、上海、江苏、浙江、广东等	黑龙江、山东、海南、广西、云南等
	食品制造业（C14）	辽宁、江苏、浙江、广东、山西、江西、安徽等	黑龙江、内蒙古、海南、河南、宁夏、新疆等
	酒、饮料和精制茶制造业（C15）	辽宁、上海、江苏、浙江、广东、江西、宁夏等	四川、贵州、云南、西藏、陕西、海南等
	非金属矿物制品业（C30）	上海、江苏、浙江、吉林、广东等	海南、广西、贵州、甘肃、西藏等
资本密集型	烟草制品业（C16）	上海、江苏、浙江、福建、广东、北京、天津等	吉林、黑龙江、陕西、贵州、云南、甘肃等
	石油、煤炭及其他燃料加工业（C25）	上海、江苏、浙江、福建、广东、安徽、湖北等	辽宁、黑龙江、山西、内蒙古、陕西、甘肃、宁夏、新疆等
	化学原料和化学制品制造业（C26）	江苏、浙江、福建、广东、海南等	吉林、内蒙古、湖南、云南、青海、宁夏、新疆等
	有色金属冶炼和压延加工业（C32）	上海、江苏、浙江、福建、广东、海南等	山西、内蒙古、河南、陕西、云南、甘肃、青海、宁夏、新疆等
技术密集型	医药制造业（C27）	江苏、浙江、福建、广东、广西、湖南、新疆等	吉林、黑龙江、北京、天津、河北、山东、上海、海南、西藏等
	通用设备制造业（C34）	福建、广东、海南、山西、内蒙古、陕西、江西、湖南、湖北、四川、甘肃等	辽宁、黑龙江、北京、天津、山东、上海、江苏、浙江等
	汽车制造业（C36）	福建、广东、海南、山西、贵州、云南等	辽宁、吉林、北京、天津、上海、浙江、湖北、重庆等
	铁路、船舶、航空航天和其他运输设备制造业（C37）	福建、广东、海南、河南、内蒙古、安徽、江西、湖北、广西、云南、甘肃等	吉林、辽宁、黑龙江、北京、天津、上海、江苏、陕西、重庆等

（2）资本密集型产业由东南沿海地区向内陆地区转移

资本密集型产业具有投资大、生产周期长等特点，且以资源依赖性行业为主，产业发展存在一定的门槛要求。经过多年发展，东南沿海地区资本相对饱和，资本密集型产业发展也陷入瓶颈，亟须依托内陆地区的资源和市场优势，进行产业转移，以实现产业结构升级。区位熵测算结果显示，东部沿海综合经济区和南部沿海综合经济区资本密集型产业的区位熵数值均小于1，可见在土地、劳动力、能源等生产要素供给趋紧的情况下，东南沿海地区的该类型产业劣势明显。与之相反，其余六大综合经济区资本密集型产业的区位熵数值均大于1，具有显著的比较优势，尤其是大西北、黄河中游、东北三大综合经济区，该类产业的区位熵数值位居前3，是理想的资本密集型产业转入地。

资本密集型产业区位熵如图5-20所示，其值介于0.20~6.78，且各地区产业优势差异明显。以石油、煤炭及其他燃料加工业（C25）为例，图5-2 的区位熵测算结果表明，整体而言，东北、北部沿海、黄河中游、大西北四个综合经济区具有比较优势，适合作为石油、煤炭及其他燃料加工业转移的承接地。东部沿海、南部沿海、长江中游、大西南四个综合经济区该行业则具有明显劣势，需要将石油、煤炭及其他燃料加工业向前述优势地区转移。

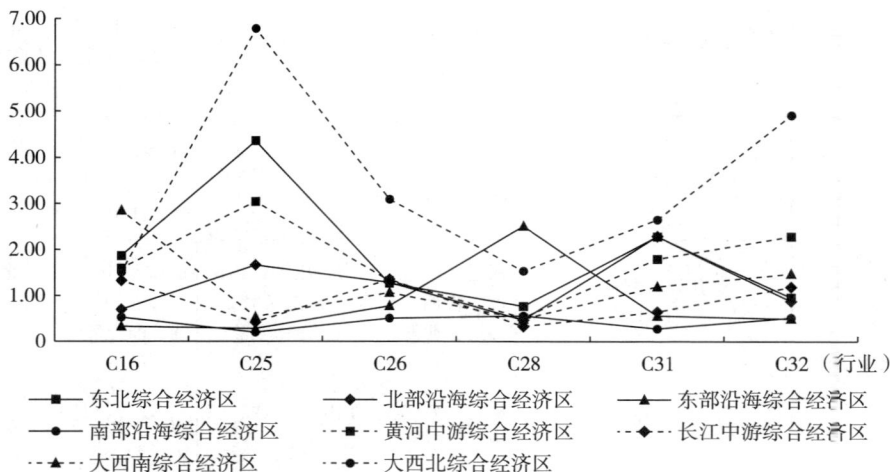

图5-20　2020年资本密集型产业各行业区位熵

注：笔者根据《中国工业统计年鉴》相关数据计算绘制。

笔者测算了各经济区所含省份的资本密集型产业区位熵，结果表明　东北综合经济区的辽宁省、吉林省和黑龙江省，北部沿海综合经济区的河北省，黄河中游经济区的山西省、内蒙古自治区、河南省和陕西省，长江中游综合经济区的湖南省，大西南综合经济区的广西壮族自治区、贵州省和云南省，大西北综合经济区的甘肃省、青海省、宁夏回族自治区和新疆维吾尔自治区的资本密集型产业区位熵数值均超过1，具有比较优势，适合作为东南沿海地区资本密集型产业转移的承接地。此外，资本密集型产业涵盖6个细分行业，而不同省份在不同行业方面的优势与劣势差异较大，因此在实施产业转移的过程中，需要充分考虑到各地区在各细分行业方面的区别。本节基于区位熵测算结果进行产业转移路径设计，此处以化学原料和化学制品制造业（C26）为例，对该行业转移路径进行阐述，具体而言，江苏省、浙江省、福建省、广东省、海南省等化学原料和化学制品制造业劣势地区，可向该行业优势地区如吉林省、内蒙古自治区、湖南省、云南省、青海省、宁夏回族自治区、新疆维吾尔自治区等地区进行转移。与此相同，表5-3列示了资本密集型产业中部分细分行业的转移路径。

（3）技术密集型产业由欠发达地区向东部沿海、北部沿海和东北综合经济区转移

技术密集型产业对人员素质、基础设施条件、产业配套环境等方面的要求较高，倾向从欠发达地区向创新要素丰富、产业基础雄厚的经济发达地区转移。技术密集型产业区位熵测算结果显示，国内八大综合经济区中东部沿海、北部沿海和东北三大综合经济区的区位熵数值超过1，具有明显的产业发展比较优势，是其余技术密集型产业劣势地区的理想转入地。

技术密集型产业区位熵如图5-21所示，其值介于0.06~2.32，且各地区产业优势存在差异。以通用设备制造业（C34）为例，图5-21的区位熵测算结果表明，东部沿海和北部沿海两个地区具有明显的比较优势，适合作为通用设备制造业转移的承接地，而南部沿海、长江中游、黄河中游、大西南、大西南等综合经济区该行业劣势明显，需将通用设备制造业向东部与北部沿海优势地区转移。

笔者测算了各经济区所含省份的技术密集型产业区位熵，结果表明：东北综合经济区的辽宁省、吉林省和黑龙江省，北部沿海综合经济区的北京市和天津市，东部沿海综合经济区的上海市、江苏省和浙江省，黄河中游经济区的陕西省，长江中游综合经济区的湖北省，大西南综合经济区的重庆市的技术密集型产业区位熵数值均超过1，具有比较优势，适合作为其他欠发达地区技术密集型产业转移的承接地。此外，技术密集型产业涵盖8个细分行业，而不同省份在不同行业方面的优势与劣势差异较大，因此在实施产业转移的过程中，需要充分考虑各地区在各细分行业方面的区别。本节基于区位熵测算结果进行产业转移路径设计，此处以汽车制造业（C36）为例对该行业转移路径进行阐述，具体而言，福建

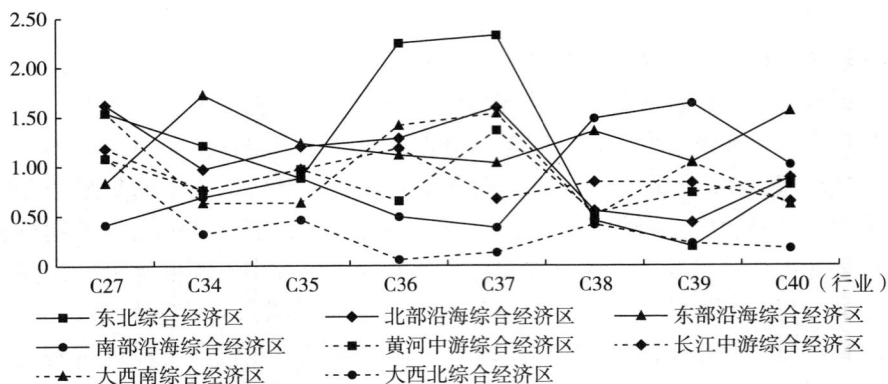

图5-21　2020年技术密集型产业各行业区位熵

注：笔者根据《中国工业统计年鉴》相关数据计算绘制。

省、广东省、海南省、山西省、贵州省、云南省等汽车制造业劣势地区，可向该行业优势地区如辽宁省、吉林省、北京市、天津市、上海市、浙江省、湖北省、重庆市等进行转移。与此相同，表5-3列示了技术密集型产业中部分细分行业的转移路径。

5.3.1.2　基于改善资源错配的国内价值链路径设计

资源错配是现阶段制约我国制造业全要素生产率提升的重要原因之一，也是实现制造业高质量发展的重要突破口。中国作为发展中国家，市场经济中资源要素流动不充分、市场分割和地区经济发展不均衡等问题依旧存在，导致资源配置严重偏离了最优状态，这就意味着中国制造业生产效率还有很大的提升空间。资源错配问题本质上是由资本和劳动力的供给不合理带来的。在资本市场上，受经济形势、货币政策、投资不确定性等因素影响，投资者对实体经济投资意愿降低，资金停留在资本市场上或涌入金融业等虚拟经济领域，导致经济在发展过程中出现资本错配现象。不仅如此，受企业产能过剩、成本上涨等内部因素的影响，制造业的投资回报率持续低迷，资本错配情况越发严重。在劳动力市场上，存在劳动力供需不匹配和劳动力流动不畅等问题，人口红利的消失，造成劳动力成本上升，由于户籍制度、地域分割、行业壁垒等因素的影响，劳动力市场分割问题严重，劳动力流动依然受限。同时，制造业创新人才储备不足，技术型人才缺失严重。因此，本节从缓解资本错配和减少劳动力错配两个方面提出改善资源错配的国内价值链路径设计。

（1）缓解资本错配

资本错配是指金融资源对实体经济的支持上表现出配置结构和配置效率不相

匹配，企业之间没有按照资本边际产出相等的原则配置资本，生产率较低的企业占用了过多资本，而生产率较高的企业面临资本投入不足的问题，由此产生效率损失。实现不同地区之间要素效率的优化配置，是促进经济平衡发展的关键。针对缓解资本错配问题探索了以下路径。

1）设立制造业转型发展基金，吸引财政经营性资金、社会创投机构、社会资本等参与联合投资。设置产业发展基金和重点领域子基金，以新一代信息技术、高端装备制造、新材料、新能源等领域的重点项目为主，兼顾符合产业发展政策的优势项目，推动产业资本聚集。

2）畅通多层次资本市场对接机制，积极支持地区符合条件的优质制造业企业在境内外证券交易所和新三板上市挂牌融资，促进重点领域制造业企业做优做强。支持制造业上市公司做大做强，围绕主营业务开展产业链上下游并购重组及再融资，推动投资链与创新链深度融合，支持有条件的大企业设立产业创投基金，为产业链上下游企业提供股权融资。

3）引入外商投资，重视外商投资在企业市场竞争中的积极作用，吸引外商投资以提高资本配置效率，促使资本由低效率企业流向高效率企业；发挥外商投资的技术溢出效应，推动我国制造企业不断提升自身技术水平，从而实现生产效率提升；积极搭建招商引资平台，畅通企业融资渠道，提高企业外部融资能力，充分利用外商投资缓解企业资本约束，减少金融摩擦并改善资本错配。

4）搭建资本要素信息化流转平台，促进资本要素数字化转型和流动。互联网的发展深刻地影响了经济运行方式和个体经济行为，渗透国内市场信息获取、资源流通、要素流动等方面，成为配置资源的重要手段。数字技术使资本要素通过数字化技术手段进行数字形态转化，借助互联网技术实现数据信息云端共享，为要素供给方和需求方提供了实时交互的平台与媒介，掌握要素信息变化动态，实现跨时空交互与要素流通，降低搜寻成本以及优化配置效率。

5）发展数字金融，运用区块链、人工智能、云计算、大数据分析等新一代信息技术对金融体系进行升级与改善，以弥补传统金融服务的不足；基于互联网、社交媒体平台、传感器、定位系统等方式获取的各种金融产品大数据，通过智能化工具的应用对相关金融数据进行分析和处理，有效缓解金融机构的信息不对称问题；发挥数字金融在满足中小企业金融服务需求方面的促进作用，降低企业融资成本，提高金融市场效率，减少资本错配现象发生。

（2）减少劳动力错配

劳动力资源优化整合对实现我国制造业高质量发展具有重要推动作用。尽管中西部地区在承接产业转移方面具有丰富、廉价的劳动力资源优势，然而产业政策、区域市场分割等因素限制了劳动力自由流动，导致劳动力资源低效利用与错配。同时，随着中西部地区承接产业转移进程的加快，承接的高新技术产业和高附加值产业越来越多，对高素质技能人才需求量也越来越大，导致出现了高素质技能型人才供给紧缺问题，严重制约了制造业高质量发展进程。因此，针对减少劳动力错配问题提出以下路径。

1）推动制造业产业多样化聚集。推动产业链上下游关联企业、相关服务企业等向某一区域汇聚，在产业集聚效应下，促使劳动力等资源要素合理畅通有序流动。随着产业集聚的加深，区域内更多企业之间会形成关联，进而实现劳动力互补性共享，有效解决区域间劳动力配置不均衡、错位的现象。此外，产业聚集区内的企业技术关联性较高，不同行业内的企业可能会实现紧密的技术合作，进而打破各类行业技术约束。通过技术协作，可实现劳动力的合理分配，同时提高劳动者的人力资源质量。要发挥产业集聚所产生的规模效应，驱动劳动力及高端人才集聚，实现劳动力供给和区域产业发展需求快速匹配，利用区域内知识共享及技术溢出，提高劳动者质量，改善劳动力结构，不断优化劳动力资源的配置，使其趋于合理和高效。

2）加强高技能型人才队伍建设。

第一，强化高技能型人才培养。首先，建立健全以企业为主体、学校为基础、政府推动和社会支持相结合的全面人才培养体系，依托企业培训中心、产教融合培训基地、社会实践基地、技能专家工作室等平台大力培养高技能人才；其次，创新高技能人才培养模式，优化以项目为基础的培养方式，为不同的员工量身定制相关培训项目；最后，加大对紧缺人才的培养力度，实施高技术领军人才培养计划，以满足国家重大战略、大型项目、关键产业所需。

第二，完善技能导向的使用制度。首先，健全高技能人才岗位使用机制，鼓励企业根据需求建立高技能领军人才挂牌和参与重大生产决策、重大科技创新、关键技术项目的机制；其次，完善技能型人才合理配置。健全人才引育留用全链条，完善人才服务体系，促进技能人才合理流动，提高技能人才配置效率；最后，通过兼职、服务、技术攻关、合作项目等多种途径发掘人才潜力，提高人才技能水平，鼓励各地区依据产业发展需求，重点将急需紧缺的技能人才加入人才引进目录。

第三，建立人才职业技能等级制度和人才激励机制。首先，建立并优化技术人才的技能等级制度，制定职业资格、技术等级与相应职称、学历相匹配和认可的政策，促进学历教育、非学历教育、技术等级学分的转换和相互认可；其次，健全职业标准体系和评估制度，根据国家职业规定、企业评估标准、专项职业能力考核规范等形成多层次、相互衔接的职业标准体系，同时健全以职业资格评估、技术等级认定和专项职业能力考核等为主要内容的人才评价机制；最后，设立高技术人才奖励机制，研究并建立适合科技成果转化人才、知识产权管理运营人员等的评估和奖励方案，完善技术转移转化职称评估标准。

5.3.2 培育包容性区域价值链的路径设计

在加快构建双循环新发展格局的背景下，培育包容性区域价值链成为我国应对全球产业格局重塑、实现制造业高质量发展的必由之路。党的二十大报告提出，要推进高水平对外开放，稳步扩大规则、规制、管理、标准等制度型开放，加快建设贸易强国，推动"一带一路"共建国家高质量发展，加快建设海南自由贸易港，实施自由贸易试验区提升战略，扩大面向全球的高标准自由贸易区网络。因此，从"走出去"和"引进来"两个方面探寻培育包容性区域价值链的两种路径。

5.3.2.1 基于"一带一路"倡议推动构建区域价值链的路径设计

区域价值链作为一种开放型价值链，对加快我国产业高端攀升、带动更大范围协同发展、促进公平贸易规则制定等方面具有重要作用。"一带一路"倡议可有效促进区域范围内要素自由流动、资源高效配置、市场深度融合，形成更大范围、更高水平、更深层次的区域性合作。面对世界经济格局深度调整、全球价值链关系不平等、国际形势不稳定等问题，基于"一带一路"倡议培育中国主导的包容性区域价值链对实现我国经济高质量发展至关重要。

（1）实施区域产业转移，提高国际产能合作水平

"一带一路"共建国家资源要素禀赋、比较优势差异明显，产业互补性强，为实施区域产业转移、提高国际产能合作水平、实现制造业优势互补奠定了良好基础。为实现这一目标，可从加快推进产业梯度转移和打造新型产能合作模式两条路径进行落实。

1）加快推进产业梯度转移。在我国三类产业占GDP的比重中，以制造业为主要代表的第二产业比重较大，因此，实现经济高质量发展需要重点聚焦于制造业。根据国内制造业发展现状以及"一带一路"共建国家的资源禀赋和比较优势，有序推进产业梯度转移，加快将低附加值、非核心的制造业集中向共建国家转移。在经济较为发达的沿海地区，应以自贸区建设为契机，大力发展先进制造业和现代服务业，将传统制造业向我国中西部地区以及"一带一路"共建国家转移。通过梯度性产业转移，促使我国制造业企业能够集中力量于产业链高附加值环节，从而提升其在区域价值链和全球价值链上的位置。

参考张其仔和李蕾（2017）的研究，将制造业划分为劳动密集型产业、技术密集型产业和资本密集型产业，在此基础上，以部分代表性产业为例阐明我国制造业在"一带一路"区域间产业梯度转移方向。

第一，劳动密集型产业，随着我国人口红利的逐渐消失，劳动力要素成本上升，我国在劳动密集型产业方面的发展受到了一定程度的制约，而处于工业化初期或者后期的部分南亚和东南亚国家在劳动密集型行业价值链地位上与我国差距加大，比较适合我国劳动密集型产业的转移。以纺织服装和服饰业作为劳动密集型行业的典型代表，越南、缅甸、柬埔寨等东南亚国家因廉价的劳动力而具有一定的比较优势，同时，该产业在这些国家的制造业中占据主导地位，是我国较为理想的纺织产业承接国。因此，我国企业可以将纺织服饰产业中的生产、加工等附加值环节向这些国家转移，自身保留并重点发展高端服饰研发设计、品牌建设等高附加值环节，从而促使我国向纺织、服饰行业的价值链高端攀升。

第二，技术密集型产业，对技能型劳动力、技术水平等生产要素具有较高要求。以电气机械及器材制造业为例，我国可以将该产业向处于工业化中期前段的亚美尼亚和处于工业化中期中段的印度尼西亚两国转移，以期能更好地促进我国电气机械制造业高端化发展。

第三，资本密集型产业，该类产业主要分布于基础工业和重加工业，需要较多的资本投入，且资金周转慢、投资效果需要较长时间才会显现。以石油化工行业为例，"一带一路"共建国家油气资源储量丰富，约占世界原油产量的 30% 和天然气产量的 43%，为我国石油化工企业的对外产业转移提供了契机。应加大对共建国家和地区在石油化工产业方面的直接投资，经由地区协作、资源共享等途径将国内石化企业转移到沿线的东南亚、非洲等国家。就非洲国家而言，我们可以对其丰富的油气资源进行整合利用，重点发展石油加工业；而东南亚国家低廉的天然气及基础化工原料为石化企业发展提供了良好的条件，国内企业可以加大投资，在这些国家和地区设厂建基地，主要发展中高端化工产品。通过加快转移传统石油化工产业，国能企业能够更多地将资源投入于新材料、新能源、高附加值产品等前沿新兴化工领域，促进我国化工产业向绿色化、高端化方向发展，力争将我国打造成全球高端化工品制造中心。

2）打造新型产能合作模式。面对国内国际形势新变化，积极推进"一带一路"国际产能合作，打造新型产能合作模式，努力构建开放包容、互利共赢的产能合作新格局。这是推动共建"一带一路"高质量发展的重要途径，也是构建中国主导的"一带一路"包容性区域价值链的必由之路。

在合作领域方面，目前我国已与"一带一路"共建国家设立数量众多的经贸合作园区，如赞比亚中国经济贸易合作区、俄罗斯乌苏里斯克经贸合作区、中匈宝思德经贸合作区、中国—印尼经贸合作区等，主要围绕纺织、化工、机械、建材等传统优势产业以及矿产资源、能源等领域开展密切合作。经贸合作园区已成为我国与"一带一路"共建国家开展国际产能合作的重要平台之一，未来应充分利用各类海外园区的机遇和红利，加快助力我国企业"走出去"，通过境外经贸合作园区带动国内企业"抱团出海"，形成海外产业集聚，进而提高国际产能合作效益。同时，需顺应产业发展新趋势，不断拓宽产能合作范围，积极推进我国与"一带一路"共建国家在新能源、新材料等新兴产业领域的产能合作，努力培育新的经济增长点，促进双边合作水平迈上新台阶。

在合作模式方面，坚持推陈出新。首先，在鼓励双边合作的基础上，积极推进"第三方市场合作"这一新型国际产能合作模式，促使合作各方资源共享、优势互补，通过多方参与实现共同发展的目标；其次，大力推广政府与社会资本合作（PPP）模式，鼓励我国企业积极探索大型、综合、一体化的 PPP 项目，运用PPP 模式在"一带一路"共建国家进行产能合作、建设产业合作园区等，同时需防范 PPP 项目的不确定性与风险，建立完善相关风险防范机制，有效管控参与各方的合作风险，促进各方共同受益；最后，鼓励企业自主投资开发合作模式，根据境外国家优惠政策、产业优势、基础设施等条件，国内企业可自由选择与该国企业进行互补性产能合作，共同提升双方生产效益。

（2）加大对外直接投资，构建新型生产分工网络

经济一体化程度的加深使世界各国在经济方面相互渗透、相互依存，也促进了从生产到消费多层次交织融合的关系网络的形成，而通过开展对外直接投资形成了全球性的生产网络和服务网络是一国巩固和提升其全球价值链分工地位的重要途径。"一带一路"倡议的提出，为我国从被动参与低层次全球价值链向构建以自我为主导的包容性区域价值链转变提供了契机。在旧"雁型模式"生产分工格局无法实现区域经济高质量发展以及"一带一路"倡议背景下，近年来国内企业对外直接投资不断增长，中国贸促会发布的《中国企业对外投资现状及意向调查报告（2021 年版）》指出，"一带一路"共建国家成为我国企业对外投资首选地。"一带一路"官网资料显示，2021 年我国企业对"一带一路"共建国家直接投资创历史新高，达 241.5 亿美元，占全年对外投资流量总额的 13.5%，其中非金融类直接投资达 203 亿美元，同比增长 14.1%，为共建国家经济发展作出了积极贡献。2021 年，我国与"一带一路"共建国家签订承包工程项目合同 6257 份，新签合同额超过 1300 亿美元，同比下降 5.2%。受多重因素的影响，当下国内企业对"一带一路"共建国家的对外直接投资增速较小，尤其是在新兴产业的研发投资方面呈现明显不足，具有较大提升空间。因此，提出从水平型对外直接投资和垂直型对外直接投资两个方面进行落实，构建以中国为主导、辐射覆盖"一带一路"共建国家的新型生产分工网络。

1）水平型对外直接投资。该类投资多注重东道国的市场资源，通过投资将最终产品的所有价值链环节均布局到东道国，虹吸当地的各类优质资源，搭建其

销售网络，从而获取更多的经济效益。因此，国内企业可在共建"一带一路"国家设立研发中心，根据当地的市场需求偏好进行针对性产品研发设计，同时在当地投资办厂，组建生产线进行制造并加大营销体系建设力度。例如，作为我国知名家电行业巨头的海尔集团，其一直致力于打造国际品牌而积极开展对外直接投资活动，积极投身到"一带一路"共建国家的投资合作中，如在俄罗斯投资建立了大型研发中心，积极与当地企业开展技术合作与产品研发，以期能够更好地了解当地市场，针对市场变化能够做出快速反应，并在当地建成了冰箱生产基地，进一步拉近了"中国制造"与"一带一路"中亚各国的距离，从而改变了之前海陆联运时间过长的局限，实现了陆运辐射中亚地区，在降低运输成本的同时为企业带来了更多利润。这种全面的对外直接投资战略帮助海尔集团逐步构筑起一个具有国际竞争力的全球设计网络、供销网络、制造网络、营销和服务网络。

2）垂直型对外直接投资。该类对外直接投资多注重东道国的资源禀赋、工资水平、人力资本等优势，投资类型主要分为资源寻求型、境外生产和加工型、研究开发型和商贸服务型四类。

第一，资源寻求型对外直接投资，"一带一路"共建国家自然资源和能源丰富，能够帮助我国企业以较低的成本获得发展所需资源。例如，沙特阿拉伯作为中东地区石油大国，石油资源储量和产量均居于世界首位，我国企业可以在该地区投资建厂，不断加强双方在油气资源方面的投资与开发合作，围绕油气加工精炼工业体系不断丰富合作内容，建立起涵盖资源开发、生产加工、产品贸易的全面伙伴关系，以缓解我国作为全球最大能源消耗国，国内能源供给不足问题；俄罗斯作为世界上最大的天然气出口国，与我国相邻，地理距离上的优势为我国与其开展能源投资合作提供了便利，我国可积极投资于勘探、开采及大规模修建天然气管道干线等领域。

第二，境外生产和加工型对外直接投资，近年来随着我国劳动力等生产要素成本上涨，纺织服装、家电制造等生产劳动密集型产品的企业应将目光投向劳动力成本更低的越南、柬埔寨等东南亚国家，加大在这些国家和地区的投资力度，充分利用当地的廉价劳动力资源、加工条件和政策优惠措施进行产品生产制造和组装，同时自身保留技术水平较高的技术密集型或资本密集型工序，从而形成优势互补的产业分工合作格局，进一步提升我国制造业增加值。

第三，研究开发型对外直接投资，目前我国原始创新能力与欧美发达国家相比尚且不足，在价值链上游研发设计的高附加值环节仍然面临被"卡脖子"的窘境，因此，我国制造业企业需要加大对合作欧洲发达国家的研究开发型对外直接投资力度。例如，德国作为汽车大国，技术实力雄厚，在能源效率、能源材料等方面的研究水平处于世界领先地位。随着我国新能源汽车产业的蓬勃发展，对作为核心部件的汽车锂电池需求巨大，同时消费者对电池性能和品质的要求也越来越高，锂电池也处在不断更新迭代的过程中。因此，我国新能源锂电池企业需积极去德国投资并建立电池研发中心和生产基地，通过与当地的知名大企业合作，共同研究开发新一代锂电池，更好地服务于高端新能源汽车品牌。

第四，商贸服务型对外直接投资，为绕开贸易壁垒，企业可以选择在市场覆盖面广、产品辐射能力强的交通枢纽国家建立海外分拨中心，进行转口贸易。例如，我国知名物流企业菜鸟网络科技有限公司积极投资建设跨境物流网络，在德国的不来梅、匈牙利的布达佩斯、俄罗斯的莫斯科等城市建立了海外分拨中心，依托公司的全球物流网络优势和资源整合能力，积极与各国合作伙伴打造一站式、全链路的物流体系闭环，持续助力合作国家之间的出口贸易和物流服务业的发展。

根据经济学基本原理，国家之间的产业分工应当根据各自的比较优势决定，只有按照比较优势参与国际分工并进行贸易，才能够实现资源的最佳配置。下面以"一带一路"六大经济走廊沿线的制造业合作为例展开分析。

第一，在新亚欧大陆桥经济走廊中，沿线国家主要集中于中东欧地区，该区域中的国家制造业水平普遍较高，工业基础雄厚，可与我国形成产业优势互补，其优势产业主要包括汽车制造、船舶制造、机械设备、生物技术等行业，可充分利用中欧班列在货物贸易流通中的重要作用，以加强我国与欧洲国家的交流与合作，辐射带动"一带一路"共建国家经济发展。

第二，在中国—中南半岛经济走廊中，其辐射覆盖区域主要是东南亚国家，这些地区国家的制造业优势不尽相同。例如，新加坡的优势产业集中在电子产业、运输设备、生物医药等方面，泰国的汽车产业和纺织服装业具有优势，印度尼西亚的优势产业集中于电子信息业、纺织业、汽车制造业等，马来西亚在电子、机械、化工、汽车制造等行业具有优势，菲律宾的优势产业集中于电子信息产业以及汽车和机器零件制造业。我国在与上述国家合作时，需注重加强产业链协同，推动相关配套产业与技术发展，促进制造业实现高质量发展。

第三，在中国—中亚—西亚经济走廊中，沿线国家矿产资源丰富，其中中亚大国哈萨克斯坦拥有大量的煤、铁、石油、有色金属等矿产资源，且工业基础较好，除在采矿和冶金行业合作外，我国与哈萨克斯坦还可在新能源、新材料等新兴产业领域尝试合作。而对于中亚地区的其他国家来说，可充分发挥其在棉毛纺织工业方面的优势，与我国展开技术交流与合作。西亚作为世界上石油储量最大的地区，能够为其他国家提供大量的石油资源，我国应在与其开展石油贸易的基础上，积极探索与沙特阿拉伯、伊朗等西亚石油大国在原油加工方面的合作，进一步提升产品附加值，从而增加双边合作的经济效益。

第四，在中巴经济走廊中，巴基斯坦拥有大量廉价劳动力，使该国在劳动密集型产业方面具有一定的比较优势，因而我国可以利用自身丰富的发展经验和技术，积极推动两国在皮革、纺织原料、纺织制成品等产业领域展开合作。

第五，在孟中印缅经济走廊沿线国家中，印度在软件、医药、信息技术等领域拥有较强的产业竞争力，为我国与缅甸及孟加拉国的合作提供了广阔的空间，特别是在纺织、服装、家具等优势产业方面，将成为双边合作的重点领域。

第六，在中蒙俄经济走廊中，俄罗斯的石油、天然气等自然资源丰富，我国可与其在钢铁、有色金属、木材等原材料以及煤、原油、天然气、石油等能源领域开展合作，并且其拥有世界领先水平的军工业和重工业，科技实力雄厚，可加强两国在新能源开发、航海航空、军事装备、汽车工业等高科技领域的经济合作。以羊毛、煤矿等基础原料为产业优势的蒙古国，我国可拓展与其在矿产品深加工、羊毛加工等制造业领域合作，促进双边合作向深层次、多元化发展。

我国可采用“以点连线到区”的合作方式，加速推进“一带一路”共建国家产业合作示范基地，充分利用我国优势产业，促进东道国产业结构优化升级，有效带动“一带一路”共建国家经济发展，实现互利共赢。同时，国内企业应根据“一带一路”共建国家各自比较优势进行重点投资，在注重能源资源、基础设施建设等传统优势产业投资基础上，加强在新一代信息技术、生物、新能源、新材料等新兴产业领域的投资合作，应从不同节点切入区域生产分工网络，将产业链的封闭式线性排列转变为开放式多点联结，形成多层次、网络状的新型区域生产分工体系，充分发挥我国在“一带一路”区域中的“领头雁”功能，促进区域内各国产业进行互补性分工合作，着力构建我国主导的包容性区域价值链，推动我国制造业实现高质量发展。

（3）推动开放合作升级，拓展区域消费市场

受中美贸易争端、欧美对中国出口限制等因素的影响，中国对外出口的商品和服务贸易总量在欧美市场均呈现不同程度的下滑，然而我国对“一带一路”共建国家进出口情况持续保持良好发展态势，可见“一带一路”市场稳定性较强，发展潜力巨大。在美国对中国的遏制日益加剧的背景下，培育拓展“一带一路”区域消费市场势在必行。我国可通过打造开放平台、提升开放能级、优化开放环境三条路径来推动双边开放合作升级，进一步拓展沿线区域消费市场。

1）打造开放平台。①打造国际经贸交流平台。鼓励以中国国际服务贸易交易会、中国进出口商品交易会、中国国际进口博览会、21世纪海上丝绸之路博览会等作为我国对外贸易的重要展会平台，全力将其打造成为具有区域乃至全球影响力的贸易展会，持续提升展会国际化、专业化、市场化水平。充分发挥“一带一路”贸易商企业联盟在区域贸易开放合作方面的重要作用，探索建立“事业

单位+会展集团"日常筹办运行机制，促进"一带一路"贸易畅通。②做强口岸功能平台。要重点加强北京首都国际机场、上海虹桥国际机场、成都双流国际机场等航空口岸，上海港、天津港、青岛港、舟山港等港口口岸以及霍尔果斯、绥芬河、满洲里等铁路口岸建设，持续优化口岸营商环境，简化通关手续，优化作业流程，缩短通关时间，提高通关效率；同时积极融入国内国际双循环新发展格局，进一步扩大与"一带一路"共建国家的合作，做强做优做大口岸开放平台，培育壮大口岸经济，促进我国对外贸易发展水平。③构建区域产业发展平台。积极与"一带一路"共建国家合作建设产业园区、高新技术开发区、科技园区等区域产业发展平台，发挥该类平台在开放型经济建设中的重要作用；在已有货物贸易的基础上突出服务贸易特色，围绕国际寄递物流、国际金融服务、国际咨询服务等产业，推动双边产业结构从以货物贸易驱动向以货物贸易和服务贸易双驱动转型；同时大力发展融资租赁、第三方科技研发服务外包、科创孵化等创新业态。

2）提升开放能级。①提升开放规制能级。在要素流动型开放的基础上，积极探索制度型开放，对标国际贸易投资通行规则，尤其是发达经济体的高标准规则，建立起与其相衔接、规范透明的基本制度体系和监管模式。鼓励国内企业积极参与全球经贸规则制定和全球治理体系改革与建设，推动开放边界由降低关税和非关税壁垒的边境措施拓展到贸易规则体系等制度型开放。②提升开放领域能级。在传统贸易基础上，顺应数字经济发展浪潮，建设数字贸易试验区和数字贸易港，着力打造跨国合作的数字产业集群，培育支持若干数字经济国际合作项目落地，充分释放数字贸易发展新活力。同时瞄准国际金融开放前沿区，推动金融领域开放合作升级，助力数字贸易更高质量发展。③提升开放业态能级。在互联网、大数据、5G等数字智能技术广泛应用背景下，作为对外开放重要措施之一的外贸逐渐涌现出一大批新业态。应鼓励、支持和引导国内企业发展跨境电商、外贸综合服务、离岸贸易等外贸新业态，并注重服务模式创新，积极拓展线上服务业务，加速推进外贸转型升级，进一步提高我国对外开放水平。

3）优化开放环境。①提高通关便利化水平。扩大进出口货物申报管理规定的适用主体规模，持续完善通关作业模式，不断优化通关作业流程，压缩货物进出口整体通关时间，并对标国际先进做法，加快推进空港口岸提效降费，规范和公布口岸服务价格清单。②提升贸易便利化水平。利用区块链技术，重点建设跨境贸易区块链应用场景，推进空港国际物流应用系统、海运通关物流查询系统等区块链场景应用，持续提升口岸信息化水平，营造贸易便利化新生态。同时持续做深本土化普惠金融应用，为我国企业开展外贸业务提供金融保障。③提升投资便利化水平。完善企业跨境投资服务制度，加强政企对接，解决好企业在落地和经营中遇到的各类问题。稳妥有序推进资本项目开放，探索建立股权投资基金跨境投资试点，同时进一步优化"走出去"企业办理境外投资备案和注销手续，不断提高境外投资便利化水平。

5.3.2.2 基于自贸试验区和自贸港有机对接区域价值链的路径设计

自贸试验区和自贸港是我国构建双循环新发展格局的重要阵地，其主要功能定位是打造集贸易、投资、金融等领域开放和创新于一体的综合改革试验区，全面对接国际贸易规则，全面提升区域治理能力。党的十九大报告提出"赋予自由贸易试验区更大改革自主权，探索建设自由贸易港"，党的二十大报告进一步指出，"加快建设海南自由贸易港，实施自由贸易试验区提升战略"。加快自由贸易试验区和自由贸易港建设，做好两者与以"一带一路"建设为基础的区域价值链的有效衔接，对加快构建双循环新发展格局具有重要意义。

（1）签署自由贸易协定，加强区域经贸合作

加速推进自由贸易协定签署，扩展国际合作新空间是我国深化对外开放、落实构建双循环新发展格局的重要措施。截至 2022 年 12 月，我国已与 150 个国家和 32 个国际组织签署了 200 余份共建"一带一路"合作文件，截至同年 9 月，我国共签署了 19 项自由贸易协定，涉及 26 个国家和地区，跨境货物贸易、服务贸易等呈不断增长态势，自由贸易协定已然成为促进各国经济发展的重要引擎。随着贸易全球化的发展，我国需要以更加开放的姿态积极推动自由贸易协定等区域合作安排。

1）加快与自由贸易协定相适应的国内政策调整。抓住自由贸易协定的开放契机，加快推进国内同步改革，简化贸易投资的国内行政手续，提高监管政策的透明度与可预期性，对标国际先进水平，营造市场化、法治化与国际化的营商环境，为扩大贸易和吸引外资创造更有利的国内制度合作条件，推动自由贸易协定成为贸易投资与经济增长的加速器。同时，加强与自由贸易伙伴之间的政策协调、信息与经验分享，在国际通行规则的基础上，建立并完善对开放风险的防范应对机制。

2）鼓励欠发达国家加入自由贸易协定。与发达国家和新兴经济体相比，欠发达国家在自由贸易协定中的参与度仍然有待提升。一方面，在自由贸易协定谈判中尽量给予欠发达国家特殊优惠，提升自由贸易协定对欠发达国家的吸引力，使其成为促进经济发展的有力推动力；另一方面，积极采取多种方式，如分享经验和政策、举办研讨会以及提供技术支持等，加强欠发达国家在自由贸易协定方面的能力建设，帮助其提高谈判和利用自由贸易协定获益的能力。

3）拓宽自由贸易协定覆盖领域。在第四次工业革命浪潮下，全球制造业呈现服务化发展趋势，服务贸易蓬勃发展。互联网、5G 通信、大数据等新一代信

息技术的更迭刺激了经济和贸易数字化的快速发展,数字经济和数字贸易成为经济复苏的新动力。因此,应积极推动自由贸易协定加入电子商务、金融服务、竞争政策等新兴贸易议题,鼓励相关国家签署涵盖货物贸易、服务贸易、原产地规则、知识产权等在内的覆盖面广、开放水平高、优惠政策多的自由贸易协定。

4)推动形成更大范围的区域性自由贸易协定。尽管我国已与多个国家签署了自由贸易协定,但大多数均为双边贸易协定,多边贸易协定数量仍有很大的提升空间。为实现我国与更多经济体建立贸易关联,提高对外开放水平,需积极推动并形成覆盖范围更大的区域性自由贸易协定。例如,应加快推进中日韩自由贸易协定(FTA)谈判进程,就贸易领域、贸易规则、关税等内容展开协商,力争使该自贸协定尽早落地,并在此基础上建成中日韩自贸区,促进东亚区域经济发展。同时,我国应积极筹备加入全面与进步跨太平洋伙伴关系协定(CPTPP),实现与签署该协定的诸多国家开展贸易往来,努力推进区域经济一体化和贸易投资自由化、便利化,发挥我国在维护全球产业链、供应链稳定方面的重要作用,推动世界各国经济共同发展。

(2)加速自贸试验区建设,打造对外开放新高地

自2013年我国第一个自贸试验区——中国(上海)自由贸易试验区成立以来,我国自贸试验区数量和规模不断扩容,截至2022年底,我国自贸试验区总数已达到21个,形成了覆盖沿海、内陆、沿边的全方位布局。自由贸易试验区作为新时代改革开放的新高地,是连接国内循环和国际循环的重要平台。面对贸易争端给全球产业链和供应链造成的巨大冲击、世界经济陷入衰退、发展中国家长期以来被锁定在全球价值链低端等窘境,自贸试验区建设成为我国连接区域价值链进而嵌入全球价值链中高端的重要节点。为此,可从探索制度创新、实施管理模式改革、强化协同联动发展、打造一流营商环境四个方面对自贸试验区有机对接区域价值链进行路径设计。

1)探索制度创新。制度具有全局性、稳定性和根本性,自贸试验区作为制度创新重要试点,需坚持以制度创新为核心,发挥在加快政府职能转变、深化投资领域改革、推动贸易转型升级、深化金融领域开放创新等方面的重要作用。为实现更高水平开放,自贸试验区要从要素流动型开放向制度型开放转变,通过推动国内规则、规制对接国际高标准市场规则体系,更好地联通国内市场与国际市场。以制度创新增强对外资的吸引力,积极拓展外商投资范围,落实自贸试验区内的招商引资工作,引导外资流向高端制造、智能生产、现代服务业等领域,助力我国产业做强做优做大。

2)实施管理模式改革。破除管理体制障碍,提高政府管理体制与国际规范的兼容性成为提升国内自贸试验区对外开放水平的重要举措。管理模式改革主要

从两个方面落实：一方面，探索以缩减负面清单为特点的开放方式，通过缩减负面清单的条目数量提高我国国际化开放程度，负面清单模式不仅能够增强我国市场透明度，也能扩大外商投资的市场准入范围，从而吸引更多的外资企业入驻中国，推动国内经济发展和技术水平提升；另一方面，推动监管模式改革，通过颁布相关法律法规，从以往为了控制市场风险而限制市场活动转变为鼓励市场创新，通过事中、事后管理监测并防范企业失当，保护市场参与者的权益。同时，通过加强不同层级监管部门之间的信息共享，建立起对企业信息跟踪、更新和监管的全新管理模式。

3）强化协同联动发展。要秉持共商共建共享原则，促进自由贸易试验区之间制度衔接、产业协同、平台共建，加快构建多层次及全方位开放、相互竞争、互相协作的新格局。为增强自贸试验区发展的协同联动性，需落实以下四个方面：一是自由贸易试验区内部的协同，包括不同部门之间的协同，不同产业之间的协同，不同平台之间的协同，政府、市场和社会组织之间的协同等；二是推进自贸片区与其他创新片区、试验区、示范区之间的协作，以促进创新制度、资源和成果的共享；三是自由贸易试验区与区域经济的协同，需充分发挥自由贸易试验区对其他地区的引领示范和辐射带动作用；四是不同自由贸易试验区之间的协同合作，加强省际部门之间的协调合作，推动体制机制衔接，以更强的力度推动改革力量的形成和开放空间的拓展。

4）打造一流营商环境。为融入国际循环，参与全球竞争，自贸试验区必须打造法治化、国际化、便利化的营商环境，率先形成公正、透明、统一、有序的市场氛围。具体而言，可从两个方面进行落实：一方面，补齐短板，再创市场准入改革新优势。持续推进和深化"'多规合一'极简审批""互联网+政务服务"等创新举措，完善高质量的市场准入规则，从"供给端"和"需求端"同向发力，持续优化自贸试验区营商环境。另一方面，强化信用监管，制定竞争性政策。依据"竞争中性"原则设立市场监管规则，塑造竞争中性的营商环境，促进各方市场参与主体共同成长。

（3）加快自由贸易港建设，打造全球贸易枢纽

为进一步扩大我国对外开放程度，在原有海南自由贸易试验区建设的基础上，2020年6月1日，中共中央、国务院印发了《海南自由贸易港建设总体方案》，力争到21世纪中叶，全面建成具有较强国际影响力的高水平自由贸易港。面对国内外经济形势复杂多变的情形，"十四五"时期，海南要抓住新一轮科技革命和产业变革同我国经济优化升级交汇融合的重大机遇，以自由贸易港为平台，谋划建设具有世界影响力的国际旅游消费中心、大力发展服务贸易、深入推进制度集成创新三条路径，将海南自贸港打造成为畅通国内国际双循环

的重要枢纽。

1）建设具有世界影响力的国际旅游消费中心。海南省得益于免税购物新政，具备成为我国旅游及服务型消费重要承接地的条件，在畅通国内大循环的同时，也是连接国际循环的重要节点。"旅游+购物"是海南自贸港建设中的一大亮点，在"十四五"时期，海南省需要不断完善旅游购物服务、扩大免税品品牌，为消费者提供自由选择空间，以此吸引境外消费回流。要以建设国际旅游消费中心为杠杆，撬动先进制造业、现代服务业发展，同时充分利用零关税清单制度，推动旅游产业与旅游装备制造业融合发展，延伸产业链条。

2）大力发展服务贸易，促进服务业市场高水平双向开放。服务贸易连接着国内国际两个市场、两种资源，是实施高水平开放战略的重点。在许多国际知名自贸港中，不少均以现代服务业为发展主体，成为连接世界的经济中心、金融中心、结算中心、物流枢纽和人才集聚地。海南自贸港建设应充分吸取国际高水平自贸港的建设经验：一是通过开放加快生活性服务业升级，同时加快金融、物流、技术研发等生产性服务业开放发展，以生产性服务业开放带动海南先进制造业发展。二是大力发展远程医疗、在线教育、共享平台、跨境电商等新兴服务贸易，实现跨越式发展。三是面向内地市场的跨境服务贸易和面向国际市场的跨岛服务贸易并重，一方面以体制机制创新为重点加快推动琼粤港澳服务贸易一体化；另一方面借助现代数字技术，突破地域分割和制度障碍，构建以跨境服务贸易为主的开放新格局，加强与东南亚国家和地区的数字经济合作，输出中国技术、标准和规则。

3）深入推进制度集成创新。以促进贸易和投资的自由化、便利化为核心，致力实现各类生产要素跨境的自由、有序、安全、便捷流动，进一步推进土地、资本、技术、数据等要素市场化配置改革，大力消除各种隐形壁垒，积极推动海南自贸港制度的整合和创新。一方面，要按照"竞争中性"原则尽快由边境上开放向边境后开放纵深推进，消减边境壁垒对资源优化配置的约束。海南自贸港可对标中国香港、新加坡、迪拜等世界高水平自由贸易港以及自由贸易协定负面清单管理模式，创新港内外商投资管理模式，统一内外资负面清单制度，进一步提高自贸港对外开放水平。另一方面，要以服务于境内外和岛内外要素自由便利流动为目标，按照"境内关外"的原则处理好境外和岛外经贸关系，利用物联网、云计算、大数据、区块链等现代数字技术，对"进出境、进出岛、进境出岛、进岛出境"四个流向进行监管，有效解决跨岛交付和跨境交付等贸易监管难题，有序推动海南自贸港高水平建设。

本章小结

本章结合前文我国制造业发展实态与问题及目标定位，基于国内国际双循环视角，结合产业发展理论、技术创新理论、价值链理论等，从产业链、创新链和价值链三个层面设计了 29 条制造业高质量发展的路径。其中，产业链层面主要包括提升产业质量效益、推动产业结构高级化、构建产业链"链主"三类高质量发展路径，包括基于产业基础质量提升的路径设计、基于核心技术质量突破的路径设计、基于先进标准引领的路径设计、基于品牌建设驱动的路径设计、基于传统产业现代化的路径设计、基于新兴产业规模化的路径设计、基于前瞻布局未来产业的路径设计、基于培育创新主导能力的产业链"链主"路径设计、基于增强业务集成能力的产业链"链主"路径设计、基于提升市场议价能力的产业链"链主"路径设计、基于提升国际生产共享能力的产业链"链主"路径设计、基于增强贸易渠道控制能力的产业链"链主"路径设计以及基于提升服务外包发展能力的产业链"链主"路径设计 13 条制造业高质量发展路径；创新链层面主要包括促进产业组织变革、推动产业可持续发展、实现全球化三类高质量发展路径，包括基于培育世界一流企业的路径设计、基于打造高端国际合作枢纽的路径设计、基于数智化驱动制造业可持续发展的路径设计、基于绿色化驱动制造业可持续发展的路径设计、基于服务化驱动制造业可持续发展的路径设计、基于政产学研用协同创新的创新链链主路径设计、基于大中小企业融通创新的创新链"链主"路径设计、基于金介用支撑创新的创新链"链主"路径设计、基于跨国技术联盟合作的创新链"链主"路径设计以及基于海外技术投资并购的创新链"链主"路径设计 10 条制造业高质量发展路径；价值链层面主要包括促进国内价值链优化、培育包容性区域价值链和构建全球价值链链主三类高质量发展路径，包括基于推进产业转移的国内价值链路径设计、基于改善资源错配的国内价值链路径设计、基于"一带一路"推动构建区域价值链的路径设计、基于自贸试验区和自贸港有机对接区域价值链的路径设计、基于嵌入发达国家价值链环流的路径设计以及基于引领发展中国家价值链环流的路径设计 6 条制造业高质量发展路径。在此基础上，后文将深入研究"三链"双循环下我国制造业高质量发展的驱动机制。通过对产业链、创新链和价值链的分析，阐明政策、技术、人才、国际合作等驱动力量之间的相互作用，共同推动制造业朝着高质量发展目标迈进。本章为我们更系统、更全面地理解制造业高质量发展提供依据，并为相关政策的制定和实施提供科学指导。

6 "三链"双循环下我国制造业高质量发展驱动机制研究

在全球化日益深入的今天，国家之间的经济联系和合作日益紧密，然而，新的贸易形势和国际环境给我国制造业高质量发展带来了新的挑战。面对这些挑战，本章从制造强国战略出发，研究以下三种机制以促进我国制造业的高质量发展。

一是畅通"三链"双循环协同机制。该机制包括围绕产业链部署创新链、围绕创新链布局产业链、以价值增值为导向的产业链延伸机制、以价值创造为核心的创新链培育机制等层面，通过优化产业链、创新链、价值链之间的协同关系，推动产业技术创新和转型升级，以提高制造业的质量和效益水平。

二是制造业高质量发展的治理机制。基于产业安全预警机制、国内价值链与区域价值链互联机制等层面，建立产业安全预警体系，加强产业风险的防范和应对；通过促进国内价值链与区域价值链的互联互通，推动产业协同发展和优化升级。

三是制造业高质量发展的保障机制。通过加强金融扶持、优化税收政策、提高要素配置效率、加强人才培养等措施，为制造业的高质量发展提供有力保障。

通过上述机制的建立和完善，为我国制造业高质量发展提供有力保障，推动我国从制造大国向制造强国的转型升级。

6.1 畅通"三链"双循环的协同机制

畅通"三链"双循环的协同机制是"三链"双循环下我国制造业高质量发展的关键。本节将重点构建畅通"三链"双循环的协同机制，具体包括围绕产业链部署创新链、围绕创新链布局产业链、以价值增值为导向的产业链延伸机制、以价值创造为核心的创新链培育机制四个方面。

6.1.1 围绕产业链部署创新链

围绕产业链部署创新链的核心在于完善关键核心技术攻坚机制、孵化中试示范推广机制以及科技成果转化高效机制。其中，完善关键核心技术攻坚机制的重点在于驱动产业链向高端持续攀升，健全孵化中试示范推广机制的重点在于加速技术成果的产业化进程，而完善科技成果转化高效机制的重点在于保障产业链可持续发展。

6.1.1.1 完善关键核心技术攻坚机制

创新发展的关键在于推动产业向全球产业链中高端攀升，其核心任务是围绕产业链部署创新链，并打造以产业发展为载体的科技创新体系。在推动创新链布局的过程中，积极攻克关键核心技术是掌握全球科技竞争先机、加快建设科技强国的时代要求。关键核心技术对产业的可持续发展具有至关重要的作用。它不仅对相关领域的科技创新整体态势产生深远影响，同时关乎国家经济安全、国防安全以及其他安全。全球各国都在加大研发投入，对关键核心技术领域进行具有前瞻性的部署，以提升自身的科技竞争力。

（1）完善科技项目"揭榜挂帅""赛马制"攻关机制

为完善关键核心技术攻坚机制，主要从科技项目"揭榜挂帅""赛马制"攻关机制和企业主导的动态联盟机制两个方面进行分析。

一是加大科技难题需求征集力度。聚焦"六新"产业、当地重点产业领域，通过多种方式向企业、高等院校、科研院所等常态化征集发展过程中所面临的科研难点、技术堵点、产业短缺技术、"卡脖子"技术、产业关键共性技术以及成果转化需求等问题，建立揭榜制项目储备库。组织相关技术领域专家或委托第三方专业机构对所征集的技术需求进行充分论证，遴选出影响力大、带动性强、应用面广的关键核心技术研发需求，以及具有广泛应用前景的科技成果转化需求，统筹确定后通过各地平台网站、微信平台等媒体向社会发布。二是优化揭榜攻关方式。鼓励运用公开竞争、赛马竞争等方式进行竞榜攻关，也可采用"点将"方式向优势明显的单位定向发榜，允许"流榜"。支持各地科研人员、各地企业单独或联合相关企业牵头或联合攻关。对于"揭榜挂帅"重大技术攻关项目，针对同一个项目任务，出现多种技术路线可能性、存在多家优势单位同时揭榜（申报）的情况时，鼓励实行"赛马制"，对多个中标单位同时实施平行资助。根据各单位阶段性考核结果，聚焦相关任务重点，优中选优或进行联合推进。三是持续支持科技难题攻关。"揭榜挂帅"项目经费支持额度及支持方式可参照各地科研专项和经费管理办法执行，发榜方出资额度和比重在榜单征集与发布时予以明确，设立单个项目补助额度的最高上限。对于特别重大的"揭榜挂帅"项目采取

"一事一议"的原则确定补助额度；鼓励采用直接补助、后补助等形式，根据项目实施情况，拨付"揭榜挂帅"科研项目补助资金。四是加强项目中期检查和服务。鼓励针对"揭榜挂帅""赛马制"项目，实行首席专家"挂帅"负责制，使首席专家有充分的技术路线和经费自主权；支持实施"里程碑节点"考核制，引入项目立项"军令状"，确认各方责任，根据"赛马制"项目实际进展情况决定是否继续资助；针对"赛马制"项目考核验收通过的，鼓励实施差异化资助，项目成果效益按科技成果转化法律法规及任务书进行分配；对提前完成揭榜任务且成效显著的项目承担单位(团队)提供资金奖励，并授予"揭榜挂帅"杰出贡献奖状；对弄虚作假或骗取资金等违法行为，按照相关规定予以处理。

（2）企业主导的动态联盟机制

本书认为，企业主导的动态联盟机制可从以下三点入手：一是鼓励"链主"企业牵头成立动态联盟。支持行业内龙头企业、"链主"企业等具有较强影响力的企业，牵头组建市场导向型技术创新联盟，发挥引领带头作用，开展产业链协同、项目投资、技术研发等不同领域内的合作，支持"链主"企业、龙头企业等参股入股产业链上下游配套企业，促进全产业链贯通、产供销协同、大中小配套，推动中小企业融入大企业生态圈。鼓励盟主企业积极向联盟成员单位开放市场资源，带动整个产业发展，支持联盟龙头企业与政府携手共同打造完备的产业链条，吸引更多专业化中下游配套企业落户。鼓励联盟成员以项目为引领进行联合技术创新，促进成员间创新要素等资源的共享融合，实现优势互补、资源集成。二是完善动态联盟利益分配机制。支持联盟构建以公平合理、利益共享、多劳多得、风险与利益对等、个体合理、收益分配结构最优等为原则的利益分配机制；支持联盟建立以资源投入、贡献和风险损失为基准的利益分配机制，即按照联盟成员企业为项目所投入的研发设备、流动资金、技术人员等资源，成员企业为保证项目顺利、高效、准时完成所付出的努力以及各联盟组织在项目研究过程中所遭受的各项损失等进行联盟间利益分配。三是建立企业动态联盟风险管理机制。鼓励联盟建立全面风险管理框架，包括风险管理委员会及其下设的小组，通过定期或不定期的评判，对联盟面临的潜在风险进行全面识别和管理预防。支持联盟设立不同阶段的风险管理机制，如风险识别机制、合作伙伴选择机制、目标协同机制以及文化管理机制等。鼓励联盟内部建立责权对等机制、信任机制、协调机制、信息共享与信息流通机制以及合约协议与动态合同机制等全程风险管理机制，以维护联盟的长期稳定和可持续发展。

6.1.1.2 完善孵化中试示范推广机制

中试是实验室技术走向市场的必要环节，也是技术转化为资本的关键，其在很大程度上决定了科技成果是否能够真正投入市场。中试熟化是科技成果成功转化的关键路径，有助于跨越"死亡之谷"。本节具体从提升中试熟化能力和提升中试孵化能力两个方面对孵化中试示范推广机制进行分析。

（1）提升中试熟化能力

中试是科技成果转化的重要环节，是推动科技成果从实验室走向工厂化的关键一步。当前，我国中试服务体系不健全、自主可控能力不强等问题日益突出，难以满足高质量发展的现实需求。为提升中试熟化能力，本书认为可从以下三个方面入手。一是推动中试平台建设。聚焦高新技术等领域，支持企业依托具备条件的工业园区、大中型企业（高新技术企业）、链主企业等建设一批面向社会开放的概念验证、中试熟化、小批量试生产等中试平台，提供新技术、新产品的中试验证和评级功能等，并出台相应政策提供资金支持。支持企业与高校院所围绕当地优势产业、核心产业等领域共建中试平台，利用当地高校院所的科研和资源优势，按需对接，双方共同出资，建设中试平台。支持符合条件企业申报工程中心、企业技术中心，获得相关检测检验平台认证。二是加大中试基地人才培养力度。鼓励中试基地培育专业人才队伍，主要负责中试验证总体方案设计、工艺设计、质量控制、生产运营等相关任务。提升中试熟化能力，实现相关领域高层次人才集聚。构建"科学家＋企业家＋工程师"的中试人才发展模式，注重对工程师团队的培养。三是提供基础设施和中试服务。鼓励企业组建研发团队开展技术攻关，针对重点产业领域的综合性、关键性和共性工程技术，以及其他具有重大应用前景的科研成果进行中试研究和开发；加大对有中试需求单位的支持力度，为存在相关需求的企业、科研单位等提供部分成熟的、配套的中试设备、场地、生产工艺及技术装备等设施，根据具体情况，提供工艺改进、样品试制、数据模拟分析、应用场景试验、临床应用、产品示范等中试服务，帮助企业开发具有高附加值的、接近市场应用的中试产品或新装备，助推产业发展。

（2）提升中试孵化能力

中试孵化能力是构建良好的创业创新生态系统的重要组成部分。通过探索新型孵化模式，提供投融资引入、创业引导等服务，能帮助创新型企业有效地将科技成果转化为具有市场竞争力的产品和服务，推动创新成果向市场输送，促进科技创新与产业发展的深度融合。一是创新孵化模式。鼓励开展"众创空间—孵化器—加速器"全周期孵化链条建设，促进创业孵化向产业链、创新链拓展延伸；鼓励孵化载体积极探索、开发、创新孵化模式，支持发展异地孵化、离岸孵化、飞地孵化等跨区域孵化运营模式，探索共建园区、飞地经济等利益共享模式；鼓励孵化载体加强融通创新、协同发展，积极联合高校、科研院所和骨干企业共建技术创新中心、新型研发机构等科技创新平台，推进产学研深度融合，加快在孵项目的科技成果向现实生产力转化。二是提供多方位孵化服务。支持中试熟化成功项目的社会资本引进，成立初创企业；完善针对中试研发项目成果转化的全链条服务体系，为衍生企业提供多方位孵化服务；发挥高新板（京交所）、创业板的融资平台功能，通过创业引导、上市指导、招股说明等方式，吸引科研人员持股入股、风险投资、私募资金等重点关注，形成对中试熟化项目及其企业的资金支持。

6.1.1.3 完善科技成果转化高效机制

科技成果转化是促进科技与经济紧密结合、推动产业高质量发展的重要手段，同时也是实现创新驱动发展的关键途径。为更好地推动科技成果转化，本章从完善科技成果转移转化平台、支持发展科技型中介组织以及促进科技成果转化的三项机制三个方面展开分析。

（1）完善科技成果转移转化平台

科技成果转移转化平台的建立，既能促进科研成果更快地转化为实际应用，推动创新成果的落地和应用，带动相关产业的发展，又能促进相关产业链的协同发展，形成完整的产业生态系统。一是推进科技成果转移转化平台建设。积极培育一批机制灵活、面向市场的国家技术转移机构，探索可复制、可推广的经验与模式，完善基层承接科技成果转移转化所需的平台和机制。鼓励各省份依托科技创新馆、科技厅等相关部门，打造"政府—产业—学术—研究—应用—金融"六位一体的全国一流科技大市场、国家技术交易中心等科技成果转移转化平台，如浙江科技大市场、宁波科技大市场、"陕西秦创原"，促进科技成果转化和流动。支持各地科技大市场、技术转移协会等组织举办技术合同登记及相关法律法规培训会等，提供基础性公共服务，为企业培训相关创新人员。支持各类省属大型国有企业、私有企业、高校科研院所等进驻科技大市场、创新中心，积极组织企业"联姻"高校和科研院所，开展技术创新、联合攻关、中试等，推动创新成果的就地交易与转化。二是加强科技成果转移转化服务提供。鼓励区域性、行业性技术市场发展，提升技术转移机构的服务功能；支持构建线上与线下相结合的市场化、专业化的国家技术交易网络平台，提供科技成果登记、技术培训、技术转让、技术支持、技术转移指南、技术转移案例、技术转移资讯、技术转移监管等信息和服务；常态化开展科技成果转化项目系列路演活动，充分发挥"小路演、大平台"的载体作用，促进科技成果转移转化。三是加强科技成果转化平台管理。鼓励科技大市场等创新驱动平台建立有效的工作机制、完善的管理制度、动态考评制度和清退淘汰机制，主动融入区域发展创新战略、注重与其他要素的协同配合、探索自身特色工作模式并大力宣传，推行公益与市场并行的模式，朝实体化和市场化运作发展。

（2）支持发展科技型中介组织

科技型中介组织在科技创新生态系统中扮演着重要角色，有助于提升科技产业的竞争力。科技型中介组织能通过技术转移、信息共享、资源整合、人才培养等方式，促进科技成果的传播和应用，推动科技成果的产业化和市场化，提升科技产业的整体竞争力。一是支持科技型中介组织发展。支持第三方科技成果转化与转移机构、技术经理人公司等科技型中介组织的发展，培育线上与线下相结合、市场化的中介服务机构和中介网络平台，通过培育科技成果转化服务人才队伍，为高校和科研院所提供专业的成果转移转化服务。支持各类科技型中介组织创办"创新创业讲习所"等组织机构，对技术需求方资源和技术提供方资金进行整合，高效匹配，支持中介组织不断升级和改进技术服务，为创新创业主体提供相关平台支持及专业培训课程。支持为科技中介组织提供资金补助及奖励，科技型中介组织实现的科技成果转化项目对行业或产业技术进步、经济社会效益和生态环境效益产生有不同程度贡献的，给予相应等级的科研经费补助及奖励。二是推行"技术经理人"服务模式。建立完善技术经理人培养机制，依托各地技术市场协会开展技术转移人才培养，通过开展系列式、浸入式、互动式培训，培养一批具备技术基础、相关法律知识和金融知识的中高级技术经理人。鼓励各地通过多种创新方式吸引外地和海外的技术转移人才和团队，在当地开展技术转移服务业务。加大对技术交易市场和技术经理人协会、技术经理人公司和技术经理人的"1+3"服务体系的支持力度。依托技术经理人的企业技术需求资源和科研成果项目资源开展线上、线下的技术对接活动，聚集技术解决方案、高水平人才等创新资源，建立成果"筛选—孵化—转化"的运行模式。

（3）促进科技成果转化的三项机制

促进科技成果转化的三项机制可从以下三个方面入手。一是优化科技成果转移转化供需融合发展机制。鼓励有条件的高校、科研院所、企业等创新主体建设专业化技术转移服务机构，以产业需求为着力点，推动前沿技术和关键共性技术的成果转化和产业化应用。提升"羚羊"工业互联网等平台的创新资源整合能力，推动研发资源与企业需求精准高效对接，鼓励高校师生、科研人员和团队依托"羚羊"工业互联网等平台，发布科学研究成果，对接企业技术需求。支持各科技成果转移转化平台利用大数据分析、云计算、人工智能等高新技术，进行科技成果匹配，助力科技成果需求有效对接。常态化举办"线上+线下"科技成果转移转化对接系列活动，助力科技成果与需求有效对接，促进科技成果转化落地。二是完善成果转移转化激励机制。首先，细化职务科技成果赋权程序，激发科研人员成果转化的动力。根据不同成果类型和科研人员意愿，赋予科研人员职务科技成果所有权或长期使用权，合理约定权属比例、收益分配、行使规则、费用分担以及专利维持费等。科研人员选择不享有所有权的，或是不宜确权分割的职务科技成果，所有权归单位所有，支持单位给予科研人员 10 年以上的科技成果长期使用权，并给予一定的资金奖励。其次，规范职务科技成果资产管理机制。根据不同的成果转化方式，完善职务科技成果的定价、转让、出资等流程，引导支持潜力成果作价入股，以"追求转化效率和价值最大化"为目标，实现国有资产的高效利用与健康运营。建立成果披露机制，发布赋权范围及负面清单，确保国家安全和公共安全。完善赋权公示程序，职务科技成果由单位与科研人员混合所有的，对权利归属、份额比例、具体权能等进行登记和公示，科研人员享有长期使用权的，明示权利范围、许可期限等，保障交易安全。最后，强化成果转化的应用导向。优化科研评价，强化应用导向，提升成果转化在人才评价、绩效考核、职称评定、岗位聘任等方面的比重，完善技术转移人才评价和职称评定制度。建立对科技成果转化作出重要贡献的人员进行激励的长效机制，如科研人员获得职务科技成果转化奖励不受绩效工资总量限制，不纳入总量基数。三是健全完善科研人员评价考核机制。支持建立以科研人员项目贡献、工作质量、工作绩效为核心的评价导向，激发科技人员积极性，明确学术研究目标和科研目标。在项目评价上，建立健全符合科研活动规律的评价制度，完善自由探索型和任务导向型科技项目分类评价制度，建立非共识科技项目的评价机制。在人才评价上，建立健全技术转移人才评价和职称评定制度，以创新价值、能力、贡献为导向评价人才，畅通技术转移人才发展通道；支持各高等院校探索以市场化方式引进聘用技术转移专业人才，并将其纳入工程序列职称评审范围，根据绩效采取灵活的薪酬制度，形成激励机制；充分运用国家技术转移人才培养基地，积极探索建立人才社会化评价机制和人才分类评价改革。

6.1.2 围绕创新链布局产业链

2016 年，国务院发布的《"十三五"国家科技创新规划》提出了科技创新的总体目标和重点任务，并强调了科技创新对产业发展的关键支撑作用。2012 年，中共中央、国务院印发的《关于深化科技体制改革加快国家创新体系建设的意见》也提出了深化科技体制改革、加强科技创新与产业发展的协同作用，推动科技创新与产业升级的深度融合。围绕创新链布局产业链机制，对加快我国制造业的转型升级、提高经济增长的质量和效益具有重大意义。通过文献梳理和企业调研，提出了一种围绕创新链布局产业链的机制，旨在推动制造业的发展。该机制的建立主要从以下两个方面进行落实：一是完善科技型企业梯次培育机制，包括促进科技型中小企业向服务化方向顺利转型，确保高新技术企业保持技术领先地位，推动"瞪羚""雏鹰"等引领型企业做大做强；二是完善"专精特新"企业梯次培育机制，包括推动创新型中小企业提升能级、提高"专精特新"中小企业市场份额、提升专精特新"小巨人"企业品牌影响力。通过上述两个梯次培育机制的建立和完善，助力制造业实现高质量发展，提升我国产业竞争力和经济发展质量。

6.1.2.1　完善科技型企业梯次培育机制

完善"科技型中小企业—高新技术企业—'瞪羚''雏鹰'等引领性企业"梯次培育体系，是推动科技创新和产业发展的核心措施。这一培育体系的关键在于，根据不同发展阶段企业的特定需求，提供全面且精准的支持和引导，以促进科技型中小企业向服务化方向顺利转型，确保高新技术企业保持技术领先地位，并推动"瞪羚""雏鹰"等引领性企业实现做大做强的目标。

（1）完善科技型中小企业梯次培育机制

孵化科技型中小企业，重点在于推动其向服务化方向转型，实现科技成果的产业化和商业化。具体可从以下四个方面入手。一是构建全链条成果孵化转化体系。鼓励科技型中小企业积极嵌入合作联盟，与其他企业或机构建立紧密的合作关系，共同开展研发、生产和销售等活动；通过政府的财政补贴、税收优惠等政策措施引导企业增加研发投入，提高科技成果转化质量和效率；构建公正、完善的法治环境，激发科技型中小企业的发展活力。二是构建多元化成果转化机制。设立"科技型中小企业科技成果转化奖"，激励企业通过知识产权交易、技术许可、知识产权质押、作价投资等方式，加速科技成果的转化；建立"高校技术转移中心+专业化技术转移机构+技术经理人"的科技成果转化新模式，在这一模式中，高校技术转移中心利用其丰富的科研资源和创新能力为科技成果提供初始的技术验证和成果评估，以确保研发的高质量。而专业化技术转移机构作为高校和市场之间的桥梁，专注于科技成果的市场评估、商业化策略和转化执行，以确保科技成果能够高效地转入市场。技术经理人在这一过程中发挥着关键作用，负责管理科技项目的商业化进程，包括市场推广、客户关系管理以及销售战略的实施，整体提升科技成果的转化速度和质量。这一综合策略将有助于科技型中小企业实现更快速的成长和市场响应。三是健全科技服务支撑体系。精选专业的中介服务机构和创业导师，以政府购买服务的模式，为科技型中小企业提供政策解读、知识产权保护、注册登记、专利申请、市场营销等一站式服务；加强信息资源整合，将各类创新创业资源、企业信息、政策信息等整合到同一个平台上，方便企业查询和使用。四是创新科技服务机制。搭建信息交流共享平台，整合各级政府和部门的创新创业政策；提供技术转移、创业孵化、知识产权保护、法律咨询等服务，帮助企业解决技术创新和产业化过程中的各种问题，提高企业的创新效率和成功率。

（2）完善高新技术企业培育机制

发挥高新技术企业的引领支撑作用，重点在于保持技术领先，抢占技术制高点，推动经济转型升级。具体可从以下六个方面入手：一是建立企业主导的产学研深度融合机制。强化高新技术企业在科技成果转化中的主体地位，推动产学研成果精准对接和产业化机制建立健全，加速高校、科研院所等产生的科技成果在企业中转化并实现产业化。二是推动重大应用场景的示范。联合企业、高校、科研院所等机构，围绕国家重大工程、重大任务设计一揽子重大应用场景，为新技术提供更广阔的应用空间。加强新技术应用的风险评估和管理，确保新技术应用的安全性和可靠性，推动新技术应用的稳步发展。三是推进科技成果评价改革。建立分类评价机制，针对不同类型、不同领域的科技成果，制定科学的评价指标体系和评价方法，以便更好地反映科技成果的实际价值和贡献。在评价中，注重实际应用价值，加强对科技成果实际应用价值的评价，以鼓励科技成果的转化和应用，推动科技创新和经济发展。强化评价的公正性和透明度，建立评审制度和程序，保证评价的公正性和透明度，避免评价过程中的不正之风和权力寻租现象的发生。另外，鼓励创新和原创性，加强对科技成果的创新性和原创性的评价，以鼓励科技人员进行前沿探索和原始性创新，推动科技创新和科技进步。四是提高高新技术企业在科技创新决策中的地位。建立高新技术企业参与国家科技战略决策的常态化机制，为高新技术企业提供更多参与国家科技创新决策的渠道和机会。支持高新技术企业参与国家重大科技项目，助力高新技术企业的技术创新和转型升级，加强高新技术企业在国家科技创新决策中的参与度和影响力，推动其在国家科技创新决策中发挥重要作用和贡献。五是完善决策咨询机制。建立企业家科技创新咨询座谈合议制度，汇聚各方智慧，引导高新技术企业了解国家科技创新战略，提高企业家的科技创新意识和战略思维能力。加强咨询机构的专业化建设和服务水平，为企业提供科学准确的决策咨询服务支持。六是加强科技决策咨询服务机构的建设和支撑。提升科技决策咨询的专业性和精准度，为企业提供高质量的科技咨询服务。加强与国内外优秀科技决策咨询服务机构的合作和交流，引入先进的服务理念和专业方法，提高科技决策咨询服务水平，为科技创新提供有力的支撑。

（3）完善"瞪羚""雏鹰"等引领性企业培育机制

培育"瞪羚""雏鹰"等引领性企业的重点在于使其做大做强，促进科技创新和产业发展的协同效应，可从以下六个方面入手。一是实施重点企业领军计划。在电子信息、先进制造、生物医药等领域，筛选一批成长势头强劲、掌握核心技术、具有巨大发展潜力的"瞪羚""雏鹰"等企业，采取"一企一策"的方式为其提供定制化服务，推动其发展成为具有全球竞争力和知名度的行业领导者。加强与国内外优秀企业的交流合作，引进先进技术和管理经验，推动本土企业的创新升级和转型升级。二是引导和支持建设创新平台。鼓励并引导具有发展潜力的领军企业建设国家或省级实验室、技术创新中心等创新平台，以加大基础研究和应用研究投入，突破关键技术，解决"卡脖子"问题，取得重点领域的领先地位。采取有效措施，提高创新平台的管理水平和运行效率，促进科技创新成果的转化和推广应用。三是创新产业协同机制。推动产业链的整合和协同，促进企业之间的合作和交流，形成优势互补、资源共享的产业生态互动圈。加强政策引导和财政支持，鼓励企业与高校、科研机构等深度合作，共同开展技术创新和产业化研究，提升企业的技术水平和市场竞争力，积极推动产业集群的发展，打造具有区域特色的产业生态系统，提高整个产业的竞争力和可持续发展能力。四是优先纳入负责人挂点企业。将引领性企业优先纳入负责人挂点企业，并依托政企沟通服务中心等机构，及时传达涉企政策，协调解决企业困难和问题。建立负责人挂点企业制度，明确责任和目标，确保各项服务措施落到实处，为企业的健康发展提供有力保障。五是合作创新机制。通过与上下游企业之间的合作，获得更多的市场机会和应用反馈信息。积极推动企业之间的合作和创新，提供政策法规支持、财税支持等措施，鼓励企业不断发展和创新新产品、新工艺，提升企业产品的市场竞争力。加强知识产权保护，建立知识产权交易和转化机制，为企业的合作创新提供良好的环境。六是完善中介服务。中介服务机构在促进引领性企业与高等院校、科研机构之间的合作中发挥着重要作用。完善技术服务、技术评估及信息咨询等方面职能，有效促进中介服务机构的发展和提升服务水平。加强对中介服务机构的监管和管理，确保其合法、合规、诚信运营，为企业的技术创新和产业发展提供有力支持。

6.1.2.2 完善"专精特新"企业梯次培育机制

完善"创新型中小企业—'专精特新'中小企业—专精特新'小巨人'企业"梯次培育体系，是推动科技创新和产业发展的重要举措。关键在于根据不同发展阶段企业的特定需求，提供全面而精准的支持和引导，以推动创新型中小企业提升能级、"专精特新"中小企业提高市场份额、专精特新"小巨人"企业提升品牌影响力，从而带动产业链的升级和发展。

（1）完善创新型中小企业培育机制

创新型中小企业注重企业的创新能力和发展潜力，培育目标是提升其能级，实现从低端产业向中高端产业的转型升级。具体可从以下六个方面展开工作：一是拓展市场开拓机制。通过为企业提供市场调研、营销策略指导等服务，帮助企业更加准确地了解市场需求和竞争态势。组织企业参加国内外展览和贸易洽谈活动，以扩大其市场份额和提高品牌知名度。鼓励企业与大型企业、上下游企业等合作伙伴建立合作计划，拓展业务渠道和市场网络。二是实施人才培养机制。与高等教育机构、职业培训机构等共同建立校企对接机制，培养企业所需的专业人才。通过与高校、科研机构、创新平台的深度合作，拓展合作范围，共同开展产品研发等工作，提高彼此的创新能力。结合企业的实际情况，共同制定具体的人才培养计划和职业发展规划。三是推动产业链升级机制。通过设立技术研发和创新项目，鼓励企业进行新技术和新产品的研发。提供财政资金和技术支持，帮助企业进行设备更新和工艺改进，推动企业向产业链的高端攀升，提高产品附加值。加强与产业界的合作，推动产业链的整合与优化，实现产业的协同发展。四是加强融资机制。设立贷款担保计划、科技创新基金等财政措施，为企业提供足够的资金支持，使其能够进行研发、扩大规模、更新设备等，从而提高生产效率和产品质量。积极引导金融机构创新金融产品和服务，以满足企业的不同融资需求。五是建立专利申请审核机制。为引导企业合理进行专利布局，建立专利申请审核机制。对专利申请进行审核评估，确保专利申请的合理性和有效性，避免不必要的专利申请和浪费。加强专利保护和管理，维护企业的合法权益。六是建立创新激励机制。提供财政支持，激发企业内部的创新动力与创造力，制订一套完善的创新奖励计划，包括创新成果奖、专利奖、新产品开发奖等，以鼓励员工积极提出新的想法和解决方案。设立专项资金，支持员工进行创新活动，并定期组织交流活动，以便员工之间相互学习，共同进步。

（2）完善"专精特新"中小企业培育机制

培育"专精特新"中小企业，重点在于提升其市场份额，推动企业向高质量、高效益、高技术方向发展。具体可从以下六个方面入手：一是构建技术创新体系。将大力支持"专精特新"中小企业采用新技术、新工艺，提高产品创新能力和市场竞争力。通过充分发挥专利和商标审查绿色通道的作用，在技术创新的各个环节为这些企业提供强有力的知识产权保护。积极推动产学研合作，鼓励中小企业与高校、科研院所等开展深度合作，推动创新要素在全球范围内流动和优化配置。二是加强关键技术研发供给。为提高"专精特新"中小企业的技术水平和产品品质，计划建设一批制造业创新中心、工业技术研究中心等公共技术研发平台，重点为这些企业提供关键共性技术的研发供给。改革现有的共性技术研发供给模式，建立"专精特新"企业共性技术需求提取机制，通过深入了解企业的实际需求，为其提供精准的技术支持和服务。三是提升产品性能与市场竞争力。鼓励"专精特新"中小企业将新技术、新工艺应用于产品研发和生产，提高产品的独特性和吸引力，满足市场需求，扩大市场份额。加强市场推广和品牌建设，通过参加展览、举办推介会、开展合作交流等方式，推广"专精特新"企业的产品和技术，提高品牌知名度和市场影响力。四是强化政策与金融支持。为"专精特新"中小企业提供一系列的政策和金融支持。在政策方面，落实税收优惠政策，加大财政资金的支持力度。在金融方面，引导金融机构为这些企业提供贷款融资等金融服务，降低企业成本，提高市场竞争力。五是建立产业联盟与合作平台。推动"专精特新"企业之间的合作和交流，实现资源共享和优势互补，共同推动行业发展和市场拓展。通过建立产业联盟和合作平台，促进企业间的深度合作，实现互利共赢。六是严格"专精特新"企业筛选标准。建立完善的"专精特新"企业培育库，对具有"专精特新"特性的中小企业进行动态监测，了解其成长情况。按照行业、地区、创新能力等不同维度进行分类，以便更有针对性地进行培育。根据企业成长数据自动化遴选种子企业、重点培育企业，构建优胜劣汰机制。对于长期未能达到培育目标、发展前景不佳的中小企业，将采取一定的淘汰措施，确保资源的高效利用。

（3）完善专精特新"小巨人"企业培育机制

培育专精特新"小巨人"企业，重点在于提升其品牌影响力，可从以下三个方面入手：一是建立核心竞争力强化机制。推动实施专精特新"小巨人"品牌发展战略，建立并不断完善质量管理体系，增强企业产品质量管控和品牌培育及创建能力。制定与品牌发展战略相关的绩效评估指标，定期评估和考核企业品牌建设成果，及时发现并解决问题，确保品牌发展战略的有效实施。扩大强企增效工作对专精特新"小巨人"企业的覆盖范围，邀请行业专家组成团队，深入企业进行现场指导，帮助企业查找管理和技术上的不足，提出改进建议，增强企业内生竞争力。引导专精特新"小巨人"企业积极参与媒体集中宣传等活动，通过政府牵线搭桥，采取"打包"方式与媒体合作，开展"专精特新"示范企业专题宣传推介活动，探索提升品牌知名度和影响力。引导专精特新"小巨人"企业建立健全内部管理机制，推广同行业领先企业的管理体系，并采用先进的管理理念、系统和方法，以建立精细且全面的管理制度，从而提高产品的性能、稳定性以及质量一致性，进而提升核心竞争力。二是建立政企良性互动机制。积极助力企业开辟海外市场，鼓励专精特新"小巨人"企业抱团出海。结合"一带一路"倡议等，支持和鼓励具有竞争优势的专精特新"小巨人"联合制造、金融、信息通信等领域企业率先"走出去"，通过海外并购、联合经营、设立分支机构等方式，相互借力，共同开拓国际市场，推进国际产能合作，构建跨境产业链体系，增强全球竞争力，推动专精特新"小巨人"企业全球化发展。通过扩大专精特新"小巨人"品牌影响力，积极引导企业走向国际市场，为企业开拓海外市场创造更多商机。引导企业及时调整出口市场的格局和方向，为专精特新"小巨人"企业提供国际市场分析和趋势预测，帮助企业了解目标市场的具体需求、竞争格局和消费者偏好等。通过探索产业链和价值链中的空白，寻找新的市场机会和商业模式，通过填补产业链中的空白，实现产业链的升级和优化。加强与国际组织和企业的合作和交流，共同探讨海外市场的发展趋势和竞争格局，分享成功经验和案例，助力企业更好地开拓海外市场。积极推广专精特新"小巨人"企业的品牌形象，为企业开拓海外市场提供更多的支持和帮助。引导地方政府认识"专精特新"企业参与政府采购的社会经济效益，打造政企良性互动局面，为企业开拓市场创造商机。通过扩大专精特新"小巨人"品牌影响力，引导更多的企业了解和认可该品牌，提高企业在市场上的竞争力和影响力，推动企业更好地发展壮大。三是构建创新生态机制。协同整合专精特新"小巨人"企业所需的专业技术、高端人才、流动资本等创新资源，通过打造链式创新共同体，实现资源共享和优势互补。支持"链主"企业以技术协同攻关、资本投资、创业孵化等方式，支持上下游企业进行定制研发和创新，形成以"链主"企业为核心的科技创新集群。利用互联网的便利性，扩大创新"朋友圈"，与全球范围内的创新企业、研究机构、高等教育机构等建立合作关系，共同开展创新项目。构建基于互联网的共享制造平台和协同创新平台，以技术需求、数据共享为纽带吸引全球高端创新资源在平台上聚集，实现专精特新"小巨人"企业与其他企业的创新协同、制造协同和资源协同，提高整个产业链的创新能力和竞争力，推动产业升级和发展。

6.1.3 以价值增值为导向的产业链延伸机制

面对当前错综复杂的外部环境和不断上涨的原材料市场价格，为确保我国产业链免受持续冲击并推动产业的升级改造，应当注重不断拓展产业链，提高产品的附加值，以增强发展的主动权。产业链延伸涵盖三个方面：价值链的重塑、产业组织结构的优化以及空间布局的调整。具体而言，首先，需要明确价值链定位，加强专业分工，推动价值链嵌入和战略环节发展，形成新的价值增长点；其次，需要优化上下游分工制度安排，塑造市场势力，实现上下游协同与联动发展；最后，需要优化产业链上下游区域布局，实现区域比较优势的组合，以增强区域制造业的转型升级能力。由此，可从"强链""补链""延链"三个角度出发，构建以价值增值为核心的产业链延伸机制。

6.1.3.1 实施"强链"工程

为实现制造业高质量发展，需以增强产业链韧性为抓手，设计一系列强链机制建设，为制造业迈向价值链中高端筑基赋能，从而实现价值链的攀升。具体从增强产业链韧性、打造数字产业链、有序发展新兴产业三个方面落实"强链"。

（1）增强产业链韧性

增强产业链韧性是当前我国制造业发展的关键任务之一，可从以下三个方面入手：一是全面优化我国制造业产业链产业布局。鼓励构建点线面高效组合的产业空间布局体系。从横向经济带和城市群、都市圈等重点区域出发，推进以扩大内需为导向的跨区域产业联动机制，优化重大生产力布局体系。着力构建纵横结合、多点支撑的制造业产业链布局体系，鼓励规划建设纵深拓展、产业梯度转移、横向多层次合作的经济带，构建以城市群和都市圈为依托的开放型区域产业协作机制。积极打造产业布局的市场化机制，从产业园区入手完善产业布局方面的市场化机制，形成多元形式的跨区域产业合作机制。鼓励强化园区整合，构建不同园区之间政策、空间的利益共享机制。二是全面融入世界产业链体系。鼓励建立制造业全球产业发展协调机制，完善相关政策支持机制，优化配套环境与监管机制。鼓励对接国际高标准经贸规则，积极扩大基于规则的区域贸易和投资谈判，主导建立区域贸易和投资新标准以及执行新标准所需机制。鼓励融入以欧洲和北美企业为主的产业链体制机制，完善与欧洲和北美制造业产业链二龙头企业、头部企业的合作发展机制。三是构建具有全球竞争力的企业群体引育机制。鼓励瞄准产业链关键环节与核心技术，实施高端并购、强强联合等多种形式的产业合作模式，建立龙头骨干企业引育机制，鼓励完善产业链"四图五清单"机制，引导实施产业链图、应用领域图、区域分布图、技术路线图等"四图"作业，绘制重点产业链企业清单、政策清单、问题清单、集群清单、项目清单"五清单"。鼓励"专精特新""单项冠军"和"隐形冠军"企业卡位入链，形成密切协作、一体联动的产业链协同机制。鼓励"链主"企业进行定向采购、服务外包、提供应用场景和提供实验场所等发展机制，建立以"链主"企业为核心，专精特新、单项冠军与隐形冠军企业共同参与的产业链治理机制。优化产业链上中下游企业风险共担、利益共享的协同发展机制。

（2）打造数字产业链

打造数字产业链的策略需要进行多方面的探索和实践，可从以下两个方面入手：一是健全核心数字技术自主创新能力机制建设。完善关键核心技术的攻关新型举国体制机制，加大自主创新力度，鼓励在数字技术领域取得更多原创性的突破。要重视国际产业发展前沿，及时引进吸收国际先进理论知识与管理经验，并加强与全球顶尖科研机构的深度合作，构建高效精准的激励机制。针对数字产业的发展需求，完善相关法律法规，明确奖励评判标准，并科学评估奖励等级。引导本土企业、特别是具有尖端技术优势的本土国际企业在全球市场上进行兼并重组。二是推动数字产业协同发展机制建设。要紧盯前沿领域，定向支持培育高科技产业。针对5G技术、工业机器人、高端芯片等高端技术领域，鼓励培育一批具有良好成长性的企业，并设立专项资金进行定向支持，通过科学标准化评比推动其发展壮大。鼓励成立专业智库，为数字产品生产提供科学指导机制。通过专业智库的指导和支持,可以更好地推动数字产业的发展,提高数字产品的质量和竞争力。

（3）有序发展新兴产业

在新兴产业的有序发展方面,积极鼓励前瞻性布局,着力推动未来产业的发展。要聚焦高端软件和前沿信息技术、新材料、智能制造等领域,制定新兴产业技术发展指南和技术路线图,为新兴产业的快速发展提供有力支撑。首先,在基础研发阶段,通过实施一批国家重大科技项目等方式,为新兴产业提供强有力的支持。通过政府采购、财政投入、税收优惠等政策工具,建立激励机制,鼓励企业和科研机构加大研发投入。其次,在项目早期试验性开发阶段,鼓励建立产业引导基金体制机制。通过加大对新兴产业的扶持力度,充分发挥政府资金的引导作用,吸引更多的社会资本参与,为新兴产业的试验及开发提供强有力的资金保障。再次,在产业化阶段,加大对产业孵化加速平台建设机制的支持。鼓励企业加大技术创新力度,提高产品附加值和核心竞争力,引导金融机构加大对新兴产业的支持力度。引入市场化风险投资等机制,为新兴产业的企业提供更全面的资金支持。最后,在大规模商业化应用阶段,完善新兴产业重点领域市场机制。鼓励新兴产业企业积极培育和拓展国外市场。通过合作开发、出口贴息贷款、共建基地等举措,为新兴产业企业提供更加广阔的发展空间和商机。

6.1.3.2　实施"补链"工程

在新发展格局下,为稳固我国产业链基础,需要以提升产业链水平为抓手,夯实产业根基、补短板、锻长板,推进产业基础高级化、产业链现代化机制建设,实施"补链"举措,完善价值链条,实现价值攀升。具体从强化产业基础建设、实施靶向招商举措两个方面落实"补链"。

（1）强化产业基础建设

为进一步提升我国产业的竞争力和可持续发展能力,需要强化产业基础建设,可从以下四个方面入手。一是鼓励推进产业基础"补短板"行动。鼓励加快核心技术攻关,强化基础研究,对于明确的技术路线所对应的产业链短板环节,集中高校、科研院所、产业链上下游企业等各方面优势科技资源,加快突破基础原理、产业底层技术与生产过程中的技术工艺。完善"首台套"（首批次、首版次）科研奖励、保险补偿等机制,加快本土原创产品的实际应用机制,鼓励完善对国产化产品大规模生产的市场支撑机制。二是鼓励加快产业基础"锻长板"行动。通过创新产业组织模式,形成利益共享、上下游协同的生产运营模式,培育更多的冠军企业、领军企业,构建技术研发联盟,提升产业链的协同能力和整体竞争力。三是鼓励推进面上技术和产品全面提升,引领制造业产业基础整体从中低端向中高端转型升级。鼓励组织重点产业和"链主"企业,梳理发布制造业关键共性技术(产品)目录,引导创新资源向企业技术需求和技术创新关键材料、关键环节、关键设备等方面聚集。鼓励培育知识产权密集型产业,聚焦制造业关键核心技术开展专利导航,构筑从专利到产品、从产品到产业的快速转化机制。四是鼓励围绕产业链现代化推进产业基础高级化。引导开展制造业强基工程行动,完善"一链一方案"的标志性产业链建设机制,实施产业链协同创新项目。鼓励完善优势产业链培育机制,实施产业链递进培育工程,构建产业强链补链专班机制。鼓励在企业、产业、生态三个方面的关键领域打造结构合理、协调发展、动能持续的制造业体制机制。鼓励对标世界级产业集群,加快布局和推进重点产业集群建设。

(2)实施靶向招商举措

鼓励采用"招大商、选优商、引好商"举措,引进全球创新资源和高端项目,占领价值链高端环节,可从以下五方面入手:一是建立招商引资目标库。针对性地编制产业招商项目,更新升级招商项目库,完善招商画册等宣传资料。积极收集和掌握企业发展战略和投资意向,结合本地实际,筛选可能落户的企业,建立重点招引企业名录,量身定制"打靶"方案。二是利用优势吸引人才。鼓励发挥现有企业、商会、校友会等渠道与平台优势开展"以商招商"活动,引培高水平专业招商引资人才,构建招商引资专业培育机制。健全招商引资队伍建设机制,鼓励制订针对性培训计划,全面提升招商引资队伍综合实力。三是改进招商引资模式。不断创新和丰富招商引培机制建设,采用委托招商、网络招商及以商招商等方式,提高招商引资的精准性和效率。成立以主要领导为首的招商引资工作系列专班,建立完善"招商统筹、行业负责、专业把关"的工作机制,形成全方位服务招商引资、项目建设的培育机制。四是鼓励重视目标企业、重点招商引资区域。重点关注主导产业及产业链的关键环节企业,鼓励打造具有区域特色的产业招商布局体系。结合当地的地标产业链和特色优势产业链,绘制产业链上下游关键环节的"图谱",建立定向招引配套企业的专项机制,确保招商引资与企业需求的精准匹配。五是建立健全地方政府招商引资的绩效考评和约束机制。建立招商引资实际效益的绩效考评体系,完善招商引资的约束机制,引导招商引资工作过程中的科学性与民主性,还要保证招商引资的制度化和规范化,确保招商引资工作的可持续性和长期发展效益。

6.1.3.3 实施"延链"工程

为培育高质量发展新动力源,提升制造业发展质量,实现产业结构升级,当下亟待加快先进制造业与现代服务业深度融合机制的建设,提升制造业产业链整体质量水平。具体从打造服务型制造体系、培育服务产业链两个方面落实"延链"。

（1）打造服务型制造体系

服务型制造体系的发展需要多方面的配合和努力，可从以下三个方面入手：一是健全服务型制造要素协同机制。健全要素联动机制，建立起跨部门协作联动机制，鼓励科技、金融政策衔接产业发展，培育服务型制造新业态。建立科研院所、金融机构、人才平台等组织，精准制定要素协同发展机制，鼓励建立适应服务型制造需求的要素投入机制。完善财政金融、人才支撑、创新载体、科技服务等方面的激励机制，建立相应容错机制。二是完善服务型制造业协同发展机制。鼓励立足现有优势产业，延伸产业链条，引导生产环节分别向前后端高附加值部分延伸。鼓励完善生产性服务业的开放发展机制，构建符合国际发展水平的行业标准体系，打造独具特色的行业竞争体系。鼓励依托现有加工制造业，利用国际资源扩大生产性服务业规模、优化产业结构，完善与加工制造业的协同发展机制。三是完善市场化收益共享和风险共担机制。鼓励制造业企业采购智能软硬件及相关设备，对生产、营销体系进行服务化改造升级，提升服务能力和水平。建立服务型制造项目库，积极对接国家财政扶持政策，加大专项资金对制造业企业具体的服务化改造升级项目、服务型制造创新发展项目的支持力度。鼓励各地结合实际，加大对骨干企业培育力度，建设服务型制造产业集聚区。鼓励完善省级服务型制造智库建设，发挥其在理论研究、形势研判、规划引领等方面的专业水平。鼓励形成以龙头骨干企业为引领、行业协会为支撑的跨行业、跨领域的服务型制造产业发展联盟。

（2）培育服务产业链

为推动制造业的高质量发展，提升产业链整体质量水平，需要加快打造服务型制造体系，可从四个方面入手：一是构建生产性服务链与产业链跨区域协同机制，鼓励制造业和现代服务业协同集聚发展，充分释放我国大城市在人才、资本、金融、创新等资源方面的优势，促进制造业集群与现代服务业集群的深度融合。通过优化生产性服务链，提升产业链水平，实现产业链与服务链的精准对接，打造以产业链为基础、服务链为引领的产业升级版。二是构建新一代信息技术推动制造业与服务业发展的专业化服务机制，鼓励制造业与生产性服务业的深度融合，培育制造业延伸生产性服务业的特色产业集群。加快制造服务业载体建设，培育一批制造服务业骨干企业和产业集群，完善专业化、社会化、综合性的服务机制。通过应用新技术、新业态、新模式，改造传统制造业和服务业，培育覆盖全周期、全要素的高新技术服务产业链条。三是健全完善技术服务产业链建设推进机制。推动各项技术协同联动、高效配合，共同促进技术服务产业链式发展。通过建立和完善技术服务产业链的推进机制，确保顺利打造技术服务产业链。四是建立健全产业链服务融合发展机制。鼓励打造重点服务产业链，引进、培育"链主"企业和龙头骨干企业，以打造一批细分领域的优势特色服务产业集群。鼓励建立线上线下常态化的对接机制，完善惠企长效机制，确保服务型制造体系的健康和可持续发展。

6.1.4 以价值创造为核心的创新链培育机制

在当前复杂多变的国际环境下，全球产业链和价值链的重构已成为必然趋势。我国为应对这一形势，提出了构建新发展格局以实现高质量发展的目的。在此背景下，这对围绕产业链部署创新链具有重要意义，它是推动我国制造业向全球价值链中高端迈进的必由之路。通过培育创新链，可以有效应对外部风险的冲击，降低制造业关键核心技术所面临的"卡脖子"风险，提升国内制造业企业的价值创造能力，进而推动整个制造业实现高质量发展。因此，从"扩链'与"谋链"两个方面出发，探索构建以价值创造为核心的创新链培育机制。

6.1.4.1 实施"扩链"工程

在新发展格局下，为实现制造业高质量发展目标，需以改革创新为根本动力，以提升产业链水平为抓手，大力固根基、扬优势、锻长板、补短板，全力推进产业结构优化升级、融合发展，积极培育创新链，通过实施"扩链"创造更多新价值。具体可从大中小企业融通、培育发展新模式新业态两个方面落实"扩链"。

（1）促进大中小企业融通创新，推动企业扩链扩群

释放大企业创新活力、激发中小企业创新潜力有助于推动制造业企业扩链扩群，实现更多价值创造和增值。一是发挥大企业的带动机制。鼓励大型龙头企业充分发挥其在产业链治理、产业园区建设、创新生态体系构建等方面的引领带动作用，不断提高企业自身实力和竞争优势。通过部门联动、上下游推动、市场带动等方式，深化企业间技术、产品及市场关联，积极引导中小企业融入大企业产业链，加入其主导的创新生态体系，提高中小企业对大企业的配套支持能力，促进大中小企业集群做强做优做大。二是建立资源共享机制。积极引导大企业向中小企业开放技术、人才、设备等各类创新资源要素，为中小企业提供技术支持和孵化服务，有助于其提高创新水平。大企业可在产业园区内建立专门的创新孵化中心，吸引更多上下游中小企业加入，为其提供研发、生产、销售等全方位的支持和服务，实现企业间资源共享和优势互补，进而形成协同发展优势，产生更多的经济效益。三是推进企业融通创新合作机制。支持大中小企业创新联合体建设，着力构建产业创新合作平台、双创服务平台、企业数字化服务平台等载体，通过平台连接各行业、各领域的企业，形成创新、协调、绿色、开放、共享的生态圈，并鼓励大中小企业依据自身优势建立创新合作关系，共同研发新技术、新产品，最终实现互利共赢。

（2）培育发展新模式新业态，创新跨行业融合发展模式

移动互联、云计算、大数据、人工智能、区块链等新一代信息技术的兴起，为制造业转型升级和产业融合发展提供了机遇。深化"两化"（信息化和工业化）的融合程度，大力培育发展新模式新业态，创新跨行业融合发展模式，对实现我国制造业高质量发展具有重要意义。一是加快制造业的数智化、网络化发展。以标准为指引，建立和完善"两化"融合标准体系并推广实施，使新一代信息技术在制造业中得到广泛应用和推广。引导制造业企业整合数字化研发、智能化制造、网络化销售等环节，深度挖掘用户多元化需求，创新服务营销模式，推动产业链向后端延伸、价值链向高端发展。二是培育多层次工业互联网平台体系。通过实施工业互联网创新发展工程，培育跨行业、跨领域的综合性平台以及特色型和专业化平台，推动传统流水线生产方式向网络化制造方式转变，实现供应链向供应网络的转型升级。三是促进产业跨界融合发展。鼓励先进制造业与生产性服务业跨行业融合，培育工业电子商务、大规模个性化定制、共享制造、云制造等新模式和新业态，赋予制造业新的价值增长动力，推动产业创新发展。

6.1.4.2　实施"谋链"工程

在双循环新发展格局背景下，为实现我国制造业高质量发展，需要做好"谋链"工作，即从产业链全局出发，制定科学的发展战略并提前谋划产业布局，在未来的产业竞争中占据制高点，具体可从新兴产业培育和未来产业规划两个方面落实"谋链"。

（1）加快推进新兴产业培育，形成核心竞争力

加快培育发展战略性新兴产业，促进产业核心竞争力的形成，是我国经济提质增效升级、迈向中高端水平的必经之路。具体可从以下四个方面入手：一是设立新兴产业专项资金，大力支持各地区建设国家重点实验室、国家工程研究中心等国家级创新载体，加强对重大产业协同创新攻关项目的专项资金扶持和经费保障，努力攻克新兴产业发展的瓶颈和薄弱环节。二是加大新兴产业高端人才培养和引进力度，通过改革人才激励机制和评价制度，形成产业内公平、开放、人尽其才的灵活用人机制，培育一批掌握国际前沿核心技术、具有较强创新能力的尖端人才，从而增强对新兴产业发展的智力支持。三是构建并完善新兴产业发展支撑平台，将平台打造成为新兴产业培育发展的"加速器"。通过平台汇聚各类创新主体和创新资源，聚合产业发展能量，不断助推新兴产业的培育发展，有助于实现产业与技术、资本等要素的快速有效对接，提高新兴产业的发展效率，进一步增强产业核心竞争力。四是加大政策引导力度，根据新兴产业发展的不同阶段和发展程度，综合利用税收优惠、贴息贷款、政府

代购、出口补助等政策手段，加大对新兴产业发展的支持力度，有助于建立完善多层次、多角度、全方位的新兴产业政策支撑体系，为新兴产业的快速发展提供有力保障。

（2）超前规划未来产业发展，激发产业新活力

面对全球产业链和价值链的重构，具有颠覆性和高成长性的未来新兴产业对于我国在全球产业链、价值链格局重组后占据主导地位具有关键性影响。超前规划未来产业发展，将有利于培育我国经济新增长点，激发产业创新活力，形成发展新动能。推动未来产业的快速发展，可从以下五个方面入手：一是强化基础研究，瞄准未来产业关键核心技术。加强基础研究统筹布局，鼓励引导未来产业重点企业与高校、科研院所等机构建立合作关系，瞄准未来产业发展需要解决的关键核心技术难题，发挥各级各类创新平台的技术研发载体作用，合力推动未来产业重大技术突破与革新。二是打造孵化平台，加速未来产业创新成果转化和应用。围绕未来产业重点领域，建设创业苗圃、孵化器、加速器等各类产业众创空间和孵化平台，全方位、多角度地为未来产业相关企业提供综合化服务，促进企业科技成果转化和推广应用，形成"创业苗圃+孵化器+加速器"的全产业链培育模式。三是健全人才培育体系，创优人才使用生态。通过深化校企合作、建设工程实践教育中心等措施，加快培养满足未来产业不同层次发展需求的专业技术人才。依托未来产业重点领域的各类创新平台，积极争取重大工程项目，为高层次人才和创新团队提供良好的发展空间和环境。对于未来产业领军和创新团队，需要健全人才跟踪培养体系，保障引进人才待遇，提高人才服务质量，完善相关激励奖评制度。四是加大金融资本扶持，促进未来产业培育。一方面，设立未来产业投资基金，重点支持未来产业企业培育、关键共性技术攻关、基地平台建设等行动，积极吸引产业资本、金融资本、社会资本加入，支持未来产业培育和发展壮大；另一方面，针对未来产业发展构建多层次、全方位的科技金融综合服务体系，推动实现未来产业企业与金融资源有效对接，破解未来产业企业融资难题。五是完善顶层设计，打造未来产业发展生态。积极引导企业参与制定未来产业发展政策，科学编制未来产业发展规划，逐步形成完善的未来产业政策支持体系，大力推进未来产业集聚发展，以重大创新项目为牵引，促进要素集聚和产业配套，推动形成"龙头企业+配套企业+高校""研发机构+基地园区承载+金融支持+市场推广+政策扶持"的未来产业发展生态。

6.2 "三链"双循环下我国制造业 高质量发展的治理机制

在"三链"双循环下,我国制造业高质量发展的治理机制的建设重点包括产业安全预警机制、国内价值链与区域价值链互联机制两个方面。其中,产业安全预警机制是保障我国制造业高质量发展的关键构成,建立健全产业安全预警机制有助于提前发现并及时化潜在风险,防范国际贸易纠纷,提升产业韧性,优化产业结构,提升产业整体运行质量;而构建国内价值链与区域价值链的互联机制不仅是我国制造业融入全球价值链、推动制造业向价值链高端攀升的必然选择,还是推动国内各区域协调发展、提升我国制造业整体竞争力的关键举措。

6.2.1 产业安全预警机制

习近平总书记指出:"我们越来越深刻地认识到,安全是发展的前提,发展是安全的保障。"党的十九届六中全会通过的《中共中央关于党的百年奋斗重大成就和历史经验的决议》反复提及并强调统筹发展和安全问题。进入新发展阶段,全球新科技革命和产业变革的日新月异、世界经济格局和政治格局的深刻变化、突发性自然灾害等均对我国产业链安全提出了严峻挑战,必须以"事前应急—事中回应—事后修复"为内核,优先部署事前预防和预警机制,主动规避在产业发展中面临的各种风险和挑战,提升产业发展韧性;着力构建事中积极反馈、主动应对机制,将外部突发性冲击带来的各类损失降至较低水平;稳步健全事后修复和动态调整机制,研究并出台一系列改进政策举措,提升产业柔性与韧性并推动产业协同融合发展。因此,构建并完善产业安全预警机制已成为保障、维护、推动我国制造业高质量发展的重要举措。通过梳理现有文献和企业调研,认为构建制造业产业安全预警机制的重点主要包括以下三个方面。

6.2.1.1 构建产业安全动态监测机制

坚持将提前预测作为产业安全预警有效运行、把握产业安全预警主动权的重要方式。由国家相关部门牵头,加大对重点产业基础性、竞争性、自主性、成长性等关键指标的监测,发现产业运行风险隐患的,需实时列示预警信息。加快构建全国范围内的产业安全预警机制,逐步建立"出口受限目录信息库",依据产业信息分类系统、产业信息收集系统、数据信息分析系统及预警信息通报系统,形成产业安全动态监测机制,实现产业安全维护的动态化和前置化。根据发生威胁产业安全事件的概率及后果严重程度，对产业安全预警等级实施"分级"，并通过逐级上报形式实现预警信息传递。如将产业安全预警等级由强到弱分为 A级、B 级、C 级、D 级、E 级，国家相关部门主要负责监测 A 级、B 级事件；地方政府负责监测 A 级、B 级、C 级事件；各地企业负责监测 A 级、B 级、C 级、D 级、E 级。重点加强波及范围广、影响程度深等对产业安全威胁程度高、预警级别高的产业环节和关键流程的监测工作。完善和强化信息互通平台功能，广泛收集宏观经济数据和信息，超前研判工业经济运行规律和演进态势，重点聚焦"超前""准确""动态"方面，提高预测水平。预警信息平台建设的重点包括预警数据报送平台、预警信息定制与发布平台、预警数据挖掘分析平台等，推动中央政府的产业安全预警体系与地方政府产业主管部门、行业协会等的资源共享和优势互补。立足"谁主管谁负责、谁运行谁负责、谁使用谁负责"原则，主动构建基于新一代信息技术的安全感知、监测、预警、处置及评估体系，增强产业安全动态防控能力。

6.2.1.2　完善产业安全预警诊断机制

预警系统能够发挥作用其中一项关键工作便是指标预警界限的确定，依照已建立起来的动态监测机制对产业的安全风险系数进行分级诊断，在准确诊断基础上，针对不同警戒状态制定分级应急处理措施与应对策略。具体而言，将产业安全预警程度划分为正常、关注、警惕、预案、启动 5 个等级，安全预警水平依次提升。一为正常：体现为各产业进出口值基本保持在既有水平，出口量呈现低速增长或是正常范围的下降，没有充足证据表明对外贸易出现异常波动，可不发警报，保持持续监测。国家相关部门提出监测产品目录，监测指标、监测产业、专家成员的调整建议；各地方政府督促监测企业按要求报送数据，收集整理企业和产业的相关数据；各行业协会定期计算产业损害预警指数，撰写行业动态信息和分析评估报告。二为关注：体现为尽管各产业仍可按照既有数量、价格安排出口，但存在一些影响出口贸易的不利因素，如贸易保护主义等政治因素、经济衰退等经济因素，应轻度警报，增加监测力度。地方行业协会对于数据显示存在异常波动的行业，需给予重点关注，缩短关注行业的数据定期报送周期。对受关注行业建立联络员制度，受关注行业应确定专人负责，主动向预警监测部门定期提供有关监测数据，且保证数据的真实性和完整性。三为警惕：表现为发生针对中国某一行业或企业的特殊事件，使其发展感受到明显的阻力，并出现企业或协会要求产业保护的呼吁。应发出中度警报，强化管控力度。适时地召开座谈会、研讨会或研究报告发布会等会议，将国际政治经济局势、进出口贸易政策变动、产业竞争的全球化信息以及相关预警动态数据及时反馈给相关产业和企业。四为预案：反映为出现某些企业或行业协会提出对政府的调查请求，政府相关部门经过调查发出产业安全的高度警报，并实施相应的应对措施。由政府常设机构负责预案编制、应急体系设计，资源统筹协调等工作，在正式调查工作开始后，政府有关部门进行产业安全的检测和评估，鼓励企业积极参与，并积极协助被调查的产业或企业组织作出回应。五为启动：体现为当采取的其他措施仍不能阻止对某行业的贸易调查后，发出重度警报，启动危机应对预案，政府、协会和企业积极应对贸易方的"两反一保"调查。包括组织召开产业应急预案启动会议，部署产业应急预案的各项措施，各地方政府制定"揭榜挂帅"政策，实施符合当地政策的重点集群产业链"链长制"，各省份制造业产业集群及省级重点产业链设链长1名，由省级领导担任。每条产业链设置若干链长责任单位，由省直相关单位具体担任；设立若干盟会长单位，由某产业链具有重要影响的企业、行业协会、商会、产业联盟等担任，通过"链长制"主动化解威胁我国产业安全的重大问题。

6.2.1.3 健全产业安全预警评估机制

产业安全预警系统的一项重要内容就是选择和构建一套能够全面、动态、及时反映产业发展状况和趋势的指标体系。主要从产业的基础性、竞争性、自主性和成长性四个一级指标来评估产业的安全风险。其中，产业基础性可以进一步细分为产业关联和产业基础设施供给2项二级指标，产业竞争性指标可分解为国内竞争力、国际贸易竞争力2项二级指标，产业自主性指标具体可细分为技术控制力、股权控制力、进口依存度、出口依存度4项二级指标，产业成长性指标可分解为创新能力、产业规模两项二级指标。基于上述论述，设计如下产业安全预警评估指标，具体如表6-1所示。

表6-1 产业安全预警评估指标

	一级指标	二级指标	指标测量方法
产业安全预警评估指标	产业基础性	产业关联	产业链纵向影响力系数 产业链横向感知度系数
		产业基础设施供给	产业固定资产投资比重
	产业竞争性	国内竞争力	国内市场占有率
		国际贸易竞争力	产业贸易竞争力指数（TC指数）
	产业自主性	技术控制力	外资控股企业专利数占该产业总专利数比重
		股权控制力	外资控股企业产值/国内产业总产值
		进口依存度	进口总额/产业国内生产总值
		出口依存度	出口总额/产业国内生产总值
	产业成长性	创新能力	研发费用占销售收入比重
		产业规模	产业国内生产总值比重

根据上述指标体系，首先，对重点产业链及产业链上的关键环节进行全面系统梳理和定量分析，通过构建重点产业链的大数据分析图谱对其可能产生的风险点进行动态追踪和主动研判，识别产业链运行的薄弱环节和潜在风险隐患，并主动探索弥合和补救策略；其次，利用产业安全预警指标体系指导未来的产业预警监测及产业链健康发展工作，为科学制定产业发展政策提供决策依据；最后，结合具体指标对比分析不同国家及地区的产业链发展水平，明确某一产业链在全球产业链中的位置和作用，以进一步"锻长补短"，为持续维护产业链安全稳定发展奠定基础。

6.2.2 国内价值链与区域价值链互联机制

国内价值链与区域价值链互联机制是构建我国新发展格局的重要组成部分，具体包括区域内产业发展壮大机制、区域间产业协同联动机制以及国内价值链与全球范围区域价值链延伸拓展机制。其中，区域内产业发展壮大机制着重强调通过优化区域内的产业结构、合理配置资源以及提升产业集聚度和关联度促进产业的良性发展和壮大；区域间产业协同联动机制则重点强调通过加强不同区域间的产业合作，实现产业优势互补和协同发展，进而推动形成跨区域的产业分工和价值协作网络。最后，国内价值链与全球范围区域价值链延伸拓展机制则着眼于加强与全球范围内其他区域的价值链互动与合作，促进我国制造业向高端攀升和国际化发展。

6.2.2.1 建立区域内产业发展壮大机制

实现区域内产业的繁荣发展，需要依赖产业集群的推动。作为现代产业发展的重要组织形式，产业集群在汇聚生产要素、优化资源配置、营造产业生态环境等方面起着至关重要的作用，已成为推动我国区域经济发展的重要引擎。《中华人民共和国国民经济和社会发展第十四个五年规划和2035年远景目标纲要》明确提出要培育先进制造业集群，深入推进国家战略性新兴产业集群发展工程。因此，推动制造业的集群化发展不仅是提升区域竞争力的必然要求，也是实现制造强国建设的必经之路。具体可从以下四个方面建立区域内产业发展壮大机制：一是科学制定区域产业集群发展规划。各区域需因地制宜，立足本地区的资源优势和区位优势，聘请专业设计单位和专家团队高起点、高标准、高质量编制区域产业集群发展规划，科学定位产业发展方向，对产业进行合理布局，注重突出本地区的产业特色，形成优势互补、相互支撑、相互错位的产业发展格局。强化政策扶持对产业集群发展的重要作用，一方面，鼓励各地区加大优惠政策倾斜力度，对产业集群发展项目给予税收减免、贷款贴息、融资担保、土地租金减免、项目投资奖补等各项政策优惠；另一方面，推动各地区设立产业集群发展专项基金，鼓励和引导民间资本进入产业集群发展项目计划，助力各区域产业集聚发展壮大。二是加快推动区域产业平台和园区建设。区域产业集群化发展离不开各类平台和园区两大重要支撑载体。一方面，各地区要加大对产业发展平台建设的扶持力度，完善相关平台建设推进机制，加快构建工业互联网平台、政策服务平台、融资服务平台、展会带动发展平台、合作经济服务平台等平台建设，积极培育和壮大具有竞争优势的区域主导产业集群与特色产业集群。另一方面，要进一步加强园区建设，推动产业集聚发展。其一，做好园区调规扩区，完善园区内基础设施和生产性设施建设，提升园区综合承载能力；其二，优化园区产业布局，做大做强做精主导产业和特色优势产业，引导产业链上中下游企业和资源要素向园区集聚，推动园区形成差异化、特色化产业发展格局；其三，深化园区体制改革，如推进园区管理体制科学化、开发模式市场化、用人机制多元化等，充分激发、释放区域产业发展新活力；其四，推动园区协同发展，放大园区边际效应，大力推进各个园区产业协同、优势互补、产业链深度融合，增强园区的区域竞争力。三是积极推进区域产业专业化精准招商。招商引资是扩开放、稳投资、促转型、强发展的重要途径，是实现追赶超越、高质量发展的强大引擎；积极推进区域产业、实施专业化精准招商，是壮大区域产业集群发展的重要推手。其一，大力支持产业集聚区，设立专业化招商公司，围绕打造区域产业集群品牌，依托龙头企业开展产业链招商，积极引进产业关联度高、辐射力度大、带动性强的大项目和上下游配套企业；其二，鼓励引导产业集聚区以打造知名区域产业集群品牌为目标，加快构建峰会、论坛等招商推介平台，加速吸引上下游关联配套企业的入驻和集聚，进一步提高区域产业集群的竞争力和品牌影响力；其三，加强区域间交流合作，注重招商引资实效，探索建立联合招商机制，通过健全企业信息共享机制、互通招商引资政策信息等措施，明晰区域内产业发展现状和短板，大力开展产业招商、定向招商、选点招商，不断推动产业集聚，促进区域产业集群提质增效。四是合力培育区域产业集群品牌。加强品牌培育建设是助力产业高质量发展的重要途径，在推进产业集群化发展的过程中，积极引导区域内企业树立强烈的品牌意识，合力培育区域产业集群品牌。其一，推动中心城区产业集聚区打造引领性强的高新产业集群，县域产业集聚区聚力打造具有比较优势的专精产业集群，二者相互衔接，携手推进产业集群品牌培育基地建设，共同打造一批国家级产业集群区域品牌建设示范区；其二，积极引导各产业集聚区确定区域内主导产业的龙头骨干企业，在项目建设、技术创新、人才引进、重组合作等方面给予支持，将龙头企业培育成为区域产业品牌引领型企业，辐射带动区域内其他企业的品牌培育和建设；其三，大力支持产业集聚区搭建区域品牌建设公共服务平台，强化区域内产业品牌建设服务，积极开展品牌日活动，加强产业集聚区自主品牌宣传力度，努力塑造一批知名度高、影响力大的区域产业集群品牌。

6.2.2.2　建立区域间产业协同联动机制

（1）推进经济群之间协同联动

构建国内国际双循环相互促进的新发展格局是党中央为应对我国发展所面临的国内外环境变化而作出的重大战略部署，其中一项重要任务是畅通国内经济循环，提高我国产业链现代化水平，降低产业链核心技术和核心环节对外依赖程度，提升在全球价值链的地位。因此，我国需要加强制造业国内价值链建设，在强化核心环节的同时，提升产业链本地化水平，而推进城市经济群之间产业协同发展是完成上述任务的重要途径。推进经济群之间协同联动可从以下五个方面入手：一是持续推进市场体制改革，消除地方保护和市场壁垒。在建设全国统一大市场的总体框架下，持续推进市场体系改革，以解决当前市场体系中存在的制度规则不统一、要素资源流动不畅、地方保护和市场分割等突出问题。积极推动各地区市场运行和经济治理规则的相互衔接，提升区域市场一体化水平，促进要素资源跨区域自由流动。充分发挥各地区在技术创新、要素禀赋、市场规模、动态学习等方面的比较优势，推动经济群内部形成基于市场力量的区域专业化分工格局。二是建立完善经济群之间产业发展规划统筹机制。为了经济群的整体利益，需明确各经济群之间产业的发展目标、重点领域、空间布局、产业结构等方面，并结合区域经济发展实际情况，统筹编制各地区产业发展规划。促使各区域产业发展规划相互衔接、相互协调，鼓励不同经济群内的企业建立联系，通过合作、联盟等方式实现资源共享、优势互补和协同发展，提升整个经济群产业的竞争力和创新能力。三是构建经济群之间要素资源协调配置机制。根据各个经济群体的经济发展水平和人口密度协调配置产业用地、劳动力人才、金融资本等要素资源，充分发挥各地比较优势，引导产业错位发展，提高要素资源配置与利用效率。例如，深化产业用地市场化配置改革，调整完善产业用地政策，创新使用方式，推动不同产业用地类型合理转换；畅通劳动力和人才社会性流动渠道，加快建立完善劳动力、人才流动政策体系和交流合作机制，促进劳动力、人才跨地区合理有序流动；健全多层次资本市场体系，优化金融资源配置，增加有效金融服务供给，持续加强对各地区优势产业、主导产业、特色产业的扶持力度，推动区域间产业协同发展。四是推动建立跨区域产业长效合作机制。区域经济一体化是我国经济发展的重要趋势，跨区域产业合作将拓宽产业链价值增值途径和效率。积极协调跨区域产业战略布局，统筹推进基础资金投入、招商引资、基础设施建设等工作；加强区域之间产业信息交流沟通，建立信息、技术和资源互通、共享机制；大力推进区域产业联盟、工业互联网平台、区域联合创新平台等合作平台建设；探索建立协作共兴的区域产业体系，围绕关联紧密、适配度高的产业项目开展深度合作，共建跨区域产业合作示范园区。五是探索建立经济群之间成本共担和利益共享机制。产业协同发展和市场要素对接等跨区域事务都涉及成本分担和利益分配问题。兼顾经济群整体发展目标和各地区发展利益，探索建立各地区在产业协同发展过程中的成本共担、利益共享机制，以全面调动各城市、各地区的积极性。首先，由跨区域合作的管理部门牵头召集合作各方，研讨各地区优势产业、目标产业等，制定互补互促、因地制宜的产业扶持政策；其次，参与合作的各地区需要共同出资设立产业合作开发基金；最后，建立以增量收益为基础的利益分享机制。

（2）促进自贸区之间互联互通

自贸区是我国应对全球政治经济形势变迁的重要"稳定器"，是适应国际经贸规则变化的"试验田"，也是优化全球产业链的"承载地"。为加快构建"双循环"新发展格局，需进一步完善全面对外开放格局，实现自贸区在全国范围内的全覆盖，以制度创新激发红利、以自贸区建设引领区域高质量发展。通过自贸区之间互联互通畅通产业链循环，加速产业价值链迈向全球价值链中高端。一是赋予自贸区更大改革自主权，破除深度合作体制机制障碍。为实现自由贸易试验区更高质量发展这一目标，需赋予自贸区更大改革自主权。其一，建立健全自贸区"容错机制"，明确容错免责的具体条件和操作方式；其二，完善相关法律法规，为自贸区体制性改革创新提供法治保障；其三，加强各职能部门和各部委之间数据标准的统一和信息共享，消除合作中的各种体制机制障碍。通过赋予更大改革自主权，一方面，自贸区可以将创新成果和改革经验在国内更大范围内进行复制推广，逐步形成点面结合、良性互动的局面；另一方面，更大的改革自主权将助推我国自贸区主动对接高标准国际经贸规则，从而深度融入全球经济，以制度型开放形成国际合作和竞争新优势。二是持续优化自贸区营商环境，打造标准制度互适互认机制。良好的营商环境对自贸区的高质量发展至关重要，应持续推动制度创新，对标国际高标准，不断优化自贸区营商环境。例如，深化"放管服"改革，加快推行互联网和政务服务，提高企业注册登记等行政工作效率；完善落实自贸区外商投资准入管理措施，全力推动跨境贸易的高效便利化；深化金融领域开放创新，实现跨境投资、跨境融资、跨境发债等金融服务便利化。在制度创新方面，自贸试验区建设既需要落实与长三角一体化发展、"一带一路"倡议等相贯通，也要对标国际社会自由贸易协定相关条款，做好国际经贸规则衔接工作，努力打造自贸区之间标准制度互适、互认机制，加强国内国际自贸区之间的贸易往来与开放合作。三是推动建立自贸区联席会议机制，共商共谋区域协调发展。建立自贸区联席会议机制有助于统筹协调全国自贸区的发展规划，促进区域间协调发展。借助联席会议平台，建立自贸区之间交流合作机制、政策共享机制、审批联动机制等体制机制协同，推动跨境贸易便利化、政务服务事项"同事同标"等向更深层次、更高水平迈进；鼓励参加联席会议的自贸区之间共享招商引资数据信息，建立联合招商合作机制，推动实施集群招商、联合招商、配套招商、产业链互补招商，助力形成优势互补、梯度有序的产业发展新格局；在交通基础设施互联互通的基础上，积极引导自贸区通过联席会议加强在产业融合、标准制定、资格互认、人才培养等领域的合作，促进要素资源在自贸区之间实现自由流动和优化配置，不断推动自贸区建设和区域经济发展迈上新台阶。四是构建自贸区与联动创新区协同发展机制，强化辐射带动作用。联动创新区是自贸区自主探索加大开放力度、拓宽开放渠道的一种全新模式，需要充分发挥自贸区引领高水平开放的重要作用，积极推动创新链、产业链、供应链、要素链、制度链共生耦合，通过构建制度联改、产业联动、要素联配、管理联合四项机制，形成自贸区与联动创新区协同改革、协同创新和协同发展，促进产业链、创新链、价值链关键环节打造和循环构建，形成有序高效的产业网络、市场网络和管理网络，以"两区"的协同发展有力促进区域经济高质量发展。

6.2.2.3 建立国内价值链与全球范围区域价值链延伸拓展机制

加快构建"双循环"新发展格局离不开制造业的高质量发展。在全球价值链正在经历解构和重塑的动态优化背景下，我国应充分利用其作为价值环流中心枢纽位置的优势，加快构建以内需增长为基础的国内价值链。以价值链分工作为核心思想，通过区域产能合作，延伸产业价值链，实现国内价值链与全球价值链的有机衔接，推动我国制造业迈向全球价值链中高端，能够从创新"一带一路"区域分工合作机制、建立 RCEP 区域产业链与价值链融合机制、推动构建面向全球的自由贸易区网络三个方面落实建立国内价值链与全球价值链延伸拓展机制。

（1）创新"一带一路"区域分工合作机制

"一带一路"倡议是我国构建区域价值链和融入全球价值链的重要部署。新发展格局背景下，推进高水平对外开放需创新"一带一路"区域分工合作机制，可从以下五个方面入手：一是鼓励"一带一路"共建国家加强政策协调与沟通，建立国际合作新框架，减少各种形式的壁垒和限制，提高合作便利性与效率；二是建立信息共享机制，促进"一带一路"共建国家分享有关合作项目、市场、政策等信息，提高合作双方的信息获取能力和决策水平；三是强化产业链衔接，鼓励各国基于自身的资源禀赋，在产业链上实现互补性合作，提高整体产业链的竞争力和附加值；四是持续深耕第三方市场合作，不断释放创新活力，积极探索新兴市场环境下的创新型联合投融资模式，加速推动"一带一路"共建国家融入全球产业链分工合作体系；五是推进国际合作平台建设，鼓励"一带一路"共建国家共建联合实验室、搭建产业合作平台、设立跨境经贸合作区等，加强新能源、节能环保、绿色基础设施等领域合作，以实现共同发展的目标。

（2）建立 RCEP 区域产业链与价值链融合机制

《区域全面经济伙伴关系协定》（RCEP）作为区域内经贸规则的"整合器"，通过区域内原产地累积规则深化了各国贸易合作。为推动 RCEP 区域内产业链与价值链融合发展，需要充分利用 RCEP 成员国之间经济结构高度互补的特点，发挥 RCEP 区域资本、技术、劳动力等要素齐全的优势，促使成员国之间在货物、服务、投资等领域的市场进一步放宽，积极推动原产地规则、海关程序、检验检疫、技术标准等逐步统一，加大重要产品降税幅度和范围，促进区域内经济要素自由流动，强化成员国间生产分工合作，拉动区域内消费市场扩容升级，实现区域内产业链和价值链进一步融合发展。我国作为 RCEP 重要成员国之一，需要充分认识到在 RCEP 自贸协定中的原产地累积规则所带来的红利，对标国际先进产业水平，完善国内制造业质量标准、规则体系等，积极融入 RCEP 区域生产网络，力争成为 RCEP 区域价值链的"链主"，并以区域价值链为枢纽，化被动嵌入为主动融入全球价值链，努力实现国内制造业迈向全球价值链中高端的目标。

（3）推动构建面向全球的自由贸易区网络

为实现经济高质量发展，我国已与多个境外国家签订自贸协定，共建多个高水平自由贸易区。在加速构建"双循环"新发展格局的指引下，我国应以进一步扩大范围、提升水平、增强实效为实施自贸区提升战略的方向，全面推进各类贸易协定的磋商谈判，大力支持建设更多高标准自贸区，签署更多高水平自贸协定，推动构建面向全球的自由贸易区网络，促进国内制造业转型升级并迈向全球价值链中高端。一是积极考虑并加入全面与进步跨太平洋伙伴关系协定（CPTPP）。通过制度型开放，完善相关制度，激发我国市场主体活力。一方面，鼓励我国国有企业积极进行改革、增强透明度、规范非商业援助规则等，以对接 CPTPP 严苛的加入条款和标准，提高国有企业的国际竞争力和影响力；另一方面，推动国内有条件的自由贸易试验区和自由贸易港主动对标 CPTPP 国际高标准经贸规则，积极进行制度方面政策联动协同创新，促进国民经济循环，实现高质量发展。二是加快启动中欧自贸协定谈判。在中欧投资协定完成签署的基础上，积极推动我国与欧盟商签自贸区，进一步放宽两国在货物贸易、服务贸易、投资市场准入等方面的门槛，减少各种有形、无形的贸易壁垒，充分发挥中欧地理标志协定在两国市场上的产品保护作用，共同推动中欧经贸、绿色和数字等领域务实合作，鼓励中欧双方在汽车、核电、高铁、机器人等高端制造业领域进行双向投资，力争早日建成一个高标准、高水平的中欧自贸区。三是加速推进中日韩自贸区建设。鼓励经济互补性较强的中日韩三国积极践行人类命运共同体理念，持续推进自贸协定谈判进程，努力消除贸易投资壁垒，充分发挥各国自身比较优势和资源禀赋，深化三方经贸合作。进一步加强在互联互通、信息产业、环保与减排产业、金融业等领域的深度合作。以 RCEP 的签署生效为契机积极打造"RCEP+"自贸协定在关税减免、服务贸易开放等方面展开更深层次探索，寻求达成标准更高、兼容性更强的区域自贸协定共同建设一个辐射 RCEP 和"一带一路"共建国家的高标准中日韩自贸区。

6.3 "三链"双循环下我国制造业高质量发展的保障机制

制造业高质量发展是我国经济高质量发展的重要组成部分，在当前国际环境复杂性明显上升、国内内在要素条件发生深刻变化的形势下，我国制造业发展进入爬坡过坎的攻坚阶段，如何保障其高质量发展成为关乎我国经济高质量发展的重中之重。对我国制造业高质量发展进行 SWOT 分析后，本节从金融支持保障、财税支持保障、要素支持保障及人才支持保障四个方面对我国制造业高质量发展的保障机制进行分析。

6.3.1 金融支持保障机制

在推动制造业高质量发展进程中，金融支持被认为是实现制造强国的重要基石。它对提高企业融资效率、改善企业融资难题，以及资金缺乏等问题发挥着重要的引领和指导作用。通过充分发挥金融支持的保障作用，能够降低制造业在行业发展过程中遇到的实际压力，从而进一步推动我国制造业的高质量发展。

（1）解决企业融资难问题

一是加大贷款支持力度。利用好制造业中长期贷款、设备更新改造再贷款等金融政策工具，积极引导金融机构加大对中长期贷款的投放力度。创新延期贷款产品和服务，提倡银行等金融机构为不同制造企业提供差异化的贷款延期方式，并推广主动授信、随借随还贷款模式，以满足企业灵活用款的需求。在风险可控的前提下，鼓励银行等金融机构适当下放贷款延期审批权限，以提高审批效率。充分利用再贷款政策，如设备更新改造专项再贷款，引导金融机构以较低的利率向制造业等领域发放贷款，支持设备更新改造。提倡银行等金融机构创新信贷服务模式，根据不同企业的特点推出差异化的贷款产品，如"科技贷""科技成果转化贷""专精特新贷"等，以扩大贷款规模。二是加大引导基金力度。鼓励各地在国家产业引导基金下设立专项子基金、市场化子基金、直投基金等，以支持战略性新兴产业及先进制造业的发展。例如，各地可以依托发展改革委主导的国家战略性新兴产业发展基金、财政部主导的国家集成电路产业投资基金、国投集团主导的国家先进制造业产业投资基金、科技部主导的国家科技成果转化引导基金等产业引导基金，设立相关的子基金，以扶持制造企业的发展。利用好国家新兴产业创业投资引导基金、国家中小企业发展基金等政策工具，进一步带动社会资本的投入，鼓励天使投资、风险投资等以投资入股形式支持以高技术产品为主营业务的企业投资项目，特别是要关注和支持种子期、初创期成长型中小制造企业的创新发展，推动发展投贷联动的新模式，加大对创业投资企业的投融资支持力度。三是发挥信用信息支撑作用。强化各省份信用融资服务体系建设，夯实平台基础，定期对企业信用信息共享清单进行动态调整，持续扩大服务平台覆盖面，促进与企业各类服务平台互联互通的力度；加强信用信息共享整合，鼓励各省份在全国中小企业融资综合信用服务平台的联结下，积极构建全国一体化融资信用服务平台网络；扩大信用信息共享范围，以企业融资业务为导向，在确保信息安全的前提下，逐步将纳税、社会保险费和住房公积金缴纳、进出口、知识产权、科技研发等信息纳入共享范围，打破数据壁垒和"信息孤岛"；优化信用信息服务，各省份融资信用服务平台合法向接入企业提供基础性信息服务，并将相关信息使用情况及时反馈给数据提供方。四是完善风险补偿机制。建立风险补偿资金使用效果监测机制，及时掌握风险补偿基金抵补科创企业的信贷风险损失情况、对不同阶段制造业企业信贷支持力度等情况；建立风险前置管理机制，加强对制造企业信息收集管理共享，对信贷等级相对较低但存在市场发展机遇的企业，可以进行重点跟踪、专项管理及信息共享，以实现风险应对的时间前置、感知位置前置及响应前置；建立"扶优限劣"动态评价机制，对于基金使用有效抵补信贷风险损失的企业，应酌情加大风险补偿比例，对于违规使用基金或抵补效果不佳的企业，应降低风险补偿比例直至暂停其申请资格；发挥财政资金杠杆作用，扩充风险补偿基金资金来源，规划设立面向信用贷款、知识产权质押融资等种类的专项风险补偿子基金，鼓励银行等金融机构或国有企业等社会资本作为参与方进入风险补偿基金资金池；鼓励其他非银行金融机构结合制造业企业实际情况开发金融产品，对纳入风险补偿资金的金融创新产品，在金融机构产生最终实际损失后，风险补偿资金给予一定比例的补偿，保障金融机构安心放贷。

（2）解决企业融资贵问题

一是推动金融机构减费让利。推动金融机构合理定价，促进贷款利率稳中有降，稳定负债成本；鼓励金融机构加强与地方征信平台、融资服务平台等的合作，改造信贷业务流程及信用评价模型，促进运营管理成本及贷款利率的下降；加大金融机构减费让利力度，监督各金融机构禁止向企业贷款收取不必要的中介服务费用，鼓励金融机构主动承担企业贷款抵质押评估费、保险费，免收支付账户提现手续费。二是拓宽直接融资渠道。加快推进"小升规、规改股"工作，建立规改股企业培育库，推动优质企业应入尽入，培育制造企业上市优质后备资源，助推企业对接多层次资本市场，发挥好企业上市"绿色通道"作用；充分用好信用风险缓释凭证、债券担保增信等支持保障方式，扩大银行间市场债务融资工具、沪深交易所公司债券、企业债券等融资规模，推动企业进行债券融资；推动上市公司再融资和并购重组，提高上市公司质量，鼓励符合条件的上市公司通过增发、配股等方式再融资，鼓励产业优势突出的上市公司跨地区、跨所有制实施收购兼并，引导经营业绩差、主营业务不突出的上市公司通过并购重组获得优质资产，增强持续经营能力。

（3）创新融资服务

一是发展科技金融。创新"科技+金融"服务保障体系，培育科技金融服务队伍，对优秀的参与企业按照服务绩效给予一定经费支持；积极探索开发并满足各类科技企业不同情况的科技金融产品，建立投贷联动新机制；探索科技信贷新模式，加大科创企业科研类贷款力度，大力推广技术交易信用贷，对采用技术交易信用贷的企业，给予一定的资金支持以分担风险；探索和建立科创企业集合贷款模式，鼓励银行等金融机构为专业的科创企业孵化平台、科创企业培育平台等进行综合授信、发放科创类贷款。二是发展数字金融。健全完善的配套设施，如智能化数据中心、高速网络等。一方面需要探索打通各机构之间的"信息孤岛"。另一方面金融机构需要不断提升数据采集分析能力，充分发挥数字金融对制造业等实体的赋能效果；完善数字金融体系建设，加强数字金融监管，高效利用大数据等技术对重要数据平台进行实时监控；提升工业区数字金融发展水平，利用数字技术打通和获取制造业企业资金需求信息，推动制造业企业融资的"流程再造"；发布数字金融专项政策，持续激励金融服务机构深化数字金融普惠服务。三是发展供应链金融。鼓励银行等金融机构对供应链上核心企业的信用等级进行评估，为供应链上下游经营规范、资信良好、有稳定销售渠道的企业进行金融产品设计，以大型核心企业为中心辐射上下游企业，选择资质良好的上下游企业为主要资助对象，为其提供合适的金融产品与服务；鼓励金融机构利用技术手段将大数据和供应链金融进行整合，构建良好供应链金融融资环境，切实解决供应链上企业融资难的问题；鼓励链上企业建立风险防控机制，做好供应链金融管理模式的规划部署，加快建立链上企业间融资档案及企业资金池，降低融资风险。四是发展绿色金融。完善绿色金融体系建设，包括绿色金融组织体系、产品体系、中介服务体系等。完善绿色金融组织体系建设，包括支持金融机构设立绿色金融业务中心、绿色金融培训中心、绿色产品创新实验室等组织机构，支持设立服务绿色产业发展的绿色小额贷款公司、绿色融资担保公司等地方金融组织。丰富绿色金融产品体系，鼓励金融机构开发绿色和可持续发展主题的理财、信托、基金等差异化金融产品，利用好煤炭清洁高效利用专项再贷款。绿色金融中介服务体系包括组建绿色认证中心、建立绿色金融标准等，建立健全对绿色低碳项目和企业的识别认证，支持制造企业走绿色发展路径。

6.3.2 财税支持保障机制

我国政府对制造业的政策扶持包括金融、财税、能源等多个方面，其中财税扶持不仅是政府扶持力度最强、最直接的方式，也是保障制造业高质量发展最有效的方式。制造业高质量发展财税保障机制从完善基础研究优惠机制、落实减税降费机制和加强奖补机制三个方面展开。

（1）完善基础研究优惠机制

一是健全基础研究投入机制。鼓励对基础学科与前沿领域等方面增加财政资金投入，优化财政资金结构，实施税收优惠，加大税收返还力度；支持基础研究信贷融资、债权融资、股权融资、保险基金，同时创新保险险种、工具和产品，为基础研究提供风险保障；鼓励设立国家自然科学基金及其联合基金、科学研究捐赠，以此建立健全基础研究投入机制，实现基础研究稳定性支持和竞争性支持相得益彰。二是强化基础研究激励机制。鼓励企业健全基础研究项目科研人员薪酬制度，落实"基本工资+科研绩效+科研福利+科研奖励"分配制度，保障基础研究科研人员研究工作和生活条件。健全与基础研究长周期相匹配的科技评价制度，探索以基础研究贡献度、创新度、求真度和开放度为基本导向的基础研究科技评价准则，以基础研究质量、创新成果应用、转移转化水平和程度作为主要评价指标，以同行及同行扩展专家为评价主体，以基础研究的量与质相结合为评价方法，全面激发基础研究创新活力动力，打造企业基础研究核心科研力量。三是加强基础研究税收优惠机制。改善企业研发投入加计扣除税收优惠政策，与企业应用研究和试验发展两种研发类型投入进行比较，大幅提高基础研究投入的加计扣除倍数。可借鉴推广上海、广东等地区的基础研究投入抵扣政策，按200%加计抵扣，并允许基础研究投入向后递延抵扣；对企业出资给非营利性科学技术研究开发机构、高等学校等用于基础研究的支出在计算应纳税所得额时按实际发生额在税前扣除。

（2）落实减税降费机制

一是加大税收优惠力度。加大研发费用加计扣除力度，创新研发优惠方式，对制造企业当年不足抵扣额可给予一定比例的税收返还，以充分发挥政策对制造企业的扶持作用；加快增值税留抵退税额即申即退速度，推动制造企业固定资产加速折旧、安全环保专用设备投资抵免、高技术企业低税率等优惠政策的实施，增加科技型企业税收优惠税种，如扩大无形资产加速折旧范围、企业科研人员个人所得税减免范围等；加大制造业增值税期末留抵退税政策力度，将先进制造业按月全额退还增值税增量留抵税额政策范围扩大至符合条件的制造业企业，并一次性退还制造业企业存量留抵税额；延缓制造企业缴纳部分税费，具体实施方案可参考《国家税务总局　财政部关于延续实施制造业中小微企业延缓缴纳部分税费有关事项的公告》进行制定。二是规范金融服务收费。规范银行服务市场调节价管理，加强服务外包与服务合作管理，严格划定服务价格行为监管红线；鼓励银行等金融机构对企业账户管理服务等收费予以合理优惠及适当减免；推动证券、基金、担保等机构进一步降低对企业的服务收费。

（3）加强奖补机制

深化实施财政部制定的对制造业中小微企业实施奖补的政策，完善企业研发奖补机制，分层分类按一定比例给予财政奖补。一是加大奖励力度。鼓励制造企业加大研发投入力度，设置 R&D 投入增量奖励机制，对制造企业 R&D 投入较上一年度的增量，按比例给予奖励；加强对优质企业奖励支持，引导"专精特新"企业发展，对首次被认定的省级专精特新中小企业，获得省级专精特新示范企业称号及国家专精特新"小巨人"称号的企业，在境内外主板、中小板、创业板上市的企业或全国中小企业股份转让系统首次挂牌交易的企业，鼓励各地政府对其给予一次性奖励；鼓励各地领军企业引领打造互联网生态，对获评国家级"双跨"工业互联网平台的企业，给予一次性资金奖励。二是创新财政补贴项目。推动企业进行技术改造，以高端化、智能化、绿色化、服务化为主攻方向，对企业采用新技术、新工艺、新设备、新材料、购置关键设备等形式的技术改造给予资助支持；支持首台（套）设备的研发/使用，为对外销售首台（套）技术装备产品的工业企业或购买首台（套）技术装备产品的企业给予奖励资助；保障重大项目建设落地，鼓励各地完善建立重点工业投资项目跟踪服务清单，对列入清单中投资进度快、投资额大的项目给予补助，对新增产能项目给予流动资金贷款贴息支持；鼓励政府对获得制造业高质量发展专项资金支持或融资支持的投资项目、智能化改造示范项目等称号的项目按照一定的比例进行补贴；激励企业提升创新能力，对企业牵头承担的国家科技创新2030—重大项目、国家科技重大专项、国家重点研发计划、国家外国专家项目等给予资金支持。

6.3.3　要素支持保障机制

目前，我国对制造业强化资源节约集约利用，大力促进制造业向绿色可持续方向发展，对制造业重大项目用地保障、能源控制及环境政策方面进行重点关注，以保障制造业高质量发展。

（1）完善制造业用地保障机制

一是完善制造业用地供应方式。完善以弹性出让、长期租赁等制造业用地供应方式，支持各行各业制造业企业选择适宜的、科学的用地方式。将制造业产业类型、环保低碳等产业准入要求纳入供地条件，深入推进制造业用地供地条件挂牌出让或租赁。推进制造业用地以"标准地"方式出让，通过事先做评价、事前定标准、事中做承诺、事后强监管等措施，从而提高制造业供地效率，降低制造业企业用地成本。探索"带项目条件"出让、"带方案"出让等多种制造业用地供应方式，支持重大招商引资项目实行"带项目条件"出让。探索多种混合产业供地模式，支持以制造业为主的"制造业＋科研""制造业＋商业服务"等混合产业出让方式，促进制造业用地多样化和产业融合发展。二是优化产业用地布局。制造业产业用地应根据区域产业及经济发展特点，在制造业产业园区内进行园区布置和规划，并纳入制造业用地控制底线面积。建立重点项目保障清单，明确用地需求和保障优先级，统筹空间规模布局，为项目落地预留规划空间。编制制造业控制线划定规划，纳入国土空间规划体系，分级划定产业区块保护线，明确产业用地保障线、过渡线和腾退线，制定分类管控规则，引导产业向园区集中、集聚发展。根据发展需求，支持园区配套一定比例的商业服务、商务公寓、宿舍以及公共服务等设施，推动设施集中和集约布局，提高园区土地利用率，打造产业邻里中心。三是盘活低效存量制造业用地。完善低效存量制造业用地调查评价体系，明确形成低效存量制造业用地的成因及类型，结合区域经济发展特点及制造业产业规划要求，编制低效存量制造业用地盘活利用专项规划，引导制造业用地布局调整。平衡低效存量制造业用地不同盘活利用用途的收益水平，同时严格控制低效制造业用地"制造业转商品住宅""制造业转商业"等改造方向，支持"链主"企业、制造业产业园区等市场主体，通过合作开发等方式参与低效存量制造业用地改造项目，从而进行低效存量制造业用地的盘活利用。建立健全低效存量制造业用地正向引导和倒逼盘活退出机制，引导制造业低效存量用地合理退出，支持以各类转让方式为代表的方式盘活利用低效存量制造业用地。

（2）加强制造业能源保障机制

一是加强能源基础设施建设。加强跨区域骨干能源输送通道建设，提升能源主要产地与制造业产业集群间的联通能力，建设园区和制造业重点项目的产业基础配套设施，持续稳定保障制造业用能。推进跨省跨区输电通道建设，提升非化石能源安全可靠替代能力，形成风、光、水、核等多元化清洁能源供应体系，扩大清洁能源配置范围，促进制造业企业利用区域内外能源，保障高效益、高产出制造业项目用能需求。加强能源基础设施项目建设，加大电力、光伏、氢能等领域项目投资建设，提高能源对制造业的服务保障能力。二是强化用电保障。完善电力生产、供给和储存体系，强化制造业有序、错峰用电，保障对制造业企业尤其是中小企业的电力安全稳定供应。强化煤电对制造业生产用电的兜底作用，关注煤电对制造业主体尤其是重要产业园区的供应形势，开辟公路转铁路、铁路和水运联合运输等多种运输方式，畅通煤炭运输环节。健全谷峰分时分段电价相关政策，鼓励制造业企业错峰用电、谷时用电，有效降低制造业企业用电成本。三是完善能源调峰体系。为保障制造业用电安全，应坚持能源供给与制造业用能并重，完善市场调峰机制，提升制造业企业响应能力。加强能源技术创新能力，提高制造业企业自主参与调峰、错峰能力。完善发电设备建设，如抽水蓄能电站等，推动火电升级改造、供电企业调节等多种方式进行能源调峰，以保障制造业企业用电安全。健全天然气负荷可中断、可调节管理体系，挖掘制造业企业用能潜力，从而实现能源的可持续发展。

（3）优化制造业环境政策保障机制

一是强化环评服务保障。通过建立管理台账，完善环评审批台账，提升环评服务重大制造业项目落地能力。优化简化环评文件编制环节和内容，运用资源利用上线、生态保护红线、环境质量底线的"三线"和生态环境准入清单的"一单"进行环境分区管控，各地政府对照生态环境准入要求，进行制造业项目前期方案设计，优化制造业企业选址方式，共享区域生态环境质量的监测数据和制造业产业园区的环境监测数据，助力环评文件编制。提高环评审批质量和效率，积极开展环评审批方式改革试点，针对各类不同制造业项目，采用针对性审批方式及流程，进而针对特定制造业产业可试行豁免环评手续。加强环评事中事后监督，督促落实环评要求，落实环评批复中的各项生态环境保护措施，防止制造业企业出现"未批先建""边批边建"等违法行为。二是健全排污许可管理体系。对排污许可管理进行更加全面、注重核心的转变，建立健全高效的排污许可管理制度体系。构建制造业企业遵纪守法、政府部门依法监管、社会群体共同监督的权责清晰的治理体系；构建追究责任的监管机制，依法严惩违法行为，强化制造业企业约束。完善相关政策法规，改革重点区域制造业产业排污许可方式方法，优化制造业排污许可内容，建立科学可靠的技术规范体系。加强排污许可政策法规等信息共享，完善排污许可线上线下信息平台，推进目标考核等机制，强化排污许可内容宣传和培训，并构筑完备的制造业排污许可保障体系。三是建立健全碳普惠机制。建立碳普惠管理系统，开展低碳场景创建、碳普惠方法学备案、碳普惠项目审核等技术评估工作。鼓励制造业企业积极通过碳积分兑换参与碳普惠机制，根据企业实际情况与发展需求，探索开发各具特点的碳普惠应用程序，并科学有序纳入碳普惠管理系统。在低碳环境下，制造业按照碳普惠方法学核算减排量，获得了碳积分，将探索的碳积分纳入平台信用指标体系，享受平台各项优惠福利或便捷服务。鼓励围绕重点重大项目，结合各类低碳应用场景，拓展积分兑换的商业机构规模与产业类别，丰富产品兑换类型，强化普惠激励效果。

6.3.4 人才支持保障机制

人才是经济社会发展的重要资源，应做到引才聚才、育才用才的良性循环。制造业高质量发展人才保障机制从创新人才引进机制、优化人才培养机制和创新人才评价机制三个方面展开。

（1）创新人才引进机制

一是拓展"聚才"新渠道。实施更加开放的人才引进政策，充分开发利用国内外人才资源，积极参与更大范围内的制造业人才竞争，探索多样化、具有吸引力的人才吸纳机制，主动引进各地人才特别是制造业所需的高层次人才。鼓励地方政府根据本地区经济发展和产业集群需求等实际情况，推动各地立足本地产业集群建设和特色产业发展，制定具有地方特色和竞争力的引才政策，切实做到有针对性、有目标地引进人才。鼓励制造业企业结合自身优势及发展需要，开展以商引才、中介引才、以才引才、网络引才、以合作引才等工作，结合工作发展情况打造企业人才资源库，加大人才引进力度，对制造业企业急需的特殊人才如高技能人才开拓渠道，精准引进。二是转变"引才"新模式。创新优化招考方式，创新"以政府提供服务为基础、以用人单位为主体、以特设岗位为平台"的引才模式，根据制造业不同岗位的特点及需求，面向大中专院校、社会进行重点引进。探索实施多元化人才引进模式，以区域主导产业为主，发布制约主导产业的"卡脖子"关键技术问题清单，邀请各专家人才参与讨论，进行技术攻关、成果转化，激发创新活力，助力区域主导产业高质量发展。三是构建"重才"新格局。强化对引进人才提供资金补助，建立健全人事档案管理、户籍办理、家属安置、社会福利保障等公共服务。完善人才政策，采取多元化激励机制，实施人才奖励，激励人才自我成长，健全人才荣誉制度，实现事业留人、感情留人、待遇留人、制度留人。

（2）优化人才培养机制

一是推进制造业人才供给结构改革。完善制造业人才系统培养方式，支持制造业企业参与各名牌大学和一流学科建设，在学科设置层面推进制造业等相关专业交叉融合。对接重点产业和重点领域人才需求，支持高校扩大制造业基础研究方向的专业学位研究生培养规模。建立专业动态调整机制，鼓励高校针对制造业人才需求及特点，自主进行专业设置，增强专业设置的科学性和合理性。二是打造高素质的制造业技术技能人才。大力培养技术技能紧缺人才，鼓励高校和专科院校创新人才培养模式，推进以校企合作方式进行人才培育，根据制造业职业标准和岗位需求，进行专业设置并加强对人员的实操能力的培养，同时推进学徒制现代化改进，鼓励制造业企业和学校合作育人。加强基础制造领域的人才培养，即对加强关键核心技术和基础零部件制造人员的培养，提高核心零部件的产品质量和性能，建立健全基础制造领域职业设置。提升制造业企业职工技术技能水平，推动制造业传统产业技能工人培训和继续教育，培养新兴产业和高新技术产业技能工人，依托高等学校和职业技能培训学校进行技能人员继续教育，创新混合制人才培养模式。三是建设高水平的制造业经营管理人才体系。培养视野开放的制造业经营管理人才，运用理论和实际相结合的方式，大力培育一批制造业企业家，并注重发挥企业家才能。选拔制造业企业管理人才前往国外知名企业进行培训交流，开展新经济背景下的企业经营管理方式方法、创新能力建设、国际贸易等方面的培训交流，提升制造业经营管理专业化人才能力，以适应我国制造业高质量发展现状。聚焦提高制造业企业国际竞争力，推进制造业企业经营管理人才专业化和国际化。探索开发多种制造业企业经营管理人才职业能力开发体系，通过轮岗换岗、外出交流和培训实践相结合等方式，为制造业企业经营管理人员提供培训机会，提高现代制造业经营管理人才培育水平。

（3）创新人才评价机制

一是健全人才评价标准。根据制造业的特点，以能力和品德为核心，构建一套全面客观的评价标准体系，旨在准确评估制造业人才的层次和水平。鼓励制造业企业进行人才管理评价的有益途径探索，发挥制造业企业在人才使用和评价过程中的主动性。以市场为导向，将薪酬待遇作为衡量制造业人才紧缺程度的主要依据。二是创新人才评价方式。发挥政府、制造业企业等多元评价主体作用，建立科学化的人才评价制度。鼓励大型制造业企业开展职称评审活动，树立大型制造业企业自主评审典型模范案例；鼓励制造业企业和社会专业评价，组织制定制造业职业技能行业企业评价规范标准。推动多元评价主体的职业技能等级认定工作，按"制造业企业—技工院校—社会评价组织"模式推进职业技能等级认定的开展。按照不同类型制造业人才发展规律，设置科学合理的评价考核周期，注重长短期评价相结合、结果和过程评价相结合，以避免人才评价考核过于频繁。对于基础研究领域的人才考核评价，适当延长考核周期，支持基础研究人才的长期研究。三是完善人才评价管理服务制度。支持制造业企业结合自身业务需求和发展目标、方向评价人才，促进人才的评价和培育、激励等环节相互衔接。鼓励具备条件的大型制造业企业、国家实验室、高校和研发机构等主体自主进行人才评价工作，并积极培育各类制造业人才认定和评价的专门机构，逐步承接政府的人才评价职能。简化人才评价管理工作流程，并强化政府对制造业企业人才评定的宏观把控、政策制定和监督保障等服务和职能。

本章小结

本章深入探讨了畅通"三链"双循环协同机制、制造业高质量发展的治理机制以及保障机制等关键议题，这些机制不仅是对当前国际贸易挑战的回应，更是推动我国制造业转型升级的关键途径。通过产业协同理论和制度经济理论的综合运用，本章构建了支撑我国制造业转型升级的综合性体系，包括协同机制、治理机制和保障机制。这些机制的建立和完善将为我国制造业的高质量发展提供坚实保障，助力我国实现从制造大国向制造强国的战略转型升级，深化产业改革，加速推动制造业向更高质量发展的新阶段迈进。

参考文献

［1］白俊红，芮静. 环境规制、经济增长目标管理与中国经济高质量发展［J］. 宏观质量研究，2023（3）：32-47.

［2］包航宇，殷康璘，曹立，等. 智能运维的实践：现状与标准化［J］. 软件学报，2023（9）：4069-4095.

［3］边云岗，樊建锋. 制造企业服务化转型：服务化悖论归因与平台化策略［J］. 科技和产业，2022（12）：172-179.

［4］蔡静静，姚思宇. 技术壁垒对出口企业技术创新决策的影响［J］. 中国科技论坛，2021（10）：104-113.

［5］蔡晓珊. 粤港澳大湾区营商环境对外商直接投资的影响研究［J］. 国际经贸探索，2022，38（12）：101-114.

［6］操友根，任声策，杜梅. 我国企业牵头创新团队合作：总体特征、网络演化及其启示：基于国家科技进步奖项目的分析［J］. 科学学与科学技术管理，2023，44（12）：118-139.

［7］曹文婷，杨永华. 风险投资能否促进产业结构优化：基于受资中小企业溢出视阈的考察［J］. 科技进步与对策，2023，40（3）：52-62.

［8］曹翔，滕聪波，张继军. 中国与"一带一路"沿线国家签署FTA的贸易效应研究［J］. 西安交通大学学报（社会科学版），2023（3）：75-86.

［9］曹鑫，欧阳桃花，黄江明. 智能互联产品重塑企业边界研究：小米案例［J］. 管理世界，2022，38（4）：125-142.

［10］柴正猛，李柯. 数字经济影响双向FDI协调发展水平的机制分析及空间效应［J］. 软科学，2023，37（11）：48-56.

［11］钞小静，惠康. 中国经济增长质量的测度［J］. 数量经济技术经济研究，2019（6）：75-86.

［12］钞小静，王宸威. 数据要素对制造业高质量发展的影响：来自制造业上市公司微观视角的经验证据［J］. 浙江工商大学学报，2022（4）：109-122.

［13］陈爱贞，陈凤兰，何诚颖. 产业链关联与企业创新［J］. 中国工业经济，

2021(9)：80-98.

[14]陈浩，罗力菲．区域协同发展政策对要素流动与配置的影响：京津冀例证[J]．改革，2023(5)：105-123.

[15]陈怀超，张晶，费玉婷．制度支持是否促进了产学研协同创新？：企业吸收能力的调节作用和产学研合作紧密度的中介作用[J]．科研管理，2020，41(3)：1-11.

[16]陈剑，黄朔，刘运辉．从赋能到使能：数字化环境下的企业运营管理[J]．管理世界，2020(2)：117-128.

[17]陈瑾，李若辉．新时代我国制造业智能化转型机理与升级路径[J]．江西师范大学学报(哲学社会科学版)，2019，52(6)：145-152.

[18]陈劲，阳镇．融通创新视角下关键核心技术的突破：理论框架与实现路径[J]．社会科学，2021(5)：58-69.

[19]陈劲．推动科技领军企业的建设与发展[J]．清华管理评论，2021(5)：1.

[20]陈丽娟．我国智能制造产业发展模式探究：基于工业4.0时代[J]．技术经济与管理研究，2018(3)：109-113.

[21]陈亮，倪静．知识集成与产业集群：区域经济发展的协同机理与启示[J]．甘肃社会科学，2023(2)：196-205.

[22]陈清萍．科技进步、协同创新与长三角制造业高质量发展[J]．江淮论坛，2020(2)：103-112.

[23]陈曦，韩祺．新发展格局下的科技自立自强：理论内涵、主要标志与实现路径[J]．宏观经济研究，2021(12)：95-104，135.

[24]陈晓东．提升产业链自主可控能力[N]．经济日报，2022-07-18(10).

[25]陈旭东，王誉，李思梦．京津冀科技园区科技创新与政府协同治理效应研究[J]．科技进步与对策，2022，39(14)：34-43.

[26]陈甬军，王诗婷．贸易便利化如何促进中国与"丝绸之路经济带"沿线国家双边贸易[J]．社会科学战线，2022(11)：46-56.

[27]陈钰．中国制造业创新能力的行业特征与绩效：基于中美比较视角[J]．科技管理研究，2021(7)：9-14.

[28]程京京，王彧婧，俞毛毛，等．投贷联动对企业创新的影响：来自上市公司的经验证据[J]．统计与决策，2021，37(9)：180-183.

[29]程凯．深圳城际铁路动车组智能运维平台总体技术研究[J]．铁道运输与经济，2023，45(7)：59-66.

[30]程粟粟，张帆．罚款分担契约下绿色供应链最优减排技术选择研究[J]．软科学，2022(10)：131-137.

[31]储节旺，安怡然，李佳轩．面向关键核心技术攻关的知识生态系统：融合、演化、协同与冲击？[J]．情报学报，2023，42(3)：255-267．

[32]戴克清，陈万明．共享式服务创新的逻辑、形式与价值：制造业服务化转型视角[J]．软科学，2020(9)：30-36．

[33]丁杰．外商直接投资对东盟经济一体化的影响研究[J]．亚太经济，2022(3)：91-98．

[34]董娅南．生态文明视角下的绿色包装设计研究：评《绿色包装与清洁生产》[J]．广东财经大学学报，2023，38(4)：115-116．

[35]窦丽琛，柳源．创新驱动贸易高质量发展的机制与路径研究：基于"双循环"新发展格局[J]．价格月刊，2022(8)：80-86．

[36]杜传忠，侯佳妮．制造业服务化对我国制造业国际分工地位提升作用的实证分析：基于服务业开放调节效应的视角[J]．江西财经大学学报，2023(5)：23-26．

[37]杜金柱，吴战勇，扈文秀，等．数字经济与制造业高质量发展：影响机制与经验证据[J]．统计与决策，2023，39(7)：5-10．

[38]杜宇玮．产品差异化、GVC 博弈与代工企业自主品牌升级[J]　世界经济与政治论坛，2020(4)：104-136．

[39]方维慰．中国高水平科技自立自强的目标内涵与实现路径[J]　南京社会科学，2022(7)：41-49，102．

[40]冯德连，袁子雁．中国与"一带一路"国家的三维共生关系对中国贸易地位的影响[J]．江淮论坛，2022(6)：46-56．

[41]付保宗．增强产业链供应链自主可控能力亟待破解的堵点和断点[J]．经济纵横，2022(3)：45-46．

[42]付宇涵，马冬妍，唐旖浓，等．工业互联网平台赋能流程制造行业转型升级场景分析[J]．科技导报，2022(10)：129-136．

[43]干春晖，郑若谷，余典范．中国产业结构变迁对经济增长和波动的影响[J]．经济研究，2011(5)：4-16，31．

[44]高柏．中国经济发展模式转型与经济社会学制度学派[J]．社会学研究，2008(4)：1-31．

[45]高丽娜，宋慧勇．创新驱动、人口结构变动与制造业高质量发展[J]．经济经纬，2020(4)：81-88．

[46]高培勇，袁富华，胡怀国，等．高质量发展的动力、机制与治理[J]．经济研究参考，2020(12)：85-100．

[47]高培勇．构建新发展格局：在统筹发展和安全中前行[J]．经济研究，

2021（3）：4.

［48］高小玲，陆文月．新基建、产业集聚与绿色技术创新：基于制造企业数据的实证研究［J］．研究与发展管理，2023（4）：19-33.

［49］高远东，张卫国，阳琴．中国产业结构高级化的影响机制研究［J］．经济地理，2015（6）：96-101，108.

［50］高志刚，丁煜莹，克魃．外商直接投资对中国经济高质量发展的影响再研究：兼谈路径探索和政策讨论［J］．国际经贸探索，2023（6）：67-83.

［51］郭朝先．产业融合创新与制造业高质量发展［J］．北京工业大学学报（社会科学版），2019，19（4）：49-60.

［52］郭菊娥，王梦迪，冷奥琳．企业布局搭建创新联合体重塑创新生态的机理与路径研究［J］．西安交通大学学报（社会科学版），2022，42（1）：76-84.

［53］郭克莎，田潇潇．加快构建新发展格局与制造业转型升级路径［J］．中国工业经济，2021（11）：44-58.

［54］郭丕斌，张爱琴．负责任创新、动态能力与企业绿色转型升级［J］．科研管理，2021（7）：31-39.

［55］郭然，原毅军．服务型制造对制造业效率的影响机制研究［J］．科学学研究，2020，38（3）：448-456.

［56］郭秀强，孙延明，研发投入、技术积累与高新技术企业市场绩效［J］．科学学研究，2020，38（9）：1630-1637.

［57］何智励，汪发元，汪宗顺，等．绿色技术创新、金融门槛与经济高质量发展：基于长江经济带的实证［J］．统计与决策，2021，37（19）：116-120.

［58］贺俊．制造强国建设的关键维度和战略要点［J］．改革，2021（2）：81-89.

［59］贺灵，付丽娜．创新要素协同、市场化改革与制造业高质量发展［J］．财经理论与实践，2021，42（6）：126-131.

［60］贺正楚，李玉洁，吴艳．产业协同集聚、技术创新与制造业产业链韧性［J］．科学学研究，2023（10）：1-16.

［61］洪俊杰，史方圆．中国培育数字贸易竞争优势：有利条件、制约因素及对策建议［J］．国际贸易，2023（4）：11-18.

［62］洪银兴，杨玉珍．构建新发展格局的路径研究［J］．经济学家，2021，1（3）：5-14.

［63］洪银兴．围绕产业链部署创新链：论科技创新与产业创新的深度融合［J］．经济理论与经济管理，2019（8）：4-10.

［64］胡查平，梁珂珂．制造业服务化何以影响顾客满意度？［J］．技术经济，2022，41（6）：145-153.

[65]胡乐明.产业链与创新链融合发展的意义与路径[J].人民论坛，2020(31)：72-75.

[66]胡亚男，余东华.全球价值链嵌入、技术路径选择与制造业高质量发展[J].科技进步与对策，2021，38(21)：44-52.

[67]黄东兵，王灵均，周承绪，等.制造企业人工智能创新如何赋能高质量发展：来自中国上市公司的经验证据[J].科技进步与对策，2022，39(8)：110-120.

[68]黄凌云，刘冬冬，谢会强.对外投资和引进外资的双向协调发展研究[J].中国工业经济，2018(3)：80-97.

[69]黄令，王亚飞，伍政兴.数字经济影响制造业高质量发展的实证检验[J].统计与决策，2023(14)：22-27.

[70]黄群慧，陈创练.新发展格局下需求侧管理与供给侧结构性改革的动态协同[J].改革，2021(3)：1-13.

[71]黄群慧，黄阳华，贺俊，等.面向中上等收入阶段的中国工业化战略研究[J].中国社会科学，2017(12)：94-117.

[72]黄群慧，倪红福.中国经济国内国际双循环的测度分析：兼论新发展格局的本质特征[J].管理世界，2021，37(2)：40-55.

[73]黄群慧，余菁，王涛.培育世界一流企业：国际经验与中国情境[J].中国工业经济，2017(11)：5-22.

[74]黄群慧."双循环"新发展格局：深刻内涵、时代背景与形成建议[J].北京工业大学学报，2021，21(1)：9-16.

[75]黄群慧.新发展格局的理论逻辑、战略内涵与政策体系：基于经济现代化的视角[J].经济研究，2021(4)：4-23.

[76]黄群慧.以高质量工业化进程促进现代化经济体系建设[J].行政管理改革，2018(1)：11-14.

[77]黄顺春，张书齐.中国制造业高质量发展评价指标体系研究综述[J].统计与决策，2021(2)：5-9.

[78]霍春辉，吕梦晓，许晓娜.数字化转型"同群效应"与企业高质量发展：基于制造业上市公司的经验证据[J].科技进步与对策，2023，40(4)：77-88.

[79]霍祎黎，宋玉祥.粤港澳大湾区经济协调发展水平测度与影响因素分析[J].经济纵横，2023(2)：102-110.

[80]纪洁，谷蓉娜，韩剑.数字经济时代制造业企业服务化转型与产品多样化[J].江海学刊，2023(3)：102-110.

[81]江小涓，孟丽君.内循环为主、外循环赋能与更高水平双循环：国际经

验与中国实践[J]. 管理世界，2021(1)：1-18.

[82]江小涓. 大国双引擎增长模式：中国经济增长中的内需和外需[J]. 管理世界，2010(6)：1-16.

[83]江瑶，陈旭，张凌恺. 专利视域下"卡脖子"技术三阶段识别研究：以芯片材料为例[J]. 情报杂志，2023(8)：83-89.

[84]姜迪，吴华珠."双碳"背景下江苏制造业企业高质量发展问题及对策：基于2021中国制造业500强企业数据[J]. 科技管理研究，2023(13)：221-226.

[85]姜玉梅，孟庆春，李新运. 区域科技创新驱动经济高质量发展的绩效评价[J]. 统计与决策，2021，37(16)：76-80.

[86]蒋军锋，尚晏莹. 数据赋能驱动制造企业服务化的路径[J]. 科研管理，2022，43(4)：56-65.

[87]蒋伟. 基于制造业全球价值链的国际产能合作研究[D]. 北京：中共中央党校，2022.

[88]匡茂华，李海海. 创新链和产业链双向融合路径探析[J]. 人民论坛，2020(15)：190-191.

[89]李勃昕，董雨，朱承亮，等. 双向跨境投资、技术创新与生产效率[J]. 管理科学，2023(2)：35-52.

[90]李春梅，马金金. 甘肃省承接区际产业转移定量测度[J]. 甘肃科技纵横，2021，50(7)：94-96.

[91]李翠妮，崔卫杰，董超，等. 自由贸易试验区设立对中国数字贸易发展的促进效应研究[J]. 国际贸易，2023(4)：19-30.

[92]李东红. 企业联盟研发：风险与防范[J]. 中国软科学，2002(10)：47-50.

[93]李宏兵，刘早云，陈岩. 双向投资、双向技术溢出与中国企业创新[J]. 中国科技论坛，2019(2)：64-72.

[94]李金华. 制造强国建设路径：打造全球知名品牌方阵[J]. 新疆师范大学学报(哲学社会科学版)，2021，42(2)：120-131.

[95]李婧，李杨. 新时代制造业利用外资高质量发展的成就与路径[J]. 新视野，2023(2)：79-86.

[96]李靖华，马江璐，瞿庆云. 授人以渔，还是授人以鱼：制造服务化价值创造逻辑的探索式案例研究[J]. 科学学与科学技术管理，2019(7)：43-60.

[97]李俊，范羽晴. 加快建设贸易强国背景下我国发展数字贸易的战略思考[J]. 国际贸易，2023(6)：14-24.

[98]李兰冰，刘瑞. 生产性服务业集聚与城市制造业韧性[J]. 财经科学，

2021(11)：64-79.

[99]李廉水，杜占元."新型制造业"的概念、内涵和意义[J].科学学研究，2005(2)：184-187.

[100]李廉水，石喜爱，刘军.中国制造业40年：智能化进程与展望[J].中国软科学，2019(1)：1-9.

[101]李萌，何宇，潘家华."双碳"目标、碳税政策与中国制造业产业链韧性[J].中国人口·资源与环境，2022，32(9)：22-34.

[102]李胜会，戎芳毅.中国制造业绿色转型升级：政策、实践与趋势[J].全球化，2021(5)：103-115.

[103]李腾，孙国强，崔格格.数字产业化与产业数字化：双向联动关系、产业网络特征与数字经济发展[J].产业经济研究，2021(5)：54-68.

[104]李天柱，刘小琴，李潇潇.对当前"制造业服务化"研究的若干理论辨析[J].中国科技论坛，2018(6)：75-82.

[105]李婉红，李娜.绿色技术创新、智能化转型与制造企业环境绩效：基于门槛效应的实证研究[J].管理评论，2023(5)：90-101.

[106]李晓华，王怡帆.未来产业的演化机制与产业政策选择[J].改革，2021(2)：54-68.

[107]李晓华.制造业发展趋势与中国制造业升级方向[J].人民论云·学术前沿，2023(5)：51-58.

[108]李晓静，蒋灵多，罗长远.数字技术与全球价值链嵌入位置 基于制造业企业的实证研究[J].学术研究，2023(5)：108-116.

[109]李焱，张筱涵，黄庆波.RCEP生效对区域价值链分工及我国贸易增加值的影响研究[J].南开经济研究，2022(10)：37-54.

[110]李英杰，韩平.数字经济下制造业高质量发展的机理和路径[J].宏观经济管理，2021(5)：36-45.

[111]李颖，贺俊.数字经济赋能制造业产业创新研究[J].经济体制改革，2022(2)：101-106.

[112]李宇辰，郝项超，刘精山.政府产业基金对企业创新的影响机制研究：政治关联视角[J].科技进步与对策，2024(7)：143-161.

[113]李宇辰，孙沁茹，郝项超.政府产业基金、地方金融发展与企业创新[J].中国科技论坛，2021(10)：62-70.

[114]李宇辰，孙沁茹，郝项超.政府产业基金如何有效促进企业创新：基于政府产业基金数据的分析[J].软科学，2022(4)：17-22.

[115]梁俊.产业价值链升级促进形成强大国内市场的对策建议[J].宏观经

济研究，2021（9）：57-65.

［116］梁俊伟，孙杨．技术性贸易壁垒与企业创新［J］．浙江学刊，2021（6）：69-82.

［117］梁向东，苏在坤．数字经济驱动中国制造业高质量发展的空间效应［J］．江汉论坛，2023（6）：19-25.

［118］梁小甜，文宗瑜．制造业数字化转型、客户信息优势与高质量发展［J］．统计与决策，2023（7）：179-183.

［119］廖斌，李琳，罗啸潇，等．城市蔓延、创新网络联通与区域协同发展［J］．中国人口·资源与环境，2023，33（6）：128-137.

［120］林晨，陈荣杰，徐向宇．渐进式市场化改革、产业政策与经济增长：基于产业链的视角［J］．中国工业经济，2023（4）：42-59.

［121］凌永辉，刘志彪．新发展格局下的内需引致型产业链循环研究［J］．学习与实践，2021（6）：52-59.

［122］刘斌，魏倩，吕越，等．制造业服务化与价值链升级［J］．经济研究，2016（3）：151-162.

［123］刘朝．数智化技术助力制造业绿色发展［J］．人民论坛，2023（11）：80-83.

［124］刘成坤，林明裕．制造业高质量发展水平的统计测度及时空演变特征研究［J］．当代经济管理，2023，45（8）：56-68.

［125］刘娥平，钟君煜，施燕平．风险投资的溢出效应［J］．财经研究，2018，44（9）：52-65.

［126］刘冠辰，李元祯，李萌．私募股权投资、高管激励与企业创新绩效：基于专利异质性视角的考察［J］．经济管理，2022，44（8）：116-134.

［127］刘洪愧．"双循环"新发展格局的政治经济学分析［J］．西南民族大学学报，2021（7）：143-151.

［128］刘洪民，杨艳东．用户创新与产学研用协同创新激励机制［J］．技术经济与管理研究，2017（7）：31-34.

［129］刘佳骏，李晓华．中国制造业对外直接投资对产业链现代化的影响及应对［J］．经济纵横，2021（12）：58-66.

［130］刘婧玥，吴维旭．产业政策视角下创新链产业链融合发展路径和机制研究：以深圳市为例［J］．科技管理研究，2022，42（15）：106-114.

［131］刘凯鹏．构建新发展格局的理论意涵和政策取向［J］．马克思主义与现实，2021（4）：171-178.

［132］刘琳．中国参与全球价值链的测度与分析：基于附加值贸易的考

察[J]．世界经济研究，2015(6)：71-83．

[133]刘松竹，肖生鹏，梁运文．人工智能与中国制造业企业高质量发展[J]．江汉论坛，2022，529(7)：24-31．

[134]刘维林．产品架构与功能架构的双重嵌入：本土制造业突破GVC低端锁定的攀升途径[J]．中国工业经济，2012(1)：152-159．

[135]刘玮，李燕凌．科技创新成果转化与产业链发展[J]．科学管理研究，2014(1)：15-18．

[136]刘晓彦，简兆权，刘洋．制造企业服务平台如何创造价值：日日顺与琴趣平台双案例研究[J]．研究与发展管理，2020(5)：82-96．

[137]刘鑫鑫，惠宁．数字经济对中国制造业高质量发展的影响研究[J]．经济体制改革，2021(5)：92-98．

[138]刘友金，周健，杨淇番．产业共生、梯度差异与中国向"一带一路"国家产业转移[J]．湖南财政经济学院学报，2021(3)：5-13．

[139]刘渝琳，谢缙．超边际分析框架下"双循环"新发展格局的策略选择：基于中美贸易战的分析[J]．中国管理科学，2023(6)：196-206．

[140]刘正山．机械制造企业如何实施绿色生产[J]．现代制造技术与装备，2016(5)：173-175．

[141]刘志彪，孔令池．从分割走向整合：推进国内统一大市场建设的阻力与对策[J]．中国工业经济，2021(8)：20-36．

[142]刘志彪，凌永辉．双循环新发展格局的研究视角、逻辑主线和总体框架[J]．浙江工商大学学报，2021(2)：83-93．

[143]刘志彪，徐天舒．培育"专精特新"中小企业：补链强链的专项行动[J]．福建论坛，2022(1)：23-32．

[144]刘志成．加快建设全国统一大市场的基本思路与重点举措[J]．改革，2022(9)：54-65．

[145]龙飞扬，殷凤．制造业全球生产分工深化能否提升出口国内增加值率[J]．国际贸易问题，2021(3)：32-48．

[146]吕铁，李载驰．数字技术赋能制造业高质量发展：基于价值创造和价值获取的视角[J]．学术月刊，2021(4)：56-65，80．

[147]吕铁，刘丹．制造业高质量发展：差距、问题与举措[J]．学习与探索，2019(1)：111-117．

[148]吕越，陈帅，盛斌．嵌入全球价值链会导致中国制造的"低端锁定"吗？[J]．管理世界，2018(8)：83-98．

[149]罗良文，梁圣蓉．新时代高质量发展实体经济的焦点难点、战略设计

及路径选择[J]. 新疆师范大学学报(哲学社会科学版),2023(6):36-45.

[150]罗小芳,李小平. 为什么要支持企业牵头组建创新联合体[N]. 光明日报,2021-06-08(15).

[151]罗序斌. 传统制造业智能化转型升级的实践模式及其理论构建[J]. 现代经济探讨,2021(11):86-90.

[152]罗仲伟,孟艳华."十四五"时期区域产业基础高级化和产业链现代化[J]. 区域经济评论,2020(1):32-38.

[153]马建堂,赵昌文. 更加自觉地用新发展格局理论指导新发展阶段经济工作[J]. 管理世界,2020(11):1-6,230.

[154]马建堂. 建设高标准市场体系与构建新发展格局[J]. 管理世界,2021(5):1-10.

[155]马永健,郑志强,范爱军. 中国非洲贸易自由化的潜在经济效应研究[J]. 亚太经济,2023(1):61-70.

[156]毛荐其,杜艳婷,苗成林,等. 基于专利共类的关键核心技术识别模型构建及应用:以光刻技术为例[J]. 情报杂志,2022,41(11):48-54.

[157]毛蕴诗,王婧. 企业社会责任融合、利害相关者管理与绿色产品创新:基于老板电器的案例研究[J]. 管理评论,2019(7):149-161.

[158]梅强,伴红,刘素霞,等. 面向中小制造企业的绿色供应链协同创新模式多案例研究[J]. 科学学与科学技术管理,2023(5):50-61.

[159]孟凡生,马茹浩. 离散制造智能化关键技术协同创新及影响因素研究[J]. 科研管理,2023(1):37-47.

[160]缪德刚. 中国对外开放路径变迁与制度演进[J]. 广西社会科学,2020(1):32-41.

[161]倪红福,龚六堂,夏杰长. 生产分割的演进路径及其影响因素:基于生产阶段数的考察[J]. 管理世界,2016(4):10-23.

[162]倪淑慧,崔晓敏. 中美双边经贸关系:"再创新高"背后,"脱钩"悄悄进行[EB/OL].(2023-02-24)[2023-11-01]. https://cnapp.chinadaily.com.cn/a/202302/24/AP63fc112fa310907a35016015.html.

[163]倪月菊,牛宇柔."一带一路"倡议对中国—东盟国家的双边贸易效应:基于结构引力模型分析[J]. 南洋问题研究,2023(2):40-58.

[164]聂飞,胡华璐,李磊. 中国 FTA 战略、价值链重塑与制造业企业工序智能化[J]. 国际贸易问题,2023(5):88-102.

[165]牛文元. 可持续发展理论的内涵认知:纪念联合国里约环发大会20周年[J]. 中国人口资源与环境,2012(5):9-15.

[166]欧阳艳．中国制造业在“一带一路”价值增值能力的驱动因素[J]．中国流通经济，2017(9)：82-88.

[167]庞磊，阳晓伟．数字经济、创新螺旋与产业链关键环节控制能力研究[J]．科技进步与对策，2023(5)：107-126.

[168]庞明川，张翀，焦伟伟．风险投资、制度情境与产业结构转型升级：基于中国省级面板数据的实证研究[J]．科技进步与对策，2021(8)：50-59.

[169]裴长洪，刘洪愧．构建新发展格局科学内涵研究[J]．中国工业经济，2021(6)：5-22.

[170]彭树涛，李鹏飞．中国制造业发展质量评价及提升路径[J]．中国特色社会主义研究，2018(5)：34-40，54.

[171]蒲清平，杨聪林．构建“双循环”新发展格局的现实逻辑、实施路径与时代价值[J]．重庆大学学报，2020(6)：24-34.

[172]朴庆秀，孙新波，钱雨，等．服务化转型视角下技术创新与商业模式创新的互动机制研究：以沈阳机床集团为案例[J]．科学学与科学技术管理，2020(2)：94-115.

[173]戚小玉．基于铁路数据服务平台的电务大数据智能运维技术研究与应用[J]．铁道运输与经济，2023(9)：66-73.

[174]戚聿东，徐凯歌．智能制造的本质[J]．北京师范大学学报(社会科学版)，2022(3)：93-103.

[175]钱学锋，向波．“双循环”新发展格局与创新[J]．北京工商大学学报，2022，37(6)：101-110.

[176]乔岳．碳中和目标下中国制造业绿色发展之路[J]．人民论坛·学术前沿，2023(5)：59-70.

[177]乔小勇，凌鑫．贸易壁垒与中国制造业产出服务化：基于国外对华反倾销经验数据[J]．中国科技论坛，2020，1(11)：83-92.

[178]仇娟东，李勃昕，安纪钊．中国企业对“一带一路”沿线的投资效应评估[J]．经济与管理研究，2023，44(6)：38-56.

[179]仇怡，胡慧．双向FDI协调发展促进了中国经济高质量发展吗？[J]．湖南师范大学社会科学学报，2023(3)：67-78.

[180]曲立，王璐，季桓永．中国区域制造业高质量发展测度分析[J]．数量经济技术经济研究，2021(9)：45-61.

[181]曲小瑜，秦续天．基于tsQCA方法的制造业绿色技术创新能力多元提升路径研究[J]．科技管理研究，2022，42(19)：225-231.

[182]任保平，豆渊博．“十四五”时期构建新发展格局推动经济高质量发展

的路径与政策[J].人文杂志，2021（1）：1-8.

[183]任保平."十四五"时期转向高质量发展加快落实阶段的重大理论问题[J].学术月刊，2021（2）：75-84.

[184]任保平.新发展格局下"数字丝绸之路"推动高水平对外开放的框架与路径[J].陕西师范大学学报，2022，51（6）：57-66.

[185]任保平.新时代高质量发展的政治经济学理论逻辑及其现实性[J].人文杂志，2018（2）：26-34.

[186]任保平.新时代中国经济从高速增长转向高质量发展：理论阐释与实践取向[J].学术月刊，2018（3）：66-74.

[187]单春霞，李倩，丁琳.知识产权保护、创新驱动与制造业高质量发展：有调节的中介效应分析[J].经济问题，2023（2）：51-59.

[188]申君歌，彭书舟.技术创新、生产效率和出口多样化与中国制造业出口竞争力，国际商务研究，2022（1）：59-71.

[189]沈国兵，沈彬朝.非关税壁垒对中国进口多元化的影响[J].世界经济，2022（10）：130-159.

[190]盛斌.中国对外贸易政策的政治经济分析[M].上海：上海人民出版社，2002.

[191]盛朝迅，徐建伟，任继球.实施产业基础再造工程的总体思路与主要任务研究[J].宏观质量研究，2021（4）：64-77.

[192]盛朝迅.推进我国产业链现代化的思路与方略[J].改革，2019（10）：45-56.

[193]盛朝迅.新发展格局下推动产业链供应链安全稳定发展的思路与策略[J].改革，2021（3）：1-13.

[194]师博，樊思聪.创新驱动经济高质量发展的空间效应与机制研究[J].广西大学学报（哲学社会科学版），2021（2）：78-84.

[195]师博，张冰瑶.新时代、新动能、新经济：当前中国经济高质量发展解析[J].上海经济研究，2018（5）：25-33.

[196]施炳展，邵文波.中国企业出口产品质量测算及其决定因素——培育出口竞争新优势的微观视角[J].管理世界，2014（9）：90-106.

[197]石琳娜，陈劲.基于知识协同的产学研协同创新稳定性研究[J].科学学与科学技术管理，2023（9）：67-81.

[198]史本叶，齐瑞卿.数字贸易规则网络对数字服务出口的影响[J].世界经济研究，2023（3）：3-16.

[199]史丹，孙光林.大数据发展对制造业企业全要素生产率的影响机理研

究[J]. 财贸经济, 2022, 43(9): 85-100.

[200]宋丰伊, 刘键, 邹锋, 等. 面向"双碳"目标的生态环保材料感知评价方法及外观美化研究[J]. 包装工程, 2023, 44(10): 79-94.

[201]孙炳能, 高古月, 明新国, 等. 基于节能空调压缩机供应链的产供销一体化网络化协同[J]. 机械设计与研究, 2021(3): 148-153.

[202]孙久文, 程芸倩. 京津冀协同发展的内在逻辑、实践探索及展望: 基于协同视角的分析[J]. 天津社会科学, 2023(1): 114-121.

[203]孙琴, 刘戒骄, 胡贝贝. 中国集成电路产业链与创新链融合发展研究[J]. 科学学研究, 2023, 41(7): 1223-1233.

[204]孙铁山, 刘禹圻, 吕爽. 京津冀地区间技术邻近特征及对区域协同创新的影响[J]. 天津社会科学, 2023(1): 129-138.

[205]孙晓华, 任俊林. 资源税改革推动了企业对外直接投资吗? [J]. 世界经济研究, 2023(7): 47-61.

[206]孙玉琴, 任燕. 我国与亚太新兴经济体数字贸易合作的思考[J]. 国际贸易, 2023(6): 25-35.

[207]谭建荣, 刘振宇, 徐敬华. 新一代人工智能引领下的智能产品与装备[J]. 中国工程科学, 2018, 20(4): 35-43.

[208]汤铎铎, 刘学良, 倪红福, 等. 全球经济大变局、中国潜在增长率与后疫情时期高质量发展[J]. 经济研究, 2022(8): 4-23.

[209]唐海燕, 张会清. 产品内国际分工与发展中国家的价值链提升[J]. 经济研究, 2009(9): 81-93.

[210]唐红祥, 张祥祯, 吴艳, 等. 中国制造业发展质量与国际竞争力提升研究[J]. 中国软科学, 2019(2): 128-142.

[211]唐晓华, 张欣珏, 李阳. 中国制造业与生产性服务业动态协调发展实证研究[J]. 经济研究, 2018(3): 79-93.

[212]唐泽地, 张一兵, 李善同, 等. 中国制造业增加值率变化的特点及其启示[J]. 上海经济研究, 2020(12): 66-74.

[213]陶锋, 王欣然, 徐扬, 等. 数字化转型、产业链供应链韧性与企业生产率[J]. 中国工业经济, 2023(5): 118-136.

[214]田时中, 许玉久, 范宇翔. 数据要素新动能对制造业高质量发展的影响研究[J]. 统计与信息论坛, 2023(8): 55-66.

[215]田秀娟, 李睿. 数字技术赋能实体经济转型发展: 基于熊彼特内生增长理论的分析框架[J]. 管理世界, 2022, 38(5): 56-74.

[216]万攀兵, 杨冕, 陈林. 环境技术标准何以影响中国制造业绿色转型:

基于技术改造的视角[J]. 中国工业经济，2021(9)：118-136.

[217]万志远，戈鹏，张晓林，等. 智能制造背景下装备制造业产业升级研究[J]. 世界科技研究与发展，2018(3)：316-327.

[218]汪发元. 构建"双循环"新发展格局的关键议题与路径选择[J]. 改革，2021(7)：64-74.

[219]汪建新，杨晨. 促进国内国际双循环有效联动的模式、机制与路径[J]. 经济学家，2021(8)：42-52.

[220]汪炜，乔桂明，胡骋来. "一带一路"沿线国家直接投资对中国经济的拉动效应：基于东道国国家风险视角[J]. 财经问题研究，2022(11)：77-88.

[221]王昶，何琪，耿红军，等. 关键核心技术国产替代的逻辑、驱动因素与实现路径[J]. 经济学家，2022(3)：99-108.

[222]王德祥. 数字经济背景下数据要素对制造业高质量发展的影响研究[J]. 宏观经济研究，2022，286(9)：51-63.

[223]王宏起，李力，王珊珊. 设计与技术双重驱动下的新兴产业创新链重构研究[J]. 科技进步与对策，2014，31(4)：40-45.

[224]王洪涛，陆铭. 供需平衡、动能转换与制造业高质量发展[J]. 江苏社会科学，2020(4)：128-136.

[225]王健. 减量化理念在包装设计中的应用研究[J]. 包装工程，2023，44(12)：411-413，448.

[226]王静. 我国制造业全球供应链重构和数字化转型的路径研究[J]. 中国软科学，2022(4)：23-34.

[227]王俊，陈国飞. "互联网+"、要素配置与制造业高质量发展[J]. 技术经济，2020，39(9)：61-72.

[228]王丽娜，张超，朱卫东. 互联网时代制造业服务化价值共创模式研究：基于海尔的服务化转型实践[J]. 企业经济，2019(8)：68-76.

[229]王琪，李莉，徐大伟，等. 我国环境友好包装材料发展研究[J]. 塑料包装，2023(33)：7-12，53.

[230]王如萍，张焕明. 数字化转型与企业对外直接投资：创新能力和交易成本的中介作用[J]. 财贸研究，2023(5)：14-24.

[231]王瑞荣，陈晓华. 数字经济助推制造业高质量发展的动力机制与实证检验：来自浙江的考察[J]. 系统工程，2022(1)：1-13.

[232]王绍媛，郑阳芷. 中印双边贸易潜力与影响因素分析[J]. 经济纵横，2022(11)：98-105.

[233]王诗勇，吴蕾. 服务贸易壁垒对经济增长非线性影响的实证检验[J].

统计与决策，2020(18)：104-108.

[234]王维平，牛新星．试论“双循环”新发展格局与经济高质量发展的良性互动[J]．经济学家，2021(6)：5-12.

[235]王霞，傅元海．构建自主可控现代制造业体系面临的挑战、路径与对策[J]．当代财经，2023(8)：3-16.

[236]王晓红．推动制造业利用外资扩量提质[J]．国际贸易，2023(7)：41-50.

[237]王晓萍，任志敏，张月月，等．基于服务化战略实施的制造业价值链优化升级：价值增值的视角[J]．科技管理研究，2019，39(5)：110-115.

[238]王一鸣．百年大变局、高质量发展与构建新发展格局[J]．管理世界，2020(12)：1-13.

[239]王玉燕，林汉川，吕臣．全球价值链嵌入的技术进步效应：来自中国工业面板数据的经验研究[J]．中国工业经济，2014(9)：61-72.

[240]王运良，李富有，刘崇书．投资便利化对中国 OFDI 规模的影响研究：以“一带一路”沿线国家为例[J]．金融论坛，2023(2)：69-80.

[241]王直，魏尚进，祝坤福．总贸易核算法：官方贸易统计与全球价值链的度量[J]．中国社会科学，2015(9)：108-127.

[242]魏际刚．中国产业中长期发展战略问题[J]．发展研究，2014(9)：4-7.

[243]魏蓉蓉．金融资源配置对经济高质量发展的作用机理及空间溢出效应研究[J]．西南民族大学学报(人文社会科学版)，2019，40(7)：116-123.

[244]温军，张森．科技自立自强：逻辑缘起、内涵解构与实现进路[J]．上海经济研究，2022(8)：5-14.

[245]吴良勇，李春杰．制造业服务化不同运营模式人才需求类型探究[J]．产业与科技论坛，2018，17(19)：138-140.

[246]西桂权，李辉，赖茂生．面向产业链自主可控的科技安全情报服务价值与模式研究[J]．情报理论与实践，2023(10)：46-53.

[247]肖兴志，李少林．大变局下的产业链韧性：生成逻辑、实践关切与政策取向[J]．改革，2022(11)：1-14.

[248]肖宇．私募股权投资对中国三次产业创新增长的影响研究[J]．数量经济技术经济研究，2022(8)：119-139.

[249]谢侃侃．数字共治视角下长三角城市群协同治理的主要实践与对策分析[J]．技术经济，2023(2)：100-108.

[250]谢伟丽，石军伟，张起帆．人工智能、要素禀赋与制造业高质量发展：

来自中国 208 个城市的经验证据[J]. 经济与管理研究，2023(4)：21-38.

[251]解学梅，韩宇航. 本土制造业企业如何在绿色创新中实现"华丽转型"：基于注意力基础观的多案例研究[J]. 管理世界，2022，38(3)：76-105.

[252]解学梅，王若怡，霍佳阁. 政府财政激励下的绿色工艺创新与企业绩效：基于内容分析法的实证研究[J]. 管理评论，2020(5)：109-124.

[253]谢宜章，杨帆. 环境规制、研发投入与先进制造业绿色技术创新[J]. 财经理论与实践，2023(44)：129-136.

[254]邢彦，杨小辉."双循环"新发展格局下制造业高质量发展的路径选择：基于技术差距视角[J]. 技术经济与管理研究，2023(2)：117-123.

[255]熊焰，武婷婷. 数字创新与制造业高质量发展的耦合协调以及演变研究[J]. 科技管理研究，2023(11)：1-8.

[256]徐小锋. 关税变动对我国产业全球价值链参与度和位置影响研究[D]. 上海：上海财经大学，2019.

[257]徐星，惠宁，崔若冰，等. 数字经济驱动制造业高质量发展的影响效应研究：以技术创新效率提升与技术创新地理溢出的双重视角[J]. 经济问题探索，2023(2)：126-143.

[258]徐玉德. 增强产业链供应链自主可控能力[J]. 红旗文稿，2021(10)：30-32.

[259]许江波，董启琛，卿小权. 自贸区政策如何影响企业价值？："双循环"视角下的分析与检验[J]. 会计研究，2022(10)：85-98.

[260]闫华飞，肖静，冯兵. 环境规制、外商直接投资与工业绿色技术创新效率：基于长江经济带的实证[J]. 统计与决策，2022，38(16)：118-122.

[261]闫强明，李宁静，张辉."一带一路"倡议下中国对外投资对东道国价值链地位的影响效应[J]. 南开经济研究，2023(3)：39-57.

[262]晏鹏宇，杨柳，车阿大. 共享制造平台供需匹配与调度研究综述[J]. 系统工程理论与实践，2022，42(3)：811-832.

[263]杨超，张宸妍. 产业政策与企业对外直接投资：基于文本分析方法的经验证据[J]. 技术经济，2023，42(4)：137-146.

[264]杨浩昌，丁宇，李廉水，等. 制造业高质量发展水平动态评价及其比较[J]. 统计与决策，2021(15)：78-81.

[265]杨慧瀛，杨宏举. 数字贸易如何影响贸易高质量发展：基于贸易全要素生产率视角的经验证据[J]. 技术经济，2023(3)：40-51.

[266]杨蕙馨，孙孟子，杨振一. 中国制造业服务化转型升级路径研究与展望[J]. 经济与管理评论，2020(1)：58-68.

[267]杨连星，王秋硕，张秀敏．自由贸易协定深化、数字贸易规则与数字贸易发展[J]．世界经济，2023(4)：32-59.

[268]杨楠．产业链自主可控能力的提升机制与路径研究[J]．中州学刊，2023(7)：44-50.

[269]杨仁发，陆瑶．人工智能对制造业高质量发展的影响研究[J]．华东经济管理，2023(4)：65-76.

[270]杨仁发，郑媛媛．数字经济发展对全球价值链分工演进及韧性影响研究[J]．数量经济技术经济研究，2023(8)：69-89.

[271]杨水利，陈娜，李雷．数字化转型与企业创新效率：来自中国制造业上市公司的经验证据[J]．运筹与管理，2022，31(5)：169-176.

[272]杨水利，李雷．互联网发展与创新效率提升：来自中国高技术产业的经验证据[J]．运筹与管理，2021，30(3)：190-198.

[273]杨水利，易正广，李韬奋．基于再集成的"低端锁定"突破路径研究[J]．中国工业经济，2014(6)：122-134.

[274]杨水利．"四新经济"赋能制造业转型升级[M]．北京：经济管理出版社，2020.

[275]杨松．全球金融治理中制度性话语权的构建[J]．当代法学，2017(6)：106-115.

[276]杨伟民．贯彻中央经济工作会议精神推动高质量发展[J]．宏观经济管理，2018(2)：13-17.

[277]杨友才，耿璐璐，史倩姿．我国高技术产业间技术创新效率溢出效应：基于 GVAR 模型的研究[J]．管理评论，2020(6)：138-149.

[278][日]野中郁次郎，西原文乃．创造知识的实践[M]．会祯，马奓，译．北京：人民邮电出版社，2019.

[279]易信．实施深度工业化战略　推动实现制造业高质量发展[J]．宏观经济管理，2022(8)：24-31.

[280]尹西明，陈泰伦，陈劲．面向科技自立自强的高能级创新联合体建设[J]．陕西师范大学学报(哲学社会科学版)，2022，51(2)：51-60.

[281]于法稳，林珊．"双碳"目标下企业绿色转型发展的促进策略[J]．改革，2022(2)：144-155.

[282]余东华．制造业高质量发展的内涵、路径与动力机制[J]．产业经济评论，2020(1)：13-32.

[283]余官胜，田菊芳，曹灿．税收优惠与企业对外直接投资：基于上市公司微观样本的实证研究[J]．世界经济研究，2023(1)：59-69.

[284]余婕,董静.风险投资引入与产业高质量发展:知识溢出的调节与门限效应[J].科技进步与对策,2021(14):62-71.

[285]余淼杰,蒋海威.RCEP助力中国构建双循环新发展格局[J].江海学刊,2021(13):84-92.

[286]余淼杰,张睿.中国制造业出口质量的准确衡量:挑战与解决方法[J].经济学(季刊),2017(2):463-484.

[287]余淼杰."大变局"与中国经济"双循环"发展新格局[J].上海对外经贸大学学报,2020(6):19-28.

[288]余稳策.新中国70年开放型经济发展历程、逻辑与趋向研判[J].改革,2019(11):5-14.

[289]袁继新,王小勇,林志坚,等.产业链、创新链、资金链"三链融合"的实证研究:以浙江智慧健康产业为例[J].科技管理研究,2016(14):31-36.

[290]原长弘,章芬,姚建军,等.政产学研用协同创新与企业竞争力提升[J].科研管理,2015(12):1-8.

[291]岳中刚,王凯."一带一路"境外经贸合作区建设的对外投资促进效应研究[J].世界经济与政治论坛,2023(4):149-172.

[292]岳中刚.战略性新兴产业技术链与产业链协同发展研究[J].科学学与科学技术管理,2014,35(2):154-158.

[293]占晶晶,崔岩.数字技术重塑全球产业链群生态体系的创新路径[J].经济体制改革,2022(1):119-126.

[294]张爱琴,张海超.数字化转型背景下制造业高质量发展水平测度分析[J].科技管理研究,2021(9):68-75.

[295]张彪,董坤,田常伟,等."双链"融合视角下关键核心技术分析框架及应用研究:以山东省区块链产业为例[J].情报理论与实践,2023(11):133-142.

[296]张朝帅,韦倩青.服务贸易壁垒对制造业GVC升级的影响研究:基于跨国面板数据的实证分析[J].技术经济,2021(12):85-95.

[297]张赤东,彭晓艺.创新联合体的概念界定与政策内涵[J].科技中国,2021(6):5-9.

[298]张帆,刘嘉伟.中国式现代化视域下制造业高质量发展的取向与路径[J].江海学刊,2023(2):109-116,256.

[299]张峰,薛惠锋,史志伟.资源禀赋、环境规制会促进制造业绿色发展?[J].科学决策,2018(5):60-78.

[300]张果果,郑世林.国家产业投资基金与企业创新[J].财经研究,

2021，47（6）：71-91.

[301]张慧芳，徐子媄．贸易壁垒和技术动态化对"一带一路"区域价值链分工地位的影响[J]．统计与决策，2023（7）：156-161.

[302]张慧智，寇弘扬．全球数字贸易规则构建的中国方案[J]．社会科学战线，2023（7）：34-43.

[303]张吉昌，龙静，王泽民．智能化转型如何赋能制造企业高质量发展？[J]．经济与管理研究，2023（4）：3-20.

[304]张佳悦．如何完善制造业创新体系[J]．人民论坛，2018（16）：122-123.

[305]张军扩，侯永志，刘培林，等．高质量发展的目标要求和战略路径[J]．管理世界，2019（7）：1-7.

[306]张明志，姚鹏．产业政策与制造业高质量发展[J]．科学学研究，2020（8）：148-149.

[307]张培刚．发展经济学往何处去：建立新型发展经济学刍议[J]．经济研究，1989（6）：14-27.

[308]张其仔，李蕾．制造业转型升级与地区经济增长[J]．经济与管理研究，2017，38（2）：97-111.

[309]张其仔，许明．实施产业链供应链现代化导向型产业政策的目标指向与重要举措[J]．改革，2022（7）：82-93.

[310]张其仔．在新发展格局形成中新经济要发挥引领作用[J]．湘潭大学学报，2021（2）：60-66.

[311]张倩肖，李佳霖．构建"双循环"区域发展新格局[J]．兰州大学学报，2021，49（1）：39-47.

[312]张省，唐嵩，龙冬．产学研用协同创新供需匹配机制的理论框架：基于扎根理论的多案例研究[J]．软科学，2017（11）：57-61.

[313]张松波，宋华，于亢亢．绿色采购战略、利益相关者满足与企业绩效[J]．经济与管理研究，2017（5）：113-124.

[314]张涛．高质量发展的理论阐释及测度方法研究[J]．数量经济技术经济研究，2020（5）：23-43.

[315]张鑫宇，张明志．要素错配、自主创新与制造业高质量发展[J]科学学研究，2022，40（6）：1117-1127.

[316]张亚明，宋雯婕，武晓涵，等．科技创新驱动产业升级的多重并发因果关系与多元路径[J]．科研管理，2021（12）：19-28.

[317]张宇，蒋殿春．双向跨境投资协调下的"收入漏出"与制造业技术结构升级[J]．财贸经济，2021（4）：130-148.

［318］张宇．"一带一路"倡议是否降低了中国出口的隐性壁垒？［J］．世界经济研究，2020（11）：3-14，135.

［319］张羽飞，原长弘，张树满．产学研融合程度对科技型中小企业创新绩效的影响［J］．科技进步与对策，2022，39（9）：64-74.

［320］张羽飞，原长弘．产学研深度融合突破关键核心技术的演进研究［J］．科学学研究，2022（5）：852-862.

［321］张雨浠，周谧，周雅婧．基于生命周期的服务化转型企业价值增值机理：多案例研究［J］．管理案例研究与评论，2022（5）：563-581.

［322］张元庆，刘烁，齐平．数字产业协同创新发展对碳排放强度影响研究［J］．西南大学学报（社会科学版），2023（3）：114-128.

［323］张月义，虞岚婷，茅婷，等．"标准+认证"视角下制造业区域品牌建设企业参与意愿及决策行为研究［J］．管理学报，2020，17（2）：290-297.

［324］张震宇．中国传统制造业中小企业自主创新动力要素及其作用路径研究［D］．成都：西南交通大学，2013.

［325］张志元．我国制造业高质量发展的基本逻辑与现实路径［J］．理论探索，2020（2）：87-92.

［326］张治河，郭星，易兰．经济高质量发展的创新驱动机制［J］．西安交通大学学报（社会科学版），2019（6）：39-46.

［327］赵宸宇．数字化发展与服务化转型：来自制造业上市公司的经验证据［J］．南开管理评论，2021（2）：149-161.

［328］赵家章，杜妍．自由贸易协定对中国出口贸易的影响：来自出口企业的微观证据［J］．国际经贸探索，2022（11）：4-19.

［329］赵伟，吴建军，贾少堃，等．信息化背景下的设备智能运维管理模式构建［J］．中国信息化，2023（3）：89-90.

［330］赵伟洪，张旭．百年来中国共产党对外开放思想的理论基础、历史进程与实践超越［J］．经济纵横，2021（5）：18-31.

［331］郑休休，刘青，赵忠秀．技术性贸易壁垒与中国企业出口调整："优胜劣汰"与"提质升级"［J］．中国人民大学学报，2022，36（4）：92-107.

［332］郑勇，崔海涛，张延良．私募股权投资对被投公司市值管理的影响：基于创业板IPO公司的证据［J］．经济与管理评论，2022（12）：45-54.

［333］钟庭宽．区域间高技术产业协同发展关系稳定性条件研究［J］．科技管理研究，2022（21）：84-94.

［334］周波，申亚茹．京津冀协同发展规划对税收收入的影响［J］．北京社会科学，2023（7）：41-56.

［335］周观平，易宇．新发展格局下提升中国集成电路产业链安全可控水平研究［J］．宏观经济研究，2021（11）：60-61.

［336］周密．后发转型大国价值链的空间重组与提升路径研究［J］．中国工业经济，2013（8）：70-82.

［337］周念利，于美月．美国主导 IPEF 数字贸易规则构建：前瞻及应对［J］．东北亚论坛，2023，32（4）：82-97，128.

［338］周文，李思思．全面理解和把握好高质量发展：内涵特征与关键问题［J］．天府新论，2021（4）：109-117.

［339］周晓红．以转型升级助推中国制造业高质量发展［J］．江苏行政学院学报，2020（2）：56-61.

［340］周勇．以高水平科技自立自强推动高质量发展［J］．求索，2024（1）：134-141.

［341］周正，王搏．数字经济推动制造业高质量发展路径研究：以居民消费为中介效应的实证检验［J］．学习与探索，2023（5）：113-121.

［342］朱于珂，高红贵，肖甜．工业企业绿色技术创新、产业结构优化与经济高质量发展［J］．统计与决策，2021（19）：111-115.

［343］邹志明，陈迅．外商直接投资对技术创新与经济高质量发展的影响及其作用机制：基于环境规制的调节作用［J］．科研管理，2023（2）：165-175.

［344］Aldatmazs. Private Equity in the Global Economy：Evidence on Industry Spillovers［D］. Chapel Hill：The University of North Carolina at Chapel Hill，2013.

［345］Ambos T C，Mäkelä K，Birkinshaw J，et al. When Does University Research Get Commercialized? Creating Ambidexterity in Research Institutions［J］. Journal of Management Studies，2008（45）：1424-1447.

［346］Ana B，Hengky L，Charbel J，et al. Does Applying a Circular Business Model Lead to Organizational Resilience? Mediating Effects of Industry 4.0 and Customers Integration［J］. Technological Forecasting and Social Change，2023（194）：122672.

［347］Andersen J. A Relational Natural-Resource-Based View on Product Innovation：The Influence of Green Product Innovation and Green Suppliers on Differentiation Advantage in Small Manufacturing Firms［J］. Technovation，2021（104）：102254.

［348］Ankrah S N，Burgess T F，Grimshaw P，et al. Asking both University and Industry Actors about Their Engagement in Knowledge Transfer：What Single-Group Studies of Motives Omit［J］. Technovation，2013（33）：50-65.

［349］Antras P，Chor D，Fally T，et al. Measuring the Upstreamness of Production and Trade Flows[J]. American Economic Review, 2012(102): 412-416.

[350] Anwar K, Yang C J, Amal H, et al. Impact of Technological Innovation, Financial Development and Foreign Direct Investment on Renewable Energy, Non-Renewable Energy and the Environment in Belt & Road Initiative Countries [J]. Renewable Energy, 2021(171): 479-491.

[351] Bai Y P, Brien O G C. The Strategic Motives behind Firm's Engagement in Cooperative Research and Development: A New Explanation from Four Theoretical Perspectives[J]. Journal of Modelling in Management, 2008, 3(2): 162-181.

[352] Baier-F H, Guerrero M, Amorós J E. Does Triple Helix Collaboration Matter for the Early Internationalisation of Technology-Based Firms in Emerging Economies? [J]. Technological Forecasting and Social Change, 2021(163): 120439.

[353] Baldwin R E. Global Supply Chains: Why They Emerged, Why They Matter, and Where They are Going[D]. Oxford: Oxford University, 2012.

[354] Banker R D, Ma X, Pomare C, et al. When Doing Good for Society is Good for Shareholders: Importance of Alignment between Strategy and Csr Performance[J]. Review of Accounting Studies, 2023(28): 1074-1106.

[355] Bjorn A, Kristin B, Alessandra P, et al. The Nature of Innovation in Global Value Chains[J]. Journal of World Business, 2021, 56(4): 101221.

[356] Bustinza O, Marco O, Shlomo T, et al. Exploring the Interplay between Smart Manufacturing and KIBS Firms in Configuring Product-Service Innovation Performance[J]. Technovation, 2022(118): 102258.

[357] Cenamor J, Sjodin D R, Parida V. Adopting a Platform Approach in Servitization: Leveraging the Value of Digitalization [J]. International Journal of Production Economics, 2017(192): 54-65.

[358] Chan H K, Yee R W, Dai J, et al. The Moderating Effect of Environmental Dynamism on Green Product Innovation and Performance[J]. International Journal of Production Economics, 2016(181): 384-391.

[359] Chih Y Y, Zwikael O, Restubog S L D, et al. Enhancing Value Co-creation in Professional Service Projects: the Roles of Professionals, Clients and Their Effective Interactions [J]. International Journal of Project Management, 2019, 37 (5): 599-615.

[360] Chizaryfard A, Karakaya E. The Value Chain Dilemma of Navigating Sustainability Transitions: A Case Study of an Upstream Incumbent Company[J]. Environmental Innovation and Societal Transitions, 2022(45): 114-131.

[361]Chou Y C, Chuang H H C, Shao B B M. The Impacts of Information Technology on Total Factor Productivity: A Look at Externalities and Innovations[J]. International Journal of Production Economics, 2014(158): 290-299.

[362]Ciarli T, Kenney M, Massini S, et al. Digital Technologies, Innovation, and Skills: Emerging Trajectories and Challenges[J]. Research Policy, 2021, 50(7): 104289.

[363]Danish, Salahuddin K, Nils H. Sustainable Economic Development Across Globe: The Dynamics between Technology, Digital Trade and Economic Performance[J]. Technology in Society, 2023(72): 102207.

[364]David B A, Maksim B. The Limits to Open Innovation and its Impact on Innovation Performance[J]. Technovation, 2023(119): 102519.

[365]Fally T. Production Staging: Measurement and Facts[R]. University of Colorado-Boulder Working Paper, 2012.

[366]Freije I, Calle A D L, José V. Role of Supply Chain Integration in the Product Innovation Capability of Servitized Manufacturing Companies[J]. Technovation, 2022(118): 102216.

[367]Gao J, Feng Q, Guan T, et al. Unlocking Paths for Transforming Green Technological Innovation in Manufacturing Industries[J]. Journal of Innovation & Knowledge, 2023, 8(3): 100394.

[368]Gebauer H, Fleisch E, Friedli T. Overcoming the Service Paradox Inmanufacturing Companies[J]. European Management Journal, 2005, 23(1): 14-26.

[369]Gebauer H, Gustafsson A, Witell L. Competitive Advantage Through Service Differentiation by Manufacturing Companies[J]. Journal of Business Research, 2011, 64(12): 1270-1280.

[370]Gereffi G, Humphrey J, Sturgeon T. The Governance of Global Value Chains[J]. Review of International Political Economy, 2005(12): 78-104.

[371]Gereffi G. International Trade and Industrial Upgrading in the Apparel Commodity Chain[J]. Journal of International Economics, 1999(48): 37-70.

[372]Giddens A, Pierson C. Conversations with Anthony Giddens: Making Sense of Modernity[M]. California: Stanford University Press, 1998.

[373]Gong Y, Yao Y, Zan A. The Too Much of a Good Thing Effect of Digitalization Capability on Radical Innovation: The Role of Knowledge Accumulation and Knowledge Integration Capability[J]. Journal of Knowledge Management, 2023(27): 1680-1701.

［374］Gramer C. Can Africa Industrialize by Processing Primary Commodities? The Case of Mozambican Cashew Nuts［J］. World Development, 1999(27): 1247-1266.

［375］Guillaume A, Alexander P G. Entrepreneurs' Financing Choice between Independent and Bank - Affiliated Venture Capital Firms［J］. Journal of Corporate Finance, 2012(18): 1143-1167.

［376］Gómez-Marín N, Cara-Jiménez J, Bernardo-Sánchez A, et al. Sustainable Knowledge Management in Academia and Research Organizations in the Innovation Context［J］. The International Journal of Management Education, 2022, 20(1):100601.

［377］Hochachka G. Climate Change and the Transformative Potential of Value Chains［J］. Ecological Economics, 2023(20b): 107747.

［378］Hong C, Partha G, Baljeet S, et al. What Motivates Chinese Multinational Firms to Invest in Asia? Poor Institutions Versus Rich Infrastructures of a Host Country［J］. Technological Forecasting & Social Change, 2023(189): 122323.

［379］Hong W, Su Y S. The Effect of Institutional Proximity in Non-local University Industry Collaborations: An Analysis Based on Chinese Patent Data［J］. Research Policy, 2013(42): 454-464.

［380］Huang F, Chen J H, Sun L H, et al. Value-based Contract for Smart Operation and Maintenance Service Based on Equitable Entropy［J］. International Journal of Production Research, 2020, 58(4): 1271-1284.

［381］Humphery J, Schmitz H. How Does Insertion in Global Value Chains Affect Uparading in Industrial Clusters［J］. Reaional Studies, 2002(36): 1017-1027.

［382］Jain A, Bala R. Differentiated or Integrated: Capacity and Service Level Choice for Differentiated Products［J］. European Journal of Operational Research, 2018, 266(3): 1025-1037.

［383］Ji Y, Cai H, Wang Z. Impact of Industrial Synergy on the Efficiency of Innovation Resource Allocation: Evidence from Chinese Metropolitan Areas［J］. Land, 2023, 12(1): 177.

［384］Kalia P, Paul J. E-Service Quality and E-Retailers: Attribute-Based Multi-Dimensional Scaling［J］. Computers in Human Behavior, 2021(115): 106608.

［385］Khaled S A, Antonio DeL, Maria T V. The Role of E-Supply Chain Collaboration in Collaborative Innovation and Value-Co Creation［J］. Journal of Business Research, 2023(158): 113647.

［386］Koopman R, Powers W, Wang Z, et al. Give Credit Where Credit is Due: Tracing Value Added in Global Production Chains［C］. NBER Working Paper Series,

2011.

[387] Kuo T C, Wang M L. The Optimisation of Maintenance Service Levels to Support the Product Service System[J]. International Journal of Production Research, 2012, 50(23): 6691-6708.

[388] Lee C, Lee D, Shon M. Effect of Efficient Triple-Helix Collaboration on Organizations Based on Their Stage of Growth[J]. Journal of Engineering and Technology Management, 2020(58): 101604.

[389] Lee H. Drivers of Green Supply Chain Integration and Green Product Innovation: A Motivation-Opportunity-Ability Framework and a Dynamic Capabilities Perspective[J]. Journal of Manufacturing Technology Management, 2023, 34(3): 476-495.

[390] Lee W, Liu C, Tseng T, et al. The Multiple Effects of Service Innovation and Quality on Transitional and Electronic Word-of-Mouth in Predicting Customer Behaviour[J]. Journal of Retailing and Consumer Services, 2022(64): 102791.

[391] Li X, Zheng P, Bao J, et al. Achieving Cognitive Mass Personalization Via the Self-X Cognitive Manufacturing Network: An Industrial Knowledge Graph-and Graph Embedding-Enabled Pathway[J]. Engineering, 2023(22): 14-19.

[392] Li D, Yang L. Research on the Influence Mechanism of Policy Implementation Effect Audit on the High-Quality Development of Manufacturing Industry[J]. Social Security and Administration Management, 2022, 3(2): 1-8.

[393] Liao W. Study on the Correlations among Environmental Education Environment-Friendly Product Development, and Green Innovation Capability in an Enterprise[J]. Eurasia Journal of Mathematics Science & Technology Education, 2017, 13(8): 5435-5444.

[394] Lin B, Teng Y. The Effect of Industrial Synergy and Division on Energy Intensity: From the Perspective of Industrial Chain[J]. Energy, 2023(283): 128487.

[395] Liu J, Zhang Z, Fidelis A. The Impact of Industrial Internet on High Quality Development of the Manufacturing Industry[J]. Cogent Economics & Finance, 2022(10): 2135723.

[396] Mastrogiacomo L, Barravecchia F, Franceschini F. A Worldwide Survey on Manufacturing Servitization[J]. The International Journal of Advanced Manufacturing Technology, 2019, 103(1): 1-16.

[397] Mazumder S, Garg S. Decoding Digital Transformational Outsourcing: The Role of Service Providers' Capabilities[J]. International Journal of Information

Management, 2021(58): 102295.

[398] Miao R, Cao J, Zhang K, et al. Value-Added Path of Service-Oriented Manufacturing Based on Structural Equation Model: The Case of Electric Car Rental for Instance [J]. International Journal of Production Research, 2014, 52 (18): 5502-5513.

[399] Mohammad H E, Leona A, Cedric T B, et al. Knowledge-Sharing Across Supply Chain Actors in Adopting Industry 4.0 Technologies: An Exploratory Case Study within the Automotive Industry [J]. Technological Forecasting and Social Change, 2023(186): 122118.

[400] Moleiro J M, Azeem G, Nuno M M, et al. Do Economic Freedom, Innovation, and Technology Enhance Chinese FDI? A Cross-Country Panel Data Analysis[J]. Heliyon, 2023, 9(6): e16668.

[401] Myat S H, Ma S, Wang Y, et al. Impact of Technology-Enabled Product Eco-Innovation: Empirical Evidence from the Chinese Manufacturing Industry [J]. Technovation, 2023(128): 102853.

[402] Nick W, Mike W, Donald S S, et al. Private Equity Portfolio Company Performance During the Global Recession[J]. Journal of Corporate Finance, 2012(18): 193-205.

[403] Peter J A, Meera S, Nicola R, et al. Advancing Novel Therapies for Neurodegeneration Through an Innovative Model for Industry-Academia Collaborations: A Decade of the Eisai-Ucl Experience[J]. Drug Discovery Today, 2023(28):103732.

[404] Popkovaeg, Inshakova A O, Sergibs. Venture Capital And Industry 4.0: The G7'S Versus BRICS' Experience[J]. Thunderbird International Business Review, 2021(63): 765-777.

[405] Porter M E. Competitive Advantage: Creating and Sustaining Superior Performance[M]. New York: The Free Press, 1985.

[406] Porter M, Ignatus A, Chandrasekaran N. How Smart, Connected Products are Transforming Competition[J]. Harvard Business Review, 2015, 92(11): 38-69.

[407] Reinert E S. Globalization, Economic Development and Inequality: An Alternative Perspective[M]. Chectenham: Edward Elgar Publishing, 2007.

[408] Runde G, Chunfa L, Yangyang Y, et al. The Impact of Industrial Digital Transformation on Green Development Efficiency Considering the Threshold Effect of Regional Collaborative innovation: Evidence from the Beijing-Tianjin-Hebei Urban Agglomeration in China[J]. Journal of Cleaner Production, 2023(420): 138345.

[409] Sanguineti F, Magnani G, Zucchella A. Technology Adoption, Global Value Chains and Sustainability: The Case of Additive Manufacturing[J]. Journal of Cleaner Production, 2023(408): 137095.

[410] Singh M B, Saurabh K. Linking Stakeholder and Competitive Pressure to Industry 4.0 and Performance: Mediating Effect of Environmental Commitment and Green Process Innovation[J]. Business Strategy and the Environment, 2022, 31(5): 1905-1918.

[411] Sun L, Miao C, Yang L. Ecological-Economic Efficiency Evaluation of Green Technology Innovation Instrategic Emerging Industries Based on Entropy Weighted Topsis Method[J]. Ecological Indicators, 2017, 73(2): 554-558.

[412] Tian X, Wang T Y. Tolerance for Failure and Corporate Innovation[J]. The Review of Financial Studies, 2014(1): 211-255.

[413] Toshiya K, Nariaki N, Kanji U, et al. Value Creation in Production: Reconsideration from Interdisciplinary Approaches[J]. Cirp Annals, 2018, 67(2): 791-813.

[414] Turker M V. A Model Proposal Oriented to Measure Technological Innovation Capabilities of Business Firms—A Research on Automotive Industry[J]. Procedia - Social and Behavioral Sciences, 2012(41): 147-159.

[415] Wan Y, Gao Y, Hu Y. Blockchain Application and Collaborative Innovation in the Manufacturing Industry: Based on the Perspective of Social Trust[J]. Technological Forecasting and Social Change, 2022(177): 121540.

[416] Wang B. Research on the Mechanism of Digital Economy Driving the Highquality Development of Manufacturing[J]. E3S Web of Conferences, 2021(253): 1051-1055.

[417] Wang Z, Wei S J, Zhu K. Quantifying International Production Sharing at the Bilateral and Sector Levels[R]. Nber Working Paper, 2015.

[418] Wei H, Tu Y, Zhou P. Technical Barriers to Trade and Export Performance: Comparing Exiting and Staying Firms[J]. Economic Modelling, 2023(126): 106439.

[419] Wilson J S, Mann C L, Otsuki T. Trade Facilitation and Economic Development: A New Approach to Quantifying the Impact[J]. The World Bank Economic Review, 2003, 17(3): 367-389.

[420] Xie X M, Huo J G, Zou H L. Green Process Innovation, Green Product Innovation, and Corporate Financial Performance: A Content Analysis Method[J].

Journal of Business Research, 2019(101): 697-706.

[421] Yan L, Wang Y, Li J, et al. Global Value Chain Embedding Mode and Carbon Emission Efficiency: Evidence from China's Manufacturing Industry[J]. Technological Forecasting and Social Change, 2023(194): 122661.

[422] Yang H, Li L, Liu Y. The Effect of Manufacturing Intelligence on Green Innovation Performance in China[J]. Technological Forecasting and Social Change, 2022(178): 121569.

[423] Yang S L, Yang Y. Effect of Technological Innovation Inputs on Global Value Chain Status [J]. Journal of Global Information Management, 2021 (29): 37-54.

[424] Yang X, Cai G, Ingene C A, et al. Manufacturer Strategy on Service Provision in Competitive Channels[J]. Production and Operations Management, 2019, 29(1): 72-89.

[425] Yang Y, Yang S L, Lv X, et al. Chinas Manufacturing Strategy from the Perspective of Characteristics Comparison of Global Value Chains[J]. Transformation in Business and Economics, 2020(51C): 396-417.

[426] Zhang F, Yang B, Zhu L. Digital Technology Usage, Strategic Flexibility, and Business Model Innovation in Traditional Manufacturing Firms: The Moderating Role of the Institutional Environment[J]. Technological Forecasting and Social Change, 2023(194): 122726.

[427] Zhang W, Liu X. The Impact of Internet on Innovation of Manufacturing Export Enterprises: Internal Mechanism and Micro Evidence [J]. Journal of Innovation & Knowledge, 2023, 8(3): 100377.

[428] Zhou J, Wang M. The Role of Government-Industry-Academia Partnership in Business Incubation: Evidence from New R&D Institutions in China[J]. Technology in Society, 2023(72): 102194.